2019年度教育部人文社会科学研究青年基金项目"西北地区早期工业化与民生设计研究（1840——1966）"研究成果（19YJC760128）

九州文库

西北地区早期工业化
与民生设计研究
（1840-1966）

谢玮　邱菊芯　著

九州出版社
JIUZHOUPRESS

图书在版编目（CIP）数据

西北地区早期工业化与民生设计研究：1840—1966 / 谢玮，邱菊芯著 . -- 北京：九州出版社，2022.8

ISBN 978-7-5225-1031-6

Ⅰ. ①西… Ⅱ. ①谢… ②邱… Ⅲ. ①工业化—关系 —人民生活—研究—西北地区— 1840-1966 Ⅳ. ① F429.4 ② D693.9

中国版本图书馆 CIP 数据核字（2022）第 111485 号

西北地区早期工业化与民生设计研究：1840—1966

作　　者	谢　玮　邱菊芯　著
责任编辑	陈春玲
出版发行	九州出版社
地　　址	北京市西城区阜外大街甲 35 号（100037）
发行电话	（010）68992190/3/5/6
网　　址	www.jiuzhoupress.com
印　　刷	唐山才智印刷有限公司
开　　本	710 毫米 × 1000 毫米　16 开
印　　张	24
字　　数	362 千字
版　　次	2023 年 1 月第 1 版
印　　次	2023 年 1 月第 1 次印刷
书　　号	ISBN 978-7-5225-1031-6
定　　价	99.00 元

目 录
CONTENTS

导　论

　　本书将围绕西北地区民生设计现状与产业背景，即社会时局、舆情民俗、制作特征等近现代中国设计发展成因中最关键的基础条件，通过对晚清至中华人民共和国成立初期西北地区民生设计的现象研究，还原民生设计销售方式、产业形态和设计创意，揭示晚清至中华人民共和国成立初期西北地区民生设计的演变规律、文化价值及社会价值，探究该地区民生状态、产业条件对近现代中国早期工业化的影响和孵化、促进、提升的具体作用，从设计学的角度，分析这一时期西北地区民生设计发展中对消费主体选择的变迁，并切实关注消费主体的成本考量、行为习惯、生活方式。

　　西北早期工业化的萌芽与发展、功能与作用，既反映了与外来文化的碰撞与博弈、交流与融会，也折射出近代西北民生设计的演进与变化。现代（工业化＋文明化）社会是以工业化（以机械化、标准化、规模化为主要内容）为生产方式、以文明化（以科学化、民主化、法治化为主要内容）为生活方式的。围绕着这种新型生产方式和生活方式逐渐形成的民生产品消费群体，是促进民生设计发展的关键所在。西北地区民生设计产销业态的社会价值是逐渐接受文明生活方式与先进生产方式，正是与传统设计产销业态在本质上的差异，才造成新旧两种产业在西北早期工业化进程中围绕着设计意识、生产方式、销售途径，形成冲突、突破、拓展，继而逐步实现社会的文明与进步。西北地区早期工业化进程中的社会生活与生产业态营造的社会氛围和文化语境，其有别于传统手工业发展的环境，本书正是在此条件下考量西北地区民生设计发展的产业链，从设计行为的文化成因着眼，按时间节点将全书分为六部分，即洋务运动之前西北地区的早期工业化与民生设计的萌芽；晚清洋务运动与早期民生设计；"清末新政"中的西北经略；民国前期西北地区工业化与民生设计；民国后期西北地区工业化与民生设计；中华人民共和国成立初期西北地区工业化与民生设计。阐释与这些设计行为有关事物的血脉基因，得出西北地区民生生活与设计成长过程，是随着西式现代化工商业的不断引入、扩展，西北社会长期封建制度下的传统生产劳作方式和与之相匹配的生活消费方式均随之发生渐变的必然结果。

　　本书厘定早期工业化观念运用的范畴与限定，从选题来源入手，阐释选题依据和研究背景、研究的目的以及理论意义及实际应用价值，综述目前西北地区民生设计可能涉及的国内外研究现状，从涉及中国早期工业化的研究成果、近代全国范围或西北地区工业布局的研究成果、交通条件变迁与西北地区工业化进程的研究成果、西北地区不同地域民生设计及工业化的研究成果以及其他相关方志及调研考察的研究成果五方面进行探析。继而界定工业化的概念，框定本书研究对象的时间及空间范围，厘清晚清至中华人民共和国成立初期西北地区民生经济究竟处于滞碍还是发展的真相。

第一节　西北地区早期工业化研究的缘起

　　本书试图采用多学科交叉的研究方法，依托设计学，并结合艺术学、历史学、社会学及经济学等学科，阐释中国近现代社会形态与产业背景及所涉民俗、商宣等可能对近现代中国设计事物萌生、存续起到关键影响的决定性因素："从中梳理以民生商品的创意设计——生产制造——物流销售为'产业链'形态不断完善、改良的历史事实对中国近现代设计事物支配性的作用，并总结出中国设计百年得失最为关键的经验教训：设计事物文化属性的最根本内容和最基本价值，全在于设计事物对社会绝大多数民众的生活品质改良与生产效率提升。"[①] 在这样的大背景下，依据中国社会近现代历史演变规律，著者将焦点锁定在晚清至20世纪60年代西北地区民生设计的研究，窥见其早期工业化进程。因为民生设计是民众基本的生活状况和谋生方式，是近现代

---

① 王琥：《设计与百年民生》，江苏凤凰美术出版社2016年版，内容概要部分。

中国设计的传统延续及社会主流。

对于研究中国早期工业化进程来说，西北地区民生设计发展是一个不能回避的话题。处于当今设计语境中，对于这一时期这一阶段的研究多偏向于两点，一是专题性阐述此阶段设计形式或设计历史，二是多从历史学、经济学的视角对西北地区工业发展进行解析。这两种是惯见的研究延伸模式，处于传统手工业向工业化过渡的这一时期西北地区民生设计产销业态，理应成为中国近现代设计理论与实践的重要补充，但事实上对于这方面的关注却极其有限。

缘何西北民生设计所涉的生产、生活状况没有作为一个重要的问题提及？可能由于作为早期工业化进程中的历史与基础的西北地区民生设计还未曾被系统地阐述过，这一历史时期的西北民生设计曾经展现出何种形态，受过何种影响，历经了什么，缺乏谱系式的记录；或是，这一时期西北民生设计所展现的意识形态不能解决当下的设计问题，不能构成中国现代设计的逻辑基点，直至今时还未完整地呈现；亦可能已然在不同语境中误读了晚清民国时期及中华人民共和国成立初期西北地区设计根本原因。

故此，产生了这些疑问，并衍生出设计实践对接的疑惑及近现代西北地区民生设计被忽略的事实。面对这一问题的再次被提及，首先得益于当今很多学者聚焦研究晚清民国史，如此必然带来方法论与研究视角的更新。对于近现代西北地区民生设计研究，使一度被遮蔽的真实材料浮现，曾被专门史目别汇分记录归纳的材料呈现出交汇错综的脉络，重新厘定这一时期民生设计的史料，且探究其间发生的设计理论及设计观念就是本书期待解决的问题。

研究民生设计就是探索百姓消费状态与百姓谋生产业背景

《老子·第七十四章》："民不畏死，奈何以死惧之。"《孟子·尽心下》："民为贵，社稷次之，君为轻。"《孙中山·建国方略》："余为一劳永逸之计，乃采取民生主义，以与民族、民权问题，同时解决，此三民主义之主张所由完成也。"因而，"民生"之"民"即民众，指占全社会成员绝大多数比例的普通百姓。"民生"之"生"即民众生计、生态，指广大民众的生产方式、生活方式。

民众的生产与生活方式将社会主流成员（占全社会绝大多数人口的普通民众）作为设计服务对象，突破了数千年中国社会民具设计与官具设计并存且不可逾越的界域，使民具设计转化为社会主流业态的民生设计，依附其上的设计事物亦随之发生蜕变，从产业链来看，无论是生产资源的占有、创意设计、生产制造、技术进步还是物流销售，都具备绝对优势。民具设计的研究与民生设计研究有其共性：从文化脉络上讲，民生设计是传统民具设计的历史延续；从产业形态上讲，民生设计是工业化、现代化进程的具体成果；从社会变革上讲，民生设计是百年中国除弊革新、移风易俗的必然产物。文中所谓"民生设计"，指与民众的生活状况和谋生方式息息相关的设计行为。

这一时段是由传统手工业向现代工业转化的时期

晚清至中华人民共和国成立初期是中国大时代转型时期，是由传统手工业向现代工业转化的时期。

因其地域的特殊性，在民生设计方面又区别于其他地域。所涉及民生商品领域的传统手工产业与民生设计产业是性质完全不同，彼此又存在一定联系的两种产业形式，介乎其中的设计行为自然有着截然不同的思维与操作模式，这一问题贯穿本研究的始终，也是探索中国早期工业化进程的关键所在，其是一个完整的、持续的发生、发展状态。

这一时段民生状态与产业背景及社会时局影响力

探究晚清至中华人民共和国成立初期西北地区民生设计，从关注所涉及的民生设计案例及其设计事物的成因，研究其设计事物之所以发生的消费环境（即民生状态）和生产条件（即产业背景）以及同时期的社会时局的影响力。

第二节　研究现状及发展动态的理论梳理

本选题之前，未曾出现类似主旨、相似选题的研究成果，但已有许多与本选题相关的学术积累存在，这些成果宛若基石，为本书的研究提供了不同的视角和方法，为本书写作过程提供了重要参考。

一、涉及中国早期工业化的研究成果

李立新《早期工业化时期一般造物设计的发展》[《东南大学学报（哲学社会科学版）》，2003年2期]认为在西方现代设计进入中国，并冲击中国传统造物之时，中国并非如表象只是被动地接受，而是在工场手工业及传统设计蕴蓄堆积之上能有所积极接应。余同元《中国传统工匠现代转型问题研究》（复旦大学2005年博士论文）认为中国早期工业化的社会历史进程中，涉及优先发展科学研究、关注工业技术教育、传统工匠遭遇变革时如何转换身份、如何面对技术转型，以此探究中国早期工业化的发展本质。王琥《设计与百年民生》（江苏凤凰美术出版社，2016年1月第一版）认为从产业形态上考虑，民生设计是工业化、现代化进程的具体成果。张乐和《中国早期工业化运动的历史进程》（《江汉大学学报》，2005年1期）将中国早期工业化划分为三个历史发展阶段，从1840年早期外国资本主义在华办厂，到中期的洋务运动，再到晚期工业化成就的显性。夏静雷《中国早期工业化的百年演进轨迹》（《重庆社会科学》，2014年1期）将晚清时期中国工业化的起步与民国时期的局部工业化分别分成四个时段，从历史发展的角度对中国早期工业化经历的艰难与辛酸起步、探索与成长过程进行解读。李伯重《江南的早期工业化（1550—1850）》（社会科学文献出版社，2000年12月版）中从分析明清时期江南经济发展的具体情况入手，探讨江南早期工业化，从重工业和轻工业发展两大方面进行全面的阐述，涉及造船、工具制造、建材等行业，并对英国模式、早期工业化、资本主义萌芽等主题提出自己的见解。祝慈寿从中国工业史、中国

工业技术史研究伸展至中国工业劳动史研究，自20世纪50年代起，先后出版了《中国近代工业史》《中国工业劳动史》等著作，其资料搜罗宏富，内容系统。

英国学者李约瑟（Joseph Needham）撰写《中国科学技术史》机械工程分册，该书初版于1965年，是西方学者从不同视角解读中国传统造物技术的重要著作。在借鉴中西学者研究成果的基础上，将东西方文明并置比较，探析机械技术及其传统造物的相关知识体系，深入解析中国古代技术发展。罗伯特·杜普莱西斯（R. Duplessis）所著《早期欧洲现代资本主义的形成过程》是剑桥大学出版社出版的"欧洲历史新探索"系列丛书之一，该书对16世纪到19世纪中期工业发展状况进行了深入细致的剖析，近代早期的欧洲经历了这一动荡时期才逐渐形成现代资本主义。另外，相关的论著还有日本的安场保吉主编的《前工业化时期经济社会》（1983年）等。

在以上国内外重要的相关研究论著中，皆用较多的篇幅讨论了与传统手工业与早期工业化相关的历史问题，对本研究有重要的参考价值。

二、涉及近代全国范围或西北地区工业布局的研究成果

许绍李《谈谈我国工业的地区分布》（上海人民出版社，1956年）阐述了中国工业生产受制于旧中国的社会性质，以及旧中国工业分布不平衡现象。刘再兴《中国工业布局学》（中国人民大学出版社，1981年）剖析了旧中国工业分布的基本特征，并将旧中国工业地区分布的变动划分为四个历史阶段。陆大道等著《中国工业布局的理论与实践》（科学出版社，1990年）在阐释中国近代工业布局的观点结构上与刘再兴的认识相同，证明该观点是当时学术界的主流认知，为后续研究起到重要的引领作用。张健民《近代生产布局中非经济因素的作用》（《山西师范大学学报》，1987年2期）认为中国近代生产布局不但有经济因素的主导作用，亦存在如帝国主义的侵略政策、行会垄断及封建特权阶层、封建家长制等非经济因素对生产合理布局的影响。谢放《抗战前中国城市工业布局的初步考察》（《中国经济史研究》，1998年3期）分析了抗战前中国城市工业主要集中的分布情况。戴鞍钢、阎建宁《中国近代工

业地理分布、变化及其影响》（《中国历史地理论丛》，2000年1期）提出中国近代工业地理分布虽呈现沿海向内地扩散之趋势，但依旧以沿海沿江地带的布局模式为主。严艳《陕甘宁边区经济发展与产业布局研究（1937—1950）》（陕西师范大学2005年博士论文）选择陕甘宁边区作为地域范围，以抗战爆发及抗战后期边区各种工业的地域分布状况及类型发展展开研究。袁为鹏《聚集与扩散：中国近代工业布局》（上海财经大学出版社，2007年版）以考察中国近代主要工业部门布局状况为例，总结出政治因素、历史因素、社会经济因素、社会文化因素等对中国近代工业布局的影响。吴松弟《中国近代经济地理格局形成的机制与表现》（《史学月刊》，2009年8期）认为中国近代工业的地域分布以及近代经济区域的成型是通过从沿海港口向内地蔓延，依托进出口贸易实现先进生产力的空间扩散，并加强区域联系促使近代中国经济格局发生巨变。郑志忠《民国时期关中地区工业发展与布局研究》（陕西师范大学硕士论文2012年），认为民国时期关中地区工业发展与布局的阶段性明显，与陇海铁路通车的时间、地点有直接关系；并依据近代工业的发展过程及其生产组织方式和技术限制论述各个行业的发展与地域分布的特点。

三、涉及交通条件变迁与西北地区工业化进程的研究成果

地处偏僻内陆的西北地区，在民国之前其交通运输依旧处于传统驿运模式，不仅交通建设，西北地区的各项事业均落后于东部沿海地区。如1920年之前西北的新疆地区与内地的运输形式主要依靠驼运和大车，运输周期长且道路仍是沿用清代建立起来的驿道系统，由迪化至安西通往陕甘的牛马骡车，需2个月的时间；从哈密经内蒙古至绥远四千余公里，耗时2-3个月。20世纪20年代之前，宁夏和青海还未分立建省，统属甘肃，民初甘肃地区的交通运输依靠黄河航运和驿道，传统皮筏子是黄河航运的主要工具，而驿道以畜力运输为主。1921年开工、1922年上半年通车的西潼公路是西北最早的公路，开创了西北地区的近代交通建设事业。铁路建设的发展，尤以陇海铁路西延为突破，杜一波《陇海铁路之现阶段》（《大公报》1935年4月16日）曾论：

今时今日谈及对于西北地区的建设，陇海铁路的重要性凸显出来，肩负西北乃至中国发展的生命线。[①]故此，陇海铁路西通宝鸡推动了铁路沿线工业化的进程，对西北地区货物运输、进出口结构、区域经济生长空间等起到了极大的推动作用。

郭海成《陇海铁路与关中城镇的变动：1931—1945》（南开大学博士论文2009年）、谭刚《陇海铁路与陕西城镇的兴衰（1932—1945）》（《中国经济史研究》2008年1期）、阎希娟《民国时期西安交通状况初探》（《中国历史地理论丛》2002年1期）、田培栋《明清时代陕西社会经济》（首都师范大学2000年）、刘景纯《宝鸡10县城镇近代化的过程与空间格局的变迁》（《中国历史地理论丛》2002年第2期），以上均围绕陇海铁路与地区工业化的推进展开不同层面的论述。1930年铁道部成立，其在1935年组织调查队对陇海铁路甘肃段沿线及附近地区进行调查，可见对修筑铁路的重视程度。在这样的背景下编撰了《陇海铁路甘肃段经济调查报告书》，报告中对甘肃地区当时的交通现状进行详细调查，记录了有关运输工具及运输价格，为综合研究这一时段该地区的运输形式提供依据。

董长芝《抗战时期大后方的交通建设》（《抗日战争研究》1993年第1期）、龚泽琪《抗日战争时期大后方的战时交通建设与军事运输》（《党史研究与教学》1995年3期）、刘正美《抗战前的西北交通建设》（《民国档案》1999年第2期）从战时大后方交通建设及对军需物资运输所起的作用进行阐述。葛达《抗日战争时期工厂内迁及其对大后方工业的影响》（《复旦学报》社会科学版，2001年第4期）专门论述了战时工厂内迁的事例及其影响作用。石慧玺《透析抗战时期国民政府对西北及甘肃交通运输业的开发》（《开发研究》2008年第3期）探究了抗战时期国民政府对西北及甘肃交通运输业所采取的措施及开发手段。张春生的《抗战前国民政府西北公路建设述论》（《历史教学》2001年第9期）关注抗战前期国民政府对于西北公路建设的各种支持措施及手段。

---

① 王永飞：《民国时期西北地区交通建设与分布》，《中国历史地理论丛》2007年10期，第127–135页。

江沛《全面抗战与中国社会变迁特征述论》(《历史教学》, 2005年9期)论述了全面抗战时期, 日本侵华中断中国社会工业化进程, 中国经济重心西移中, 抗战大后方厂校西迁和开发形成了初步近代工业形态。李建国《略论近代西北地区的陆路交通》(《历史档案》, 2008年第2期)从不同角度探讨了近代西北陆路交通的开发及其作用。李浩、梁永康《中国抗日战争的西北国际援助生命线——苏联对华援助问题研究(1937—1941)》(《江西教育学院学报》, 2009年第4期)着重解读战时苏联援华的军用物资运输线路及其道路的开发等。谭刚《抗战时期大后方交通与西部经济开发》(中国社会科学出版社, 2013年版)对抗战时期大后方交通与西部地区经济开发的相关作用进行了多层次、全方位的探索。

民国时期李鼎《客货运输》(《南浔铁路月报》, 1928年第10期)、唐启宇《开发西北问题》(《新青海》, 1933年第1卷10期)、《西北公路建设》(《开发西北》, 1934年第1卷2期)、郭维屏《兴修西北公路与开发玉门石油》(《西北问题》, 1935年第1卷第3期)、公权《抗战与交通》(《抗战与交通》, 1938年第1期)、洪进《切实改进西北公路交通》(《时事类编》, 1938年第29期)、亮臣泽的《西北公路》(《知识文摘》, 1940年第3期)、耕史《艰难的创造西北公路》(《中山月刊》, 1941年第4期)、凌鸿勋的《西北公路三年来之工程与管理》(《交通建设》, 1944年第2卷第4期)、《抗战中的西北公路运输》(《战运月刊》, 1945年第2期)、柏南的《国防建设中的西北公路》(《西北论坛》, 1947年第2期)、《西北交通建设的几个问题》(《铁路丛论》, 中国交通建设学会印行, 1954年版)等, 以上这些著作和论文为本书的完成起了重要参考作用。

而王永飞《民国时期西北地区交通建设与分布》(《中国历史地理论丛》2007年4期)对民国时期西北地区交通建设的阶段性特征和交通路线的空间分布规律进行了阐释。其中尤为关注该地区交通运输多样性结构, 受西北地区地理环境限制, 其不能单纯发展近代公路、铁路及航空事业, 必须同步推进传统民间运输事业, 并以此为重要补充运力, 这是因地制宜的发展规划模式，其深刻影响了西北地区的民生设计，并且发挥了重要作用。

西北传统民间运输有畜运、大车、皮筏等形式，作为西北地区特殊地理环境的交通运输主动脉——"皮筏"，是水路货物东运的主要方式之一，除渡送商旅、运输货物外，皮筏在黄河浮桥及铁桥的建设方面，发挥了建设性作用。所以西北地区民生设计与工业化进程的探究要综合多样化交通形式进行分析。

杨兴茂的《甘肃皮筏探源》（《兰州学刊》，1986年第5期）以《甘肃新通志》为主要史料，考析兰州作为皮筏发源地，其皮胎与木条框架结合制作的皮筏出现于清中叶。邓明的《皮筏的源与流》（《档案》，2003年第6期）追溯包括皮筏在内的皮船的史料记载，并分析皮筏的制作方法。梅小青的《中国传统皮船技术的调查研究》（内蒙古大学硕士学位论文，2005年）通过实地调查对现存皮筏制作工艺技术进行梳理，从溯源皮筏技术工艺的特性和传承，并发掘影响皮船工艺发展的社会因素。李晓英的《近代甘宁青的皮筏运输——以羊毛贸易为中心的考察》（《西北民族大学学报》哲学社会科学版，2009年第5期）考察皮筏在近代甘宁青羊毛出口贸易中的运输重要作用，并对皮筏溯源与制作工艺进行分析。张国藩的《昔日的辉煌——甘肃皮筏长途运输始末》（《丝绸之路》，1998年第2期）介绍了清末到中华人民共和国成立初期甘肃皮筏长途运输的情境，强调此时期甘肃筏运业与现代运输形式的互补。

综上所述，以上成果的分析论证，都或多或少涉及西北交通与早期工业化和民生设计的成效和不足。

四、涉及西北地区具体地域民生设计及工业化的研究成果

（一）新疆方面

史料《新疆图志》记载，1906年迪化设立手工业习艺所，由内地和南疆各地来的一批工匠，传授制革、制作毡毯等各类技艺。并在1908年设立手工业工艺局，管理城市手工业生产。当时迪化作为全疆政治、经济、文化的中

心，其交通工具仍以畜力动能进行客运和货运，如此推动了制造大车及马具的局部工业化进程。贾应逸、张亨德编著的《新疆地毯史略》（轻工业出版社，1984年版）首先对从古代到20世纪70年代新疆地毯的溯源进行叙述；之后综合了历史、文化、考古、工艺等多方面，针对其制毯技艺、纹饰图案、毛纱染色等地域特点进行探讨；最后，从大历史的角度，论述了新疆工业的变迁。夏克尔·赛塔尔的《维吾尔族民间制毡工艺研究》（新疆大学硕士学位论文2011年），认为维吾尔族民间制毡工艺蕴含丰富的历史文化价值，该文从和田、吐鲁番的制毡溯源入手，研究其分类、工艺技术及采用的工具演进。帕哈尔丁·伊沙米丁的《维吾尔传统工艺文化研究》（新疆大学博士学位论文2001年），具体阐述维吾尔传统工艺行业及相关产品，及它们在维吾尔族民俗文化中的重要地位。此外，20世纪初的迪化城外南关山西巷附近的所谓的南关马市，是牲畜交易市场。和田等地以蚕丝业出名，另尚有制玉器业；库车二千余年前就以制铁器著称，该地操冶铸业者所造马刀、剪刀，驰名西北；库车当地熟练掌握土法硝熟羊皮制裘和用牛羊油和石灰及碱煮制洗衣肥皂等。新疆传统手工业主要有：造车，制铁掌、钉马掌，编笼、萝和制木器，擀毡业，以羊绒为主的织毯业，造纸业，制帽和革制鞋、靴业，织布和染布业等。这些例证举证了新疆传统手工产业与工业化的交叠发展。

周泓的《民国新疆社会研究》（新疆大学出版社，2001年版）运用多学科交叉研究，丰富了新疆社会生活史研究的理论和方法。另外，刘海燕的《清末民初哈密地区社会生活初探》（新疆大学硕士学位论文2006年）、闫存庭的《从另一种角度解读清末新疆土尔扈特人的社会生活——以马达汉笔下的卡尔梅克人为研究对象》（《昌吉师范学院学报》，2007年第4期）等文章也对这一时期的社会生活方式进行了勾勒。贾秀慧的《晚清民国时期新疆的社会生活变迁》（《新疆大学学报》哲学社会科学版，2008年第6期）阐述了晚清至民国新疆社会与民众生计相关的衣、食、行、住等物质生活随时代变迁的过程，列举新式文化教育的起步，话剧、电影及西式娱乐活动的普及，婚俗及婚姻制度的文明化、传统生活方式的变迁等近代化趋向，从时空两个维度对外来因素与社会内部变革之间的平衡交错进行解析，探索战时变迁、城市生活变迁这两个显性特征的背后原因。张军华的《清末民国时期奇台地区社会生活研究》（新疆大学硕士学位论文2011年）、方红萱的《20世纪50年代以来新疆少数民族手工业变迁研究》（西北大学硕士学位论文2013年）从不同视角对新疆地区的社会生活及手工业变迁进行了详细的分析。

王利中的《20世纪50年代以来新疆工业变迁研究》（西北大学博士学位论文2010年）从中华人民共和国成立后新疆工业的资源基础和历史起点，新疆现代工业的初步发展与手工业的变化、新疆工业的曲折发展，新疆的工业布局与结构，现代工业的崛起和传统手工业的嬗变等几方面进行了论述。

厉声的《新疆对苏（俄）贸易史（1600—1990）》（新疆人民出版社，1994年版）将时间划分为清代、民国、中华人民共和国成立以来三个时期，对17世纪以来近四百年的新疆与苏（俄）贸易史做出较为系统论述，为宏观把握近代新疆商业状况提供丰富、翔实的史料支撑。另外还有吴福环和宋佩玉的《新疆货币金融的近代化》[《新疆大学学报（社会科学版）》，2002年第3期]、彭南生的《行业制度的近代命运》（人民出版社，2003年版）、马婷的《清末民国时期新疆地区经济近代化研究》（新疆大学硕士学位论文，2013年）都对新疆地区经济发展及早期工业化有一定层面的论述。这几篇文章主要从商业贸易的层面对新疆地区相关内容做了阐述。

本书还借鉴了陈希壕的《新疆史地及社会》（正中书局，1947年版）、王树楠的《新疆图志》（上海古籍出版社，1992年版）、喀什地区地方志编纂委员会编纂的《喀什地区志》、竹万发主编的《伊犁州通志·二轻工业志》、和田市地方志编纂委员会编纂的《和田市志》等各地史志资料。

综上，在很多资料和文献中，对于新疆的早期工业化研究，多以新疆建省后开始走上工业化进程展开论述，但新疆从晚清开始是否出现早期工业化萌芽，其特征怎样，清末至中华人民共和国成立初期新疆对比内地早期工业化的发展态势、特征有何差异，这些均有待进行系统的论证。但是以上资料对新疆地区社会生活方式的探索都或多或少有所涉及，对本书开阔视野、启发思路有重要作用。

（二）青海方面

崔松天的《青海经济史》（青海人民出版社，1998年版）围绕时代背景，全书分为两部分，古代篇章从青海地区农牧业、手工业、商业的生产方式入手，近代篇章从传统产业形式与近代工业行业两方面进行阐述。在《青海文史资料选辑》（中国人民政治协商会议青海省委员会、文史料研究委员会编，1965年版）中，针对中华人民共和国成立前西宁地区的商业、金融业等经济领域进行概述。邓慧君的《青海近代社会史》（青海人民出版社，2001年版）则从社会学的角度分析了近代青海城镇的发展与布局。《马步芳在青海1931—1949》《宁海纪行》《青海历史纪要》《中国回族》等只有部分涉及了工业方面的内容。

晚清以来，青海地区民生商品贸易呈现一片繁荣。涉及这一方面的研究有马宗保的《回族经济社会发展状况的结构分析》（《西北民族研究》，2000年第1期）、马宗保的《回族商业经济与历史上的西部开发——以民国时期西北回族商业活动为例》（《宁夏大学学报》人文社会科学版，2005年第5期），两篇文章从青海东部河湟地区的回族与土族经济互动入手，分析不同时期不同民族在生产方式上的差异，以及各自生产方式上的互补。另外，杨作山的《清末民初的青藏贸易及其历史地位》（《宁夏大学学报》社会科学版，1999年第1期），马勇、吴江、苏海红、赵起峰的《略论青海与中亚国家的贸易关系》（《青海民族研究》，2006年第2期），勉卫忠的《清末民初河湟回藏贸易变迁研究》（中央民族大学硕士学位论文，2006年），张世海的《民国时期安多地区的回藏贸易》（《回族研究》，1997年第2期），马安君的《近代青海歇家与洋行关系初探》（《内蒙古社会科学》，2007年第3期），雷琼的《清至民国青海地区商贸市场专题研究》（陕西师范大学硕士学位论文，2009年），胡铁球的《近代青海羊毛对外输出量考述》（《青海社会科学》，2007年第2期），渠占辉的《近代中国西北地区的羊毛出口贸易》（《南开大学学报》，2004年第3

期），任斌的《洋务运动时期的青海工商业》（《青海民族学院学报》，1983年3期）等文也从不同视角、不同程度论述了青海地区的民生商贸情况。市镇的分布以及发展状况在一定程度上也反映了某一地区的工业化进程，如赵珍的《近代青海的商业、城镇与金融》（《青海社会科学》，2002年第5期）。

另外，涉及西宁相关方面的研究有：芈一之的《西宁历史与文化》（辽宁民族出版社，2005年版），针对西宁不同时期的社会经济进行阐述，部分章节涉及西宁的文化教育；李逢春的《西宁史话》（中国文联出版社，2006年版）以图文互证的模式论述西宁历史发展变迁；张保见的《民国时期青藏高原经济地理研究》（四川大学出版社，2011年版）对西宁城市的商业、交通等方面略有论及；李健胜的《清代—民国西宁社会生活史》（人民出版社，2012年版）从社会学的角度出发，再现清代至民国时期西宁社会生活的风貌；曹蓉的《从民国时期西宁的娱乐活动看西宁的近代化》（《黑龙江史志》，2013年第21期）中叙述了民国时期西宁民众的娱乐生活及娱乐场所配套建设，从电影、话剧等新型娱乐模式到电影院、公园的建设，从开化民风到对外交流的加强，论述了西宁民众思想观念及生活方式的转化。

李晓英的《论对外贸易在近代西北中心城市兴起中的作用：以兰州、西宁为例》（《宁夏社会科学》，2011年第5期）揭示西宁对外贸易主要依托皮毛，在其带动下渐次发展繁荣并成为地区经济中心，还分析了其对周边的辐射作用，综合立体地展示出对外贸易的市场规律。辛宇玲的《民国时期西宁市民的社会生活方式变迁》（《中国土族》，2004年第1期）对民国时期西宁民众社会生活方式的各个方面进行考察，将社会生活方式变迁与城市近代化过程进行互证。另外，靳瑞明的《近代甘宁青商路与市镇分布研究》（兰州大学硕士学位论文2009年）、雷琼的《清至民国青海地区商贸市场专题研究》（陕西师范大学硕士学位论文2009年）等文章均不同程度地论及西宁社会生活方式及生产方式，为本书提供了一定的借鉴。

再如地方志资料、报刊资料、文史资料类的《西宁市志》《青海民国日报》《青海文史资料》《西宁城东文史资料》等，均梳理、解读了青海地区民生设计的特点及其影响。

（三）甘肃方面

甘肃涉及的早期工业化产业包括：毛织业（早期织褐木机），榨油业，制皮业，机器面粉业，造纸业，制瓷业，水烟业，制铁业，棉纺织业，弹花业，肥皂业，纸烟业，水泥业，洗毛、打包业，猪鬃业，白铁业。

《西北通史》（兰州大学出版社，2005年版）、马啸的《左宗棠在甘肃》（甘肃人民出版社，2005年版）、郭厚安主编的《甘肃古代史》（兰州大学出版社，1989年版）、丁焕章主编的《甘肃近现代史》（兰州大学出版社，1989年版）等都对这一时期甘肃民生设计中的经济、文化发展等有所论述。杨重琦主编的《兰州经济史》（兰州大学出版社，1991年版）是都市经济历史研究方面少有之佳作，以翔实的史料展示了兰州经济各个历史时期的发展规律及其特点，并展望了未来兰州地区社会发展的大趋势。邓明的《兰州史话》（甘肃文化出版社，2005年版）一书则以专题形式多角度、多侧面地勾勒出了兰州自原始社会至清末民初的历史概貌，对兰州上下几千年、纵横几百里的历史事实，做了较为科学的梳理，详尽展现了地处西北内陆的兰州文化所具有的特色。金钰铭主编的《兰州历史地理研究》（兰州大学出版社，1999年版）探讨了不同时期兰州的自然环境、历代建置、社会背景等；张津梁主编的《兰州历史文化》（甘肃人民出版社，2007年版）对兰州历史文化做了系统整理，呈现出兰州的历史文化及其地域特色等。

马明堂的《晚清黄河上游区域的手工业发展问题研究》（西北师范大学硕士学位论文2009年），摘取毛纺织、皮革为典型事例，分析了晚清黄河上游区域的传统手工业缓慢向前发展的现状，并将左宗棠任陕甘总督时期在甘肃试办机器工业作为一个转折点，之后的清末"新政"时期陕甘总督升允亦在此地开办机器工业，机器工业的出现打破了原有家庭作坊的阶段特征，不仅给该地区带来机器文明，亦昭示出传统手工业的发展趋势。裴庚辛的《民国甘肃手工纺织业研究》[《西北民族大学学报》（哲学社会科学版），2010年第

6期]，认为在抗战时期，甘肃作为国民政府重点建设的省份之一，得到了较多的投资；同时战时人口流入、日用商品一直依赖省外输入及商品运输线路的变化等条件促成战时甘肃手工业较快的发展，并有部分手工业开始工业化进程。黄正林的《延续与革新：近代甘肃手工业问题研究》(《青海民族研究》，2015年第1期)，论证了中华人民共和国成立之前，甘肃手工业的延续发展与革新状态，尤其分析了自然资源优势中的毛纺织业、土布、造纸、皮革等行业显示出好的发展势头，有些从原来的副业发展为主业。特别是抗战时期，由于政府提倡和民众生活需要，不仅旧有的手工业较快发展，还出现一些新兴手工业，使近代甘肃手工业出现短暂的"黄金时期"。作为早期工业化进程的原动力，多样化的经营方式共同作用，农村手工业依然以家庭和挑贩经营模式为主，而抗战时期市镇以官营和合作社等经营模式为主流。李鸿的《抗战时期天水地区交通开发与社会变迁研究》(西北师范大学硕士学位论文2014年)论证了抗战时期天水地区因其"大后方"的特殊政治地位，其交通开发受到国民政府的高度重视，为完成战时大量军用物资与民众日用品、工业品的运输任务，该地区公路运输业（修筑华双公路、宝天铁路等）、铁路运输业和驿运、水运业再次兴起，为天水交通发展奠定了重要基石。胡昌珊的《天水市城镇集体经济志》(天水市城镇经济管理局，2001年)介绍了秦安商贸的发展历程、天水市经济发展历程。民国时期的论文，如蒋迪雷的《天水记行》(《旅行天地》，1949年第1卷3期)、潘凌云的《天水近状》(《西北论衡》，1940年第7卷14期)、雷士俊的《陇南农民状况调查》(《东方杂志》，1927年第24卷16期)、口成章的《谈谈甘肃的农村》(《农林杂志》，1933年第2期)等，这些文献从不同侧面分析了民国时期天水地区民众生活的社会背景、生活方式及思想观念变化，近距离地使人们感知天水地区的社会生活情境。

另外，安维峻等编撰的《甘肃新通志》(江苏广陵古籍刻印社，1989年版)、夏阳的《甘肃毛纺织业史略》(《甘肃社会科学》，1985年第5期)、刘瑞新的《兰州水烟回顾》(《甘肃行政学院学报》，2001年第4期)、丁孝智的《丝绸之路上的明珠——兰州水烟业》[《西北师范大学学报（社会科学版）》，

1990年第3期〕等也对甘肃地区传统工业与近现代工业的碰撞、过渡提供了资料。其他还有《甘肃省志》《天水市志》《武都县志》《康县志》《礼县志》《成县志》《秦安县志》《武山县志》《两当县志》《清水县志》《张家川回族自治县志》《武都文史资料选辑》《西和文史资料》《礼县文史资料》《甘谷文史资料》《张家川文史资料选辑》等，这些甘肃省地方史志、天水地区地方史志等对本书的撰写提供了史料。

（四）陕西方面

岳珑的《抗日时期的陕西工业》〔《西北大学学报（哲学社会科学版）》，1989年第2期〕针对性地对抗日时期该地区工业的发展特点进行分析，强调内迁工厂对其工业化的辐射。贺黎黎的《1840年以来陕西工业化演进路径分析》（陕西师范大学硕士论文2001年）在特定的历史坐标体系内，将1840—1949年的工业化发展划分为不断深化的三个过程，强调三部分不存在时间上的推进及内容上的逻辑联系，三部分各自具有不同的工业化特征，其动力机制、演进路径亦不同。曹敏的《抗战时期陕西近代资本主义工业发展的原因探析》（《理论导刊》，2001年第5期）阐释了抗战时期国民政府的经济建设由平时经济到战时经济的渐次转变过程，强调战时陕西的特殊政治地位，以及带来的近代工业发展"黄金时代"。田霞的《抗日战争时期陕西工业发展探析》（《抗日战争研究》，2002年第3期）论述了陕西工业发展对改善西北地区乃至全国工业面貌的积极推进作用，并对西北工业辐射范围进行了鸟瞰式的阐述；指出陕西抗战时期工业为典型的战时经济及"嵌入型"经济特征。民营企业此时也出现集中化现象。李云峰等的《抗日时期的国民政府与西北开发》（《抗日战争研究》，2003年第3期）从整个西北地区的全视角分析国民政府在西北开发中的积极作用及消极影响，积极作用表现为为打破日本的经济封锁、支持抗战、争取抗战胜利做出了贡献，为改变落后的西北地区奠定必要基础。消极影响表现为开发的目的只是为战争服务，必然给西北长远发展带来缺陷。李全武等的《陕西近代工业经济发展研究》（陕西人民出版社，2005年版）论述了清末陕西地区以军事工业为主的工业模式，其产生、发展以及衰退过程，分析了不同历史时期政府对西北开发的侧重点不同，抗战前后工业化的对比情况。曹敏的《抗战时期陕西民营工业起落的原因及其历史启示》(《西安工程科技学院学报》，2006年第4期）分析了抗战前期及后期陕西民营工业起落的原因，前期其快速发展归结于战时所处政治地位、国民政府的扶持、内迁工厂的影响等因素；后期其衰落是由于"政府统制"政策失误，能源、原料受限以及通货恶性膨胀的影响。曹敏、杨明东的《抗战时期西北近代工业的发展及启示》(《理论探索》，2007年第3期）分析了抗战时期西北近代工业在特定历史条件下发展壮大的现状，其工业布局较战前更为合理，国企占主导作用，且拥有较为有利的投资、技术、市场。并得出启示：地区工业的发展离不开政府的支持，且需要与区域外地区进行交流，地区经济的开发应遵循全面统筹规划。张敏的《抗战时期的宝鸡近代工业》(《西安工程科技学院学报》，2007年第2期）论述了抗战时期宝鸡地区近代工业发展的原因及其历史地位。樊如森的《陕西抗战时期经济发展述评》[《云南大学学报（社会科学版）》，2009年第5期]认为作为中西部内陆省份的陕西，其经济快速发展要着眼区域内部与外部的沟通，同时注重各种市场要素，并借助于各种非市场的力量。并以实例分析了陕西在抗日战争爆发前后，初步建立起相对完整的现代化农、工、商业体系，以及这些体系的构建原因，其不同于和平状态下的东部沿海市场，亦非陕西自身市场整合，而是特殊时期外部各种非市场力量的推进。

赵强的《陕西省近现代建筑调查与研究概述》(《文博》，2016年第3期）的研究对象为陕西境内现存的具有代表性的近现代建筑，时间划定为从1840年鸦片战争到1949年中华人民共和国成立百年间，并将陕西近代建筑发展的历史划分为三个时期：基督教建筑为主导的萌芽期（1840—1911年）、陕西近代建筑发展渐进期（1911—1945年）、陕西近代建筑发展停滞期（1945—1949年）。近现代建筑受外来文化的影响，其建筑形制、结构、工艺、装饰手法均发生改变，是西方文化与中国本土文化碰撞、交流与融合的过程，其呈现出不同层面的特征：结构技术、建筑材料、施工手段、装饰手法，包括建筑管理体制等均有别于中国传统建筑营造体系。近代建筑以天主教教堂、基督教教堂及其附属建筑为主，伴随铁路延至西安、沿海企业内迁等，为该地区近代建筑活动提供了良好的发展空间。宝鸡、咸阳、渭南等这一处于铁路枢纽的地区经济发展迅猛，并带动工业建筑的快速发展。延安建立了适应当时社会需要的近代公共建筑，推动周边地区交通运输、工商业等方面不同程度的发展。陕南地区以基督教教堂及其附属建筑为主。刘锦的《西安优秀近现代建筑：留下多少座？》（《陕西日报》，2016年1月18日，第011版）叙述了西安美术学院教师裴俊超以研究洪青先生（20世纪初中国第一批留法建筑师）的建筑作品为切入点，将目前现存的近现代建筑按使用功能划分为：文化教育及办公类建筑、剧场及礼堂类建筑、宾馆居住类建筑、商场类建筑及宗教类建筑。①

范建华的《延安时期的艺术设计活动》（《南京艺术学院学报》，2013年第4期）对这一特殊时期的设计活动做了较为全面的钩沉和学术梳理，包括为延安大生产运动的产品提供设计包装；为延安时期出版的各类报刊书籍进行装帧设计；为相关仪式、事件等设计标识、番号；为各类文艺演出进行舞美设计；为边区人民设计、生产民间工艺品、歌舞队道具、门神；为边区政府设计货币等。

故此，以上这些著述在不同程度上涉及当时陕西地区的民生设计，是本书重要的资料来源。

---

① 文化教育及办公类建筑，如西北大学礼堂、陕西电子科技大学原教学楼、西安交通大学老教学楼、陕西师范大学老校区图书馆、陕西财政厅老行政楼、陕西省体育局行政楼、陕西省建筑总公司行政楼等。剧场及礼堂类建筑，如易俗社、人民剧院、人民大厦礼堂、西安市老市委礼堂等。宾馆居住类建筑，如西安人民大厦一号楼和二号楼、西京招待所、钟楼饭店、止园、张学良公馆、高桂滋公馆、七贤庄等。商场类建筑，如钟楼邮局、老新华书店、解放路上的百货商场。宗教类建筑，如五星街天主教教堂、东新巷礼拜堂、南新街礼拜堂、西关正街礼拜堂、通远天主教教堂等。

（五）宁夏方面

周瑞海主编的《宁夏回族自治史略1936—1988》（宁夏人民出版社，1993年版）、陈育宁主编的《宁夏通史（近现代卷）》（宁夏人民出版社，1993年版）对近现代宁夏社会的政治、经济、文化、教育等方面做了全面介绍。赵天福的《宁夏市场变迁（1368—1949）》（陕西师范大学硕士论文2008年）阐述了宁夏地区市场相关的自然、人文环境背景，尤其探讨该时段本地区城镇市场的变迁过程。王永亮的《灵州王氏家族与磁窑堡煤矿——近现代回族工业艰难历程的缩影》（《回族研究》，1998年第1期）一文通过宁夏磁窑堡煤矿的兴衰，分析西北回族工业艰难发展的经验教训。钟银梅的《马家军阀专制时期的甘宁青皮毛贸易》（《宁夏师范学院学报》，2007年第4期）对近现代西北皮毛贸易的兴起、发展以及抗日战争后期为回族军阀所垄断进行了较为详细的分析。张天政的《马鸿逵与宁夏近代工业的兴衰》（《民国档案》，1999年第4期）将视角锁定在马鸿逵统治时期宁夏地区工业发展的兴衰历程。

另外，张金诚修、杨浣雨编纂的《宁夏府志》（宁夏人民出版社，1992年版），徐安伦、杨旭东所著《宁夏经济史》（宁夏人民出版社，1998年版）都从各个方面提供了宁夏地区的民生设计环境、早期工业化进程的资料。

（六）绥远方面

绥远地区地处北方草原，其特有的农、牧业并存状态是该地区民众生活方式与生产方式的依据前提，晚清至民国时期，绥远经济落后，其手工业仍是当地民众的主要制造行业。这也造就了该地区与同时期中国其他省份民众从事行业的大不相同。但长期以来，学界缺乏对相对落后的内蒙古地区的工业化探讨。鉴于此，本书拟结合地域特色中的手工业与工业化交替、过渡、并存进行论述。故搜集范围包括传统手工业与工业化等多方面的资料。

皮毛加工业是绥远地区规模最大、历史最悠久的手工业，且衍生出的行业繁多，最为发达的地区是归绥、包头，其分布广泛。民国时期受市场需求影响，制皮业的白皮坊和黑皮坊均渐次改良制皮工艺，新式的机制皮革制品出现，且出现很多新型的制皮作坊。其皮毛加工业的发展与该地区人口密度、商业规模等相关联。

张慧茹的《清末民国初期绥远地区民俗变迁》（《新乡师范高等专科学校学报》，2006年第6期）以清末民国初期绥远地区为研究区域，通过对该地区服饰、饮食、居住形式等个案研究，探讨该地区民俗变迁的特点及原因，揭示这一时期绥远地区民俗变迁经历的一个长期、双向、渐变的复杂过程。周海玲的《民国时期绥远地区的手工业状况（1912年—1937年）》（内蒙古大学硕士学位论文2008年）分析和研究了民国初年到抗战爆发前绥远地区的手工业状况，从手工业的分布区域、发展特征入手，分析了民国时期兴起的新兴手工行业。郝伟民的《内蒙古近代简史》（内蒙古大学出版社，1990年版）介绍了内蒙古地区的手工业；卢明辉的《清代蒙古史》（天津古籍出版社，1990年版）介绍了清代前后期手工业的发展状况；卢明辉的《清代北部边疆民族经济发展史》（黑龙江教育出版社，1994年版）专门阐述了农牧结合的手工业作坊发展的作用；黄丽生的《由军事征掠到城市贸易：内蒙古归绥地区的社会经济变迁（14世纪中至20世纪初）》（台湾师范大学历史研究所印行，内蒙古图书馆藏，1995年）也专门论述清朝到民国归绥手工业的发展与变迁；乌云格日勒著作中也提到了内蒙古农业、畜牧业和宗教等三方面的手工业产品。

相关文献还有：廖兆俊《绥远志略》（内蒙古大学馆藏，1937年）、绥远通志馆《绥远通志稿》（工业卷）（内蒙古图书馆藏）、郭颂铭《绥远考察纪略》（内蒙古图书馆藏）、绥远省政府编印《绥远概况》（1933年）、郑植昌修、郑裕孚纂《归绥县志》（1935年）、《绥远集宁县志略》（1936年）、石章如《晋绥纪行》（内蒙古图书馆藏影印本，1937年）、（日）安斋治《包头的黑皮房》（昭和十四年《包头史料荟要》第五辑）、张贵《包头史稿（上卷）》（内蒙古大学出版社，1994年）等。

以上是与绥远地区设计相关的研究著述，与其他各地地域性研究的专著相比，显然有研究的空缺，因此笔者在本书中，需要从各种间接文献中获得相关内容，以进一步了解绥远地区设计发展的历史状况。

五、其他相关方志及调研考察

田澍、陈尚敏的《西北史籍要目提要》（天津古籍出版社，2010年版）是近年来在西北史籍搜集方面最为全面的著作，其囊括相关西北研究从古至今众多的研究成果，并对其中的专著进行扼要概述。陈超、刘玉清编著的《青海地方志书介绍》是研究民国时期青海的重要著作。魏永理著的《中国西北近代开发史》（甘肃人民出版社，1993年版）具有代表性，这部书是国家社会科学基金资助项目，集陕、甘、宁、青、新学者编辑而成。顾颉刚在民国时期曾四次来到西北，著有《西北考察日记》（中国边疆史地研究中心，1983年）。马鹤天曾著《西北考察记·青海篇》（国民印务局，民国1936年版旧刊），对马氏在西北考察活动的研究主要有李家伟、崔江伟的《马鹤天的西北开发思想》（《唐山师范学院学报》，2012年第1期），王从华、尚季芳的《马鹤天眼中的民国青海社会及其开发对策述论》[《青海民族大学学报（社会科学版）》，2012年第2期]等。甘肃人民出版社整理编辑的"西北行记丛萃"（甘肃人民出版社，2002—2003年版），这套丛书，主要有第一辑周希武的《宁海纪行》、宣侠父的《西北远征记》、林鹏侠的《西北行》；第二辑马鹤天的《甘青藏边区考察记》，侯鸿鉴、马鹤天的《西北漫游记·青海考察记》，高良佐的《西北随轺记》，张恨水、李孤帆的《西游小记·西行杂记》，李烛尘的《西北历程》等涉及西北社会状况的相关内容。另外，顾执中、陆治的《到青海去》（中国青年出版社，2012年版）关注普通民众的日常生活，从民生视角进行写实描写。

以上著作涉及西北地区与民众生计相关联的政治经济、社会习俗等，可借鉴其考察的范围。

六、小结

这些研究结果形成了新的语境，而研究也可以再次返回这个语境构成的方式与逻辑中去，从而梳理生成不同的研究方式。从以上对文献资料的构架可见，众多的研究成果涉及的领域广泛，而笔者的研究需要浸润在这个语境逻辑中。目前的研究也还存在着一定的问题与不足之处。有关西北地区研究的各类著作的书籍、文献资料相对较多，但专门论述晚清至中华人民共和国成立初期西北民生设计与工业化的著作尚不多见。当然，这些所列书籍、文献资料对这一时期西北地区设计发展状况亦有诸多涉及。

民生设计是遵循现代工业化发展过程的动态秩序，亦是囊括了社会政治经济、文化心理、生活习俗等多方面、多视角、多层次的综合整合过程。上述几个类别的研究成果在某一方面的力度较大，但对本选题的研究还缺乏一个整体的把握，大多研究是从工业化发展情况、历史演化、经济史或设计学中单一学科的角度来研究，而本书侧重以这一时期西北地区民生设计的角度来探析中国早期工业化发展演变及其特征。

因此，查找和收集散布各处的相关资料成为需要付出大量时间和精力的基础性工作，而能否深入挖掘、充分利用这些资料则是对笔者史论功底的极大考验。

第三节　工业化概念的运用限度与立论前提的确认

一、工业化的界定及工业化的范式

《说文解字》有解："工，巧饰也，象人有规矩也。与巫同意，凡工之属，皆从工。徐锴曰，为巧必遵规矩法度，然后为工，否则目巧也。巫事无形，失在于诡，亦当遵规矩。故曰，与巫同意。"[1]《辞源》中对"工业"一词有解：用自然物资制造物品的各项事业。东汉武梁祠浮雕上有："付羲仓精，初造工

---

[1] （汉）许慎撰：《说文解字》，中华书局1963年版，第100页。其中徐锴为南唐文字训诂学家。

业。画卦结绳，以理海内。"[①]

关于"工业化"《汉语大词典简编》解释为"使机器大工业在国民经济中发展为占主要地位的过程"。[②]在英文中，industry 一词有工业、产业、生产之意；industrial 则为工业的、产业的含义。[③]industrialization 意为工业化，指工业生产活动在国家或地区的经济发展中，逐步占据主导地位的历程。

工业化的定义亦有狭义和广义区分。广义的工业化指一个国家或地区从传统农业形式向现代工业形式转化的历史过程。狭义的工业化就是指第二产业及相关就业人口所占比例提高的过程。《新帕尔格雷夫经济学大辞典》将工业化视为一种动态过程，其一以国民收入中制造业活动和第二产业占比高为指标，其二以制造业和第二产业就业人口占比高为指标。这两个指标的增长带来了人均收入的增加。[④]而工业化过程，包括对非生物能源的利用，机器制造品对手工制造品的替代，以及新型企业和劳动组织的产生。

《新全球史》[⑤]中"工业化"指的是以农业和手工业生产为主导的经济形式向以工业和机器生产为特征的经济形式转换过程。此过程中，技术的进步与生产组织模式的变化改变了生产方式，带来生产率的提高，这一特征中，技术的进步是推动工业化的关键，组织模式亦随着技术的变革而改变。机器生产代替手工劳作、能量资源更多的启用无生命的能量、工厂成为产品的主要生产地，劳动分工、批量化、规模化、标准化成为工业社会的特征，对机器进行投资的需求刺激了大公司的产生。可见，工业化的影响已经超出了经济

---

① 资料来源：《隶释》十六。《隶释》为宋代金石学著作，是中国现存最早集录汉、魏及西晋石刻文字的专著。《隶释》共27卷，南宋乾道三年（1167）正月成书。参见广东、广西、湖南、河南辞源修订组，商务印书馆编辑部编《辞源》（第二册），1915、1931、1939，商务印书馆，1980年8月修订第1版，第953–954页。《汉语大词典简编》则认为"工业"指：利用自然资源制造生产及生活资料，也包含对农产品及半成品的加工行为。《汉语大词典简编》（上册），汉语大词典出版社1998年版，第767页。

② 《汉语大词典简编》（上册），汉语大词典出版社1998年版，第767页。

③ 张芳杰主编：《牛津现代高级英汉双解辞典》，牛津大学出版社1984年版，第591页。

④ 王慧：《中日农村工业化比较研究》，辽宁大学出版社2005年版。

⑤ 美杰里·本特利，赫伯特·齐格勒：《新全球史（1750年至今）》，魏凤莲译，北京大学出版社2014年版，第51页。

领域，带来了广泛的社会变化。

工业化从根本上改变了传统的社会结构，促进了新的社会阶层的形成。伴随着工业化的进程，大量民众从乡村迁移到工业区域。工业化之前，绝大多数民众或农耕或放牧，均在乡村地区生活，只有少数统治者和其他特权阶级以及数量很少的工匠、手工业者、官员等在城市生活。工业化以及与之相伴的技术、组织和社会的变革在世界上许多地区都可能会产生，只要那里有丰富的手工业技术、农产品和足够支撑工业化进程的投资。早期工业化发展使市场上充斥着众多大众消费品，工业化不仅提高生产效率，更将广大民众的生活水平提升到一定高度，亦提升了国家的经济和军事实力。

《设计与百年民生》中对工业化界定为："近现代中国社会的工业化进程，其基本定义是由西洋人发明的、全世界统一适用的工业化实现的衡量尺度：标准化（按消费的不同需求，以批量化方式按各批次统一标准进行生产；而非传统是手工产品那样即兴式、无统一规格的任一标准）、规模化（按市场占有率、利润率为经营目标的产业规划和商业规划，以规模最大化的制造、销售方式组织生产和经营；而非无规划的、短期的、临时性的传统手工产业）、机械化（材料采选、动能来源、劳动操作、物流运输等所有生产制造环节尽可能采用机械装置与设备，最大幅度提高劳动生产率和产品质量，而非基本靠手工劳作完成生产流程的传统手工产品）。"[①] 伴随着中国社会的革新进程，两种截然不同产业观念的持续冲突长达百年。历史证明，只有完成了上述标准的工业化彻底改造，其营造的崭新的生产方式与生活方式才可以被全社会绝大多数成员接受，并被他们广泛吸纳为自己日常的不可逆转的生存状态与主要谋生手段，如此，中国社会的工业化才是真实的、可信的，中国社会的全面现代化才能获得实现的最基础条件。中国民生设计产销业态，正是中国社会工业化最重要的产物之一。

当代中国的工业化进程其本质是中国由传统农业为主的社会生产形态，

---

① 王琥：《设计与百年民生》，江苏凤凰美术出版社2016年版，第15页。

向工业化的现代国家转型过程。其中历经的洋务运动、"实业救国"等，是这些实践行为的延续。由于其特殊的历史情境，直至1949年之前的中国始终未能完全实现工业化。但早期工业化的酝酿过程功不可没。由此可见，工业化作为一个动态过程，与世界近代化进程紧密关联，其经历了一个由隐到显，从局部到普遍的发展态势。

"早期工业化"的概念提法来自迪安①，他将工业革命之前的英国工业称为"早期工业化"，并指出早期工业化进展缓慢，只有少量的技术突破，农业与商贸也不同步。本书认同其所述早期工业化概念的界定，并依据"工业化"的衡量尺度，即标准化、规模化、机械化进行全文的论述。

虽早期工业化并未直接产生出近代民生设计，但可视为近代设计一个必要的先行阶段，为其准备了必要的生长条件。探究早期工业化便于我们解读传统设计向现代设计的过渡，而本书所关注的焦点锁定在与普通民众生活、生产相关的民生设计领域。

本书所谓的早期工业化，包含了以商品生产为目的、依旧依托手工工具生产产品且规模不等的手工作坊、手工工场等，亦囊括依托家庭为基础的工业生产时期。其虽然相似于自给自足的家庭手工业，但生产目的为出售商品，具有市场经济的属性。其与近代机器工业有共同特征，即商品生产，其还隐含在工业生产过程中，从经验积累模式向科技提升模式的技术过渡，即科学理论转化为生产技术的继承性和延续性。西北地区发生向早期工业化演进的历史条件既与核心地区有相似之处，也有其自身发展的独特性。本书将努力勾勒西北传统手工业现代转型的历史继承性和内涵延续性。

关于中国"早期工业化"，主要指19世纪40年代至1966年的近现代工业化，但往前可追溯到明清时期。如此，符合近代中国的早期工业化发展与工业化进程的逻辑联系。

---

① 转引自李立新《早期工业化时期一般造物设计的发展》，《东南大学学报（哲学社会科学版）》，2003年第2期，第76页。

二、工业化概念的运用限度与立论前提

本书对工业化概念的运用，不仅指工业部门生产过程中其生产力性质部分的变更，也包括由于其中生产方式的变革导致社会中商品市场运行、民众生产生活方式等的相应变化。因而，上述方面都涵盖于本书的工业化研究范围之内。

本书涉及的西北地区早期工业化的历史时期中，尽管其民生设计与当时的工业化发展水平确实未有想象中那么高，但却不难看出其对问题分析判断时所具有的客观特征。

传统手工业生产方式向机器工业生产方式演化的过程始终在相互交错中进行，机器工业生产方式一定依托自身传统渐进发展，其中手工工场过渡到大工业也在悄然改变中进行。这充分印证了早期工业化在中国演化经历了外来事物的本土化过程，此种情境下，我们如何判断其产品属于传统还是现代的不同生产方式就显得难以言说。工业化本就是一个系统，脱离现实生产力基础的大工业生产并不存在，否则洋务派也不会从最初为了实现军事的现代化而一心搞军工，却又扩展到铁路及某些民用生产上。[1] 我国的传统工业也并非与早期工业化的进程完全无关，即使完全从西方引进的企业，从前期建厂时的厂区规划、厂房营造和具体到生产中的零配件设计，中期的原料整理、机械修配、成品包装等环节中，也通过将一些辅助工序转包给手工业作坊承担以节约资本，这也在一定程度上促进了手工业的发展。[2]

著者在对"西北地区早期工业化的民生设计"进行探讨之前，需要建构一个概念的运用限度及立论的前提条件。假设本书中涉及所举证的资料、文献准确，且研究结果有一定的说服力，便可验证中国西北地区的早期工业化发展是一个持续的、渐进中伴有突进的过程，尽管时有高低、时有缓进，但

---

① 陈征平：《云南早期工业化进程研究（1840—1949）》，博士学位论文，华中师范大学，2001年。

② 吴承明：《市场·近代化·经济史论》，云南大学出版社1996年版，第168页。转引自陈征平《云南早期工业化进程研究（1840—1949）》，博士学位论文，华中师范大学，2001年。

鉴于西北地区本身所涉地域范围广阔，各地区实际的发展变化过程必然存在先后次序及差异性。而并非处于停滞的形式，这即给本书的研究提供了一个现实的可行性依据。但这里有必要表明，前提的成立并非证明西北地区的民生设计已经处于具有现代性特质的工业化进程之中，毕竟其只是一个萌发、起步的阶段，因而本书旨在揭示自晚清至中华人民共和国成立初期以来中国西北地区的早期工业化给民生设计带来的社会思想、政治、经济、文化变革所呈现的动态情势，使用"工业化"一词也主要是一个描述性词语，而非一种对工业化性质的内在判断。

第四节　几点必要的说明

一、时间界定、地域范围界定

（一）时间范围

本书选择1840—1966年作为考察的时间，是参考了设计史与社会发展史的结果，可以使研究的结果更加接近史实的本身。

龚书铎[①]将1840年至1949年的历史纳入近代史的研究范畴，分类为：新民主主义革命的开始与北洋军阀的统治；北洋军阀的末路与国民革命；工农武装革命的开展与国民党在全国统治的建立；由国内战争过渡到抗日战争；抗战；新民主主义革命的胜利与国民党政权的崩溃。

从设计史的角度来说，赵农的设计史[②]将近现代的含义从1911年推至于当下，而将设计的载体作为主要展开的主轴，并在讨论主题中标注时间。郭恩慈的设计史[③]以现代为陈述对象，将时间前移至1842年，又划分为几个阶段：1842—1895年，中国现代意识之展开；1896—1918年，民营工商业迅速

---

① 龚书铎：《中国近代史》，中华书局2010年版。
② 赵农：《中国艺术设计史》，陕西人民美术出版社2004年版。
③ 郭恩慈等：《中国现代设计的诞生》，东方出版中心2008年版。

发展下设计工业的萌芽；1919—1926年，设计师在追求科学与民主的时代抬头；1927—1936年，与世界接轨、现代主义风格在中国；1937—1949年，中国设计工业新方向。① 王琥在《设计与百年民生》中将"百年"界定在1894年甲午战争爆发至20世纪90年代中期的前后约一百年。近现代中国设计史当以甲午前后为划分时段：甲午前为古代设计史，甲午之后为近代设计史。因为"鸦片二度战败，尚未伤及国本，亦未见中国社会之民生改善与民俗改良显现。唯甲午战败及随后庚子事变，令国体撼动、法统颠覆，全体国人痛入心髓，自觉反省，洋学新风遂得以深入人心，始有后来建立民国、五四运动等革命之成功基础，设计产业随之获得形成及发展环境"②。

由以上分期可知，依附于史学的分期并不能完全呈现出民生设计内部的发展演化，因为民生设计的发展同时受到外部、内部规律的影响。这样的梳理避免在细节上过分纠缠于政治事件的影响，将政治的运动隐于设计发展背景中，且遵循设计本身的发展规律。历史与政治事件是民生设计发生演变的助推剂，而民生设计发展并不与之完全匹配。近年来设计史较为关注设计内部的发展脉络，很多著作虽依据社会发展历史时期展开设计研究，但展开方式已非强硬切割，而更为关注相应时期内设计自身发展的纵向演化。

著者从设计文化转型的角度，同时关注民生设计社会效益的滞后现象，即市场必须有一定酝酿期，才能体现前期变革的意义及结果；针对西北特殊的地域文化区别于其他地区的民生设计特征，从早期工业化雏形入手，进行时间分期：

第一个时期从洋务运动之前西北地区的早期工业化与设计的萌芽论起。探究早期工业化的本质及初期形态，如此有更好的衔接性。

第二个时期围绕晚清洋务运动与早期民生设计（1861—1894年）展开论述。此时期为生活、生产方式转型，早期工业化观念的形成时期。

第三个时期围绕"清末新政"中的西北经略（1901—1911年）展开论述。

---

① 郭恩慈等:《中国现代设计的诞生》，东方出版中心2008年版，第1—4页。
② 王琥:《设计与百年民生》，江苏凤凰美术出版社2016年版，第35页。

随着这一时期早期工业化的推进，其民众生活方式与生产方式更加丰富。

第四个时期围绕民国前期西北地区工业化与民生设计（1912—1937年）进行阐释。此时是早期工业化规范化推进时期。

第五个时期围绕民国后期西北地区工业化与民生设计（1937—1949年）进行阐释。此时期作为"大后方"的西北地区是工业化进程的繁荣与引领。

第六个时期围绕中华人民共和国成立初期西北地区工业化与民生设计（1949—1966年）展开。此时是工业化进程的深化时期。本书将中华人民共和国成立初期的时间界定为：1949年中华人民共和国宣告建立至1966年为止。[①]

这几个时期是参考了设计史、社会史的分期而作的时间划分。本书所截取的时间节点是西北地区民生设计从传统生活方式、生产方式过渡至现代生活方式及生产方式的过程。因为设计活动具有连贯性，所以行文中尽量按照设计对象最活跃最典型的时期归类描述。

（二）"西北地区"界定

从政治地理角度来看，在不同的历史时期，西北地区的地域范围、大小不一，且变化颇大。不同历史时期，由于种种原因，人们迁徙频繁，故在这一地区生活的人类种群也常出现不确定现象。

明清至民国时期是中国现代疆域的最终定型时期。

清政府在灭亡准格尔蒙古达瓦齐政权后宣布"凡（准格尔）旧有游牧，皆我版图"[②]，将准格尔部所属土地都并入清朝的版图之内。由此，清朝在西北地区的疆域范围"西极新疆疏勒，至于葱岭……汉、唐以来未之有也"[③]。其版图臻于极盛，西北边界发展到了"沿巴尔喀什湖北岸，东北走向是顺爱古斯河（阿亚古斯河）和楚克里克河，往北至额尔齐斯河畔的铿格尔图喇（苏联

---

① 这一时间节点参考了王琥《设计与百年民生》（江苏凤凰美术出版社2016年版，第514页）中关于中华人民共和国成立初期的时间划分。

② 《清高宗实录》卷六一乾隆二十五年七月辛酉，《清实录》，中华书局1985年版，第16册，第942页。

③ 赵尔巽：《清史稿》卷五四《地理志一》，中华书局1977年版，第1892页。

乌斯季卡缅诺戈尔斯克）；沿巴尔喀什湖南岸，南过楚河中游，至塔拉斯（苏联江布尔），又曲折经鄂斯（苏联奥希），抵帕米尔地区"①。分别与俄罗斯、哈萨克部落、布鲁特部落和浩罕国交界。清朝疆域的扩大对西北地区在清朝政治经济中的地位、对清朝及中亚地区的整体政治格局都造成了非常重大的影响。

到了近代随着俄国和中亚地区浩罕国逐步蚕食我国西北地区的领土，西北边患开始逐渐严重。19世纪六七十年代，浩罕国阿古柏侵占新疆，成立"哲德沙尔国"。左宗棠挥师西征，重新统一新疆，恢复了中央政府对新疆的控制。至清代，中央政府终于将西北地区的疆域巩固在巴尔喀什湖以东、以南地区，而1884年新疆建省，不但标志着中原王朝将郡县制终于推进到新疆全境，同时也使新疆最终成为中华人民共和国不可分割的一部分。

民国时期西北边疆，在清末的基础上总体保持稳定，最主要的变迁发生在阿尔泰地区。在清朝末期处理"科、塔借地"之争的过程中，为了防范俄国利用光绪六年（1881年）签订的《中俄伊犁条约》对阿尔泰地区领土的蚕食，光绪三十二年十一月九日（1906年12月24日），清政府设立阿尔泰办事大臣，阿尔泰正式从科布多参赞大臣辖区分划出来，成为直属中央政府的一级行政区划。辛亥革命爆发后，外蒙古宣布独立，随后外蒙古向西武力攻占科布多地区，阿尔泰地区随即面临严重的边疆危机。为了解决阿尔泰地区的边疆危机，同时保障新疆省的安全，新疆督军杨增新积极建议中央政府将阿尔泰地区划归新疆省管辖。最终于1916年6月，中央宣布"阿尔泰办事长官即裁撤，所辖区域归并新疆省，改设阿山道尹一缺，所有该长官原管之蒙哈等事务，均由该道尹循旧接管"②。将阿尔泰地区由中央直属划归新疆省，阿尔泰地区正式归属新疆。此后，新疆以阿尔泰山为界与苏俄、蒙古为界，巩固了边防，奠定了今日西北边疆的基础。

---

① 马曼丽：《中国西北边疆发展史研究》，黑龙江教育出版社2001年版，第134页；《沙俄侵略中国西北边疆史》编写组：《沙俄侵略中国西北边疆史》，人民出版社1979年版，第59–89页。

② 陈崇祖：《外蒙近世史》，文海出版社1965年版，第130–131页。

西北地区的地理范围：由于不同历史时期、具体历史事件发展进程的影响，导致其地理范围不同。通常历史上地域划分有多种方法：依据行省作为区域划分的基础；依据自然地理条件为标准进行划分；采取多元标准，既可以按行省划分区域，亦可以按江河流域、市场网络和人文风俗等来划定。

本书所述"西北"的研究范围，会依据不同时期中国版图的变更进行调整，即在论述1924年之前的西北地区时，包含外蒙古所涉范围。而1924年之后的西北地区，则论述主要包括秦岭以北、潼关和山陕黄河大转弯以西的陕西、绥远、宁夏、甘肃、青海、新疆6省辖区。它们无论在自然环境还是在经济环境方面，都构成一个相对独立的地理单元。

绥远地区[①]大致相当于今天内蒙古自治区中西部，包括呼和浩特市、包头市、乌兰察布市、鄂尔多斯市、巴彦淖尔市。这一地区在清朝时实行盟旗和厅并存的管理制度。民国成立后，变更清制，将十二厅均改为县，连同乌兰察布盟、伊克昭盟划为绥远特别区域，民国十八年正式改为省。绥远省管辖17个蒙旗、16个县、2个设治局。宁夏地区于1928年11月改设为宁夏省，青海省则于1928年9月划甘肃省所属西宁道及青海地方辖区所置。

1949年中华人民共和国成立至今，西北地区被划定为"深居内陆，位于昆仑山—阿尔金山—祁连山和长城以北，大兴安岭、乌鞘岭以西，包括新疆维吾尔自治区、宁夏回族自治区、内蒙古自治区的西部和甘肃省的西北部等"[②]，共涉及陕西省、甘肃省、宁夏回族自治区、青海省与新疆维吾尔自治区五省。

---

① 其中绥远地区在1913年前隶属于山西省归绥道，1913—1928年9月前为绥远特别区，由绥远都统辖之，1928年9月后划绥远特别区及察哈尔4县置为绥远省。

② 中华人民共和国中央人民政府网站：http://www.gov.cn/guoqing/2005-09-13/content_2582640.htm

图0-1　外蒙古、绥远特别区域、察哈尔特别行区域、阿尔泰区域 [1]

二、西北地区的自然与社会历史条件

工业化所涉及的民众生活方式与生产方式均离不开所处的自然与社会历史背景，其受到所在地区的自然、社会、政治、经济、技术、文化等多方面具体条件的影响和制约。自然环境决定了区域内各种动植物的生长，以及相关原材料、特定产品产量、生产性固定资产，进而间接影响了民众的生产生活方式。这与不同地域所处的地理空间与其相应的行业生产模式、所占有的资源、可创造的生产资料有关。尤其在晚清至中华人民共和国成立初期，地区的社会经济、技术多受限于自然、社会条件。故欲阐述西北地区民生设计与工业化，必定需对此背景有所体察。

---

① 资料来源：《民国早期分省行政地形图（25张含各省会城池图）》民国六年古本。

（一）西北地区的地理位置与自然条件

西北地区地形复杂，跨越黄土高原、内蒙古高原和青藏高原，高原、山地、丘陵所占面积广袤，昼夜温差大。黄土高原因水土流失严重，沟壑纵横，黄河贯穿其中，地貌主要以黄土丘陵为特征，是我国地形从第一级到第二级的过渡。

地形、气候等条件成就了西北地区广阔的草场资源，这是畜牧业得以发展的首要条件，而畜牧业的发达与西北地区一些手工业的发展有密切的关系。西北地区是最主要的皮毛和畜产品产地，导致该地区以皮毛加工业和乳品加工业为主，商业贸易的输出品以皮毛为主。

（二）西北地区的社会历史条件

在西北地区特殊的生产方式、生活方式下进行的各种活动，均建构在不同地区文化沟通、商品交换、劳动协作等基础上。中国西北历来聚居了许多少数民族，各民族有着各自不同的经济生活形态，具体表现是在生产方式、生活方式上亦会有所差异。各民族进入西北地区的历史时期不同，且在晚清时期回族的居住地发生重大变动。清代是西北地区多民族聚居格局的形成时期，各民族定居形成的时间不同，这对其衣食住行等民众生计多方面产生巨大影响，例如回族的定性经历了曲折的历史过程；自汉代至清末，汉族不断移入西北地区，促进了这一地区经济发展、社会进步以及整个社会结构的变迁。各民族在自身形成过程中，拥有各自的经济生活形态，生活、生产均有所差异。加之后期交通运输业的发展，交通工具的改善，打破原有独立封闭的地区格局，加速了不同民族、不同地区的融合发展。而且西北地区优良的资源为发展该民生商品经济提供了便利，还形成具有浓郁民族风格的手工业。

西北地区地处国家边疆，其与沙皇俄国、蒙古等国接壤，自古便有商品的对外贸易往来；且是自古以来丝绸之路的重要通道。近代以技术引进为依据，并以新式交通的出现为发展工业化的先决条件，以铁路公路建设为主，同时兼顾黄河水运。

第一章

洋务运动之前西北地区的早期工业化与设计的萌芽

洋务运动之前的中国能否工业化，主要取决于其内部因素及外部因素所具备的各种条件。而在这些条件中，最重要者之一是中国以往社会发展所营造的根基。但在工业化之前中国不同地区的社会发展所营造的基础各有其特点，因而在中国不同地域乃至中国西北不同地区，工业化是否能够出现或者以何种形式出现，也就没有一个共同的模式。因此在对各自特点进行分析的同时，对这些共同特点进行研究，才能得出一些具有普遍性的规律。

1840年6月第一次鸦片战争，打乱了中国两千余年来封建经济发展的历史进程，开启了半殖民地、半封建的中国社会历史，某种意义上看，也是中国卷入工业化进程的开始。中国在经过短暂犹豫徘徊后，义无反顾踏上了工业化道路。1860年开始了中国现代化运动，此后，不管遇上怎样的挫折，中国人现代化的信念从未动摇过。

第一节 洋务运动之前西北地区设计中早期工业化的雏形

工业化的过程是一种具有地区性的过程。中国的西北地区在地理、水文、自然生态以及经济联系等方面形成了一个整体，从而构成了一个比较完整的生活生产区域。西北核心地区是主要贸易的集中区域，集中区域必然是交通枢纽，即多条贸易路线的交错地，其连接各地区内的城市与乡村。核心地区一定是人口集聚且拥有丰富经济资源的地区，交通的发展是决定一个地区经济生活的关键因素，特别是因为道路及河流所提供的运输网络，是该地区经济整合的基础。运输线路构成一个系统，其密度由核心向周边递减，构成了城乡之间的商业联系。

　　民生设计在其产生的过程中自然而然地与经济因素缠绕在一起。一个地区早期工业化的发生与发展，与该地区农业、畜牧业、工业、商业和其他产业的发展密不可分，是该地区各主要经济部门共同发展的结果。而这种共同发展，只可能在一个既定的空间范围中发生。因此各民生产业之间的互动，也只能在一个内部联系紧密的经济生活区域内起作用。换言之，早期工业化通过对一个特定区域整体民生产业现象进行分析，必然需要将该地区经济发展作为参照对象。西北地区的市场网络，对于工业化发展至为重要。通过这个网络，能够以较低的运费和较大的数量运送生产生活所需的原料和所制出来的产品。这不仅降低了生产的成本，而且也减少了各主要生产工序之间的间隔，在某些地方甚至还促成了某些重要工序的地域分工，这是西北地区工业化发展所特有的主要优势之一。而这个优势又是由西北地区特有的自然与经济、社会条件所导致。

一、洋务运动之前西北地区设计中早期工业化的历史前提

　　在不同历史时期及历史背景下，工业化发生与成长的决定性因素、形式及内容均会发生改变。在研究西北地区民生设计中早期工业化的先决条件时，探究其早期工业化在多大程度上遵循常规工业化的发展模式，和在多大程度上发展出自己独特的路径，要做出洞中肯綮的判断，首先要对西北地区早期工业化的历史基础有一个基本的分析，以通过对当时社会经济文化发展程度及水平的揭示来考察其如何产生及在后期如何成长。

　　从早期工业化的形成中可以看出诸多因素及条件的相关性，西北地区的经济发展与市场化程度涉及该地区民众生产生活中人力、物力资源的使用情况，而这一情况又必然涉及该地区体制运行机制。通过对以上涉及的相关因素及条件进行完整构架分析，对西北地区民生设计中早期工业化发生的历史前提进行探索。

（一）西北地区社会经济运行的制度框架

随着清军进入中原，西北地区地缘政治[①]在清初、中叶发生巨大的变化：曾经中央与少数民族政权并存抗衡的局势渐次消解，清政府统一西北之后，该地区一些少数民族逐步成长强大，对西北地区社会经济格局产生重要影响，最终对晚清至民国的西北政治经济发展趋势产生映射。

首先，政治上对不同民族采取不同行政建制，导致西北地区社会经济发展的多层次现状。清政府统一新疆，铲除地方割据势力，基本实现了中央政权对西北民族地区的政治控制，在统一中巩固政权并渐次与汉民族文化碰撞融合，不仅结束了自明代初期以来新疆地区数百年的分裂状态，维护了边疆稳定，还将边远广袤的边陲管辖于清中央集权之中。整体而言，西北地区政治格局趋于稳定，该地区的少数民族开始逐渐发展壮大，参与到西北地区的政治经济中。由于西北地区与沙俄交界，考量边疆稳定与安全，屯垦戍边亦成为西北历史上社会发展的一个典型特征，这一治理新疆的重要国策促成汉民族与当地少数民族聚居交流的生态，成为西北地区政治、经济与文化交融的基础。

唐朝灭亡之后，中国政治、经济重心逐渐南移，西北地区逐渐衰落且相对封闭落后，直至1875年左宗棠收复新疆，这种局面才有所好转。中央政权从控制西北政治之初即开始从经济上进行渗透。国内市场通过西北与内地间的商品交换而开启，如天津、山西等地的商队赶赴新疆从事货物运销，从西至东以塔城、喀什、迪化等地向西北各地渗透，从东至西以天津、汉口、上海进入西北各地，与国际市场交流、产生经济流通，遂由封闭转向开放。

但鉴于政治上中央对少数民族的分而治之，西北地区必然在经济贸易中存在许多限制，加之交通与信息传递的制约，造成该地区相对隔绝的现实情

---

① "地缘政治是指政治行为体通过对地理环境的控制和利用，来实现以权力、利益、安全为核心的特定权利，并借助地理环境展开相互竞争与协调的过程及其形成的空间关系。"引自刘传飞，张莉《清代前中期的西北地缘政治演变》《陕西师范大学学报（哲学社会科学版）》2014年第2期，第143页。

境，与不同民族和地区生产力水平发展不均衡的局面。

由于西北地区具有基础产业的作用及地位乃至国防战略上的意义，使得该地区在清末不同时期被视为政府投资的重点，不可能任民间随意建设。清代盐、茶是官府垄断的商品物资①，西北地区的产业结构及其资源配置上具有浓厚的中央集权特征与较少市场调节的内涵。从此后早期工业化推进的情况看，依旧是政府起主导作用。但无论如何，商品物资的运转需要运力，其必然带动了驮运业、马帮业的兴旺，又促成沿途旅店业、运输服务业等的兴起，相关行业在当时呈现繁荣景象。

其次，西北地区对外贸易的发展状况并没有像想象中的那么畅通自由，其商品经济发展长期处于受压制的状态，这与清政府经济政策的内敛性直接相关。西北边疆与沙俄接壤，本具有天然的对外贸易资源优势，但中央政权对西北对外贸易的发展政策及态度时松时紧，如此必然影响该地区经济贸易的规模和程度。自春秋战国至清代的历史进程可窥见，中央政权存在地域扩张和维护大一统的强大本能倾向，但其地域扩张后明显地缺乏对超出地域实物形态利益的追求，这导致在对外贸易的态度上多呈现被动的姿态，囿于现状，且主观上则认为边界开放和对外贸易只会造成自身利益的流失并滋生弊端。这使得西北地区对外贸易长期未能得到应有的正常发展，自清以来，清政府在对外贸易政策上便多采取制约、限制的方式。西北虽有丝绸之路及对外通商的地利之便，却依旧发展缓慢，归根结底是清政府没有意识到对外贸易与西北地区经济发展的重要性与由地利形成的合理性。

因而，至鸦片战争之后的被动开放之前，西北地区的对外贸易基本围绕商品流通规模小的生产资料和一般日用品，且增长极为缓慢，贸易范围以接壤国家和地区为主，囿于一种小生产方式的生存需要，输出的货物主要有皮革、羊毛制品等手工业品；输入的货物主要以宝石、药材、香料等消费性商

---

① 事实上雍正十三年陕甘茶马贸易废止后，茶叶已经变成领引纳税即可自由贩运的普通商品；并且在此之前，茶叶也由晋商通过照票贸易的形式，从南方茶园到蒙古草原长距离地自由运销。

品为主，辅之以少量的生产原料。这类贸易商品及规模相较于沿海地区的大额贸易规模而言，映射出清政府主导思想上的自我封闭性与自满特征。

（二）西北地区商品经济与市场发育程度状况

清政府统一支配之下形成的西北地区商品经济特征，充分反映在1840年前后所表征的西北地区民生产业经济布局中。因为西北地区的经济发展与市场化程度较低，该地区民众生产生活中人力、物力资源的使用情况亦呈现较低能力。这可以从以下几个方面体现出来。

1. 商品流通途径及运力程度

对外贸易、商品流通均建构在交通条件的改善、交通工具的使用基础之上，贸易路线的拓展范围一定程度上决定了商品流通的规模、潜力。西北地形复杂、涉及范围广，这给交通条件及交通工具的发展带来很大困难，贸易主路线的形成缓慢，之后辅助路线的渗透性比之沿海地区极其微弱，自然环境对西北地区商品流通带来一定的阻力。

清代西北地区可依靠的畜力为骆驼、驮马，加之人力负重，共同构成运力条件。由于西北地形复杂多样，除了在有限的区域可使用畜力车辆、黄河沿线有水运通航之外，人负畜驮是最重要的运力形式。如此一来，其运力能力可想而知，其运载速度、规模、成本都限制在一定范围内，这类基于人力、畜力而得到有限延伸的动力模式，不仅制约于人、畜生理极限，与沿海沿江地区以畜力车辆或船运为主的运力条件相比，生产力受到极大的约束，即便西北在大规模的长途运输中使用"驼队"，即由若干骆驼、马匹，数量不等，少者十数，多者可上千所组成的运输队。但其载重能力有限，且速度日行二三十里，显然受到人畜体力限制，由此产生维持原有生产力与扩大生产力的物质可供量之间的矛盾。在这两者制约的矛盾中，如果没有产生新的商品流通途径及运力能力，其发展必然受制于此，且只能居于程度较低的自给自足的传统生产方式下，维系一种低水平的循环。民众的生产关系及生活方式取决于对应的生产方式，这是西北地区经济发展落后于沿海地区最直接、最根本的缘由。交通条件、交通运输业的变革对西北地区早期工业化起到重要的推进功能。[1]

2. 商品交换规模及贸易集聚范围

清政府中央集权制度模式调控下的西北地区，其商品经济发展程度低，自由空间有限，集中体现在以下两方面：首先，西北地区在清前期及中叶政治发生巨大变革，变革之后又维持了较长时间的稳定。清政府与少数民族势力长期相互制约、制衡，西北少数民族对清政府的服叛亦造成西北地区政治经济格局的变动，继而影响其政治经济的稳定程度。基于此，西北边疆商品交换规模有限且贸易集聚范围难以扩展，不仅受制于政治政策的影响，省与省之间也受制于交通条件，难以在短时期内有所发展，使西北地区商品经济可能的发展空间产生局限。其次，交通运输的发展程度决定了商品经济发展的可能性。清代交通的发展直接遵从彼时清政府边防、政治的需要，是中央政权统一调控下的皇朝整体经济运行体制，此背景下交通的发展模式直接将区域内民生商品经济划归中央政权经济中。由此可见，清代西北地区经济发展自我调控的效应及效力极低。

传统的农业社会中，一个地区的人口密度与单位面积上的农业生产率息息相关，中国大部分政治经济发达的地区都具有密集的交通路线，导致运输成本低、运费低廉，发达的地区比落后的边缘地区更容易进行商品交换、经济更易迅速发展、更大范围地实现商品化。施坚雅在考察中国核心区域的经济发展状况时，就已窥见我国封建社会晚期的这一特性。"市场不仅能生产创造出更多的商品，而且也体现出当地民众对市场的依赖程度"。[2] 由于西北涵盖区域广阔，其中不乏商品化程度较高的地区，其标志性指标如人口密度、农业生产率、畜牧业生产规模等均有较高水平。也因其地域涵盖范围广，出现多经济中心现象，且每个发达的中心区之间，以及发达的中心区与辐射范

---

① 陈征平：《云南早期工业化进程研究（1840—1949）》，博士学位论文，华中师范大学，2001年。

② 施坚雅：《中国封建社会晚期城市研究》，吉林教育出版社1991年版，第153页。

围内的边缘区域经济发展相差很大，足以证明西北不同地区的市场化程度发展不均衡，且没有形成关联性市场。由于缺乏近代生产力手段，必然限制出现以工业化为内涵的经济结构性质的社会变迁。西北地区商品交换规模属于局部分散、狭小且水平较低的地域性特征，其贸易集聚范围的扩展能力极其受限。虽然西北地区通商的主要线路古已有之，但商品转运的跨度范围受到运输成本的极大限制，加之交通条件及交通工具落后且发展缓慢，使远距离商品转运超出民众商品交换的考量范围，阻滞了该区域的经济态势发展。

（三）西北地区区域资本积聚能力及流向

以上可见，西北地区具有由地域特征、自然资源所决定的经济优势，但受制于中央政权经济制度，清政府对商品贸易发展采取的诸多制约条件，致使该地区区域资本积聚能力有限，限制了西北地区经济增长速度。

商品经济发展虽不是工业化发展的充分条件，但却是其得以产生的必要支撑。长久以来，由于历史资料的匮乏，人们难于对洋务运动之前的西北地区社会资本积聚的流向进行有利剖析，以鉴别其资本积聚对社会进步的推动力量。生产的手段及规模决定商品交换的结构，本书在阐释商品交换规模及贸易集聚范围的基础上，推断出西北地区生产的大致情况，继而较为合理地解释西北地区区域资本积聚能力。首先，在清政府经济制度的实施贯彻中，"重农抑商"造成很大的干扰，这使西北地区商业资本积聚之后均不会择选单一目标，导致西北地区商业资本积聚缺乏稳定性。投向不同的行业或部门是介于传统与现代之间的行为特征，而这与彼时的时代特征相契合。其次，在特定的社会环境下，滋生出商人纳钱捐官、结交官府等行为，以为其资本积聚增加附加价值。时值清末，传统向近代过渡，各种陈规陋习借交替之际对新兴产业进行滋扰，助长了此类非常规支出的生长。

洋务运动之前西北地区虽长期受制于清政府中央政权的经济统制之下，但其经济制度已然渐次灵活，运行机制已然开始发生变化，民间自由经济形式开始萌生并成长，从内向型经济趋向外向型经济；在经济结构上，该地区的毛纺织业社会分工的范围与程度都得到进一步拓展和深化、强化甚至游离于畜牧业、农业。商品经济发展与民众生产生活更紧密联系在一起，促进了社会分工的扩大和商品经济的相对增长，但这种经济的进步与发展仍然只是建立在原有生产力水平潜力之上的一种渐变过程，其经济的增长程度也只是相对于自身发展的一种纵向比较，从横向比较来看，其作为早期工业化的基础还是落后于同时期沿海地区的发展。

二、洋务运动之前西北地区设计中早期工业化的本质及初期形态

早期工业化趋向确实为民生设计打下一些基础，但其仍不足以引起工业化。要把传统的家庭生产模式发展成为早期工业化，需要在特定的情境下激发内部与外部的矛盾。但这一特定的情境倘若不存在抑或不成熟，工业生产没有被激发的可能，其内部矛盾与外部冲击被消解，继而不会发展为工业化。[①] 此外，由于手工业生产与机器大工业之间彼此缠绕，既存在先后承继，又产生对抗，因此传统手工业与早期工业化彼此之间的关系不仅是相互排斥，而且在某种情况下可以并存。手工业与机器大工业之间并不存在严格的分割点。特别是在早期工业化进程中，复杂的手工操作中包含了简单的机械和机器作为辅助。机械、机器装置的起源，不一定比大工业的起源更容易确定。

民生生产主要面向"当地消费"，还是面向"外地消费"是西北地区早期工业化萌芽状态下的考量。洋务运动之前西北地区多数生产不再只是一种面向"当地消费"的自给性生产，而同时也是一种面向"外地消费"的商业化生产。这种"外向性"商业化生产的程度有明显提高。

---

① 王国斌、李伯重：《中国与西欧农村工业与经济发展的比较研究》，《中国社会经济史研究》1992年第4期，第1-9页。

（一）西北地区设计中早期工业化的本质特点

1.西北地区民生产业结构的变化

西北地区民生设计产业工业化发展，从分析该地区工业化发展的主要特点及其成因入手。从西北地区工业化的发展程度来看，其结构变化是工业化发展的最重要的标志之一。工业结构变革的主要内容，是劳动力和资本从农业向制造业以及运输业、商业部门转移，结构变化是工业化发展最主要的特点之一。第一，西北地区民生产业涉及的生产部门均出现程度不一的生产规模扩大，如皮革业、毛纺织业、谷物加工、酿酒、印刷等行业生产规模扩大，有的行业生产总能力超过本地区内部需求的增长。第二，在重工业所属各主要生产部门中，生产规模呈现出明显的扩大，工具制造业、建材工业等重工业部门有相当发展。西北地区以重工业为主的制造业在经济中的地位出现一定改变，因此从某种意义上来说，早期工业化的推进，实质上应关注关乎民生的重工业地位变化。

2.民生产业中机械的使用

在早期工业化时代，机械用于国计民生之生产对经济的发展具有极其重大的意义。但是机械的使用，又取决于能源与材料条件。因此在这个意义上可以说，机械是否能够使用于工业生产中，关键是能源与材料条件。当然，非畜力驱动的机器的使用和旧的原材料由新的更有效的原材料取代，是一个长期历史过程。正是在西北地区特殊的能源与材料条件下，毛纺织、皮革等才得以大量制造并广泛生产。

例如毛纺织业一直是西北地区重要的民生产业。在毛纺织业中，西北地区已越来越多地使用梳毛机、精梳机、金属滚轧机和滚剪机，以及水力驱动的轮锯、轮锤、鼓风机、起毛机、捻丝机等机器。不仅已经有机器制造业，而且该行业还日益分为多种多样的独立部门，但是西北地区多数毛纺织业中仍然主要还是传统的小型手动工具，很少有较大的机械，无论在产品的种类、性能、用途等方面，还是在制作的工艺水平、结构的复杂程度等方面。毛纺织业产品具有广大的市场，原料与产品的重量较轻，便于运输；劳动技术比较简单，仍与传统技艺相结合，因而可吸收大量非熟练工人；基本设备可通过少量而分散的资本支出逐渐建立，使工人能够自己提供简单器械与工作场所，这些特点也程度不等地存在于其他民生产业中。

3. 西北地区企业规模的变化

西北地区企业规模总体上呈现不断扩大的趋势，实际上主要是较多的工人在同一个大的劳动场所同时工作。扩大企业规模需要较大的劳动场所，因此劳动场所也就是企业规模扩大的关键。初期的工场手工业在劳动工具与劳动方式上与个体手工业并无多大差别，这时工场不过是作坊的扩大，其主要优越性在于集中使用生产资料而产生的节约。这种仅由许多人共同劳作的形式并未产生劳动协作，这种生产资料亦不同于独立个体劳作的民众或小业主的分散且相对成本高的生产资料。其劳动方式不变，亦会在劳动过程的物质条件上引起变革。使用的生产资料价值不与这些生产资料的规模和效果成正比。

众所周知，手工工场与家庭小手工作坊之间的最大不同，首先在于前者的生产规模较大。因此工场手工业取代个体手工业，实际上就是企业规模的扩大，然而企业规模的大小并非只与劳动的协作与分工有关，而且也取决于多种复杂的因素。生产设备规模决定了企业规模，设备的生产能力又决定了设备的规模。使用具有一定生产能力的设备就成为家庭手工作坊向手工工场转化的途径之一。

因此，西北地区设计中早期工业化的本质特点，实际上就是以简单再生产为主的社会向以扩大再生产为主的社会转变。社会生产分为以生产方式为主的生产和以生活方式为主的生产两大类。西北地区的早期工业化并不是外源性的发展，是一种综合的发展态势，但其也在外国资本主义、中国其他地区工业化的影响下出现和发展起来，这些影响既有积极的，也有消极的。

（二）西北地区设计中早期工业化的初期形态

西北地区设计中早期工业化的初期形态可以概括为来样加工。

从境外引进大量的洋工艺、洋材料、洋创意。许多境外民间手工艺由此传入中国西北地区，洋教士、洋商开办的一系列小作坊、小学堂、小工场，使很多我们今天熟知的"传统手工艺"在西北扎根下来。比如陕西地区的机制纺线和甘肃地区的毛呢机织工艺，其实都是境外事物，由教会传习，适用于民间土织；再比如金属工艺，金银首饰、宝石配件，从切割、镶嵌、打磨工艺到款式、纹样、表色设计，基本都是外来传入的。西洋手工艺的植入，几乎涉及今天被视为"国粹"的所有品种，一部分产品是最早的"来样加工"外贸专供商品，由外销促成。[①] 这是西北地区早期工业化萌芽的初期形态，其产生阶段中制造者、材料、工艺来自本地，依照来样加工的纹饰、工艺等要求进行制造。根据一般的规律，在西北地区与境外贸易影响下产生必然的交流，在交流中文化或事物总会引起相应变化。

三、洋务运动之前西北地区设计中早期工业化的呈现

清末，西北地区的工业化进程虽然缓慢，但却在不断地向前推进。其民生设计得益于本地区特有的优质资源，故而产生了有别于中国其他地区的独有行业，且具有一定的优势特征，这些特有资源对民生产业的发展具有重要价值。

（一）金属器具加工中的早期工业化

西北地区的金属资源极为丰富，且发现利用较早。两千年前新疆伊犁的尼勒克地区，本地民众早已对"铜"进行采炼。至清代，阿勒泰地区成为一个主要的产金点，在伊犁、拜城清政府均创建过铜币铸造厂。金属器具加工中的早期工业化体现在两方面，其一为加工过程的工业化，其二是加工工艺中焊接、抛光、切割等工艺呈现的工业化雏形。

清代，银首饰在民间盛行，银匠业繁盛。在中国西北游牧民族地域，银器制造业比较常见，主要有银碗、银汤匙、银筷等，另有宗教制品、珠宝首饰等。此外，铜器、铁器的打造与加工也较为兴盛。清末，兰州、西宁有青

---

① 王琥：《设计与百年民生》，江苏凤凰美术出版社2016年版，第150–151页。

铜器生产作坊，深受农牧民欢迎，销量较大。其多以地炉坩埚对铜进行熔化，采用手动式风匣鼓风，通过干模浇铸的形式制造器皿。在生产组织中，家家户户分散运营，遇到大件铸造时，多家协作分散化铁，完成铸造。[①]这种规模化生产形式，具有了早期工业化的雏形。

在铁器的制作与加工方面，主要制造生产、生活用品。如耙、镰刀、锨、镢头等农具，均在操作部位使用坚硬的铸铁，手持部分为硬木材质。铁器生产多由兰州、西宁制作完成，其余地区铁匠仅做修补工作，这一现象因西北部分地区制作铁器资源并不均衡、且不同地区工匠手艺水平不等而导致。生活用具中，马镫多用熟铁铸造，钟磬、火盆多熔生铁铸造，且原材料以陕西汉中运来、工匠制作水平高为最优。受少数民族生活习惯的影响，蒙古族民众随身配置小刀，用以吃食宰割，小刀造型多样，且尺寸规格有三寸、五寸、七寸及一尺等各种形制，其他还有锥、斧不同规格的生产工具。除此之外，还制造兵器如长矛、马刀等，主要销于蒙、藏游牧民族地区。

这一时期，西北少数民族的刀具制作有其民族特点。藏、蒙民众几乎每人随身佩戴，以"藏刀"为例，其又称为"腰刀""蒙古刀"，其首先作为重要的使用工具，平时被当作切肉的什件儿；当遭遇野兽袭击时，可起到个体保护作用；同时由于佩戴频繁，自然关注刀具的装饰功能，且与民族服饰相搭配。由于高工艺要求及手工操作，利用锻造、研磨、热处理、抛光等工序制作刀口，并使用优质复合钢。刀柄多采用牛角等材质，并在刀鞘上配置挖耳勺等辅助物件，实现一物多用的便捷功能。[②]

其加工工艺中局部使用小件机器以分解制作流程，金属器具加工中所发生的这种变化在一定程度上削弱了制作的自由度。因为本行业是手工产业，过去一个人需负责制作的所有步骤，但这种生产方式随着制作流程的分解而逐渐终止。从洋务运动之前起，匠人已细分专长，一个典型制作行业由数个

① 刘景华：《清代青海的手工业》，《青海社会科学》1997年第6期，第77–81页。
② 马明堂：《晚清黄河上游区域的手工业发展问题研究》，硕士学位论文，西北师范大学，2009年。

工序组成，每道工序的雇工从事特定的工作，抑或培训工匠，通过分解制作流程以利于监管，人们通过这些方式来提高技艺的可靠度。当产品生产分解成由不同工匠执行的流程时，就需增加一个额外的步骤——为工人预备工作指令——实际上就是设计。设计在当时的金属器具加工被称作制模，虽然很可能是由工匠完成，但已经成为生产里的独立流程。设计被复制得越多，制模的价值就更突出，因为从某种意义上说，其接替了以前每个工匠每生产一件产品的部分工作，由此这种模式成为扩大利润的一种方式。几乎所有的设计都具备为利用现有的生产手段来排除风险和变数而形成的特点。设计的任务是开发既适宜现有的制作方法又能满足市场品位的样式。制模的成就在于其所创造的样式圆满地将生产和消费的要求融合在一起。

（二）毛纺织业中的早期工业化

毛纺织业的发展对于整个工业的发展具有举足轻重的地位。明清时期西北地区毛纺织业在生产中发生一些重要变化，如从业人员数量的增多和分工与专业化的加强、生产技术的进步与生产工艺的提高。

1. 从业人员数量的增多，分工与专业化的加强

西北地区毛纺织业生产的"量变"，实际上就是生产规模的变化，不仅包括产品数量的变化，也包括从业人员数量的变化，往往也表现为产量与从业人数同时增加，尽管二者在增加的速度方面不一定同步。西北地区从明代后期始，毛纺织业总产量开始增加，不仅引起直接从事毛纺织业生产的从业人数增加，还导致毛纺织加工业的从业人数增加。

与西北地区早期工业化相关联的社会分工存在两种模式：一种是某一手工业生产与农业畜牧业分离。一种是将复杂的生产过程按照生产工序进行拆分，使其独立成生产部门。这两种分工实际上也就是专业化，虽然在一般情况下分工与专业化的意义还有所不同。如毛纺织业按照生产工序分为原毛初加工、毛条生产及改性、纺纱、染整等，每一环节的生产工艺决定了后期毛纺织品的质量及性能，工序的相互分离并专业化是逐步完成的，往往有的工

序有比较明确的分工，但有的工序的相互分离似乎尚未明朗，而后期织毛的专业化是不可避免的。

　　毛纺织业是西北地区最大的工业部门，而分工与专业化问题，又是毛纺织业中的核心问题。虽然毛纺织对技术与体力的要求相对较低，但是如果要提高工效，就必然使之专业化。分工是社会发展的必然结果，在民生商品领域，通过分工，其生产者不断细分进行生产活动，并以专业化、职业化的形象而存续。

　　2. 生产技术的进步与生产工艺的提高

　　西北地区毛纺织业生产较早就已专业化，并且有从农村向市镇乃至大城市集中的趋势。因此毛纺织业生产的从业人员数量，可从相关毛纺织器械数量来做推测。生产工具的改进和生产工艺的提高能验证生产技术的进步。

　　动力的改进不仅充分和更合理地利用了人的体力，也使得毛纺织时的动力得以加强，从而提高工效。同时，也使得人力得以解放出来用于传输等工作，其有助于质量控制。为适应生产专业化的需要，毛纺织机具也在不断分化。其构造多不尽相同，表明随着毛纺织业生产内部分工的发展，机具已逐渐专业化。使用这种改进的毛纺织机具，可以提高毛织物的质量，使内质更加坚固精致。

　　总之，西北地区毛纺织业的发展呈现出两个重要特点：一是劳动生产率有一定的提高。由于技术的进步、分工与专业化的加强、生产组织的变化所导致的劳动生产率提高，毛纺织业不仅有量的扩大，而且有质的改进。二是毛纺织业生产趋向城镇集中。西北地区多数家庭与毛纺织业相关，在生产之余并未脱离农业畜牧业生产，其毛纺织业中重要的生产环节在农村完成，可能最后加工的工序转移至城镇，商人在其中起到很大作用，其负责提供部分生产资金、支配产品生产及后期的产品销售。可见，毛纺织业的发展确实体现了西北早期工业化的萌芽。

　　（三）制革工序、方法的工业化雏形

　　晚清时期，西北地区的名贵羊裘闻名遐迩，同时，皮革制造业在工艺技术方面已有了较大革新。如以生鞣法和硝面鞣制法制作当地带毛羊皮，之后将其缝制加工成"皮筒子"，以备制作皮褥子和裘服。西北皮革产品还包括皮靴、皮鞋、皮暖靴、皮暖鞋以及用于生产的皮胶、皮绳等。这一时期，民间出现众多个体手工作坊，当地民众在农牧之余从事制革业。

自清代始，湟中康城寨回族民众生产的"康城藏靴"闻名于西北各地，并广销西北甘南、西南、内蒙古等地。康城藏靴是适用于当地民众生活、生产方式的藏式皮靴，且以工艺精良、质量上乘而适用于牧业区藏、蒙古族民众日常穿着。湟中康城寨渐次出现众多生产皮靴、挽具的家庭作坊式制革业。湟源是青海农牧区交界地带，该地区拥有丰富的牦牛皮资源，吸引了周边许多靴匠个体前来定居以从事生产销售，他们在此设立制革作坊鞣革制靴，渐成规模化的制靴业，不仅从业人数增长，其工艺技术水平也渐由粗糙、简单到精细、复杂。发展至清末，产品已有用毛毡氆等为靴腰的靴子，工艺精细、材质轻软，价格高于普通皮靴，多为当地牧主头人穿着，以显其尊贵。另外还有专为普通民众放牧时穿着的全革靴，也被称为皮腰，其相较于毛毡氆制作的靴子，手工较粗糙、制作简便，但功能实用、成本低廉。材质倾向性选择，证明民众对生产、生活环境中密切相关的自然物质已经有了相当程度的认知，并会正确利用此方法。兴盛的制革业融入社会不同阶层，并主动扩大使用人群使其不断地增强市场参与度，并向规模化发展，规模化本身就是早期工业化的表征。皮革商品的流行，制革群体的增加，使得制革市场的需求进一步扩大。

此时，越来越多地在制革的每一道工序中采用小型机器，局部机械化的进步为制革工序提供了技术支撑，技术因素对制革的工业化起了关键作用，机器的参与提高了生产效率和产品质量，增强了制革的市场竞争力。生产力是最活跃的因素，在同外国资本和本地区的竞争中，唯有进行技术创新和制度变革，才能生存和发展下去。

第二节　西北地区工业化的萌芽走向——设计形式的不断碰撞

一、设计中传统手工业与局部工业化继替发展的轨迹

（一）生产形式的并立

西北地区传统手工业亦是从经营上独立的小作坊形式渐次向手工工场转化，从清初始，部分行业已具规模，这些行业在后来的发展中出现规模化生产模式，运用巨额资本，且使用大量劳动力。在毛织、皮革、金属器具方面表现尤为明显，愈是生产复杂，愈是分工细密，且配合有条不紊。随着生产规模的扩大，生产技术水平、专业化与商品化水平不断提高，这也是中国早期工业化发展的共性。可见，西北地区早期工业化中的设计制造已呈现向独立工业生产部门发展的趋向。然而，手工工场的规模虽有扩大，但设计在其中所起作用极其有限，仍延续传统设计的形式，滞后于工业发展的速度。西北地区对于机器的采用并未普及，首先，民众对于机器的接纳受到彼时思想观念的抑制；其次，使用机器所涉及的材料能源供给亦制约着机器的普及。面对这种现状，机器并未发挥降低成本批量生产的优势，其面对的市场亦极为有限。故而，这一时期民生产品设计、制造、生产的主导形式依旧是家庭小作坊的形式，这一时期手工工场与手工业作坊并存因其经济上的合理性而成为西北地区早期工业化萌芽时期的生产特质，并为之后的设计产生奠定了一个生产上的基础。[①]

（二）设计技术的进步

早期工业化虽仍旧是手工形式，但随着传教士携西方新奇器具和工艺技

[①]　李立新：《早期工业化时期一般造物设计的发展》，《东南大学学报（哲学社会科学版）》2003年第2期，第74页。

术书籍到中国，西洋器具和技术的引进在一定程度上促进了当时设计技术的进步，机械作为一种可能的生产手段引起一众关心国计民生的有识之士的重视，西方的机器制作学问冲击了我国传统的制作工具，为改进传统工具起到重要的推进作用，并渐次在复杂的操作环节使用机器。但这一时期仍是以手工业为主要生产形式，价值观、成本考量使得机器未能在实际生产中发挥较大作用。但在传统手工生产制作的工序中，局部环节使用机器，改进技术，对当时设计发展产生了较大影响，如金器制作当中的焊接、抛光、切割工艺等。设计技术发展在早期工业化时期虽极其缓慢，但比较欧洲工业革命前的早期工业化，其发展速度并未有多么明显的落后。由此可见，民间设计技术的改进，使总体设计和生产获得了极大的进步，设计的专业化和商品化不断向前推进。[①]

（三）设计中工业化的趋向

机械化、规模化和标准化是工业化发展的标准，处在未能完全达到机械化、规模化条件之下的生产，能具备机械化、规模化和标准化三者其一的趋向都尤为重要。在手工工场与手工作坊中已有劳动分工，继而形成独立的工作部门，这就导致了生产制造中的规模化、标准化的趋向。在此我们关注的是那些与农业生产分离的设计简单，且似乎人皆可为之的普通物品的制作。如制革、制皮、毛织等和一些专一从事某种工艺特性强的物品制作的行业，如皮雕等，从这些极普通物品工业化趋向来说明当时一般设计专业化的程度，并观其商品化发展情况。其余民生日用产品也有专门的制作业和销售店铺。另外，原本属于农副产业的竹、草编在清代也日趋工业化，工业化趋向在生产制作中已深入设计的各个领域，成为一种普遍现象。

（四）西北地区传统手工业发展的主导形势

西北地区传统手工业发展是依托特殊自然环境的客观条件和民众主动性

[①] 李立新：《早期工业化时期一般造物设计的发展》,《东南大学学报（哲学社会科学版）》2003年第2期，第75页。

设计意识的合成产物。其主导特征是紧密围绕民众生活方式及生产方式，涉及种类逐渐扩大、行业更加细分、规模不断增长，在使用人群、使用范围、受众广度、产品适用性等方面不断扩展延伸。西北地区手工业的种类繁多，具体见表1-1。

表1-1 西北地区传统手工业概况一览表[①]

行业类别	产地及品类	品类特征	使用人群	工艺技术
毛纺织业	清代前、中期的肃州、甘州、凉州和皋兰等出产毛褐、绒毯；宁夏产栽绒毯；河州产毛毡。	细而有绒的为姑绒，无绒的为褐尖，细而薄的为平机绒，次者为粗褐及牛毛褐等	普通民众、文武官员	绒褐贸易的发展促进织褐业的繁荣，民间逐渐使用布机纺织羊毛。
	"苏织褐"，指循化苏织工的撒拉族出产的褐子。		普通民众	
	"毛褐子"，亦称褐。西宁、丹噶尔、湟中、玉树、贵德等地均有制造。	用牛、羊、骆驼毛捻线织成的一种粗纺呢。兰州毛褐根据织染技术的不同，又细分为铁里绵、麦穗子、小绒等。	普通民众	
地毯编织业	新疆地毯，新疆的羊毛由于其特殊的品质适于编制地毯。	图案美观，结实耐用。古代，当地人编织地毯主要用羊毛纺捻成毛线作经纬线和绒头。清代，开始以丝线作绒头，后逐渐以棉线作经纬线。	普通民众	新疆地毯由纯羊毛毯演变到毛经棉纬或棉毯。
制革业	牛皮、绵羊皮、山羊皮以及高档的旱獭皮等。新疆地区的制革业产品主要有靴鞋、皮箱、皮帽等。		普通民众	

[①] 资料来源：表格根据以下文献相关内容整理列出。马明堂：《晚清黄河上游区域的手工业发展问题研究》，硕士学位论文，西北师范大学，2009年。王利中：《20世纪50年代以来新疆工业变迁研究》，博士学位论文，西北大学，2010年。刘景华：《清代青海的手工业》，《青海社会科学》1997年第6期，第77-81页。

行业类别	产地及品类	品类特征	使用人群	工艺技术
水烟制造业	水烟的种植地区以兰州、皋兰、榆中、靖远为主；永靖、渭源、陇西、武山等地次之；天水、徽县、两当、固原等地又次之；平凉、静宁、高台、山丹等地亦有少量种植。	种植和培育的过程较为复杂，春季先育苗，待小麦、油菜等夏收作物收割后，移植烟苗。经过灌溉、追肥、中耕、摘心、打叉，于秋后采收。然后，按质论价，由烟坊收购，加工为水烟丝。	销售区域遍及全国各地	加工水烟丝的五道工序：整理烟叶，配料，压捆，推烟，出风装箱。配料独特，秘不外传。
石料加工业	1.磨扇、碌碡、石臼、石条等。2.砖雕。3.建筑材料，多为石灰、砖瓦；还有一些生活日用品等。4.昆仑山产和田玉。于阗玉雕艺人制作玉圭、玉珠、玉佩、玉鞍、玉佛等。	砖雕多为人物花卉动物等，在砖面划刻线纹，花样达数十种之多。	向中原王朝进贡；普通民众	
冶铸业	铁斧、铁犁、坎土曼等农具；刀、剪、壶、首饰等日用金属制品。	作为屠宰牲畜、割肉切瓜的英吉沙小刀、烧水煮茶用的铜壶、洗手壶、接水盆。另外，哈萨克手工艺匠人善制冬不拉、库布兹等乐器；乌兹别克匠人精心制作"派提奴斯"花盘等。	主要生产当地民众日常的生产生活用品。	
农产品加工业	主要包括磨面、磨米、榨油以及制淀粉、制豆腐、制糖等。		普通民众	石磨依据动力划分为水磨和旱磨。
木器制作业	丹噶尔厅制造的木器产品主要有：田车、棺椁、桌凳、木箱、木笥、木桶、木碗、盒等。西北地区马匹作为交通工具应用广泛，因此需要大量的马鞍。		蒙、藏等游牧民族	

续表

行业类别	产地及品类	品类特征	使用人群	工艺技术
其他（酿醋业、酿酒业、蜡烛制造业）	青海许多地方，以青稞为原料，配制"茗流酿"。永登产黄酒；宁夏产玫瑰酒；徽县产以高粱、大麦等为原料的"徽风名酒"。		普通民众	以青稞原材，用当地草药做成酒曲拌和，经过发酵后酿制茗流酒。
	晚清时期，在西宁、兰州等城市，蜡烛工匠开设了一些作坊制作蜡烛。	多用牛油、羊油、棉花、艾杆制作蜡烛，西北地区发达的畜牧业为之提供了充足的原料。	普通民众	

综上可见，西北地区发达的自然资源为传统手工业提供充足的原料，地域适合性在其中发挥重要作用，其服务对象为广大民众，以生产生活用品为主；西北地区传统手工业呈现出对外消费的外向性经济特征，贸易范围愈渐扩大，甚至一些产业本身就是传统的大宗外销商品，销售的需求必然促进传统手工业的进一步繁荣，西北地区传统手工业在自身行业中均不同程度地逐渐换用机器，生产技术有了很大改进，已出现依赖该手工业为生的专业户，甚至在该行业通过传习教育提高生产质量与效率。如此可见，传统手工业发展呈现的专业化和规模化是导致早期工业化的重要原因。

但客观而言，西北地区的手工业虽仍旧不断地向前发展，一些手工作坊出现劳动分工且生产规模逐渐扩大，但总体发展水平依旧较低。此时的西方及中国沿海地区，传统手工业向机器工业的转变已是必然态势。

二、西北地区民生设计对工业化体制的构建

洋务运动之前的西北地区大部分民生行业仍然采用手工艺方法，比较容易生产出许多不同的设计，但其实在一些行业中标准化生产也不难做到，而且当时的生产制度中并没有任何东西强制生产者追求多样化。他们之所以这样做是因为他们和顾客都希望有选择；而且这种多样性井然有序，因为民生

设计分为不同类型，而这些类型通常符合某些人对社会形态及其内部差异的剖析。民生产品所呈现出的多样性是对设计多种可能性进行合理选择的结果，是人所独有的思想形式，设计以一种清晰具体的形式呈现给民众。设计的差异化表达出制造者眼中的社会分工，但制造者的看法必须与其他人的相符才能保证商品的销售。多样化为该地区民众以及外销之处的民众提供了一定程度的选择，从而使民众更确信自己的个性特征，制造者最初可能并不确定应该用怎样的形象表达每个社会群体的属性，这可能是造成多样化的一个原因。因此，整体看来，民生商品的不同类别共同构成了社会的表征。

对于这一时期大多数产品生产者而言，生产大量不同的民生商品所带来的商业利益远大于成本消耗。然而生产一款或多款设计的相应利润率取决于所采用的生产方式。对于这些制造者而言，设计多样化是一种商业原则和盈利秘诀，借助这种手段他们才能说服使用者过量购买产品。设计所提供的多样性使制造商能够不断地增加销量和利润，从而助长产品制造的发展。

在设计多样化的导向下，制造者追求更为合理的生产方式。因为从完全手工生产到使用简单的机械装置，再到使用现代机械是合乎逻辑而逐步的过程。所以起初手工产品由个体工匠独立完成，此阶段是简单协作。手工制造业的劳动分工，使得个体工匠逐渐丧失对整个流程的控制，独立工匠在很小的程度上发挥知识、判断力和意志，因此全新而独立的设计活动成为必要。同工场手工业相比，之后的机器生产深远地促进了劳动力的社会分工，因为它使其所占领的行业的生产力获得更大的增长。最终在以机器为基础的工业化生产中，智力劳作和体力劳作在生产过程中分离，并且使这些能力转化成为资本对劳动力的控制力。当然，探寻设计改变的原因，我们需要超越机器本身，考量设计、制造、销售产业链的全过程，考量其所在的社会体系。

三、西北地区民生设计的发展嬗变

西北社会在不断发展的同时，社会内部内在物的形态也相应变革、发生进化。民生用品生产总体规模巨大，与广大民众生活密切相关。商品意识逐渐在民众生产生活中萌生，市场经济出现在传统商业和手工业中并展现早期形态，这与用机器代替手工进行规模化生产的工业化形式有很大的不同。

洋务运动之前的西北地区民生产业，其生产手段、生产方式及生产组织形式、销售方式，包括运输方式等，都是建立在以农业文明为基础的手工业作坊的基础上，当地的民众基本是亦工亦农牧，由于交通方式的不便，对市场的覆盖面也有限。西北地区民生设计发展在一定程度上先保证提高本地民生产品的自给率，满足民众生活上的一部分需要，提高生活水平。但当衣食住行等日用产品先行满足于当地民众消费，并渐次有了剩余、且超过本地区消费能力时，必然借助销售渠道向外扩散。作为"设计—制造—销售"产业链中的销售环节是重要的一端，产品需要在商品流通中获利，并促进商业繁荣，由此才可窥视这一时期设计商品化程度。商业的繁荣与民生设计的生产成正比，商业的繁荣推动了民生设计的生产，反之，民生设计的生产不断刺激商业的繁荣。早期工业化趋向就是在生产和商品经济的互动中成长的。西北地区早期工业化的民生设计并未因中国封建社会的衰败而萎缩，反而呈现出旺盛的生命力，民生设计质量的提升是在商品化过程中不断优化的，这也验证了这一时期的民生设计仍处于起步阶段。

西北地区早期工业化是一个很复杂的历史现象，推动这一发展的力量当然不止一种，但劳动分工和设计专业化发展是其中原因之一。如此不仅使生产更为规范有序，还带来了较高的生产率，为商品交换的发展创造了充足的条件。劳动分工和设计专业化推动了西北地区早期工业化的发展，而这种推动作用的持续性是一个变量，其伴随劳动分工的具体模式和市场变化而变动，这种推动作用是通过对外商品化表现出来的，即一个地区与本地区之外的地区之间的商品交换。工业化的发展与商品交换的发展二者之间形成一种相辅相成的关系。西北地区早期工业化主要是受相邻国家和国内商品交换的推动。

如果对照国外及中国东部沿海地区早期工业化的发展来看，西北地区民生设计经历了一个复杂和漫长的过程，且具有自身特征。

第三节 西北地区设计中工业化萌芽的特征

早期工业化的产生与发展均取决于特定的物质环境因素，如自然资料赋予的材料、能源以及以此构成的市场等。由于西北地区民生产业形态具有强烈的"外向性"，因此对西北地区工业发展的物质环境的讨论，就不能仅限于西北本地，这样一来，就使得我们对有关问题的讨论范围有所扩大。

一、西北地区设计的多元萌生

鸦片战争之后，西方发达的资本主义国家开启中国国门，新思想、新技术、新产品涌现，取代旧有的生产生活程式，并逐渐向内地渗透。这又导致这个时期民众的思想和行为发生进一步的革命性变化。这种新的意识和新的技术引起生产生活的全面变化，引发社会生产分工环节和生活单元成员之间的相互教化，进而引发从意识形态到经济基础的深层次变化。

西北地区的民生设计从一开始就立足于本身所处的地理环境和资源条件。该地区拥有丰富的自然资源，是西北民生设计发展的一大优势，但是西北地处中国内陆地区，自然环境恶劣，以及工业发展起点低，这些又成为影响西北早期工业化的不利条件。

西北地区设计理念的深化是民生设计实践的产物，也是在与持不同价值观的设计发生碰撞、冲突之后的理性升华，更是民生设计存在的价值的体现。多元文化的介入，对民生产品赋予更高的期望，使得外来元素的组合更具有观念的意义。不同设计观念之间存在的张力，使民生设计突破迎合民众的浅层立意，不自觉地提升了设计的价值。在价值建构中，民生设计产品被赋予使命感与民族性，而对外来事物的模仿与横移都无法承载这种期望，只有当设计能够说明一种核心价值时，这种建构才有意义，所以西北地区的民生设计是商业领域的、技术手段的、形式语言的，也是观念与意识领域的。

二、西北地区民生状态与民生设计分析

从设计学的角度分析，西北地区民生设计必须包含设计物通常所具有的全部设计成分：从功能上讲，必须考虑这些民生设计品将来的用途；从选材上讲，考虑民生设计品的牢固性、稳定性和成本考量的性价比；从工艺上讲，考量民生设计品的制作技术环节；从形态上讲，考量内部结构的实用性和外部装饰的观赏性。

（一）民众衣着方式与设计

服装在民众生活中占据极其重要的地位。其在日常生活中有护身、防寒、遮身、装饰等功能。服装首先是以实用为第一目的，服装的发展与原材料的变迁关系极大，而原材料还要受当时社会条件特别是生产力发展的水平影响。历朝历代的思想观念、审美情趣、生活风俗习惯和文化心态的演变，直接推动了服装的进步和变化。

西北民众的服饰材质多采用自己亲手纺织的毛褐和麻布。冬季外着毛呢、羊绒面料或棉胎之布面长衫，加套裘皮或棉呢马褂。地处西北的陕甘地区民众，在服饰风俗方面，较之其他地区而言，有浓郁的地方特色。

清代陕西汉中民众在服饰风俗方面，崇尚白色，"男女皆以白布裹头，或用黄绢，而加白帕其上，或谓为诸葛武侯戴孝，后遂相沿成俗。汉中太守滕某严禁之，始渐少"。但西凤等地"诸府亦然，而华州、渭南等处尤至。凡元旦吉礼，必用素冠白衣相贺也"[①]。甘肃地处西北僻地，故民众服饰甚为古朴。

西北地区受到自然气候和少数民族文化的影响，戴帽非常普遍，由于对帽的需求量大，且日趋专业化，使制帽业很自然地发展成为一项产业。毡靴的主要消费者是劳苦大众，有着比较广阔的销路，是民众生活中重要的消费资料。加之内产外销，使其生产的扩大成为可能，制作鞋帽工作是专业性和常年性的，其生产的专业化与商业化标志着更多的民众卷入商品货币关系之中。

---

① 徐珂编纂：《清稗类钞 第46册 舟服车饰．第5版》，商务印书馆，1928年，第104页。

（二）民众餐饮方式与设计

清代是我国饮食文化及餐饮方式的成熟时期，由于政治中心在北京，此时的陕、甘、宁、青、新等地区越加远离政治中心与经济中心，经济文化的落后开始显现。但值得庆幸的是，西北地区原生态的饮食文化，在闭塞的环境下得到一定程度的保留，具有浓郁的民族特色，其中又以汉、藏、蒙、清真饮食文化为亮点。[①]

西北地区的饮食文化及餐饮方式形成自己的文化特色。其建立在农业经济恢复与发展的基础之上，大规模的移民与本土饮食文化的碰撞、交流与融合。西北地区畜牧业的比例依然低于农业，农业经济和农业人口占据着主导地位，因而此时期发展农业是当时经济生活的中心。

水利是农业的命脉，以新疆为例，新疆发展农业大兴水利的主要工程就是修坎儿井（图1-1），坎儿井是新疆地区特有的水利设施，极具地方特色。清政府官员很重视修坎儿井，这一举措促使屯垦农耕快速发展，继而带动手工业、商业的步伐。农业经济的发展打破新疆曾经"北牧南农"的局面，北疆农业经济快速成长。

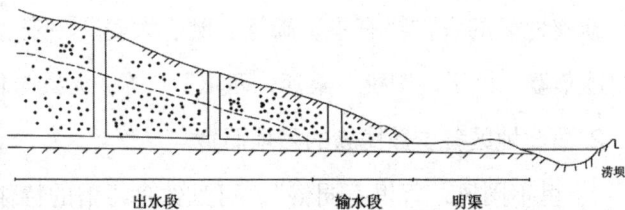

| 出水段 | 输水段 | 明渠 |

图1-1　坎儿井及其工程示意图[②]

另外，玉米的推广，为新疆粮食生产的提高起到非常重要的作用。玉米对栽种的自然条件没有太高要求，只要灌溉充足便容易种植，玉米自清代被

---

① 徐日辉：《中国饮食文化史（西北地区卷）》，中国轻工业出版社2013年版，第222页。

② 图片来源：韩巍《中国设计全集·建筑类编》，商务印书馆2012年版，第110-111页。

引种到新疆之后，传播得很快，"大约是在道光朝以后主要流行于南疆各地。及新疆置省，始又渐次成为各地农村的主要粮食作物"。[①]

1. 西北地区丰富的谷物与果蔬资源

根据清代地方志的记载，仅甘肃的粮食作物有黍、稷、稻、粟、麦等。粮食去壳与磨碎加工依然是用传统的石磨和石碾子。

油料作物有胡麻、芝麻、苴麻、大麻、油菜籽、荏子等，其中"荏子"比较有特色。荏子既可以食用也可以作为油料作物榨油，其所榨之油为荏子油，有特殊香味，口感很好。现西北地区多以荏子油作调味品，凉拌或烹炒菜肴均可使用。

甘肃的蔬菜瓜果很丰富，蔬菜有"白菜、莲花菜、莴苣、葱、沙葱、蒜"等。水果有"苹果、梨、金瓶梨、桃、胡桃、杏、李、沙枣"等。所有这些仍然是今天甘肃民众的日常果蔬品种，其中百合、秦椒是其特产。[②]

宁夏主要的蔬菜瓜果品种大体与甘肃相同，其中"青豆、红豆、羊肠豆、秫之类，白萝卜、沙芥、丝瓜、黄瓜、冬瓜、豇豆"[③]等为地方特色。

青海的蔬菜瓜果具有高原特色，主要品种有"沙韭、龙须、圆根、巴丹杏、藏豆"[④]等。还有一些后增加的品种，如扁豆、刀豆、胡麻以及茄子、芹菜、茄莲等。

新疆地区的农作物有黍、高粱、糜、大麦、小麦、麻、瓜等；蔬菜瓜果有"冰苹婆、槟子、樱桃、桑葚、西瓜"[⑤]等，大致与甘肃相似。

2. 西北地区各少数民族的因地而食

"十里不同风，百里不同俗"，可见饮食习俗的特殊性往往表现在不同的地域上。西北地区历史悠久，民族众多，在漫长的历史进程中形成了极具特色的饮食习俗。

① 徐日辉：《中国饮食文化史（西北地区卷）》，中国轻工业出版社2013年版，第227页。
② 徐日辉：《中国饮食文化史（西北地区卷）》，中国轻工业出版社2013年版，第228页。
③ 杨寿等：《朔方新志》，兰州古籍书店1990年版，第39页。
④ 杨应琚：《西宁府新志》，青海人民出版社1988年版，第253、255页。
⑤ 和宁：《回疆通志》，兰州古籍书店1990年版，第413–416页。

　　青海玉树地区畜牧业非常发达，长期的畜牧生活养成藏族民众吃牛羊肉和奶制品的习惯，还辅以酥油、酸奶、曲拉等。青藏高原地理环境特殊多样，民众生活的风俗习惯各异，饮食习俗不尽相同。

　　西北地区的蒙古族，饮食习惯以肉食为主。主要品种有烤全羊、手抓肉、风干肉、灌肠、酥油等；并辅以炒面，即把青稞炒熟磨成粉，吃时放入酥油、奶豆腐和少量茶水，用手搅拌均匀，抓捏成团而食等。

　　宁夏地区的民众特别喜欢吃大米而不愿意吃谷类，当地文献记载："食多稻、稷，间有家贫者啖粟。中人之家恒以一釜并炊稻、稷。稻奉尊老稷食卑贱。"[1] 这是由于宁夏盛产大米的缘故，尤其是中卫的大米，誉满西北。

　　在甘肃，姜黄则是颇受欢迎的面食调味品。姜黄，色黄，有香味，属芳草类调味品。西北地区一般用于面点着色，尤其在过年过节做花样造型饼、馍时掺入其中会使面馍呈现出漂亮的黄色。

　　新疆地区在历史上有着良好的耕作条件，谷物类均能种植，粟、芝麻、果蔬等均易培育。[2] 该地区多以牛羊肉为食，宴会多以畜祭祀。平常饮食以麦面、黄米、小米为主，稻米次之。新疆烤肉使用的孜然最具特色，孜然是芳香类调味品，是烤羊肉最佳的佐料，一直沿袭使用至今。

　　不同地区饮食习惯的形成与演化，不仅与本地区物质资源相关，很大程度上与长久以来形成的文化习俗更为密切。从西北地区不同民族纷繁多姿的饮食事项中积累、凝结和浓缩而成的经验习惯与观念文化，反映了民众对自然、社会以及其自身的基本认知。饮食习俗是一种文化现象，表现为民众对本地区、本民族习俗文化的承袭与发展，并且通过具体的制作手段与饮食模式设计展示于民众生活事象之中。

---

① 转引自徐日辉《中国饮食文化史（西北地区卷）》，中国轻工业出版社2013年版，第231页。

② 转引自徐日辉《中国饮食文化史（西北地区卷）》，中国轻工业出版社2013年版，第232页。

（三）民众出行方式与设计

民众出行方式更突显社会发展的动态形象，从一个重要的侧面，动态地突显出清代社会发展的情境，即在政治上，封建专制集权等级森严、闭关自守、盲目自大；经济上，自给自足的小农自然经济占主导地位；各种信息相对闭塞的真实"国情""民情""地情"与"物情"。

西北地区有传统的几种交通工具，如水运中常见的木船、木筏，还有西北地区特有的水运工具羊皮筏等。因淡季相对水量较少，故一些水运小工具只容一人，作游泳、传递信息之用。另外还有一些简单的渡河设施，如木桥、船桥、溜索。

在西北地区，渡黄河多用平底船，此舟平底，"以巨木为之，一舟可坐五六十人，约两小时之久而登岸"[①]；甘肃黄河中，更有牛羊皮船及板船，牛皮船其制法为，将牛皮"以麻线缝之，一如原式，曝干待用。用时，取二牛皮或四牛皮，上束以长木数梃，更于木上横铺以板，则一船成矣"。羊皮船其制法与此相同。至于甘肃所行驶之板船，"颇似浙江之大划船，橹舵略具，帆樯不施，无楼无篷，仅有舱以储百货"[②]。

皮筏，又名浑脱（图1-2），是黄河上游古老的航运工具，也是西北特殊地理环境的产物。皮筏是西北地区水上运输的主要工具，至东汉[③]，已经有用木质做框架支撑、绑缚革囊的皮筏出现。根据《宁夏纪要》记载的制作工艺流程为：用"浑脱法"宰杀牛、羊，即把头割去，从颈口取出骨、肉和内脏，保持皮张完整，然后水浸、暴晒、除毛，再灌入食盐半斤、胡麻油半斤和少许水，然后置烈日下暴晒，待外皮呈红褐色，皮囊即告制成。因选材有牛皮和山羊皮之别，这种完整的皮张分别被称为牛浑脱和羊浑脱，亦故有羊皮筏

---

① 徐珂编纂：《清稗类钞 第46册 舟服车饰 第5版》，商务印书馆，1928年，第105页。

② 林永匡、袁立泽：《中国风俗通史（清代卷）》，上海文艺出版社，2001年11月版，第155页。

③ 《后汉书》载："章和二年，护羌校尉邓训令任尚率领六千名湟中士兵缝革为船，置于箄上以度河，掩击迷唐庐落大豪，多所斩获。"《后汉书》卷16《邓寇列传第六·邓训传》，中华书局1965年版，第610页。

子和牛皮筏子之异，最后将木条编成网格状，与吹气的皮囊绑系，联袋成筏，之后便可浮游水上，以载人载物。[1]

图1-2　羊皮筏子[2]

皮筏吃水浅，不怕搁浅；不怕触礁碰岸，安全性好；没有码头也可靠岸，因此长期被广泛使用。不过皮筏主要用于顺水漂行，无法逆行。摆渡过河后，将其扛行至上游处，再将筏放入河中急划过来，故兰州有谚曰"下水人乘筏，上水役乘人"。由于牛皮羊皮在材质方面的差别，直接导致功能的不同，一般而言，载货以牛皮筏子为最，载人以羊皮筏子为最[3]，但亦有用羊皮筏子载货的现象。因为皮筏子在使用时是"联袋成筏"[4]，故而皮囊的排列数量决定了承

---

① 叶祖灏：《宁夏纪要》，正论出版社中华民国三十六年版，第67页。

② 图片来源：不能忘却的历史，百年前的兰州！http://www.sohu.com/a/155054243_556409

③ 叶祖灏：《宁夏纪要》，正论出版社中华民国三十六年版，第67页。

④ 光绪年间《重修皋兰县志》卷十一《舆地下》中对皮筏做了介绍："以牛羊浑脱为囊，其数或四或八或十余不等，上用围一二寸小木数根相连属者呼为排子，亦名皮栿。"

载数量，少则三四个皮囊绑缚，多则百余个，甚至有千数之上的大皮筏①。行驶路程也逐渐由近及远，最初只为渡河而用，随着制作工艺的不断改进，其运输作用不断凸显。皮筏的设计制作充分体现出实用功能作为该设计物的结构与形态的载体存在。

皮筏是西北地区社会环境的产物。充分体现了民众适应环境、寻找条件、改善状态的生活经验。西北地区发达的畜牧业为皮筏的制作提供了极大的材料便利条件。西北民众在生活实践中积累了对牛羊皮皮质特性的解读，继而充分利用该材质，并形成熟练的剥皮、制作皮胎、组练皮筏的技术，制作工艺愈加成熟，性能愈加优良，用途愈加广泛。

西北地区皮筏运输作为水运的主体，其制作成本与运输成本均低廉，成为货物东运的主要工具，承担着该地区里外运货70%的运量。

当时西北地区的陆路质量极低，且市政体系皆不完善，遇雨雪路面泥泞不堪，日常出行的马车通常设置挡泥布，这也充分体现了设计物的功能适应生活方式的需求，该地区乘坐马车时为防止蹭脏衣物，多盘腿坐于车中。

西北地区的民间商贸，能借助洋资官营的运输途径甚少，长途贩运主要靠民间行会及商号自己组织运力进行。于是，骆驼商队就是这种民间陆路长途货运的主要形式。驼队无所不往、无货不载。驼队贩运形式及所形成的销售网点，构成了西北地区民间商贸重要的一环，对我们理解西北地区民生商品货运与销售方式之间的关系，不无进益。骆驼行进速度有限，但具有超强的耐久蓄力和对苛刻自然条件的忍耐力，使驼队成为西北地区最重要的长途货运力量。

三、设计文化的继替发展与不断碰撞

设计文化是解释民众生计的关键，设计事物与设计观念、价值观及利益

---

① 清朝陶保廉也在《辛卯侍行记》中写道："皮筏即浑脱牛羊皮为囊，鼓以气，联四五具或七八具，浮水如筏，惟不能逆流而上。西宁人以此运米，至兰州则束筏乘车而返。"（陶保廉著，刘满点校：《辛卯侍行记》，甘肃人民出版社2002年版，第248页。）

一样，是设计文化的建构物。不同时期、不同地区各类民生产品制造的材料采用方式，具有鲜明的主动性、倾向性、选择性，这点在前述案例中已充分表明，西北地区民众对自然环境所提供的自然条件，已经有了相当程度的认知与解读。设计文化包括生产方式、消费方式、生活方式等这些民众赖以生存的、本质核心内容。通过经年累月的积累形成的观念、习俗等意识形态促使不同地区的设计文化之间有其相通性，但也有各自的独立性和独创性。在早期工业化发展中，技术的不断进步集中反映出当时民众对自然环境与人文环境的主动性利用，工业化的组织管理渗透到社会生活、生产之中，这是民众认知意识和技术方法的快速进步，波及农业、畜牧业、商品流通等环节中，渗入文化、闲娱等领域，使这些领域逐渐呈现工业化趋向。

洋务运动之前西北地区生产力水平低下，民生产品在材料选择、动力供给、操作方式、应用范围方面都对自然环境有极强的依赖，民众在自然环境的"逼迫"下，逐渐学会主动性地融入自然环境中，并形成利用自然条件改善自身外部生存状态和改善自身内部的思维意识。每一种设计文化所形成的经验是其他的设计文化所无法完全替代的。设计文化综合了意识观念、技术、社会结构，形成了一个开放性系统，其中设计者、消费民众、设计物彼此之间发生文化约定，其不断调适以适应与其所在地域及周围相互产生竞争的其他文化。西北地区的设计文化呈现出传统经验下的设计与新思想、新技术冲击下的设计产生的碰撞与融合，包括本地区设计文化与周边设计文化影响下的交叠溶解，这个适应过程呈现出"创新与保持"并置。"创新"体现出生活方式、生产方式在调整适应新模式下的不断进化过程，其促使设计文化根据新环境进行自觉不自觉的调适；"保持"是延续传统生活方式、生产方式中具有优势的部分，这些优势是能继续适应现阶段设计环境下的结构与模式，即有继替性，并产生一个有组织的设计文化整体，其调适并满足可选择自然条件与外部文化。

设计文化不是静止的，是运动的、变化的，因此设计文化的变迁是不可逆转的。但这种变迁有两种模式，一种是民众为了应对自然生态的改变和社会文化环境的改变，而做出来的自主的变迁，也就是设计文化变迁的选择权和主动权掌握在持有者自己的手中。另一种是没有自主性的，不得不为之的被动变迁，与其说是变迁还不如说是重构与重组。设计文化不仅直接导致社会的经济水平发展、技术程度提升、人文传统改善、自然形态受益，还间接导致一个人、一个群体、一个社会从思想意识到观念的深刻变化。

本章小结

本章首先从洋务运动之前西北地区设计中早期工业化的雏形入手，分析了洋务运动之前西北地区设计中早期工业化的历史前提；早期工业化的本质及初期形态等。其次，阐释了西北地区工业化的萌芽走向，即该地区不同设计形式的不断碰撞，从设计中传统手工业与局部工业化继替发展的轨迹、西北地区民生设计对工业化体制的构建以及该地区民生设计的发展嬗变进行分析。最后，阐述西北地区设计中工业化萌芽的特征，对西北地区民生状态与民生设计进行了分析；概括出西北地区设计的多元萌生是一个西进东移的过程；其设计文化在不断碰撞中继替发展。

尽管洋务运动之前西北地区早期工业化处于萌芽阶段，没有完全自发地发生工业化，且并不能导致后期工业化的产生，但是西北地区早期工业化的历史意义并未因此而削弱，且处于萌芽阶段的早期工业化仍然可以被视为西北工业化发展的一个先行阶段，为后者的发展准备了若干必要条件。西方的影响对于中国的工业化当然非常重要，但毕竟只是外因。然而西北地区早期工业化又有其自身结构发展的特征，从这个意义上来说，对于西北地区早期工业化的研究乃是中国早期工业化研究的重要组成部分。

洋务运动之前西北地区的早期工业化受到西方和中国沿海地区的影响，但其早期工业化并非处于被动影响下而产生发展的，亦并非从一片空白的基础上开始。其发展取决于内因加外因。在此意义上来说，工业化不能"克隆"。近代历史脉络非常清晰，工业化并非一个局限于某一时期中的现象，而是一种持续的现象，其是以往一系列渐进性变化的积累。其形成的思维模式是建构在生活方式及生产方式基础之上的过程。

第二章

洋务运动与早期民生设计（1861—1894 年）

自明代中期以来传入中国的西方因素持续发酵，随着中国早期工业化程度继续提升，中国民众对世界中心的向往，以及对现代性的追求是不可逆转的。西北社会真正的工业化进程，起步于民生商品生产与销售的现代化企业开始植入该地区，包括对最早的西北地区民生设计及产业在人员培训、技术提升、产销方式等各关键环节的初创。

最具想象力的改革方案是洋务运动，晚清洋务运动是中国社会进行工业化的自我努力，实际上也取得了一系列引人注目的成果。洋务运动领袖们都是晚清权倾朝野的重臣，他们的洋务方略，虽不能挽救中华帝国的命运，但却直接决定了近代中国工业化进程发端时期的具体内容。

第一节　洋务运动与西北地区早期民生设计的多元汇集

一、晚清时期西北地区社会时局背景

晚清洋务运动又称"自强运动""西方式新政"，是二度鸦片战败、太平天国运动风起云涌之际，清政府中部分手握重权的洋务派领袖在全国范围内发动的一次对社会的改良运动。此时，地主阶级知识分子通过向西方学习开始了中国工业化的探索，魏源"师夷长技"可以作为中国工业化模式的最早表述。由清政府开明大臣发动由官府独资为主体兴办的各种工业化项目，我们今天看起来觉得规模简陋、技术幼稚，但此工业化成果毕竟是中国社会首次开始进行现代化的起步，以期实现从历经两千年大农业与手工业的辉煌之后，向现代化社会的沉重迈步和艰难转身。

两次鸦片战争均以大清国全面溃败，被迫签订城下之盟狼狈收场。其中直接涉及西北地区的城市有：伊犁、塔尔巴哈台（《伊犁塔尔巴哈台通商章程》）；喀什、库伦、张家口（《北京条约》）；肃州、乌鲁木齐、哈密、古城、吐鲁番、科布多、乌里雅苏台（《伊犁条约》）。这些被定为"商埠"的通商城市，一般都具有优良的交通条件，本身就是贸易集散中心，其商业贸易发达、周边人口聚集，"商埠"中开发一定范围供洋商居住、囤积货物。其在内设立领事馆，在该商埠范围行使行政、司法等主权。如此构成了剥削中国主权之外的国中之国，成为帝国主义列强经济入侵的"桥头堡"，同时也成为西洋文明事物输入中国内地的最重要渠道，无形中充当了促进近现代中国社会文明进步的历次变革的重要推动力之一，也是近现代中国民生设计产销业态得以成形的"孵化室"和"温床"。

（一）洋务派的开发西北思想

1. 19世纪60年代至90年代的政治形势

早在19世纪60年代初期，沙俄从我国东北边境入手，侵吞100万平方公里中国领土，继而窥视西北地区，俄国人不断地出动军队，分股进入阿尔泰、塔城、伊犁等地区，抢劫骚扰。沙皇从中国割去了巴尔喀什湖以东、以南的44万多平方公里的领土，但这还只是他们对中国西北地区一系列巧取豪夺的第一步，沙皇俄国经过1864年的划界议定书而夺得的中国领土，虽然已经超过了《北京条约》第二条的规定，但是他们觉得，《北京条约》对他们还是一个束缚。他们在消化已得赃物的同时，利用当时新疆形势，继续寻求机会攫取更多领土。

英国则依靠炮舰政策，同别的侵略国家一起打开中国沿海的大门，在中国对外贸易总额中，英国所占份额长期居于首位。其主要以东南沿海为根据地向长江流域伸展其势力。但其活动并不仅限于沿海、沿江地区。从19世纪70年代开始，以已经成为其殖民地的印度为基地，把侵略伸向中国西部，即新疆、西藏等地区。

　　侵略中国的列强既互相配合、勾结，又互相竞争、排挤。英国与俄国是亚洲大陆上的两霸。其双方对于我国新疆的侵略活动是它们在中亚细亚对立和争夺的一部分。

　　为了恢复新疆秩序，清朝当局从关内派出军队，在左宗棠统率下，军队于1873年到达河西走廊，1874年他的一部分军队进驻新疆哈密，并在此垦荒、办水利。1875年朝廷任命左宗棠为钦差大臣，以督办新疆军务。

　　在进入新疆后，左宗棠的军队所面临的敌人是对于新疆各族人民实行暴虐的统治和压迫的阿古柏政权，他的政权对内依靠新疆某些民族的上层反动分子，对外又和英国、俄国的殖民主义者、扩张主义者相勾结。左宗棠的西征不仅歼灭了阿古柏政权，且粉碎了俄国和英国侵略中国西北地区的计划，故而，这是一次反抗外来侵略的正义战争。

　　2. 左宗棠的开发西北思想

　　左宗棠于1869—1880年在西北期间，把西北经济搞好是重中之重，不仅引进先进新兴机器，颁布一系列的利民政策，还对边贸复兴采取了众多措施。

　　（1）兴建新式制造业

　　"洋务派"代表开创西北地区工业化之先河，在西安创建第一个真正意义上的现代化工业。在平叛太平天国起义军的过程中，左宗棠负责监督陕甘两省军事事务，在使用洋枪洋炮镇压农民起义实践中，左宗棠见识了新式军事武器的作用，逐渐生出兴建新式军事企业的意愿，并创建了西安机器局。

　　林则徐在新疆期间，十分关注新疆的新局势。在新疆的发展过程中，竭尽全力地拓荒南疆，推广坎儿井，增进各民族之间的交流与沟通。龚自珍撰文《西域置行省议》，呼吁清政府组织向该地移民，并设置行省，以巩固边防。左宗棠收复新疆之后，亦五次上书新疆建省事宜，最终于1884年新疆改建行省，如此，西北地区完全进入清政府统一的行政管理体制之中。同时，左宗棠在兰州设立兰州机器制造局和兰州机器织呢局，开启西北地区早期工业化的序曲。

（2）屯田守边

左宗棠调动军民屯田垦荒的积极性，耕战结合，以解决边塞战争中粮食供应与运输困难的现实状况，其在陕甘等地大兴屯田，并安置战后流民，军屯与民屯同时督办，将二者有机结合，发挥其最大效用。

（3）力促西北边贸

左宗棠从茶法改制、引种桑秧、推广植棉等方面入手，力促西北边贸，并为保护民族利权，还与不法外商进行了不懈的斗争。其大力整顿西北茶务，采取一系列相应措施，改革茶法，促进边茶贸易，使衰败不堪的西北茶务走出困境。同时，引种桑秧，发展桑蚕业。左宗棠进一步评估西北桑蚕业发展潜力，从我国桑蚕业最发达的省份浙江一带引进桑种和人才，桑种、蚕种及各项器具西来，试办蚕织局务。促使蚕织成为新疆新的外贸商品，以增加财政收入。并创办甘肃机器织呢局，充分借助西北丰富的羊毛资源兴办毛纺织业。推动出口，保护利权。左宗棠对商业和商办企业的态度很开明，其一贯坚持"教民兴利"的思想主张，这是其振兴西北经济的指导思想，左宗棠从政府层面因势利导，发展西北陆路的外贸业，多次派人与俄方交涉，试图开辟西路通商[①]，为民众创造对外贸易的条件。

（4）兴办教育

左宗棠任职期间，西北近代教育的发展出现一个高潮。为西北开发培养人才，左宗棠以身作则，在西北兴办书院，饬令兴办义学，其重教兴学，并亲自创建医学和书院，回汉平等相待，劝导回汉子弟入学，读书习字，接受文化知识。此举对入学者开阔视野，学习中原文化和农耕技术，增长才干，提高文化素养，起到积极作用。这一时期左宗棠在兰州、西安、迪化等地创办刊印书局，以解决书籍来源问题，如刊印《三字经》《四书》《五经》等启蒙类书籍，还刊印《日用杂志》《棉书》《种棉十要》等专业类书籍。这些书籍满足了不同学习层次的学子需求，而且还为社会提供了治国安民、道德教

---

① 俄国在1874年提出要修改1862年的《中俄陆路通商章程》，开辟新的贸易通道。杨晓红：《左宗棠与西北边贸述论》，《青海民族研究》，2009年1月第1期，第91—95页。

育、文化普及创造了条件。一些书籍的刊印发行，也向落后的西北地区特别是少数民族传播了中原文化和农业科学技术。

（二）19世纪六七十年代回民起义及边疆危机的出现

19世纪六七十年代以后，原来广泛分布的回民聚落转变为四个回族聚居区。一是宁夏地区，分布在"谢家段头、广武、石空、韦州、田家沟等地以及固原、茶盐一带"[①]。二是河州地区，回民起义之后，大量回民避难于此，逐渐使该地区成为回民商务中心[②]。三是青海河湟地区即西宁、循化、湟源等地。[③] 四是张家川地区，被安置的回民军以及外地回民陆续移民此地[④]。

晚清时期，四大回民聚居区奠定了西北回民聚居区的分布格局。之后这些回民聚居区的分布作为转运或枢纽，让人群、物品等可以在地区与地区之间流动。民众对于不同环境的适应不但因地方而异，更随着时期的不同而不同。迁移是一种动态的过程，其并非简单意义上的移出迁入，这次大迁移的回民对于西北地区政局稳定、经济发展、民风民俗具有强大的变革作用，客观看待发生在西北地区的回族迁移，进而能够以更具人性的观点，重新看待西北地区的民众与文化。

（三）清政府对西北地区政治结构的调整与新疆设省

新疆建省，统一政制。收复新疆之初，左宗棠便提出在新疆建立行省，因新疆地辖两万里，军府制的构架体系导致各个机构互不统属、互相牵制，弊端颇多。他设立了一整套省、道、府、县为行政单位的行政体系，以行省形式将新疆划归中央王朝统一管理之下，本身就是对过去军府管理体制在政治方针、体制、管理形式的再开发。而政治制度的开发又转化为丰硕雄厚的政治资源，必然带动边疆经济制度的开发，这是事关西北全局的战略举措。

---

① 吴忠礼：《宁夏近代历史纪年》，宁夏人民出版社1987年版，第73页。
② 慕寿祺：《甘宁青史略·副编》卷三，兰州俊华印书馆刻印，1936年印行，第204页。
③ 青海省编辑组：《青海省回族撒拉族哈萨克族社会历史调查》，第1页。
④ 李忱：《张家川的回族》，《宁夏社会科学》1993年第3期，第55页。

但整套设置周密的战略性建议，在之后的建省过程中，部分被清政府采纳，这一重大战略决策，有效地捍卫了祖国的统一与领土完整。

新疆建省是西北边疆社会进步的表现。作为中原王朝疆土的一部分，在行政建制上得到进一步的肯定，加强中央政权对边疆的直接管理；在传统治边思想上，有一个质的飞跃，由"从宜从俗"的羁縻式驾驭变为边疆与内地形成政治共同体；在统治策略上，采用和内地同样的行政体制，密切了新疆和内地的联系；在统治模式上，军政分离，并凸现民政。①清政府作为主导性的政治势力在西北边疆地区的权威得到进一步肯定，其政治行为与整个西北民生设计息息相关，通过政府行为对新疆社会经济、文化进行开发，促进边疆地区社会民众生计水平的提高，既是边疆制度化水平提高的标志，也是建立行省政治制度的价值所在。新疆建省成为促进新疆社会乃至整个西北社会民生生活变迁的一大动力。

新疆建省，保证边疆的稳定安全，新疆与西北地区进一步联合，促使中央对西北边地区的控制加强，稳定的社会秩序使移民活动再次复苏。之后的清末民初，甘肃等地开办新式学校，修铁路、通汽车，原来的封闭状态被打破，使移民呈现新的景象。一方面地方政府督修水利、开垦荒地，使生产条件有所改善；另一方面，大规模军队入甘，促进当地开发，而移民渐趋自发，并向更西地区挺进。

商业活动需要一定的场所和安全的交易秩序。新疆实行与内地一致的行政管理制度后，稳定的社会环境和与内地交通的便利，使因战乱荒废已久的新疆商业再次繁兴。从陕甘等地穿过河西走廊或长城以北蒙古草原到新疆南北路以及中亚各国的贸易线重新活跃。"关内绸缎、茶、纸、瓷、漆、竹木之器，逾陇阪而至"。中原地区产品运至新疆，新疆民众很快能借鉴仿制，如仿照内地机器织绸等，当地织布运销关陇以及俄属安集延。政局稳定、低税收促进新疆内贸和外贸的迅速恢复，行省各级政府所在地演变为商埠，在新疆

---

① 任念文:《西北与中原》，学位论文，华东师范大学，2003年，第134页。

形成东部吐鲁番、南部喀什噶尔、北部伊犁三大贸易中心。^①

（四）晚清时期对西北铁路的动议

伴随沙俄、英国等对中国边疆的觊觎，早在19世纪七八十年代洋务派官员中的有识之士已然认识到铁路修筑对边防建设的紧要。李鸿章针对伊犁问题进行分析，并于1872年提议建设铁路：伊犁被沙俄长期占据，清政府军队源于路程之遥很难挺进，开设铁路成为边防战役的重要举措。^②伊犁界约争端于1880年再次掀起，前直隶提督刘铭传向清政府上奏《奏请筹造铁路折》，奏折首先强调中国边界争端的解决以自强为主旨，自强的途径以修筑铁路为主要途径，西北边疆强邻虎视，鉴于清政府距离遥远造成管控限制，且鞭长莫及，故而明确提出在西北建设铁路并拟定以北京为中心的四条铁路干线。该奏折一经上奏，便引发清政府内部洋务派与守旧派官员之间争论，主要围绕是否该在西北修筑铁路事宜，但该事件最终以清政府经费不足而作罢。

至90年代，关于在西北地区修筑铁路的讨论再次揭起。热议的焦点更多地放在其与经济发展的关联度，人们已经意识到铁路对经济发展的带动作用。郑观应在1890年就极有预见性地阐述了铁路在西北地区社会经济发展中的重要之处，他首先分析了中国自然生态与人口分布情况，假设铁路修筑之后，沟通了中国西北与东南地区，中国东南部人口密集地区的民众可以到西北进行开垦定居。^③黄彭年在1891年《复陈议办铁路折》中划定了西北铁路线：从陕西、甘肃延伸到新疆，再以新疆为基点，向北延伸至伊犁，向南延伸至喀什噶尔。^④

以上可见，虽然此时关于西北修筑铁路的动议渐多，但并未引起清政府的过多关注，且对线路规划还处于非常模糊的认知水平，这与清政府的战略重心不在于此有相当大的关系，但对在西北地区修筑铁路的动议已然引起少

---

①　任念文：《西北与中原》，学位论文，华东师范大学，2003年，第141页。

②　王锐生、程广云：《经济伦理研究》，首都师范大学出版社1999年版。

③　宓汝成：《中国近代铁路史资料（一）》，中华书局1963年版，第120页。

④　宓汝成：《中国近代铁路史资料（一）》，中华书局1963年版，第164页。

数有远见卓识的人相当程度的科学认识，为西北早期工业化的推进打下基础。

二、时代的新需求与旧有设计形式的交流转换与局限

洋务运动时期，西北民生类型趋于多样，而民众消费也呈现出农业社会特征向城市社会特征的转变。随着早期工业化的呈现，西北社会民众生活、生产也有很大的变化，这一变化带来对生活、生产方式新的需求，随着西北社会发展和与外界逐渐增多的联系，西北地区不是在真空中的，其生产生活均受到来自各方面的影响作用。因此，西北地区一切的发展均显现出旧有因素的影响、约束和新的发展需求之间的矛盾。

（一）传统手工业的生产结构和生产方式遭遇变化

西北地区传统手工业分布面广，且具有浓厚的民族风格和明显的地方色彩，均与本地区的生产、生活方式和宗教信仰密切相关；经营规模小，资金少，生产工具简陋，雇佣关系单一。传统手工业的迅速发展，突出体现在生产结构和生产方式的变化上。

此时西北地区生产组织形式呈现多元化，家庭手工业、工场手工业并存，其中家庭手工业又有多种组织形式，根据生产目的的不同可分为以满足自给为主导形式、以交换为目的、以商业资本支配为主三种形式，三者之间生产规模不等，逐级递增。工场手工业的形式是传统手工业进一步发展的重要标志，其生产不仅吸收剩余劳动力及季节闲散劳动，还增加了民众收入，有力地促进了当地经济的发展。

西北地区是我国产棉较早区域，新疆自古以来就有发展棉织业得天独厚的自然资源，使当地民众有机会得以根据自然环境提供的自然条件来改善自身的生活状态，以土棉布①为代表的棉织业促进了当地经济的发展，清朝统一新疆后，出于军需及内外贸易的需求，极为重视维吾尔民众的传统棉织业。吐鲁

---

① 土棉布历史悠久，至少可以追溯到1400年以前，在唐宋时称"白叠"，元朝称"秃鹿麻"，明代称"白叠布""花芯布"，清代称"稀稀布""回布"等。

番、伽师、疏勒等地，大多数民众均纺纱织布，充分体现出民生类生产环节中最具特色、最有价值的传统设计思想：因地制宜、因陋就简、因势利导。因本地出产棉花，不但足够供给近邻地区，并外运西北东部。本地从业人数多、产量足，使得土布价格低廉，传统土布除了满足本地需求外，还有相当数量的出口。喀什、和田、叶尔羌是南疆棉花种植的主要地区，这里税赋不仅征收钱粮，还根据地域特色，征调棉花、土布。虽然洋布伴随着欧洲纺织工业的发展进入新疆地区，但并未对该地区家庭棉织业造成很大冲击。

左宗棠在新疆推广引种桑秧，发展蚕丝。首先在疏勒设蚕桑局，之后分别在哈密、吐鲁番、库车等地相继成立蚕桑局，从江浙引进桑种、蚕种和技术人才，教授民众浴种、饲养、煮茧、缫丝等养蚕技艺和压条、接本、采叶等种桑采桑之法。左宗棠有力发掘西北桑蚕业发展潜力，相较于棉织，丝织的生产规模普遍较大，加之沙俄商人大量收购蚕丝，极大地促进了该地区丝织业的发展。沙俄在收购蚕丝的同时，还向南疆蚕农出售从国外购进的蚕种。当时在喀什、叶尔羌等地的养蚕缫丝业也有较快发展。[①]

此外，和田的地毯、毛毡等羊毛类制品、桑皮纸、皮革，库车的铜制器皿、花帽、皮靴，于阗的玉器等，都是极具民族特色的日用产品，这些产品基本属于家庭手工业形式，但丝织业由于需要一定规模化生产，多以工场手工业形式组织生产。

西北地区的制革业多围绕生活方式展开，从服饰到用具凝结了当时当地民众在认识审美规律性上获得的认知习惯。西北地区多少数民族，制帽、制靴成为其具有特色、且极为普遍的手工业。男女皆冠履，且以皮革为材料，故长于制革业。另外，马鞍、皮箱也是西北制革业的标志性产品。

总之，晚清洋务运动期间，西北地区除了毛纺织业、棉纺织业、皮革业、丝织业等，与生活紧密结合的各个生产制造行业，均有不同程度的进步。借助西北地区独特的自然资源条件，该地区生产结构出现不同程度的变化，对

---

① 努如拉·莫明·宇里魂：《近代维吾尔家庭手工业研究》，《喀什师范学院学报》2012年第4期，第39页。

外贸易量的增长促进了生产规模的扩大，伴随手工技艺的提高，以及机器的使用逐渐参与到传统手工业中，且一步步增加其使用占比率，多方面的因素共同促使传统手工业的生产结构和生产方式遭遇变化。

（二）市场范围的变化带来的市场需求的新境遇

绥远地区的皮毛加工业具有最为悠久的历史，产品除销行本省外，逐年运销于东南各省，而且制皮作坊以归、包为中心。绥远各地均有以羊、马、牛、驼等皮以及少量的狐狼等动物皮的制皮作坊。最为普遍的是白皮房和黑皮房，后来又出现香皮房等新式制皮作坊。

清初，归化城就以制皮作坊而闻名。但是在封建经济体制下，产品仅供本地销售，但1860年，中俄《北京条约》规定俄国在蒙古地区的经商特权，尤其是在张家口等地经商。之后1862年中俄《陆路通商章程》更进一步规定俄在蒙古各地可以自由贸易，并且在张家口收购土特产输入俄国；反之，中国商人也可以由此地输入俄货。到19世纪80年代，俄商通过《改订陆路通商章程》取得了西北商路，而且在绥远地区，俄商可由天津、汉口经山西杀虎口到归化城，再由归化到新疆和外蒙古这一路线自由经商。英、美也不甘落后，通过《北京条约》增开天津为商埠。这样，英、美经济势力通过天津进入绥远。起初，它们主要通过中国代理人与当地交易，后来发展为在归化和包头等地设立洋行直接交易。随着外国资本势力在绥远地区的深入，到19世纪末，这一地区成为英美等国的工业原料地和商品销售市场。①

如此一来，这些因素直接影响到皮毛加工行业的原材料问题。随着归、包成为西北最重要的皮毛集散地，洋行开始在制皮作坊订货加工，一方面促进了制皮业的繁荣，另一方面也使得洋行成为这些皮坊的生命线，一旦洋行停止进货，皮坊就面临破产的境地。因此，皮毛加工业一方面与洋行争夺皮毛原料，但洋行控制皮毛市场，限于资金少的加工作坊，既无力扩大规模进

---

① 周海玲：《民国时期绥远地区的手工业状况（1912年—1937年）》，硕士学位论文，内蒙古大学，2008年，第17页。

行深加工也没有技术支持，只能依赖洋行；另一方面大部分的作坊又依赖洋行的订货。

但是，这一时期皮毛加工行业不仅产品数量增多，规模也激增，对新式制皮技术亦提出新的要求，以皮革为原料的新式产品陆续出现，这些众多因素推动了绥远制皮行业的发展，制皮技术也从归绥向各地传播开来。

另外，以西北茶叶运营体系为例，其市场范围拓展到沿海市场、国际市场，并突破单一茶叶商品的贸易流通，构筑了多样化商品、资金、人员等的多层次、多维度的交流市场。俄、英、日外商，加上晋、陕、津等地区从事西北茶贸的商人，均向西北地区输入多种类别的货品，以换取牲畜、皮毛、药材等当地特产，这些商贸活动拓宽了茶叶供货渠道、商品种类，还影响了西北商人队伍的重新分化与组合，其毕竟在客观上改善了西北市场的商品结构，丰富了当地民众的物质生活内容。打破了西北游牧经济自给与封闭的状态。[①] 西北茶贸在一定程度上带动当地产业结构的近代化转型，通过将当地的羊毛、驼毛、皮张等畜产品输出到沿海和国际市场，推动西北畜产品市场化和外向化趋势，西北传统经济产业开始向以市场化工业为主导的近代经济转型。

（三）传统手工业与机器工业下设计形式的交流

时代的需求是设计理念、设计形式发生的前提，也是扩大影响的基础。一个设计理念之所以受到追捧，一定是因为社会需要，以及这个设计形式迎合了这个时代。民生设计的发展由传统手工业与机器大工业生产共同完成，两者推动了时代的新需求与旧有设计形式的交流转换。传统手工业与机器大工业之间存在着多层面的互补。其中存在传统手工业补充完成着机器大工业的部分操作环节；在成本控制的考量下，两者针对不同消费群体而进行分别的生产劳作；传统手工业的技术革新亦呈现出向工业化转化的趋向等，这种多层次的互补形成二者的"双赢"格局。传统手工业的发展促进了机器大工

---

① 樊如森：《清代民国西北茶叶运营体系的时空变迁》，《人文杂志》2016年第8期，第83–84页。

业的发展。机器大工业的发展，是建立在传统手工业适应生活、生产日益增长的需求基础之上的。在较长一段时间，机器的使用可以说是与传统手工业共存共荣。西北早期工业化还为西北民族机器制造业提供了一定的市场条件，机器工业的兴起也带动了本地机器修造业的发展。

但不可否认，作为西北社会主体的民生经济实体，始终在区域性的流通范围、多轨制的产品标准、小规模的产能集结的创痛形态中运行。技术应用的推广难度，造成商业流通范围的狭隘性，商业流通渠道的不畅，又导致新技术推广使用的局限。

设计形式存在的形态取决于众多因素。有些行业与原料产地、工具大小、产品销售、制造方法等方面有必然联系。而从传统手工业向工业化的过渡具有渐进性或渐近性。这种过渡在时间和空间上都是逐步渐进的，就其发展过程而言也是曲折迂回的，这是工业化发展的客观规律。故而，我们不能否认政府在西北地区进行洋务运动的良好愿望，应该正确认识机器大工业与传统手工业在一定历史时期并存的现状。在西北地区早期工业化进程中，注重引进先进技术，学习先进管理经验。

晚清洋务运动使西北地区的民生设计处于社会发生转型的时期，先进的技术来自外来的移植，对于外来技术与民生产业形态的天然承接和生活、生产需求本土性要求的矛盾，构成了民生设计发展内部的张力。

三、洋务运动对西北地区早期民生设计的影响

洋务运动带来民生设计中新技术的更新，形成新的技术生态，这一技术生态凝结着技术成果的物化形式，并创造出以前从未出现过的新事物。这种脱胎于西方文化母体中的技术方式是工业文明的产物，丰富了民生物质的多样性，这种技术方式其因合理而平常，且不具有文化上的规律特征，西方技术方式传移到西北地区，它以技术进步、操作便捷、使用方便等外在特征制衡了能够满足民众物质需要的本土技术，其借助物质变革的巨大助推力输入我国并不发达的西北地区，这一过程并不顺利，被动接受、产生质疑、逆向

而动，由于技术深深扎根于社会文化组织之中，这种输入并非仅仅浅层次的对生产造成影响，新技术带来的新的生活方式、生产方式、认知方式等也一并涌来，其能再生母体文化，并且瓦解其他文化。这严重地冲击了长期渗透于民众日常生活中的传统习俗、行为准则和价值观念，伴随着未经选择的技术输入，仓促中诱发民众渐增的物质需求。[①] 可见，早期工业化的影响不仅在生产的范围，并深层次地关乎了民众生计逻辑性思考与整体意识水平的互动。

西北地区民生设计中的动力模式是架构在农业与传统手工业技术基础之上的，但是现代工业的技术动力有时会先于社会动力，其出现之后会很快地浸染当地民生设计，并将自己的动力强加给社会。基于农业文明状态的传统手工业技术模式，开始被规模化、标准化、机械化的早期工业化状态的技术模式所取代，此时的工业化程度还很低，无论规模化、标准化、机械化其中哪一个指标都无法达到真正意义上的工业化。但传统技术模式开始被消解，或者以新的形式存在，这一过程民生设计中技术发展的有序性在不断增强。民生设计体现出极强的适应能力，无论面对动力模式、生产方式的变迁，还是价值观念、文化模式及社会结构体系渐变。

伴随着无数民用商品裹挟而来的文明事物，冲击了西北地区几千年凝固不变的社会生产与生活方式，西北民生设计及产销业态才得以萌生、形成。

西北地区民生设计产销业态，首先发端于洋务运动开始在西北各城市创建的西洋式小型制造业和厂矿企业，它们是绝大多数后来陆续建立的西北民生产业初创时期直接学习的最实用摹本。例如甘肃兰州、陕西西安，一方面因为资源采掘，一方面因为以生产为主要产业目的，成为西北地区在生产环节大量使用机械化生产的工业城镇，但由于产品与民生社会的消费尚有距离，生产方式存在着大量的传统手工操作成分，管理和经营模式上依然"积习甚深"，这些官办国营产业毕竟未能承担起西北地区工业化的先驱角色。

---

① 方李莉:《论工艺美术的原生性与再生性》,《民族艺术》2002年第1期，第159-167页。

第二节　洋务运动促进西北民生设计工业化观念的形成

一、文明生活方式、先进生产方式的嬗变

以普通民众对"文明生活方式"与"先进生产方式"层面认识的深刻变化作为基础，新式的文明生活方式和新式的先进生产方式这些社会形态赖以依存的架构才能得以确立，其中新式的文明生活方式包括衣食行住和卫生、礼俗、闲娱等方面，新式的先进生产方式是以工业化为先导，包含机械化、标准化、规模化等产业要素。如此一来，民主、科学等其他文明事物才有可能滋生于此，并且逐步扎根、成活、成长。

随着通商口岸各城市开埠，晚清中国沿海城市带动西北内地出现"都市化"倾向：有别于中国古代社会的既有传统，崭新的生活方式和生产方式，逐渐被建立起来。地区人口的构成、社会结构的转换，不仅反映了地区经济的早期工业化发展状态，也能揭示出工业化进程中西北社会民众生活变迁的态势。

民生百业以适应于都市化生产生活的新业态获得重生，以便服务于民众消费人群，城市功能得以加强，出现了以前从来未有过的很多新职业、新产业。如邮差、消防员、教师、巡捕警察等，即公共服务人员。近现代中国民生设计及产销业态在最初发展阶段，无论是功能设置、材料选取、加工程度、审美情趣以及成本核算、商贸渠道、操作方式、仓储形态，都是以"新市民阶层"作为服务对象、参照对象和消费对象的。从晚清社会到民国末期社会，"新市民阶层"对民生商品的接受态度会直接导致民生设计及产业的成败。由城市的市政公用建设营造的文明生活，是孕育近现代中国民生设计及产销业态最重要的温床。

围绕这种新型生产、生活方式逐渐成形的民生商品消费群体，成了晚清民生设计及产销业态得以萌生、发展的关键所在。这个新出现迅速增加的庞

大消费群体直接决定了中国民生设计及产销业态的命运。

但对于晚清社会的普通百姓，包括广大西北地区城乡的劳工、农夫、小贩、手艺人以及靠他们养活的家人，西洋文明风尚对其生活方方面面的影响，总是要滞后一步。他们按照从祖先到自己的既有生活惯性昼出夜伏地忙碌着，日出而作，日落而息。这种社会基本面的稳定性，或者说是滞后性，制约了近现代中国民生设计及其产销业态的生存空间。洋油、洋火、洋钉、洋布等，这是晚清绝大多数西北民众对民生产品"新变化"的最高认知，这种西北民众闻所未闻的崭新文明事物吸引了无数社会各阶层人士的好奇、关注，从而润物无声地改变了西北民众对既有传统生活方式的思考，对都市生活充满了美好的憧憬。外来新事物借助民众对新城市生活的羡慕和赞美，渐渐深入人心，融入民众行为方式和审美标准，使他们成为坚定的文明生活方式的拥护者和现代化商品的消费者。[①] 当然，仅限于都市生活的民生设计及产销雏形，还仅仅是一种影响力极其有限的新奇事物。其商品经济结构并未脱离对于农业生产和交换的依赖，地处内陆使西北地区较之于开埠通商城市的商业化发展起步已晚，基于这样的经济基础，西北城市内部商业功能体现出相应的发间分化现象。

西北地区的商品经济发展受到西方与中国开埠城市双重冲击，不仅购买力低下，本就衰落的经济基础还接连受到外来商品的冲击，自身又缺乏用于生产和再生产的资金投入，可以说，晚清时期的西北社会遭遇来自内外的多重盘剥和压迫，其商品经济发展既缺乏内力，而外力又严重不足，从民生产业结构到消费结构和消费能力等各方面的关系均处于失衡的状态。

二、工业化观念的形成

洋务运动时期，西北民众不但直接移植了西方资本主义经济的生产技术、装备和市场经营模式，建立起具有现代化标准的工商企业，而且也对中国社

---

① 王琥：《设计与百年民生》，江苏凤凰美术出版社2016年版，第106页。

会的传统手工产业向现代型企业转变产生巨大的促进与推动作用，效果既迅速又高效，远甚于朝廷法度和行业预估。

西北地区历来是毛织、制革传统手工产业最集中也是最顽固的集散地，当洋商最早介入新建毛织、制革业，尽管起初的市场份额还不大，但其技术产能和品质的巨大优势，立即对相邻地区的毛织、制革传统产业产生了潜在危险，这种生存威胁不断扩张、逐步转化为近在眼前的可怕现实时，西北地区传统产业的经营户们不得不正面应对迫在眉睫的竞争，只能引进先进的机器设备和制造工艺，以提升自家在市场竞争中的生存发展能力，在这些最早的中国工业实体中，中国最早的工业设计萌芽孕育而出。

洋务运动期间，左宗棠开西北近代机器工业之先河，在西北地区创办兰州机器制造局、兰州机器织呢局，其洋务工业的创办及其用机器淘金等一系列措施，开启了西北迈向近代化的艰难步伐，左宗棠正是在"自强求富"思想指导下做出了这一划时代意义的历史举措（图2-1）。

图2-1　兰州制造局模型（郭炯摄）[①]

（一）西北最早的西式制呢产业——甘肃织呢局

制呢产业是西北地区最先开始工业化进程的民生产业，也是西北社会工

---

① 金城文化博物馆展示的兰州近代工业开端，左宗棠创办的兰州织呢局。

业化初创时期最值得骄傲的民生产业成果之一，乃国计民生之大出处、小民求利之源、国家抽税之本。以蒸汽机为动力和以大型织呢机械为技术标准的新兴制呢业的快速普及，使西北社会在短时间内建立起中国大规模现代化制呢业，其几乎每一个环节都彻底颠覆了原有的设计概念和生产工序，使西北地区成为近现代中国民生产品设计最早的孵化基地之一，一大批西洋式纹样图案、质地肌理、毛呢款式方面的设计师，就是从这个西北最早的现代化工商产业体制中被塑造培养出来。

当时兰州的姑绒、褐尖闻名中外，全国畅销，但自咸丰年间西洋布大量充斥市场，对兰州本土布匹产生巨大冲击，货品滞销，使织褐工业一蹶不振，给当地民众传统毛织业带来极大困扰，引进西式机器进行生产成为挽利权外溢的迫切需求。

左宗棠热心洋务事业，调任西北之后，面对西北地区荒疏穷困的现状，便有心兴办民用工业。正值主持兰州制造局的赖长设计制造水机以纺织羊绒成功，左宗棠根据西北地区独特的自然优势，对现阶段西北毛纺织业进行判断、估价、选择、设想，为实现在兰州以"火机织呢"的构想，左宗棠让时在上海的胡光墉"留意访购"[1]机器。可见，西北毛纺工业由手工而走向机器应当说是一种时代要求的产物。

1878年，左宗棠上奏建议清政府在兰州成立甘肃纺织总局。经清政府批准，胡光墉将机械置办交给驻上海的德国泰来洋行，并引进毛织物整理设备。整体设备共计60多台不同尺寸的机器，分装1200多箱，为便于运输，设备又被分解包装成4000箱。1879年，当德国机器抵达上海后，由招商局装船运输至汉口。在汉口，这些机器再由民用船舶负责运输，最后由人力运输到兰州。部分机器沉重且运输特别困难，其中锅炉得拆解成一块一块的进行运输，有的时候需要开凿山道才能把大件的机器搬运过去，1879年10月，部分机器才运抵兰州，而直至1880年3月，剩余的部分机器才运达，其中主要有两台作

---

① 左宗棠：《左宗棠全集·书信（三）》，岳麓书社1996年版，第297页。

为动力的蒸汽机、三架纺线机和20台织呢机。

甘肃织呢总局（图2-2）设在兰州，这是中国第一家近代资本主义毛纺织企业。拥有厂房两百余间，并附有机器检修所，另掘有水井。甘肃织呢总局1880年9月16日正式动工，虽然开机不全，但卓有成效是毋庸置疑的。赖长任总办，德国人石德洛末任洋总办，李德和满德任总监工，但全局由赖长主持。兴办织呢总局可培养人才，开工之初，由中外师匠及本地学徒共同操作。

图2-2　兰州织呢局①

甘肃织呢总局开工生产之后，虽然织造产品的品质不如洋呢精致，但整体质量水平尚佳。生产中，学徒技艺愈加熟练，对机器的操作更加得心应手，并渐渐摸索出按机分派织造的工序分配模式。②随着制造日渐成熟，织呢局随时完善相关问题，如凿深井以解决开设之初水源不足的问题，以提高生产效率。③当时的英国海关报告对甘肃织呢总局的产品评价为：品质尚可，且比洋呢便宜。④从开工始，织呢总局是在高投入的情况下组织生产，但比之计划仍差距甚远，其投入与产出并不成正比。

洋务派在西北地区进行机器纺织生产的行动，不仅将西方先进的纺织技

---

① 图片来源：搜狗百科（https：//baike.sogou.com/v29275198.htm?fromTitle）。

② 1880年12月，左宗棠在给清政府的奏折中提道："现在织呢已织成多疋，虽尚不如外洋之精致，大致已有可观。从此日求精密，不难媲美。共设洋机二十架，现开机六架，余俟艺徒习熟，乃可按机分派织造。开齐后，通计每年可成呢六千疋。"左宗棠：《左宗棠全集·奏折》七，岳麓书社1996年版，第313页。

③ 原每日可织宽5尺、长50尺的呢8疋。1883年，每日可产10至12疋。参见沈传经、刘泱泱：《左宗棠传论》，四川大学出版社2002年版，第432页。

④ 孙毓棠编：《中国近代工业史资料（一）》下册，科学出版社1957年版，第901页。

术、动力技术引入西北，为民族资本主义纺织工业开辟了新路径，加快纺织工业生产的进程，还给西北地区纺织市场以更大的空间，为该地区毛纺织业的设计、生产、销售打下良好的基础，并促使西北地区近代纺织的产业技术人才在无形中得到培育。这一定意义上实现了机器生产替代手工作坊的生产方式的根本转变，开创了动力织机替代手工织机的新时代。但随着织机生产率的提高，伴随纺织工业的发展，人们如何调理整个纺织成品生产过程中的供销关系、规划上百名工人同时在一条流水线上分工、突出优势设计有特色的产品等问题，都越来越引发管理者的思考。机器大工业的生产是一个社会综合系统，原料供给、资金技术、市场销售、经营管理等环节缺一不可，而且受到当时政治、文化制约，这也便于我们理解在西北地区当时条件下，这些因素大部分均不具备，故而失败在所难免。但是，左宗棠将机器工业的想法与实践带到西北地区，这是该地区手工业向近代机器工业转化的重要尝试。

（二）西北最早的西式制革、机制织毯产业

明清之际，西北的泾阳、大荔是陕西皮毛加工业中心[①]。皮革制作是西北地区传统的手工业。从事皮革户数众多，以甘肃为中心形成多个皮革制衣中心，如兰州、平凉、武威等地，产品有皮衣、皮靴、手套等，皮革制造技术出现局部技术革新，除了使用原来的水缸、木桶，一些比较大的作坊和工厂开始使用抽水机、磨皮机和缝纫机等机器设备。

传统织毯主要利用手工和木织机，规模并不大。随着机器的引入，传统手工业与近代机器工业之间的关系越来越紧密，织毯从实现局部机械化，到形成规模，机制毯子色质好，工艺细，织毯技术也有所进步，能织出多种图案，染色技术也有所提高。

机制织毯产业强化了近现代西北民生设计的平面设计门类：图案设计、肌理设计。其实古代西北传统手工织毯业一直较为注重图案设计和肌理设计，

---

① 据民国《续修大荔县旧志稿》卷四《物产》："商贩之皮货，惟同州硝水泡熟者，则较他处所制者，逾格轻软鲜柔，此乃水性关系，货而工商兼需，故同城羌镇以造皮驰誉者，自昔已然。"

只是产能、工效上不可与机制同日而语；图案设计涉及色织，肌理设计在传统手工织毯业中会根据毯线粗细、质地进行凸凹感、密实度等的设计。机制织毯业中的肌理设计，包括安排不同经纬支数和线束本身的纤维含量以在毯线织造过程中形成不同的厚度、密实度和粗糙度。这些肌理都是在无形创意与有形织造共同作用下被人为设计、织造出来的，这些经过人为设计、织造的肌理，都是在既有制造技术和设备的前提下人为主观营造出的肌理感，不但使织毯面料具有更强的实用性，即保暖度、牢固度、磨损度等更好，还使面料具有更强的视觉美感、肌肤触感、舒适感等，从而使产品在提高生产效率的前提下，产品价值倍增。在现代生产条件下，织毯肌理设计都是由机织过程中通过设计者和专职技师专门完成的。[①]

综上，尽管这些项目的建立，使西北社会在某些领域中具备了一个工业化进程的起步基础，但这个基础还是十分脆弱。

三、工业化观念的发展

这一时期的西北地区，与军械生产配套的各种冶炼、锻造、机械加工产业快速发展，传入西洋工业时也同步传入工业设计观念。

（一）西北地区官资工业化的萌发

西北地区官资工业化的萌发体现在工业化实践中，具体以军事工业的创办、机器织布局的筹办等形式为例。

左宗棠于1869年1月奏请清政府，预在省城西安东门创办西安机器局，用以生产军火，西安机器局规模较小，从国外购进主体机器设备，并招募浙江受过训练的工人，主要生产洋枪、火药和子弹等。1872年8月，左宗棠进驻甘肃兰州，遂于1873年春将西安机器局迁往兰州，设立兰州机器局。但在之后的二十年间，陕西省军工工业实质处于停工状态。直至1894年甲午战争爆发，经陕西巡抚鹿传霖疏奏清政府，开办陕西省机器制造局，并招募工人

---

① 王琥：《设计与百年民生》，江苏凤凰美术出版社2016年版，第99–100页。

试造军火，其机器设备皆是将甘肃旧存制造军火的机器运回陕西。[1]1895年，西宁附近爆发回民起义，由于各军所用枪炮皆由外省协助，故而陕西护理张汝梅再次奏请清政府创立陕西省机器制造局以供接济，最终获准，由政府官办。从陕西省机器局开办至1901年，陕西地方当局注重增加机器局的生产投资，其生产资金增长较快，但后期的经费开支有限，经营状况萎缩下降。[2]陕西机器局是洋务运动中内地省份创办最早的军事工业，虽然其存续时间短且规模有限，但其影响颇为深远。

从1896年集股筹办陕西保富机器织布局，之后不少有识之士，先后在西北地区筹建机织纺织工厂。

以上可见，西北工业初始时期以机器制造局为标志，开启西北近代工业之先声。民用工业从自给自足的自然经济向商品化方向过渡。在这个过程中，西北地区工业在缓慢发展中积累资金与技术，这是西北地区官资工业化的萌发酝酿阶段。

（二）西北地区早期工业化观念的思考

西北地区早期工业化进程是由官府为主导的社会上层拉开序幕的。这样官方色彩浓厚的初期工业化举措，自然不会首先将民生放入视野中。自晚清起，大部分为官资独办或官民合资为主、小部分为官督民办的企业，主要集中在军火、矿山等领域，至洋务运动后期才少量涉足民生范围的纺纱、机织、毛呢、造纸等行业，军火等官资企业在官府一体扶持、支应下发展较快，成效显著，同时也聚集了当时西北社会特别珍贵的首批管理人才和技术人才，也包括工业设计人才。[3]

随着西北地区维新思想的逐渐活跃，逐渐出现代表近代化发展的机构及

---

① 窦荫三：《陕西省机器局述略》，载政协甘肃、陕西等省文史资料委员会编《西北近代工业》，甘肃人民出版社1989年版，第62页。

② 贺黎黎：《1984年以来陕西工业化演进路径分析》，硕士学位论文，陕西师范大学，2011年，第13页。

③ 王琥：《设计与百年民生》，江苏凤凰美术出版社2016年版，第113页。

设施，各类新式教育机构和新闻出版单位涌现在西北城市中，如机器局、书局、电报局等。这一切为西北民生设计产业的起步和后来的发展，提供了大量的装备、技术和各方面人才。

西北地区早期工业化观念在酝酿中开始发酵，这一时期仅仅是民生设计产业发生变化的初始时期，其主要特征是民生经济、文化功能要素的发展和在西北不同地区民生设计产业各项功能中地位和作用的提升，即处于新的功能萌生、同时一些旧有功能被替代的民生设计产业内部结构的自我演替发展阶段。总体上，这一阶段民生设计产业结构依然体现出封建社会的政治、经济、文化特征，但已经开始孕育民生设计新的生机，其工业化趋向更加明显，该地区产业内部出现不同程度的萌动与变革。

四、洋务运动跛足发展留下的遗憾（洋务官商体制与中国早期工业化）

洋务运动始于19世纪60年代，借助国家的力量使外国资本、商品迅速高效地进入中国市场，洋务运动期间中国虽建构了基本的工业架构，但并未有效地结合本土语境使产业实现实质性的跃升。1860年之后，中国学习了西方的技术与科学知识，但对内采取压制体制性的变动，从主导层面就是错误的，其是一种没有自由表达形态的官僚体制，不断传递着本身制度优越的观点[1]，故而导致我国没有随着经济发展、社会生活的改变而变革，且处于停滞状态。[2]

西洋文明的核心内容可以浓缩成两件事物：其一是"人权"；其二是"物权"。人权是强调人人生来平等的公民社会全体成员集体约定的彼此人生权益。物权是强调私人财产神圣不可侵犯的公民社会全体成员集体约定的彼此财产权益。这两个权益都是建立在以法律为准绳，靠国家机器维护的公民社会法治政体和公平竞争市场机制基础上的。洋务运动的失败告诉我们：缺乏

---

① 马勇：《李鸿章嘲笑日本是没有文化根基的小国》，《资治文摘（综合版）》2013年第6期，第66–68页。

② 马勇：《李鸿章嘲笑日本是没有文化根基的小国》，《资治文摘（综合版）》2013年第6期，第66–68页。

社会主流，即占社会绝大多数人口比例的主流人群的积极参与，任何文明新事物的植入都是枉然。洋务运动从未发动中国社会各阶层广大民众，形成全社会共识，影响极其有限；对社会改造和中国的现代化进程，作用有限。没有广大民众的高度参与，任何社会变革举措都无法实施。

洋务运动充分利用难得的几十年和平环境，最大限度减少外部冲突，恢复经济，发展实业。由少数有识之士开创的近现代中国民生企业，直接孵化了近现代中国民生设计的产业形式。在庚子之前，中国民生产业均为传统的手工性质，带有深厚的大农耕自给自足的特点。洋务运动对近现代中国民生产业形成和设计诞生，未见有任何直接影响。庚子之后，始有国人主办的西式民生商品的小型民生产业雏形初现，见诸沿海各通商口岸，进而拓展至偏远西北地区；西北民生设计遂获得一定的生存空间和消费群体。

第三节　西北地区设计变革与工业化的特征

一、西北地区民生设计变革的（碰撞、选择）交融发展

笔者认为，需要在特定的情况下将西北近现代社会长期并行存立的民生设计商品与传统方式生产的手工土特产予以区分分析，虽然两者交叠并存，但两者在销售方式、产业形态和设计创意方面都存在天壤之别。

单就设计深度介入的各产销环节来说，生产工业化产品，首先要解决产品的功能设计问题以及其成本考量，设计完好的功能又必须有可行性的材料设计作为保障，原料的采选、制作工序、操作模式等，有了可行的材质和功能设计，接下来便是结构设计与工艺设计问题，需要解决批量化设计生产，还需要在技术上解决成型、流水线生产的模具设计、机械设计、动能设计。待产品生产出后，还需要解决包装、物流配送、商品文宣、市场销售等经营问题，有些产品又涉及容器设计、包装设计、标志设计、招贴设计和广告设计。由此可见，工业化产品设计凝聚了多道民生设计的具体环节，成为标准

的现代设计事物。

首先，民生商品首次成为最重要的媒材，介入传播西式民主文明观念的社会改造运动。早期由洋务学堂等传入西北社会的各种手工技能，只要是进入大众消费的实用领域，几乎均为在市场条件下流通贩售的商品服务，这些普通商品的销售主体只能是普通民众。这个民生设计理念与长期存在于西北地区漫长的封建社会的传统设计有着根本的对峙。以往的设计占有社会最优质的资源技术、人才和产品，它们可以仅凭占有权而无视产品转变为商品所必须解决的"人权平等"和"物权平等"的贸易法则。而脱胎于西方的民生设计理念其本身就是先进的自然科学和人文科学的直接产物，从一开始就是"人权平等"和"物权平等"条件下的自由市场经济的绝对主体。① 故而，民生设计和传统设计概念之间的观念碰撞、市场挤占、人才争夺，必然导致由消费习惯引发的国情民舆方面的一系列深刻变革。平等权益的社会和自由竞争的市场经济，从根本上废除了以往西北地区历史上的封建、威权制度将人和物划分等级的规则。

其次，先进的自然科学成果终于可以无障碍地直接应用于设计行为中。没有解决人权平等的社会和没有解决物权的市场，都属于文明发展低端的初级社会与市场，都是直接阻碍科学技术进步、阻碍民生改善的最大原因。从这个意义上讲，发轫于西北地区清末民初手工作坊、官办劝工局和洋学堂的这些民生设计课程的授业内容，都是对既有社会制度和经济体制的一种全新挑战；而民生设计教育，恰好担负着这些创意设计民生商品的经济职能，还直接充当了先进科技思想、人文理念的助推作用。②

最后，首次将具有社会共识普遍价值的公众审美标准，融入设计创意的具体行为之中。将消费者的舒适度、愉悦感和审美性，以工业化生产、以现代化消费所表达出来的适人性设计，是由民生商品开始逐步在西北社会建立起来的艺术范围的设计行为的主体内容。以洋货为摹本的民生设计商品的审美概念，

---

① 王琥：《设计与百年民生》，江苏凤凰美术出版社 2016 年版，第 129–130 页。

② 王琥：《设计与百年民生》，江苏凤凰美术出版社 2016 年版，第 130 页。

从一开始就显示出与传统设计在审美格调上的差异，开始将不分阶级、不分种群、不分地域的最大范围的消费群体的商品使用效果，作为艺术性设计的重要因素加以考量。这种强调适人性功能设计，由商品的消费环节中经由使用者感知并回馈的"舒适度""愉悦性""审美感"这三个由低渐高的层次构架而成。这一"物用为人"思想被引入民众的日常生活与生产活动中，并逐渐扎根、成长、延展。这是一个时移俗易的观念变革，不但是民生设计关于审美的所有创意行为的轴心，亦是广大民众审美观不断变革的主基调。①

二、西北地区民生产业的主体形式特点

西北地区民生产业的创新主体革新了生产内部结构，同时，其发掘、拓展新的消费对象，采用更新了的生产技术，在动态中不断侵蚀并逐渐拓展原有消费主体，赢得市场。自晚清社会起，新产品的使用带动了社会风气的逐渐养成，直接培育了未来社会大众销售市场，有了市场的预期才会有产业的跟进，于是一系列原料采配、装置机械和商业渠道及营销手段便逐渐建立，形成体系。创意设计、生产制造、销售三个环节不同于以往的产业组织，逐渐形成具有工业化特征的产业制度与结构。其见证了运行了数千年的中国传统设计产业截然不同的新式文明事物，代表着世界进步潮流最本质因素：工业化、现代化。

但洋务运动时期西北社会从未具备完整的产业链结构。产业链包括上游的技术发明和外观设计，中游的制造与加工，下游的物流与营销。其上下两头，是西北地区实现工业化最靠近、最实用的学习范本。作为在西北地区社会新出现的民生商品，其产业又必然要求与之匹配的真正的自由竞争性质的市场行为和人人接受的符合西式卫生文明标准的社会新风俗。民生商品引导消费，培育市场，培育民众新的消费习惯和消费理念，其所代表的社会消费习俗，在西北社会的逐步确立，表明其文化影响已远远超过了单纯的个人消费行为本身。因民主社会和市场经济的逐利本质所决定，民生商品的功能设计，直接瞄准的是

---

① 王琥：《设计与百年民生》，江苏凤凰美术出版社2016年版，第130–131页。

社会的主流消费群体，这是一个不分种族、不分阶级、不分地域，以最大化销售为第一目的的社会大众消费群体。有了这个根本性的功能设计定调，选材设计、工艺设计和形态设计才能围绕着基础——建立起来。

系统性和规模化的生产组织是与工业生产的发展方向相符合的，其表现出生产过程的分工更趋明显，社会分工的细化和行业运作机制在发展的过程中都涉及规范化、组织化、法制化的问题，这与政府机构的管理是分不开的。可见，政府管理体制在民生设计各领域制度的制定与实施中扮演着至关重要的角色。但西北地区民生设计的组织形式还处于初步发展阶段，没有形成体系化的设计理论，缺乏一定的设计实践经验，这些因素均局限了设计事业的进步。

三、西北地区民生状态与民生设计分析

（一）民众衣着方式与设计

西北作为少数民族聚集区域，民众服饰风俗更多地延续民族特征，有浓郁的地方特色。且受自然条件和自然资源的影响及限制，服饰选材多就地取材，采用易得的皮毛、毛呢、皮革等，制作工艺多采用毛织、编织，如着褐衫、褐褡等。

清代前、中期，西北地区的棉布主要依靠外地输入。同、光时期，左宗棠平定西北，开始在西北大力推广植棉，"左文襄公度陇，始申命将吏，辟道路，徕商旅，劝种棉，习织布，且自携南方百蔬之种移植金城，于是甘人始得衣絮布矣"。① 这本是左宗棠安定地方的善后措施，其编印《棉书》和《种棉十要》对当地民众劝教兼施，认为只要培育方法正确，择选向阳肥暖土地进行种植，必定比种植罂粟获利。1873 年，左宗棠赴肃州，途中见田间棉花累累，甚是欣慰，左为之奏准奖励。较之毛纺织业，棉纺织业在晚清以前未得到广泛的发展，虽然西北地区植棉范围渐次扩大，农业种植结构亦产生一定变化，但棉纺织业发展依然有限，只在少数植棉地区有棉纺织业。1878 年，

---

① 徐珂：《清稗类钞·服饰类》第十三册，中华书局 2003 年版。

左宗棠"在皋兰县设立织纺局，针对民间妇女传习纺织技艺"[1]。从叙述中可知，此时期陕甘地区植棉织布，对民众服饰的选材起到积极的推动作用，相应的服饰款式、制作工艺等都有所拓展。

（二）民众餐饮方式与设计

在西北地区餐饮方式与文化的发展过程中有一个因素特别重要，那就是大量移民进入本土，其对饮食习俗的融合与发展有着不可低估的作用。他们顽强地坚守着原来故土的生活方式，把文化的根伸展到身处异地的生活圈内，用自己的生活习俗、文化理念影响着周边的当地民众，以此进行着一场新的文化移植。例如山西的饮食习俗进入西北以后，经历了一个由最初的相互排斥，继而相互碰撞，到最终相互交流、相互学习的过程，为西北饮食文明融进了新的文化因子。这种不同地域、不同民族、不同姓氏、不同文化间的融合，极大地丰富了西北地区餐饮方式与饮食文化的内涵。[2]

西北地区民族众多，信仰伊斯兰教的十个民族绝大多数分布在西北，从而形成了最具特色的西北清真餐饮方式。清真菜养生养性，源于伊斯兰教教规的严苛导致严格的饮食禁忌，选料严格，戒律很多。[3]清真菜以干净卫生著称，注重营养，把有限的可食用原料做到极致。清真饮食文化有着很强的独立性，但又不失其融合性、适应性。

以西北地区多数食品的包装设计为例，从功能上讲，就地解食、携带储存，包之煮之，食之存之，无须任何餐具，卫生便捷，冷热均可，丰俭由人。从选材上讲，卫生环保，绝无如今化学塑料包装之污染，事后处理简单，极易天然分解，且随取随用，造价低廉。从工艺上讲，全系手工绑扎、装填，动作简单但技艺颇为讲究，经数次训练即可熟练掌握。就投入与效益之间的性价比而言，这是传统食材设计最佳范例之一。

---

[1] 秦翰才:《左文襄公在西北》，岳麓书社1984年版，第196页。

[2] 徐日辉:《中国饮食文化史（西北地区卷）》，中国轻工业出版社2013年版，第234页。

[3] 陈连生:《与时俱进是清真菜发展繁荣的根本》，载中国烹饪协会清真烹饪专业委员会《中国烹饪协会清真烹饪专业委员会专集》，2004年，第3页。

（三）民众出行方式与设计

晚清洋务运动前后时期，西北城乡道路均以土为主。民间人行货运的民用道路，多为碎石、夯土路面。公路、桥梁、涵洞、场站所构成的现代陆路交通干线网基本尚未成型，民间陆路交通运输，主要还依靠旧有的畜力车、人力车、骑马、骑驴、赶骆驼或徒步方式。社会状况、经济条件、乡风民俗决定了西北地区普通民众的出行方式。乡村民众出行，如人货混运需要用车，无非大车和独轮车两种为主。大车动力来源皆为畜力。独轮车城乡通用，人货混装。陆路长途货运多用耐饥渴的骆驼商队，水路的皮筏仍旧是货物东运的主要工具。

独轮车功能齐备，选材因地制宜、随取随用，设计精巧、做工简单，集结构与形态之内外贯通。大车，其动力来源依靠畜力提供，如牛、马、骡、驴等。殷实大户、薄田小户，多家中自有畜力大车，只是牲口类别、大小、匹数，各有不同。车体主要构件由三部分组成：车架、车轮、辕架。车架指车身所有载重部分构件，包含车把、支脚底板及插件厢板等；车轮指车体底部所有传动装置部分构件，包含辊轴、轮毂、车轮、辐条等；辕架指所有连接车体和牲口的挽具部分构件，包含肚带、口勒、驮条、粪兜等。如果是乡村货运，大车需与其他运输工具配套使用。农家大车通常用来装载货物走土路官道，遇到小道、山路随即停靠卸货，需另用独轮车和扁担挑夫进行二次作业，才能送至指定地点。西北尤以胶皮两轮马拉大车为主。

（四）民众居住方式与设计

西北普通民居大都是以土坯砌墙，原木为檩，芦苇或芦席覆顶，草泥抹墙、抹顶而建成的土坯平顶房，各地没有太大的差别。

西北地区大多数民居仍保留版筑式建造特点，版筑法一直延续到20世纪五六十年代，只是老百姓不再叫"版筑法"，而称呼为"干打垒"。中国西北地区黄土高原的民众，迄今仍有不少保留着窑洞这一古老的民居建筑形成。晚清以来，窑洞建造最普遍的形式为"靠山窑"，即在黄土堆积层的截面纵向往山体内部挖掘。其他少数形式还有"下沉式"和"独眼式"两种（图2-3、

图2-4）。"靠山窑"素有省工省料、冬暖夏凉等优点，为西北民众最普及的居所窑洞建造形式，多为拱形，外侧修门窗，窗沿连接大通铺，门户为走道，人的活动区域主要集中在采光充足的门窗处。晚清社会，凡黄土高原民众，无论贵贱贫富，多以修造窑洞为终生居所；家境差异，无非门窗处有无漆木装饰、窑眼地面有无地砖铺陈、拱顶有无夯土粉刷、窑壁有无砖墙、炕体有无通灶取暖设置而已。

图2-3　西北乡村图景①

图2-4　西北窑洞②

---

① 资料来源：美国探险家克拉克1912年考察中国西北陕甘地区摄影集。
② 资料来源：美国探险家克拉克1912年考察中国西北陕甘地区摄影集。

西北地区建筑的发展依旧延续该地区传统建筑形制，这与该地区接触外来经济、文化影响之小，加之多数民众自身传统思想观念和地域特征的长期浸润有关。近代建筑数量非常稀少，仅以基督教堂及其附属建筑为主。如靖边小桥畔天主教堂（1872 年）、宁强燕子砭天主教堂（1875—1894 年）、西安五星街天主教堂（1884 年）等。教堂多由西方传教士设计，由传教士或教徒筹款修建，教堂表现出中西合璧的风格，其形制、结构、材料、艺术形式等对西北当地建筑产生一定的影响。

可见，洋务运动时期是西北建筑与民众居住方式的转型铺垫时期，而外国势力范围内的建设成果起到一些示范作用，使得与其相邻的西北城市、各地区偶有效仿。效仿的第一步，就是逐渐开始建立起自己的近代市政管理机制，从而推动建筑与民众居住方式的工业化发展。

四、西北地区民生设计变革中的瓶颈

（一）远离民生生活的工业化

洋务运动时期，西北地区具有现代意义的早期工业化萌芽主要呈现为以下几点：

首先，早期工业化推进难度大且进程迟缓。西北地区交通不便，居于内陆，且资金难以筹集，技术发展缓慢，引进难度大，加之军阀割据等原因都给西北地区社会经济发展造成层层难阻。自 1869 年左宗棠创建西安机器局始，二十年来虽然开发思潮起伏跌宕，但资本主义工业却为数极少。

其次，通过跨跃式发展进入机器大工业阶段。机器大工业生产阶段的迈进是有一定规律的，西北地区虽出现资本主义发展初态，但只集中在皮毛加工、毛纺、金属加工等几个少数生产部门对机器的引进，其路径并未按照家庭手工业到工场手工业再到机器大工业的循序渐进模式，通过跨跃式发展进入机器大工业，本身具有天生的缺陷，加之西北地区出现的近代工业，其机器设备均直接或间接从国外引进，对于后续发展造成诸多限制因素。

再次，官办军事工业的产生早于民生工业。1869年左宗棠创办的西安机器局，到后来的陕西机器制造局均为官办工业。西北地区民生工业从1894年设立机器织布局始，其比军事工业晚二十余年，相较于全国民营资本主义工业晚了近三十年。^①显而易见，西北地区的早期工业化萌芽还是很微弱的，但是其作为西北早期工业化进程起步极端显著的具体成果，是晚清时代西北地区工业化努力最早展开的领域，也是开启后来西北现代化转型的重要标志产业，为奠基西北社会的制造业、重工业等基础工业，培养大批具有现代化生产技术能力的工程技术人才和产业劳力，创造了最基本的条件；同时这些工业也为以仿制、改进、发明为共有特征的早期西北工业设计产业的形成，提供宝贵的时代机遇。

最后，由于工业规模小，投资少，设备简陋，技术落后，管理混乱，经营不善，多数近代企业很快就倒闭了。^②

（二）新式文明生活方式的缓慢适应

事实证明，缺少社会主要群体的响应，任何社会改良和社会革命，只能昙花一现。唤起民众，需要文化精英们提供出能长久吸引民众的理想生活状态与谋生机会。民生设计，不但直接与引导新式文明生活方式的建立有关，也是促成现代社会公序良俗形成的关键条件。文明生活新规矩的形成，往往直接与文明事物的使用、接受、推广程度有关。各式各样的新式文明事物，培养出各式各样新式文明生活的规矩。这些新规矩，既是一个特定生活圈内所有人必须共同遵守的文明约定，也是这个特定生活圈内每一个成员赖以生存的附着体。由此可见，民生设计商品及所营造出来的新的文明生活方式，是一切文明"规矩"最重要的载体。^③

---

① 李全武、曹敏：《陕西近代工业经济发展研究》，陕西人民出版社2005年版，第142页。

② 贺黎黎：《1840年以来陕西工业化演进路径分析》，硕士学位论文，陕西师范大学，2011年。

③ 王琥：《设计与百年民生》，江苏凤凰美术出版社2016年版，第127–128页。

西北地区对新式文明生活方式的适应是极其缓慢的，民众对西方科学技术的接受要先于对其体制与文明的接受。这反映出民众在学习接纳新式文明生活方式时少了些自信，而是带着不安和抗拒的情绪。当时西北社会还是一种自然经济形态，市场发育不完全，无法消化洋务运动带来的生产生活变化。以体制性变革带动整个社会良性发展，商业和政治双重渗透于西北，只是民众在接受这种新式文明生活方式的时候显得扭扭捏捏，不够坦诚，不愿接受新式文明生活方式是时代发展的差异，既认为其有优势之处，又念念不忘旧有生活方式的道德优越。

小到西北地区，大到整个中国传统社会，自古存在士农工商不同的阶层，这些阶层之间缺乏流动性，这导致不同阶层对所消费商品的需求不同、消费能力不同、面对市场的范围亦不同。广大普通民众多挣扎在生活生产的最低限度中，缺乏对西式产品的消费能力。再从深层次来看，清政府统治者缺乏对贸易平衡在商品市场发展中的重要性认知，不愿意开放市场扩大内需，不愿改变民众的生存方式，这亦是近代西北导致新式文明生活方式融入民众生活缓慢的问题本质。

本章小结

本章首先从晚清洋务运动与西北地区早期民生设计的多元汇集入手，分析了晚清时期西北地区社会时局背景；时代的新需求与旧有设计形式的交流转换与局限；洋务运动对西北地区早期民生设计的影响。其次，论证了晚清洋务运动促进西北民生设计工业化观念的形成：从文明生活方式、先进生产方式的嬗变，工业化观念的形成与发展进行阐述。最后，阐述了西北地区设计变革与工业化的特征：从西北地区民生设计变革的碰撞、交融发展，到对西北地区民生状态与民生设计进行了分析，总结西北地区民生产业的主体形式特点及民生设计变革中的瓶颈。

从洋务运动开启，西式生产、生活方式介入中国，不自觉地构建出西方文化参照系，这种比对改变了民众原有的心理坐标，西方历时性获得的文化结果暂时将中国现况比对下去，这为西式生产、生活方式的畅然进入设置了道义与理论上的合理支撑。但是西化倾向在西北地区并非一帆风顺，生活方式、生产方式的改变多少会遇到抵制，西北民众的生活习惯以及生产范式使早期工业化进程在重重困难中前行，其由于技术、文化等因素的影响也始终处于变动的历程中。

第三章

"清末新政"中的西北经略（1901—1911 年）

第一节　西北地区民生设计中工业化进程的综合与突破

西北地区民生设计产销业态的社会价值是文明生活方式与先进生产方式。正是与传统设计产销业态在本质上的差异，才造成新旧两种产业在工业化进程中围绕着设计意识、生产方式、销售途径，形成冲突、缠斗、突破、拓展，其结果只能是除弊图新、推陈出新、破旧立新，同步实现社会的文明与进步。

一、"清末新政"时期西北地区社会时局背景

清末社会之民情改变，始于20世纪前后之甲午、庚子两桩事变。洋务运动失败和庚子之乱的教训是：清末社会有识之士疾呼"实业救国""商战兴邦"，最重要的一点，是他们通过历次战败意识到晚清洋务派的"中体西学"没有触及社会变革的根本。[①] 与其用洋枪洋炮武装军队，不如用科学民主改造民众。

以康有为、梁启超为代表的资产阶级改良派发动维新变法，确立发展中国工业化的思想基础，其力主发展机器大工业。此时，康有为对西方考察的重点由流通领域转向生产领域；严复大力宣传西方经济自由主义，反对洋务运动的垄断或工业政策。维新派将发展民族工业作为挽救中国的重要手段，将工业化作为经济改革中心，清政府为缓和民族矛盾和阶级矛盾，解除民间私人资本办厂的禁令，并改变长期以来对近代工业的垄断，推行"新政"。其

---

① 王琥：《设计与百年民生》，江苏凤凰美术出版社2016年版，第230页。

推行有利于发展资本主义的经济政策，使民间实业得以有机会发展。

1906年开始的宪政改革，就是在模仿英、日重建近代民族国家。席卷整个清末社会的"新学"思想和进步文明观念，成为推动社会变革的最大动力。襁褓期的西北地区民生设计产销业态，在这场百年前浩浩荡荡的变革大潮中扮演了极为光彩也极为重要的角色，起到了新思想、新观念快速传播的关键作用。

新政时期的重大进步包括地方自治、教育改革、司法独立、近代城市的发展与管理等，这些新气象导致新型的中产阶级出现，教育改革导致大众教育逐步普及，司法从行政体制中抽离。随着社会变革的进程，西风劲吹、新学兴起的社会大环境下，西式民生商品才开始缓慢地逐渐引起社会大众的关注，起到了引导消费意识、改良消费习惯的作用，其意义重大。由于托生于西洋现代化产业模式和文明进步生活方式的近现代西北民生设计行为，它的兴废存止与绝大多数社会成员的生产方式与生活方式都息息相关，而且其影响波及社会各阶层，是其他任何文化传播媒介都无法取代的，因此，新生的民生设计事物直接充当了清末中国社会变革的文化风向标。

二、西北地区民生设计中工业化进程的凸显

晚清时期洋务运动和甲午战败后兴起的自强运动的工业化成就，有相当一部分集中在交通运输领域，主要是与水路运输相关的桥梁构建、铁路铺设。

（一）甘肃新政的遗存和见证：黄河大铁桥

兰州黄河铁桥，被誉为"天下黄河第一桥"（图3-1）。[①] 其兴建于20世纪初的清末，距今已百年有余。铁桥既兴，即担负交通运输的重担，随着交通运输事业的发展，又成为兰州、甘肃以至西北和全国交通运输的枢纽之一。其坐落于兰州城关区白塔山下，是晚清甘肃"新政"的有力见证。

---

① 刘起：《作为工业遗产的兰州黄河铁桥建筑研究》，硕士学位论文，西安建筑科技大学，2008年，第1页。

图3-1　黄河铁桥 [①]

1. 清末修建兰州黄河铁桥溯源

1907年十二月十九日，陕甘总督升允就创建兰州黄河铁桥事宜向光绪帝上奏，1909年六月，升允为兰州黄河铁桥竣工撰写《创建兰州黄河铁桥碑记》，均可见其修建铁桥的决心。兰州城北，濒临黄河，是向西向北通往甘州、凉州、西宁、宁夏各郡和新疆的唯一要津。故而，"辀轩传符，商贾征旅，肩摩毂击，相望于途"。但因黄河"中阻巨浸，行者苦之"。为解决这个交通梗阻问题，早自秦汉始，就常为军事行动而在黄河上搭建浮桥，随用随拆。平时则用皮筏渡送行人。[②]

其实，兰州传统造桥已有很高水平，著名的兰州"握桥"，又名卧桥（图3-2），始建于明代永乐年间，是"伸臂木梁桥"的代表之一。握桥技术虽先进，但其毕竟不是大跨度桥梁建筑类型，其形式不外乎聚石培土，或是木梁小桥。受制于技术水平，出于交通需要在跨度宽的黄河水面造桥只能采用另一种方法——造舟为梁的浮桥。浮桥又称舟桥，是最早出现于我国古文献中的一种桥型。早期的桥，多数只能建在地势平坦、河身不宽、水流平缓的地段，技术较为简单。但是应该说明，古时早期的浮桥与后期的浮桥有所不同，前者多是一次性使用过后拆除，因而使用时间短暂，无须经久耐用。

---

① 图片来源于彦生：《本刊未刊发的兰州黄河铁桥老照片》，《档案》2009年第6期，第29-31页。

② 方荣：《兰州黄河铁桥》，甘肃人民出版社2015年版，第3页。

AMONG THE "EIGHT SCENERIES OF LAN" IS THE WO CANTILEVER BRIDGE, A FOOTBRIDGE OVER A SMALL STREAM FLOWING TO THE YELLOW RIVER JUST WEST OF LANCHOW.

图3-2　兰州历史上存在时间很长的握桥 [①]

　　自明代洪武五年（1372年）起，搭建兰州黄河浮桥渐成甘肃地方政府的常例，每年由皋兰县令负责招工备料，搭建兰州黄河浮桥，兰州卫指挥佥事杨廉在现在铁桥的位置上兴建了"镇远浮桥"（图3-3）。

图3-3　兰州镇远浮桥 [②]

---

① 资料来源:《清末中国内地的十八省府考察》，宣统二年古本，图为清末民初照片。

② 方荣:《兰州黄河铁桥》，甘肃人民出版社，2015年11月版，第4页。

由于兰州地处高寒地区，黄河每年冬季要结冰，不仅损坏浮桥船只，而且黄河结冰后，行人车马也弃浮桥而从冰冻河面上直接过黄河，美其名曰"冰桥"，黄河自立冬十天左右后封冻，到来年春天惊蛰、春分前后解冻，冰桥为季节性产物，无法长期为黄河两岸所用。因此，"镇远浮桥"的搭建，一反南方冬建夏拆以躲过夏秋洪水的浮桥搭建规律，采用春建冬拆的办法进行。在当时镇远浮桥的搭建，的确对兰州地区黄河南北两岸的交通与经济交流起到很大作用，促进了兰州的经济文化发展，对改善西北交通和巩固边防意义非凡。但浮桥的春建冬拆，问题接踵而来，一是交通不畅，二是安全系数低，三是经费负担重。长期以来，就有很多仁人志士皆称搭建浮桥"非长久之计"，要寻"一劳永逸之策"。

鉴于兰州在西北突出的地缘优势，早在1880年初，左宗棠正式提出筹建兰州黄河铁桥的问题，并与德国技师福克进行正式谈判，由于财力不殆作罢。1905年升允任陕甘总督，时值新政时期，为黄河铁桥的修造提供了历史机遇，升允在新政事务上依靠彭英甲。在彭英甲的策划下，很快形成涉及洋务、学务、楼务、织造和农、工、商、矿等各个方面的一系列项目计划和措施，其中包括修建兰州黄河铁桥的建设项目。升允让彭英甲以兰州道创设甘肃农工商矿总局，并任总办，兼甘肃洋务总局和甘肃厘税统捐总局督办。彭英甲趁天津泰来洋行经理喀佑斯游历来甘时，马上启动创建兰州黄河铁桥工程项目，与喀佑斯订立包修合同，并终至建设成功。包修合同于光绪三十二年九月十一日（1906年10月28日），由甘肃洋务总局与德国泰来洋行正式签订（图3-4）。合同中桥价为天津行平化宝银十六万五千两，不足左宗棠时的三分之一，黄河铁桥的各项建设筹备工作全面展开。

修建黄河铁桥不是孤立进行的，而是和其他各项实业的创办穿插进行，故而，在兰州黄河铁桥档案中，亦有购买和运输其他实业设备、材料和向外省出售甘肃实业产品的记载。彭英甲所举办的实业及采取的财政、金融措施，在当时十分见效。

彭英甲虽为清末封建朝廷官吏，且从根本上未能超乎洋务派"官办"实业的窠臼，但他按照经济规律去办实业，已然具有了现代性的平等交易模式，注重双方利益双向考量。如无论对内对外，都采用合同制，并根据不同的实业项目，订立不同方式的合同，明确合同标的和期限，详定双方权利和义务，确定付款方式和步骤，规定违约处置方式等。合同以诚信为核心，以国际公理为准则，有理、有利、有节地实施，合同一经签订，双方行为准则绝不轻易改动。修建黄河铁桥，其针对原材料和技术均需从国外引进，且我方不懂技术的事实，采用包修合同的方式，但又把我们能做好的桥料运输留作我方责任，体现了扬长避短的原则。合同具有极强的针对性和预见性，对保障铁桥修建完成具有重要意义。

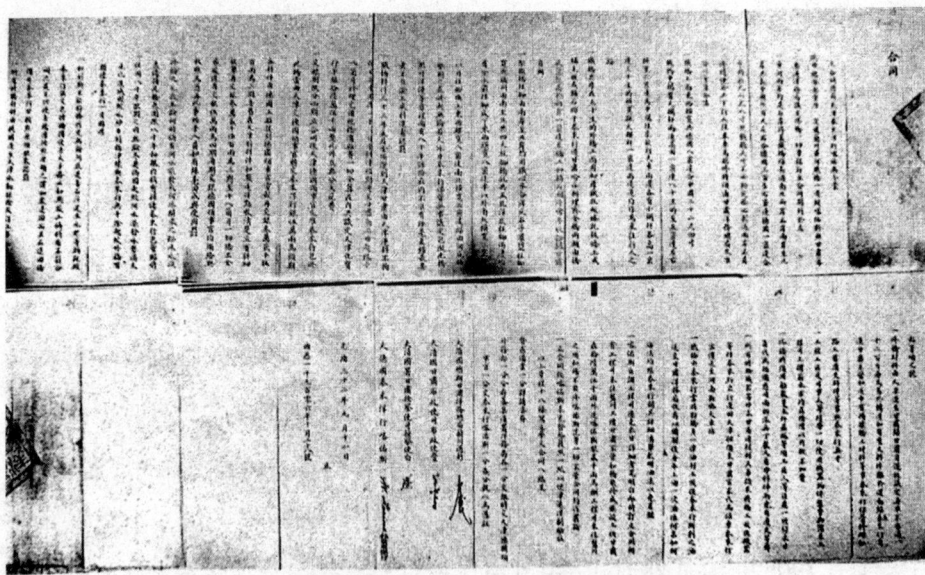

图3-4　清光绪三十二年甘肃高官与天津德商泰来洋行
喀佑斯包修兰州黄河铁桥的正式合同 ①

2. 黄河铁桥的选址与交通贸易的考量

黄河铁桥（图3-5、图3-6）作为一座开发西北和解放思想的产物，其在选址上充分考量地理、河流等自然条件和促进贸易交流的社会条件，体现了因地制宜、因势利导的优良设计理念。

---

① 资料来源：转引自方荣《兰州黄河铁桥》，甘肃人民出版社2015年版，第13页。

图3-5 建成时的黄河铁桥照片 [1]

图3-6 建设中的黄河铁桥 [2]

---

[1] 图片资料来源：百年沧桑 100 年前的兰州城，你见过吗？（https://www.sohu.com/a/210843846_251778）。

[2] 图片资料来源：百年沧桑 100 年前的兰州城，你见过吗？（https://www.sohu.com/a/210843846_251778）。

　　黄河铁桥选址基于农业文明生存环境与科技条件的限制，首先考量兰州城市布局状况，桥址选择与城郭毗邻，且因地制宜，既顾及兰州经济发展，也充分考量城市治理、国防需求。黄河铁桥位于白塔山下，是直接进入内城和外城最理想的位置，其择选两岸最窄的位置建桥，如此可降低造价成本，降低技术难度。另外，择选黄河西固区至城关区之间河道直、弯道少，且河道落差小，河水浅、水流匀速的区域，此区域水流对桥本身的冲击小，所以此段是建桥的首选。[①]且桥梁建设选址，设计者更多考量的便是施工技术、桥体结构、经济性和使用寿命，以及河床、岸滩结构等因素。从今日的路桥专业角度来看，在河流上修建大桥将改变桥址河段的水流和泥沙运动，并对河槽实施对应的调整，亦会引发洪水水位提高、河槽冲刷加剧等问题。可见，黄河铁桥在选址、设计方面需充分考虑河流环境因素。（图3-7）

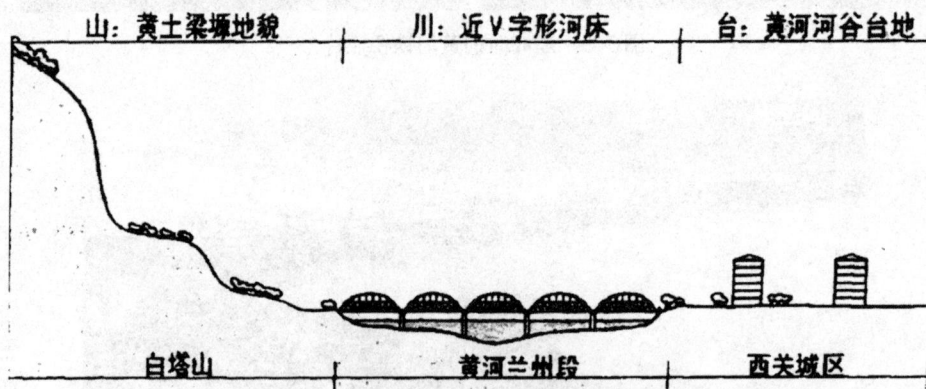

山：黄土梁峁地貌　　　　川：近Ｖ字形河床　　　　台：黄河河谷台地

白塔山　　　　　　　　黄河兰州段　　　　　　　西关城区

图3-7　黄河铁桥周边的河流地质情况图[②]

　　兰州因其特殊的地理位置，千年来是中原同西北地区进行文化交流、物资贸易的重要运输通道。拓宽黄河两岸的土地资源对城市扩容起到重要作用，其意义深远。兰州作为西北地区通达四方的中心枢纽，其东西向交通动脉由

①　刘起:《作为工业遗产的兰州黄河铁桥建筑研究》，硕士学位论文，西安建筑科技大学，2008年，第25页。

②　刘起:《作为工业遗产的兰州黄河铁桥建筑研究》，硕士学位论文，西安建筑科技大学，2008年，第26页。

陕甘驿道[①]和甘新驿道[②]构成。进入民国后，随着科技进步、交通运输业的完善、交通工具的改进等，兰州作为西北地区重要的交通枢纽，仍起到重要的桥梁作用，连接陕、甘、青、宁、新等省市（图3-8）。从宏观上看，兰州在稳定西北、屏蔽中原、增进中西交流，及历次西北开发中发挥巨大作用；从微观上来说，黄河铁桥则是兰州这一大动脉上唯——一座锁钥性的桥梁。[③]

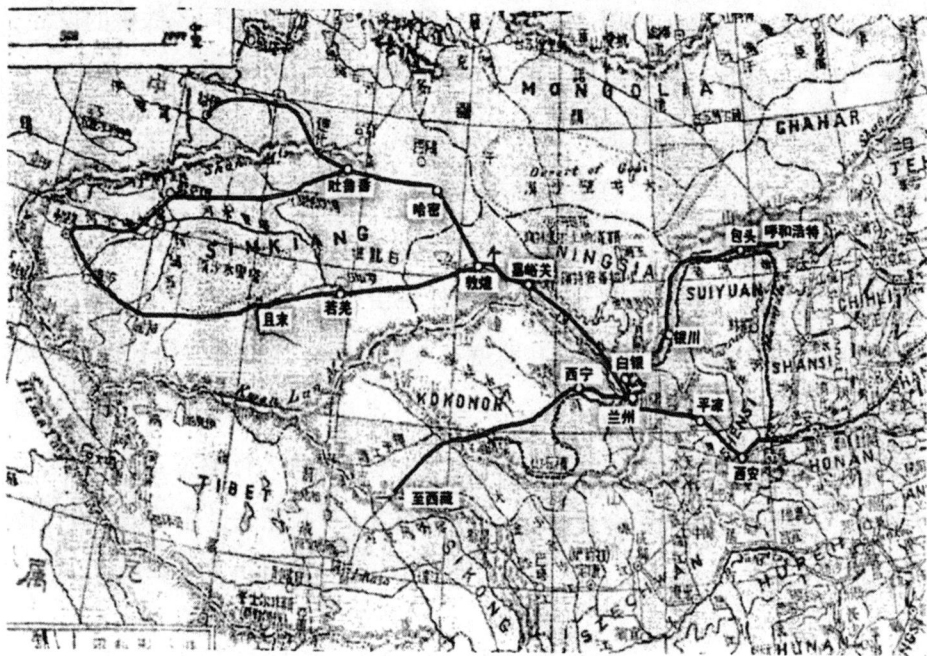

图3-8　民国时期兰州的主要交通路线[④]

---

① 陕甘驿道，或称兰州关马大道。这条驿道由兰州起始经东岗镇后，又有两条驿道：一条称旧驿道，过太平沟、猪嘴岭、连搭沟、三角镇、甘草店，由车道岭入安定（今定西县）；一条称新驿道，过响水河（今小水子）、买子堡（今来紫堡）、夏官营，由车道岭入安定，经平凉至西安。

② 甘新驿道，明代称甘凉大边道。由兰州起始，过黄河镇远浮桥经沙井驿、苦水、红城，或经安宁堡沙沟、俞家湾、哈家嘴至红城，再过在城（今永登）、武胜、岔口等驿站进入武威地区，经河西走廊至新疆。这条驿道同陕甘驿道在兰州通过镇远浮桥对接后，成为沟通陕西、甘肃、新疆三省区交通运输的主要干线驿道。

③ 刘起:《作为工业遗产的兰州黄河铁桥建筑研究》，硕士学位论文，西安建筑科技大学，2008年，第31页。

④ 刘起:《作为工业遗产的兰州黄河铁桥建筑研究》，硕士学位论文，西安建筑科技大学，2008年，第31页。

3. 黄河铁桥的设计、运输及建造

（1）黄河铁桥的设计

在黄河铁桥设计的初期，即1906年5月，德国泰来洋行喀佑斯与彭英甲就兰州黄河铁桥的建设达成意向性协议，并带队开展初步考察。经由现场详细的水文地质调查，详细测量了镇远浮桥水下深度和浮桥桥面宽度。强调桥梁的穿插联络必须要有设计图纸及设计说明。按照建桥合同，铁桥的设计、修建、决策、指挥、管理等均由德商负责。排除铁桥尺寸规格和质量要求由我方（甘肃）提出外，其他事宜均无权过问。故而，泰来洋行并未给甘肃留存设计施工、技术图纸及与建桥相关的档案文书，导致甘肃没有铁桥的竣工图纸，仅存当时洋行向甘肃送审的一份铁桥总体设计图样。

从建成后的铁桥进行设计解读，该铁桥由桥体和桥墩两部分结构组成。桥体为穿式钢桁架，共5孔，每孔跨度45.9米，总长233.5米，每孔设两个桁架，共10个桁架。每架桁架共9段，每段5.1米，桁架高架结构5.1米，桥面木板总长5.5米，宽8.36米，其中行车道宽6米，两侧人行道宽1米，桁架梁为钢梁，钢轨利用角钢和钢管焊接，高度为1.3米，仅用来过往马车。设计桥头超越两岸高度1米，南北两侧桥头各建牌坊1座。（图3-9、图3-10）。[1]

（2）黄河铁桥的运输及建造

由于当时中国近代工业落后，无法生产修建铁桥所需的合格钢材，故而修建兰州黄河铁桥，其原材料大到钢架钢梁、水泥，小至油漆、螺丝钉，无不从德国进口，海运至天津港。按照包修兰州黄河铁桥合同的规定，修建材料由天津运至甘肃，归甘肃自运。既议定每车不准超过一千二百斤，原为易于转运，如有重大料件，难以运动，归泰来行自运，甘肃不管。如途中有损坏桥上材料等事，泰来行保管修理。如路上有遗失料件等事，与泰来行无干。在当时，除了从天津到郑州可通过火车运输转运桥料外，从郑州至兰州1000多千米，则只能用马车转运。

---

[1] 刘起：《作为工业遗产的兰州黄河铁桥建筑研究》，硕士学位论文，西安建筑科技大学，2008年，第34页。

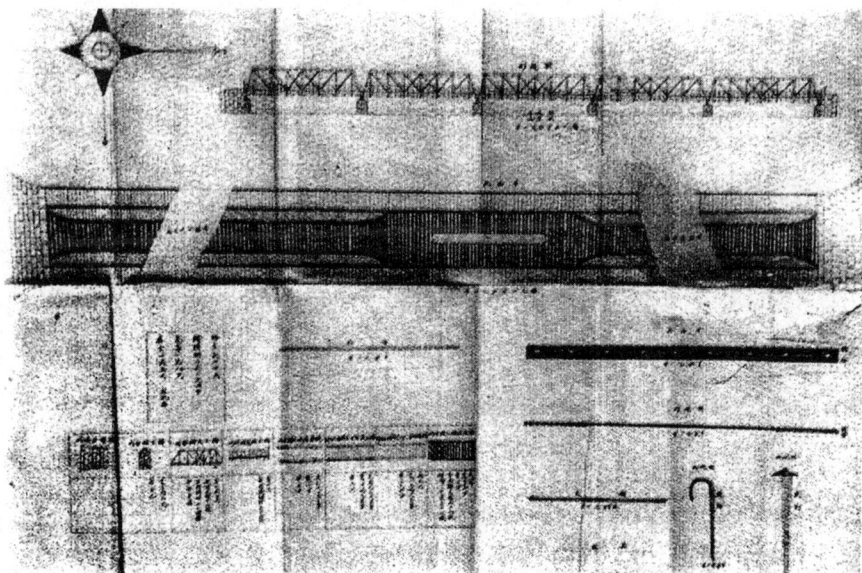

图3-9 兰州黄河铁桥的侧面图和桥面平面结构图^①

图3-10 拟建的黄河铁桥效果图(1908年初绘制)^②

为将大批铁桥料件从天津运至兰州,彭英甲在天津、郑州、西安三地组建三个接收转运站。全部桥料分三批前后海运至天津口岸。第一批为水泥、铁料,400多吨,于1907年6月16日抵天津港;第二批为建桥用动力设备和各种工具,

① 资料来源:转引自方荣《兰州黄河铁桥》,甘肃人民出版社2015年版,第41页。
② 刘起:《作为工业遗产的兰州黄河铁桥建筑研究》,硕士学位论文,西安建筑科技大学,2008年,第34页。

于同年七月抵津；第三批为铁桥护栏等铁料，于1908年4月12日抵天津港。

　　兰州收到第一批运抵兰州的桥料，是1907年11月23日，距天津发运第一批桥料已近五个月。1909年4月6日，所有桥料全部运抵兰州，由德罗出具收到全部桥料收条，桥料运输至此全部结束。从1907年7月3日开始由天津发运桥料算起，总共一年零八个半月，共花去运输费、税费及相关费用约库平银124042.8两，运输费用占建桥费用的40.45%。[①] 由此可见，桥料运输在当时交通落后的条件下所占的地位十分重要，不仅运输费用所占比重很大，而且时间消耗是合同建桥期限18个月的1.18倍。

　　黄河铁桥于1908年正式动工兴建。1909年6月上旬全部竣工，历时一年零五个月，比合同期限提前三个月。铁桥竣工之际，"护督毛庆蕃依照中国建桥的传统习俗，饬谕皋兰知县赖恩培在铁桥两端各修一座三开式牌厦（图3-11），各有四根主柱，撑起中间高、两边低的琉璃瓦盖顶，猫头滴水，五把宗兽，下掭四个扇板，雕梁画栋"。[②]

图3-11　兰州黄河铁桥及牌厦（1909年绘制）[③]

① 方荣：《兰州黄河铁桥》，甘肃人民出版社2015年版，第33—40页。
② 方荣：《兰州黄河铁桥》，甘肃人民出版社2015年版，第44—45页。
③ 刘起：《作为工业遗产的兰州黄河铁桥建筑研究》，硕士学位论文，西安建筑科技大学，2008年，第35页。

竣工后的兰州黄河铁桥，升允在《创建兰州黄河铁桥碑记》中记载，"桥长七十丈，宽二丈二尺四寸，架桥四墩，中坚铁柱，外以塞门德土掺合石子、石条成之。桥面两边翼以护栏。旁便行走，中驰舆马。安稳异常，行旅称便"。此桥是一座近代化的钢桁架公路桥。

4. 黄河铁桥设计凸显出的工业化特征

黄河铁桥设计凸显出的工业化特征，成为西北地区早期工业化的重要实证。其凝聚了当时历史条件下，材料应用、力学分析、结构技术、经济效益等多重因素的考量。黄河铁桥是设计的综合形态（图3-12、图3-13）[①]，成为工程和技术科学新成就的空间象征。其牢固、简洁、经济、美观，使当时民众在传统审美规律上获得了进一步的认知，如尺度比例产生的秩序感，桥身桁架结构形成的和谐感，远观线条与立体轮廓的直折变化所产生的节奏感，整体与局部的疏密聚散所产生的韵律感。铁桥设计明了，造型简洁，以最少的材料获取负荷最大的稳定牢固性，并对构件相互衔接的节点进行重点设计，以获得更大空间范围的框架结构最大优化比值，确保了使用的高效、成本的降低、视觉的流畅。

黄河铁桥是见证了西北地区早期工业化的重要成就，充分体现出中国近代洋务运动时期集聚中、德、美三国设计智慧的结晶，是甘肃与西方经济技术合作双赢的第一个范例，并为以后以兰州为中心的全省公路网奠定了基础。铁桥具有艺术表现力、感染力和审美价值，反映出中国西北地区的时代先进性。

---

① 刘起：《作为工业遗产的兰州黄河铁桥建筑研究》，硕士学位论文，西安建筑科技大学，2008年，第46页。

图3-12　黄河铁桥桁架结构^①

图3-13　黄河铁桥桁架结构^②

（二）陇海铁路动工带来的工业化

西北地区在以铁路修建为重头戏的交通运输现代化进程中，为民生设计

---

① 资料来源：回藏风情兰州草原风光游（http://www.huwaitrip.com/raiders/show_1091. html）。

② 资料来源：360百科（https：//m.baike.so.com/doc/5860774-6073618.html）。

产业后来的崛起奠定了基础。西北地区包含面积范围广,加之深处我国内陆,对外联系、对外交流不畅,其铁路、公路网等级低,水运又常受自然环境影响而运力有限,落后的交通条件制约了该地区工业化的发展步伐,久而久之,逐渐拉大了西北地区与中国其他地区的差距。1905年陇海铁路^①动工,预示着西北沿线地区的交通区位将会有根本性的改变,可以更好地发挥西北地区各省市的内在潜力,加强西北与外界的沟通联系。

陇海铁路通车前,尚未形成有街市的城郭,其经济文化落后。以铁路运力作为西北早期工业化一个推动因素,以蒸汽为动力的生产力性质的变革,突破长久以来运力对经济发展的制约,促使西北广大地区在短期内农业、畜牧业及商业跃升一个经济发展能级。可以说,铁路决定性地影响着西北经济的发展。铁路能够以相当低廉的价格运输农产品和工业产品,还可以运送旅客。西北各地区的谷物、牛肉和家猪,南方的棉花和烟草、木材、钢铁以及东部工业城市做工精良的产品,都通过铁路运输到各地。除了提供运输服务,铁路还刺激了其他行业的发展:铁路的建设需要煤炭、木材、玻璃和橡胶;到20世纪初,中国大约75%的钢产业都供给了铁路行业。铁路的建设和运营都需要管理复杂大型企业的能力,因此,铁路行业还促进了新的管理技术的发展。

随着陇海铁路的修筑,西北地区开始出现新的商业中心,证明西北地区商品经济的发展在涉及范围及影响深度上均在有序扩张,愈接近铁路愈受到波动,其作为货物集散点的优势愈明显,这一状况成波状进行辐射,尽管陇海铁路的修建及后期运营均具有半殖民地半封建性质,但其对西北地区早期工业化起步由传统向现代社会过渡的影响和促进作用亦客观存在。陇海铁路沟通并加速了西北与其他地区经济的交往与对流,冲击了传统社会自然经济基础,使铁路沿线地区成为经济发展最具活力、商品化发展程度较高的地区,

---

① 原名陇秦豫海铁路,简称陇海铁路,其修筑时间久,直至民国时期才形成横贯甘、陕、豫、苏四省的铁路干线,西起甘肃天水,途经宝鸡、西安、潼关、洛阳、郑州、开封、徐州、海州,东至连云港,全长1382公里。中国第二历史档案馆编:《中华民国史档案资料汇编》(第五辑第三编:财政经济七),第303页。

其有效地推动了西北地区早期工业化的发生进程。

三、西北地区民生设计产业对传统手工产业的继替与工业化的突破

西北地区所涉及民生商品领域的"传统手工产业"与"近现代民生设计产业"是性质完全不同、彼此又存在一定联系的两种产业形式，介乎其中的设计行为自然有着截然不同的思维与操作模式。对于西北社会而言，经营模式上，传统产业的设计创意、生产制造、物流销售基本是三职兼于一身；现代产业则有明确分工，自成体系。生产手段上，传统产业基本以作坊式的手工生产为依托，部分使用机械，这主要是出于对生产成本的人为控制所致；现代产业基本以机械化、标准化、批量化生产为特征，这主要是出于对靠扩大生产规模来实现薄利多销、积少成多的考量。商业销售上，传统产业多半是前店后场的经营方式，基本依靠顾客的口耳相传的回头率维持生计；现代产业则主动迎合消费需要，宣传商品性能，讲究市场占有率。民生商品的传统与现代产销方式正是基于以上差异，于是萌发出西北民生设计产业从起步阶段就与以往的传统手工产业存在的差异。

民生商品整个产业链从创意到生产、销售各环节的设计分类愈来愈明显，如创意环节的设计图稿、产品模型；生产环节的机械、动能与模具设计；销售环节的包装、容器设计和商宣设计，包括广告、标志、海报招贴等。在晚清西北社会，这些全新事物，极大地冲击了仍占统治地位的传统产业，开始逐步深刻地影响社会各阶层的消费意愿，虽然这些影响局限性仍然存在，无法论及对社会消费主体即城乡民众的消费习惯产生重大影响，在生产规模和市场占有上相对弱小，但其代表西北社会产业发展的必然趋向。①

与西北社会出现的新兴工商业态相比，传统手工产销业态依然是清末社会西北城乡广大地区民生产业的主体形式。许多传统手工艺在日趋变化的商

---

① 王琥：《设计与百年民生》，江苏凤凰美术出版社2016年版，第115页。

业竞争中被逐步淘汰而销声匿迹，一些传统手工产业则结合新兴工商模式，在时代转型时期找到自己的生存之道，主动加入或被动吸纳到新的民生设计—生产—营销体系之中，成为西北民生产业的重要组成部分。

传统设计产业与近现代设计产业最明显的区别，充分反映在设计本体语言的四大要素——功能、材料、工艺、构造之中。西北地区重工业和制造业的形成，使近现代西北设计产业在基础制造能力上开始具备一个前途无量的生存与发展空间：功能更加健全；材料上不但深度改造了各种传统的天然材质，还出现了人工合成的新材料；工艺上机械加工逐步取代纯手工制作，还出现了许多新工艺、新技术；构造上更加强化物品的稳定性、牢固性；外部形态设计开始出现普适性的适人性设计。这些进步使起步阶段的西北地区工业化进程，对催生近现代设计产业具有构建其基础的重要价值。①

（一）西北地区手工业发展的特点

从总体来看，西北地区手工业部门不断增加，且生产的产品种类渐次增多。其典型的行业主要集中在西北地区各个市镇，如兰州、西宁、湟源等地，这些地方人口聚集，传统手工业得以维持经营，相关商业在传统手工业的发展下带动相关行业的产生。随着劳动分工，一些新的生产部门逐渐独立且形成新的行业。

西北多少数民族，其手工业产品有较强的民族性、地域性和实用性。手工业产品大多均为日常所需，其发展刺激相关商业的繁荣，进而带动市镇的发展甚至形成新的市镇。西北地区传统的毛纺织、皮革制造等手工业在商业贸易的带动和刺激下有所发展扩大，但随着洋货的进入，西北手工业生产部门发展不可避免地受到一定程度的冲击。西北地区多数手工业产品的商品化、专业化水平较低，在面对西方产品时，尤其那些较早接触西方的有识之士很快认识到自身的差距，设想努力改变现状，他们将富国强民的实践带到西北地区，给这些地区带来新的气息，致使西北地区传统的手工业面临一个全新

---

① 王琥：《设计与百年民生》，江苏凤凰美术出版社2016年版，第92-93页。

的发展契机。

（二）西北地区手工业发展的社会影响

随着西北地区手工业的发展，其手工业产品不再局限于自给，更多的生产是为了开拓市场，进行市场销售，传统手工业的商品化程度在不断提高。

首先，手工业的进一步发展丰富了市场商品的供应，加深西北与地区外经济的关系，影响着地方社会的变迁。随着传统手工业商品化程度的提高，市镇上商品结构发生了变化，导致市镇经济繁荣，丰富了市场商品的供应。

其次，引起了家庭经济结构的变化。其在改善民众经济生活的同时，也改变了家庭的经济结构[①]。以兰州水烟生产为例，其烟草种植、制作加工等环节分工明确，并形成稳定的制作部门，其作为农村的主要副业对家庭经济的增长有极大的促进作用。

再次，商人群体的壮大与市镇的繁荣相辅相成。手工业者亦工亦商，也参与到商业活动中去。随着商人阶层人数扩张，产生新的利益阶层。在近代机器大工业的大背景下，民族机器工业进入发展时期，与传统手工业相辅相成，因机器工业的使用并不十分成功，传统手工业继续发展，但其并不能改变地区内行业产品落后的现实，其竞争压力伴随地区外经济交流的频繁，其不断改造是历史的趋向。

最后，西方工业产品一定程度上冲击了传统手工业。其先进的生产方式、生产技术带来的新产品渗透到西北地区，影响着民众生产生活方式，并阻碍了西北地区手工业的发展。对传统手工业进行改造，进行工业化尝试是必然之路。其一方面在不断添置机器、引进技术，另一方面也在产品出新创意上下功夫，以图自存。

（三）西北地区所涉工业产业及工业化

重工业通常是一个社会工业化程度的最主要标志。正因为西北地区民生

---

① 陈鸿胪：《甘肃省之固有手工业及新兴工业》，《西北问题论丛》第3辑，1943年12月，第115页。

设计产业是建立在西洋式现代工商业模式之上，因此西北地区重工业，直接推动或制约了尚在襁褓之中的西北民生设计产业及销售企业的发育成长。

西北地区的重工业主要由工具制造业、建筑材料工业（以下简称建材工业）两大部门组成。其中，工具制造业为工业各部门提供生产工具，可以说是重工业的核心部门。建材工业为建造生产所需的住房、厂房、仓库等提供砖瓦、石料、石灰等建筑材料，用现在的术语可以称为基础工业之一。

西北地区的生产工具，主要用于畜牧、耕作、纺织等行业的生产活动中。这些工具种类、性能、使用及制作工艺诸方面，虽然较之前并未有重大变化，但是也出现了若干值得注意的改进。与此同时，工具制造业的总生产规模也有所扩大，生产的技术水平、专业化与商业化也都较以前有一定的提高。

从另外一个角度来看，工具制造业的发展颇有局限性。首先，西北地区制造的工具，在种类方面，较之从前并无太大变化，仍然是以人力操作的工具为主，且多为小型，畜力机械不多。因此在产品的种类方面，并没有出现多大进步。其次，工具制造业的生产规模虽有相当扩大，但生产扩大的幅度却十分有限。

传统的建材工业主要包括砖瓦制造、石灰烧制等部门。石灰用途广泛，是重要的建筑材料，并可为造纸业等其他工业生产提供基础材质，是一种用途广泛的工业原料。砖瓦、石灰生产工艺比较简单，设备也不复杂，因此从事砖瓦、石灰生产大多是民众利用农闲时间为之，是当地民众的一项重要副业。但是到清末，在砖瓦、石灰生产集中的地方越来越多的民众开始脱离农业，成为专门从事烧制砖瓦的专业窑户。在这些地方窑业中，除了专门烧制砖瓦的窑匠，还有从事制坯、烧窑等工作的工匠。其工作也日益专业化，砖瓦生产的专业化水平也在不断提高。

第二节　西北地区民生设计中对工业化程度的适应性

一、西北地区民生设计中工业化的演进

（一）政府主导型是西北地区工业化演进的特点

清末"新政"时期，西北地区恢复甘肃织呢总局，将机器工业引入，且在该地区进行工业化尝试。官府主导从国外引进机器、聘请技师，开办手工业生产的劝工厂，并设立陕西省火药局。此时民用工业同步兴起，对开办实业之风产生了一定影响，兰州成为西北创办机器工业的模范。

陕甘总督升允在政治、经济、军事、教育等多方面开展实业，彭英甲讲新政、习洋务、重实效，"兴利惠工，讲求土货制造，以示提倡，开风气，保利权"，期"睿民智而阔利源"，提出甘肃实业项目计划，并按照"不事搜求，可以致富；不言抵制，可挽利权"。其要领不外乎"生之者众，为之者急"，"殚无数之经营"，"收美利而救贫窘"，以立"商战之基"的理念，次第开办。1906年2月，创办蒙盐官局；四月，办理农工商矿务局，筹设督垦局，设立甘肃商务总会、农务总会、商品陈列所、农业试验场、化验室，并创办农矿学堂。[①]

官府主导开办各项实业，于1906年停办多年的兰州制造局恢复生产；1908年9月甘肃织呢总局开始恢复。振兴实业要因地制宜，因材施艺，彭英甲与比利时参赞林阿德谈判，达成由地方当局自筹资金，雇比利时工匠进行生产恢复[②]。在设备损毁严重的现状下，加设厂房、购置设备，利用本地优质

---

① 方荣：《兰州黄河铁桥》，甘肃人民出版社2015年版，第14页。

② 事隔近三十年，原甘肃织呢总局设备损毁严重，经逐件查验后发现除汽锅纺线机等件金属败坏短缺外，其余东西马力大车机器、吸水器、淘毛方四铁桶、捧毛双层圆缸、内铜外铁烘毛床、分毛机器、净毛机器、顺毛机器、剪线坯机器、烘线热气玻璃罩、缠经线机器、织呢机器，以及洗呢机、压呢机、刮绒机、烘呢机、鬃刷机、剔呢机、刷呢机、熨呢机、卷呢机等亦大半废缺不全。夏阳：《甘肃毛纺织业史略》，《社会科学》1985年第5期，第82页。

的原材料开工生产。[①]据当时记载甘肃织呢总局能织造各色粗细大呢，材质坚致、均匀细密，充分发挥资源优势，针对民众生活日用呢毯进行生产制作。

《马关条约》签订之后，刘光贲在陕西学政赵维熙的支持下筹设纺织厂以抵制外资在华设厂，因资金等多重困难而作罢。矿冶业表现为创办延长石油官厂，填补民族工业的一项空白。官府于光绪三十二年（1906年）五月，创办劝工厂；九月，厘订榷政，进行榷务改革；十一月，开办官报书局；十二月，筹议木材统捐，开办官银钱局，创办窑街官金铜矿场和艺徒学堂。光绪三十三年（1907年）五月，实行进口百货统捐；十二月，创办官铁厂。光绪三十四年（1908年）十一月，开办洋蜡胰子厂。光绪三十五年（1910年）三月，试办船政。

综上，机器织呢局、官金铜矿厂、官铁厂、洋蜡胰子厂等，都尽可能引进并采用西洋技术和设备。各项事务全面推进、百废俱兴，民用工业兴起。清政府推行"新政"的过程，开始出现兴商劝业、倡导创办实业等鼓励私人资本投资的内容。陕西先后创立"陕西工艺厂"和"驻防工艺传习所"，虽属官办，但对开办陕西民用实业之风产生一定的影响。

总之，西北地区此阶段针对传统手工业具体情况，利用地区优势资源，并援引机器工业，这些实践活动规模较之前有所扩大，且涉及的领域不断增多。

（二）产业组织形式与经营方式的工业化演进

中国经历了长达两千多年的封建农业社会，传统的组织制度、思想观念、伦理道德、风俗习惯等无形的文化因素严重地制约着工业化的推进，成为工业化的绊脚石，而旧道德观念的转变和新的适应工业化需要的道德观念的形

---

① 彭英甲在比利时工师的协同下，添置上述损坏短缺的机器部件，尤其是添置二台60马力的蒸汽锅炉，同时还加购畅家巷地基十亩，修旧并新建厂屋259间。1927年9月，全部新添机器部件运抵兰州，是年5月开始试车生产。织呢总局先后订购了60多部比利时机器，采用蒸汽动力，共分19道工序，主要生产工序均使用机器。原料是宁夏、西宁产的羊毛和凉州各处产的驼毛绒。技术人员共6人，全为比利时人，穆赍为总工程师，全厂直接从事生产的工匠艺徒约有100人，主要生产各色粗细呢料和毛毯。

成需努力培养和提倡，重视精神文化因素的作用与影响，有利于认识工业化的全貌。因此，把精神文化因素纳入工业化的含义有一定的合理性。[①] 虽然，西北地区民众生产生活具有高度的自给性，但是到了清末，随着社会分工的扩大与商品经济的发展，民生商品开始向专业化与商业化发展。产业组织形式与经营方式改变了民众生产和生活的需要，外来文化的影响、资金和技术条件的改善等，都推动了西北地区工业化的演进。

工业化作为一个动态的发展过程，其涉及民众的思维方式、生产方式、消费方式和行为方式，技术属性决定了产业的组织模式，这些均影响着民生产品的生产过程以及社会结构，但同时受到其他社会条件的制约。

西北地区产业形式以官资为主，政府结合民间资本，积极倡导、组织了一些基础性的生产资源和能源的开发。首先，生产总规模有明显的扩大。其次，工业生产的商业化水平有显著的提高。再次，西北早期工业化的发展，并不是如过去一些学者想象的那样没有技术进步，只是一种"量的增加"，其很多行业均出现了程度不同的技术进步。若从工业化以前时代的角度出发来看这些进步，那么不能否认对于西北地区民生设计的工业化而言，此时绝非一个技术停滞的时期。

以近现代自然科学与人文科学丰富成果为支撑和自由竞争的市场化条件为保障的近现代西北民生设计，开始逐渐进入民众的文化视野，并逐步占据以近现代商业化、市场化形式为标志的社会影响力方面的绝对优势。西北地区涉及民生商品的各类市场在延续传统的市场模式基础上，较之前呈现出多元化的特性。这一时期西北经济稳定发展，文教事业亦有所发展，这些都促成其市场的繁荣。"民生为本"设计概念的开启并逐步传播、确立的观念新变化，率先在民众教化范围中崭露头角。[②]

---

① 沈榆：《中国现代设计观念史》，上海人民美术出版社2017年版，第50页。
② 王琥：《设计与百年民生》，江苏凤凰美术出版社2016年版，第119页。

（三）西北地区早期工业化的扩散效应

从西北地区早期工业化扩散能力来看，其首先发生在地域优势较为明显的行业，依托原材料获取的便捷，引入机器工业进行生产，以使生产力水平大幅提高，继而带动同一行业不同工序的机械化和相近行业的机械化，由此引发由机器替代手工的一系列革命性变革，使国民经济发展由此而跨入早期工业化的进程之中。西北地区早期工业化形成工业、商业、服务业等机构的"趋集"征象，这种强扩散效应将设计创意、制造、销售有机联成一体，从原料供应涉及的畜牧业、农业到制造过程中的机器设备、工人分配管理，再到产品的运输手段、仓储保管、市场销售等环节进行综合考量，从而在整体上造成产业链的最终确立，形成联动的生产力性质的结构性变革。

西北由于长期处于农牧业经济地区，在鸦片战争打开国门，并使开放口岸城市在西方廉价的工业品的冲击下形成西化的消费产品和消费理念的同时，深处内陆的西北，其民众消费结构的变化是缓慢的。生产力不适应生产关系，两者之间的矛盾渐趋突出。反映在物质生活上，以自然经济为基础的民众消费结构发生改变，节俭趋向享乐、内省趋向时尚。市场出售的商品类型有珠宝、化妆品、西药等，并出现西式的照相、浴室、旅馆、餐厅业务，反映出城市生活消费的演变趋势。[①]西北市场交易产生的前提是需求和交换，而交易的双方建立在自由与平等的原则下。

二、工业化在西北地区民生设计变革中的共融

与民生社会息息相关的邮政、官资民营钱庄、市政修造业的初创和扩展，是西北地区社会极其重要的进步成果。在创建以民生消费为主体的服务业过程中，不但逐步形成了市政化的现代社会服务体系，而且其成为西北社会移风易俗、教化民众等社会进步的切实保障。[②]在西式民生商品为主的日常生活

---

① 任云英：《近代西安城市空间结构演变研究（1840—1949）》，学位论文，陕西师范大学，2005年，第230页。
② 王琥：《设计与百年民生》，江苏凤凰美术出版社2016年版，第87页。

资料基础上，西北民众构筑了自己崭新的生活方式、谋生方式及与之相匹配的文化环境，也决定了西北民生设计产销业态的基本生存空间。

（一）民生设计中市政建设的变革

西北城市的民用公共服务体系还逐步纳入了完全是现代化概念的民用及公共照明、邮政、电信、金融以及医院、学校等。市政设施建设方面，除去洋人洋商修造的住宅、工场、商业区、办公楼、剧场外，各地官府还建造了一批大型民用建筑，如火车站、邮电局、劝业会场、新学堂等。对于西北民生设计产销业态而言，市政建设的直接益处就是产业与商业环境的形成。

一方面是潜在的消费人群的大量聚集，形成民生商品的巨大消费对象；另一方面是产销业态的高度聚集，技术人才、生产劳力、产业设备、销售商区等。专业技术人员聚集起来，家属随之而来，人数相等的城市配套服务产业就此兴旺。任何城镇化进程均有赖于先进的、有别于之前的城镇生活配套的快速建立。

日趋发达的、吸纳人数众多的西北产业化经济直接促进了城市化的进程，城市化进程的速度，又反过来促进产业化更加发达兴旺。无论是产业现代化还是城市现代化，都势将促进包括设计和艺术的人文事业的快速发展，而设计和艺术的发展，肯定会进一步促进、刺激工商业和城市化本身。

（二）设计教育与民生产业的变革

西北地区近现代设计教育是依附于西学新式教育机构的逐渐成熟而派生出来的新型教育，直接得益于晚清新政十年西式新学的日益普及与提高。清末新政推动了西北教育近代化，西北教育从封建教育制度向近代教育制度转化，新式学堂是西北教育走向近代化的重要表现，有了西式新学、民生商品的产业与销售方式在西北社会的铺垫与推广，西北地区本土的设计教育机构的迟早出现，才可能水到渠成。

清末以来，原多为教会创办的西式学堂逐步脱离诵经修课的宗教模式，第一批西式现代模式的新型学堂开始形成。西北各地官办官筹的"劝业会""劝工局""奖进会"等，其职能是开设各种培训机构，传习各种民生产品的手工制作技能。开始于西北社会的民生设计教育，不但直接启蒙培育了西北地区具有民生设计概念的新型教育人才，还担负着促进民智开启、民族进步、民生改善的社会改良重任。

这些举办传授各种民生产品设计、制作技艺的培训机构，对西北地区民生商品的分类界定、包装装潢、技术革新、产品推介，起到很好的作用，在清末亦被视为倡办新学、改造社会的新政。另外，西北民生商品范围的实业创办，也是近现代西北民生设计的实体雏形。

三、西北地区民生设计中工业化的必然原因——对地域特征的适应性

机器工业创办的最初出发点，在于创办者敏锐地察觉到西北地区典型的传统手工业面临的各种机遇。从地域资源优势的角度来看，其资源几乎允许利用的无限强化，地域资源优势的集群形式使民生设计可能呈现多种样貌，其商业活动、社会变动与文化交流也为地域特征的民生设计构建接纳了源源不断的活水，使各地域民生产业之间有机会增进交流与沟通。晚清时期，西北地区的一些城市，先后兴建起一批机器生产的企业。这些企业的兴办主要针对具有地域资源优势的传统手工业，其必然给该地区经济发展带来新的气息。

（一）地区工业揭示出符合地域优势的选择方向

实业新政在西北地区的推行，从内容上讲，其初始目的是当地政府执行清政府旨意、巩固清政权的手段。但实际上，这些实践活动推动了该地区经济发展。开办机器工业、引进西方先进生产技术和生产方式，触发了西北地区经济结构变迁，有效冲击了原有的生产力和生产关系。[1] 传统手工业向近代

---

① 马啸:《左宗棠在甘肃》，甘肃人民出版社2005年版，第171页。

机器工业迈进是历史趋向，西北地区从发展之初便将毛纺织业作为兴办新式工业的择选，其选择倾向反映出地域特征。

西北地区的毛纺织业以及制革业必然揭示出符合地域优势的选择导向，在此不再赘述。其棉纺织业也体现出这种择选优势。陕西作为棉花种植业的中心区域，得益于八百里秦川适宜的气候、土壤等自然条件，以及所处交通运输便捷、能源供应充足等优越的社会条件。[1]加之光绪初年，陕西关中地区已开始推广洋棉种植的技术条件，该区域近代棉纺织工业的发展有充足的准备。

每一个行业部门选择相对有利的地域范围来开展生产活动，均会全面考量行业自身的特点，根据行业技术、经济等多重因素确定指向性，充分考量各生产要素之间、生产与消费之间的空间距离，择选最优地域。至于商业贸易类型又与西北地区的物产有着直接关系。

（二）西北地区早期工业化中的能源与材料问题

"不论在何时代，能源与材料都是工业生产赖以进行的主要物质前提。"[2]鉴于能源和材料在传统农业社会向近代工业社会转变过程中的这种特殊的重要地位，著者在研究西北地区早期工业化时，自有必要对此做专门的讨论。故此，著者将对清末西北地区工业中动力、燃料等的使用进行分析。

1. 动力使用及动力资源

西北地区工业生产中所使用的动力是水力、风力、畜力和人力四类。西北多数产业中，牛力、马力、驼力作用十分重要。民众广泛使用畜力进行牵引、运载、输送等，西北地区地广人稀，具有天然牧场，所以畜牧业普遍，为畜力来源提供保证。除此之外，西北地区工业生产的动力结构中，人力也占了绝大的比重，这种以人力为主的动力使用结构的形成与发展，主要是由动力资源条件所决定，而不是缺乏动力使用技术，或是缺乏对较高效能动力

---

① 郑志忠：《民国时期关中地区工业发展与布局研究》，硕士学位论文，陕西师范大学，2012年，第13页。

② 李伯重：《江南的早期工业化（1550—1850年）》，社会科学文献出版社2000年版，第272页。

的需要。而人力并不是一种理想的工业动力，特别是在牵磨等工作中，故特设计风力、水力机械，以代其劳。

2. 燃料使用

西北地区燃料供应充分。工业中使用的燃料主要有煤、薪、炭等，主要的燃料消耗部门则为五金加工、烧窑和煮盐，其次为榨油、制烛、食品加工等。不同行业、不同部门对燃料需求亦不相同。通常而言，五金加工用煤，窑用煤或炭，其他行业大致以薪、炭为主。此外尚有农作物秸秆，可能也用于煮盐，但其主要用途是农家炊爨，工业生产中使用不多。五金加工业中，消费燃料最多的是铁器制造业。铁器制作需要热值较高的燃料，因此煤和炭是主要使用的燃料。

3. 材料

西北许多地区有金银铜锡等金属制品业，鉴于金属材料具有不同熔点，其加工过程对燃料的需求也有所不同。锡箔制作中，只在打箔时稍需燃料，而在以后压薄、制页、磨纸等十数道工序中完全不用燃料。窑业也是一个消耗燃料较多的工业部门。由于烧制砖瓦、石灰单位燃耗较高，使用燃料最多的工业部门是制盐业。除了五金加工、烧窑、制盐对燃料需求多之外，食品加工和日化加工也需燃料供给。

西北地区工农业生产中所使用的大多数工具，毛纺织业、谷物加工业、冶金业中的风箱、印刷业中的部分配件等都以木制成。即使是铁工具，也离不开木制部件。虽然工农业生产的工具多为小型，但鉴于使用总件多，易磨损，制作及维修频繁，故而总量需求大，同时有一些用木较多的大型生产工具。如黄河上大型高转筒车，另外，建筑业也是木材消耗的一大行业。

西北地区向外地输出较多的工业原料有金银、皮张、白蜡等，此外还有茶类、奶制品等也是输出较多的产品。由于西北地区原材料的地域性，加深了本地区对原材料的依赖程度，也决定了向外地输出的规模，对本地区及区外地区的发展起到直接的促进作用。

（三）西北地区早期工业化中的地域发展特点

在早期工业化的过程中，人口问题具有非常重大的意义，人口变化对于早期工业化所起的重要作用，最集中地表现在劳动力供求变化对工业成长所起的作用上。按照一般的看法，人口增长过速，会导致劳动力供大于求，继而引起动力价格下落，从而妨碍节约劳动的机械和机器的使用。而没有机械和机器的使用，早期工业就不能够发展为近代工业。西北地区地广人稀，人口增长并未导致严重人口压力出现。

中国人口迅速增长的主要原因归纳为：长期的和平与较好的统治；耕地面积的扩大和作物良种的推广与引进；工商业的发展。对于早期工业的成长而言，劳动力供求状况的变化比单纯的人口数量变化更为重要。如果劳动力供大于求，就会导致一系列不利于经济成长的消极后果。但是如果劳动力求大于供，引起劳动力价格上涨，也有可能导致工业产品生产成本增高，从而其竞争力下降。西北地区城镇中从事工业生产的劳动力数量逐渐增大，首要需求就是为工业生产提供充足的劳动力，他们在本地区人口中占很大的比重。城镇工业所需的劳动力有相当一部分要从城镇以外输入。这里将城镇工业从业人员中凡来自城镇以外者，都称为外来劳工。城镇工业中的外来劳工，首先是来自附近农村。民众逐渐"去农而改业工商者"数量颇有增加，当然，在西北有许多民众还是以农业、畜牧业为主，以工为辅。农业中的劳动力向工业转移需要各种条件，特别是这两种产业的劳动生产率的变化及相互比较利益。经过长期的比较与选择，西北地区农村劳动力选取了最符合他们自己利益的分工方式，这使得大家基本上都能够各得其所。

改进本地劳动力的素质、提高其劳动生产率，就成了一种替代的办法，劳动力素质的提高，主要是通过两种手段。一是进行专业技能培训，二是实施文化教育，培养读、写、算能力。这两种手段都是提高劳动力素质的主要手段，但其对提高劳动力素质所起的作用，却只是对特定对象有明显成效。对于从事一般工艺操作的普通劳动者，第一种手段所起的作用比较明显；而对于从事经营、管理、设计等工作的工人来说则第二种手段更为重要。

劳动分工和生产专业化是经济成长的主要驱动力量，而劳动分工和生产专业化的发展，又是通过各地之间的贸易的发展而达到的。清末新政时期不断扩大和深化的全国市场，大大促进了各地区之间的地域分工和生产专业化。这种地域分工与生产专业化对西北地区工业化的发展至关重要。

四、各方力量在西北地区工业化中的作用方式

（一）西北地区工业化中的政府行为抉择

西北地区早期工业化中政府的引导作用体现在两方面：第一，学徒制技能培训体系雏形已现，着力于技术人才的培养；第二，政府采取减免税的行为有效地保护了从业者的生产积极性，减免税措施增强了本地产品的市场竞争力，客观上维护了西北地区早期工业化进程，在一定程度上有利于早期工业化的发展。

清政府设立传习性质的工艺局存续并培养人才，其培养的学徒不断繁衍，有的成为工场工人，有的成为习艺所教习，这为西北地区提供了一定的技术支撑，推动了该地区早期工业化的发展。晚清时期的官局学徒制是新政的产物，这种政府力量介入经济领域兴办实业的行动，是建立在振兴实业、富国强民的大目标下，但内部压力巨大，鉴于政府行动背后的实质动机具有强烈的政治性。连年战争导致西北地区大量传统手工业者陷入贫困的生活状态，清政府设立工艺局是预防贫困失业民众可能引发社会动荡的手段，其设立之初就明确办实业的宗旨，并且发挥相应的社会救助功能，同时优先选择为失业民众解决就业问题的行业。再者，设立官局学徒制，传授生产技能。[①]将技能传授与帮扶济贫并重，这类学堂融生产和劳工技能培训于一体。

在晚清工艺局的推动下，政府对学徒教育进行各种层面的改进，突破原

---

① 王星：《现代中国早期职业培训中的学徒制及其工业化转型》，《北京大学教育评论》2016年第3期，第87-88页。

有学徒制的封闭性和排他性。但晚清政府对学徒制的管理集中在官局学徒制领域；而民间学徒制仍旧强调行会或商会组织对之的管理权威。晚清政府出于发展实业的考量，改变了历代封建统治者严格限制和禁止民间结社的一贯做法，转而大力鼓励成立商人社团。[①]

（二）民间资本力量在西北地区工业化中的作用

西北地区民间资本力量以华商独资、合资企业为主。西北地区工业化进程的加速发展时期，正值甲午战败和庚子事变之后席卷全社会的自强图存、实业救国的工商化风潮。反帝救亡的民族主义，是西北地区民营制造业和矿业快速崛起的动力之一。清政府在1903年成立了"商部"，后改组成"农工商部"，在1904年颁布了意在鼓励华资民营企业的《公司法》，西北一大批民营华资工矿企业应运而生。但这些地道的国产工商企业在起步阶段经历都十分坎坷，很大一部分度日艰辛、产销两难。西北地区制造业和矿业构筑了工业化进程赖以启动的坚实基础，也成为西北民生设计体系初创时期最珍贵的孵化场之一。

特别需要指出的是，西北地区重工业是西北民用制造业、加工业和维修业的基础工业。有了重工业所形成的技术培训、人才培养体系，随之诞生的民生产业才获得源源不断的关于新技术、新能源、新观念的强力支撑，才使西北地区真正意义上的民用工业制品、民生百货产品、民用市政设施以及民用水电、通信等系列民生商品的外观设计、选材设计、制造工艺、装饰设计和仓储—物流—营销三位一体的现代化商贸网络得以逐步建立起来，这些突破对后来西北地区民生设计及产销业态的发展，具有决定性的意义。[②]

（三）商会在西北地区工业化中的作用及官商互动

商会在西北地区民生设计中起到重要作用，商会是非技术性的现代因素，

---

① 王星：《现代中国早期职业培训中的学徒制及其工业化转型》，《北京大学教育评论》2016年第3期，第88-90页。

② 王琥：《设计与百年民生》，江苏凤凰美术出版社2016年版，第92页。

是经济发展到一定时期的法人社团组织。在早期工业化进程中，商会扮演着重要的角色。商会组织保护工商业的发展，能有效调节资金盈余、融通货币，调动、协调相关物资，确保相关行业有序发展，维护商人的切身利益。西北经商讲究诚信、耐劳，足迹遍及天下，其经商所涉范围广、对范围内民生产业影响深，在这一过程中，其积累了雄厚的商业资本，这些资本成为不断开展商业活动的来源，并带动西北商业繁荣，例如陕西商铺众多，涉及商品门类广泛，囊括纺织、皮革、运输、五金等众多行业。商会活动与西北地区工业化发展关系密切，商会带动下的西北市廛繁华，小到民众生计的经济发展、消费理念、习惯风俗，大到城市风貌、功能结构等均受到商会商业行为的影响。

新政时期，西北地区商会活跃，此时官商互动有较大发展，商会在其中又起到沟通官府、协调官商等作用，本身经商所得资金就是本地重要经济来源，加之官商互动频繁，更能集中力量进一步促进本地有一定规模的实业开展，并促使民生商品品类、范围、数量的增长，且有效地促进工业化进程。

（四）洋人在西北地区工业化中的贡献

自1860年，洋人首次得到条约的保护，被允许在中国内地居住并传教。传教士是离开通商港口，敢于进入中国内地的第一批外国人。最早他们是以教堂、学校以及附属的医疗机构等形式侵入。传教士是最早在中国建立民生设计产品和消费市场的开拓者。早先为了博得朝廷和官员的欢心，西方传教士多以钟表、船模、枪械、玩具、地球仪、艺术品等作为馈赠和行贿的礼物，以换取自己在华传教的方便。这些西洋玩意儿曾在宫廷和上流人士中引起很大的惊叹，逐渐传入民间，由此也促成了中国最早的相关民生产业。

传教士努力影响并培养了部分与之接触的西北教民良好的卫生习惯：刷牙漱口、洗脸洗脚、理发剃须，于是家用卫生器具逐渐进入当时少数家境优越的民众家庭。当这类新习俗被越来越多的西北家庭接受之后，市场的消费群逐渐形成，这类看似新奇的物品，就逐渐变成了西北地区最早的、地地道道的民生产品，西北民众的这类产业和维修作坊也逐渐建立起来（图3-14）。

图3-14　西北地区的传教士[1]

　　正是在20世纪初这种中西新旧文化讯息大交汇、大冲突之际，技术更新，产销结合，才孕育出一百年前最初的中国近现代设计。

　　总的来说，虽然西方传教士从事文化事业的主要动机无疑是将其作为发展教会势力的一种手段，并非想把落后的西北地区改造成为先进的资本主义范式，但传教士所传播的西学，在客观上对于推动西北社会的转型具有一定积极意义。晚清以来的传教活动，为西北普通民众做出的贡献：首先，建立了一些教会学校，其构成了西北最早的西学教育的核心之一。近现代西北地区一些大学和中小学中，有不少前身是教会学校。其次，建立了西北较早的西式医疗系统。其实中国几乎所有大城市最早建立的现代化医院及其设备、医护人员，均来自洋人教会聘任和培训。最后，建立了西北地区的慈善救济体系。包括"红十字会"等正式组织和日常救助场所，以及收容弃婴、病婴的育婴堂和向无业弱者传授谋生技能的"传习所"等。另外，我们今天常见的许多日常事物，如铅字印刷、书籍装帧、近视眼镜等，当年都是经传教士输入中国。这些半机械化、规模较小的西式技艺，在很大程度上充当了西北乃至中国社会从传统手工产业向现代民生设计产业过渡时期的媒介物。这种

　　① 资料来源：美国探险家克拉克考察西北陕甘地区拍摄。

与民主生活方式最为贴近的模式必然引起民众思想、文化及理念的回应，这种西方式的文化影响在思想意识领域对民众的影响不可低估，这自然摈弃了用社会政治、经济的解释方式，因为优秀事物的价值，往往超越时空的局限而存在。①

第三节 "清末新政"中西北民生设计与工业化的特征

一、民生设计与工业化的融合以及设计体制的定型

西北地区固有的农耕文化特质表现为手工生产方式与以货易货式天然经济形式，这种在中国古代社会一直占据物质资源、人才资源、分配资源的"官体设计"在此时社会转型中没有了生存空间。官体设计传统不可能也没有条件担负起移风易俗、改造社会的重任。在社会资源分配中一直处于劣势的中国古代"民具设计"传统既无条件也无能力承担引领文明生活方式的社会变革，故而，近现代民生设计及产销业态，便应时而生了。

民生设计传延了传统民具设计中的多数基因，带有深刻的传统文化特征，但又完全脱胎于西洋文明体系，凝聚着西洋文明在自然科学和人文科学领域所取得的全部成果，因此天然具有很强的生命力与创造力。伴随着民生商品引入的全新设计理念，冲破古代"官体设计"传统的思想藩篱，广大普通民众作为社会主流消费群体成为服务的对象，民生商品对于设计行为的主导性地位亦开始凸显，民生商品成为民众无法剥离的日常生存状态的一部分，伴随着与之相适应的经济方式与社会体制的深刻而持续的良性变化，民生设计产业所产生的超越经济活动本身的全部社会进步意义尽在于此。②

---

① 王琥：《设计与百年民生》，江苏凤凰美术出版社2016年版，第128页。
② 王琥：《设计与百年民生》，江苏凤凰美术出版社2016年版，第129页。

二、"清末新政"中西北地区民生状态与民生设计分析

社会变革、改造国民，成了一个有一定全民共识基础的大事情。这种社会改良的实现必须从外部获得最大动力，也必须从社会底层做起。唤起民众、改良社会，总要从民众的生产、生活方式的点滴做起，于是饮食起居、客行货运、读书写字、穿衣戴帽……无不涉及。可以说从20世纪第一年的庚子事变爆发到辛亥革命成功的短短十年，中国社会民生状态之剧变，超过了此前三百年间累计渐变。清末民生设计及产业，正是获得了这样的社会"语境"才得以顺势而起，立足存生。就近现代中国民生设计在晚清社会雏形阶段之文化背景，下文从宏观角度列项综述、逐案分析发生了诸多变化的晚清西北地区民众生活状态。

（一）民众衣着方式与设计

服饰的身份标识功能，是成熟社会文化介入与影响最突出的标志之一。西北地区官服与他处并无二致，有其固定式样，规格等级明确。清末洋式服饰波及社会各阶层，邮差、警察、护士、学生等，他们本身就是新市民阶层的主力成员，与社会普通民众有着千丝万缕的联系，又能直接或间接地接触时尚事物，成为沟通社会各阶层之间情趣取向、审美标准的中介媒质，因此，他们对整个社会服饰风向转变起到支配性作用。

此时，西北地区发达城市和乡村在服饰的发展进程上存在明显差距。发达城市由于社会经济文化发展较快，更容易接触到新型事物，西风东渐对西北城市传统服饰产生着潜移默化的影响，西式服装、新式学生装与传统的长袍马褂、留辫髡发并行[1]。西北地区多数乡村因远离政治文化中心，对于新的服饰潮流接受较城市滞后许多，服装大多保持了传统式样，但其在延续清代式样基础上有进一步发展。商贾与官绅多以长袍马褂为衣着式样，且多采用绫罗绸缎为材质制作衣物（图3-15），普通民众的服饰并没有发生太大的变

---

[1] 李彧嘉：《民国时期女性服饰的特征与流变》，硕士学位论文，西安美术学院，2016年，第6页。

化，男性与女性均上身着襦袄，根据季节变换多分单衣、夹衣、棉衣等。妇女襦袄多为大襟，花式各异，组次多样。女服较为讲究，从服饰面料、装饰纹样等均随年龄变化有所差异，年轻女性喜欢穿对襟襦袄，且比较讲究花色。[1] 如陕西关中地区，普通民众多用土布，配以绣饰增添情趣，表达对生活中美的体验。富裕民众多着质地华丽的绸缎、皮毛，襟袖配以繁复的装饰。其中，同州、凤翔等地女性善女红，其服饰呈现出鸟兽花木等生动纹饰。[2] 裙子作为农家奢侈物品，多在女性出行、婚嫁以及节庆之时才会穿戴。民众下身着长裤，多为大裆裤，其种类各异。不过大多首先考量服饰的基本功能，以驱寒保暖，适于田间耕作为主。关中地区年长男性常在上衣外捆扎腰带；女性裤子虽然也是大裆，但样子比男服讲究、好看，且更为随身。当时服饰颜色多为民众自家染制，呈现出衣着素朴、颜色较为单调的特征。

图3-15 西北地区服饰 [3]

---

[1] 李彧嘉：《民国时期女性服饰的特征与流变》，硕士学位论文，西安美术学院，2016年，第9页。

[2] 李彧嘉：《民国时期女性服饰的特征与流变》，硕士学位论文，西安美术学院，2016年，第7页。

[3] 资料来源：《清末中国内地的十八省府考察》，宣统二年古本。

总之，西北地区服饰款式、造型、面料、工艺等的差距，不仅是贫富差距的体现，更是文化及时代大环境的映射。

（二）民众餐饮方式与设计

工商业兴起，都市化出现，使西北地区各城市的商业餐饮业获得前所未有的发展。近现代"简式商业餐饮改造"，亦发端于晚清沿海一带通商开埠城市，经改造传入西北地区，使西北民生设计之商业餐饮设计得以形成。"商业餐饮改造"运动对原有之传统餐饮进行了全方位的改造，如食材加工、菜式造型、店堂装潢、厨具更新等，并逐渐采用洋式批发零售方式，广辟进货渠道，添置后厨设备，以缩短出菜时间，加快堂店服务节奏，以规模化、多样化抵消促销成本等具有"初级市场化"性质的餐饮改造设施，以顺应都市生活圈餐饮消费者加快的生活节奏，来全面应对愈演愈烈的市场商业竞争，争取更多客源。

除去各地菜肴在晚清社会得到长足发展外，沿街贩售的民间小吃，亦是西北都市生活圈中"简式商业餐饮改造"运动兴起后出现的一大景观。必须强调的是，大多数西北地区传统民间面点早在晚清之前即有之，但随着都市化趋势和工商业崛起，非农业流动人口增多，以民间菜肴和面食为主项的各类餐饮业得到快速发展和扩张，食材造型、选料、手工和用途之整体水平，也随之大幅提升。

西北地区民间面点，一向是中国传统面食设计的范本。西北地区的汉族民众以面食为主，其中面类以小麦面为主要食材，制作大型蒸馍和拉面为日常主食。蒸馍蒸熟之后常放置编筐中进行风干处理，再辅以茶水蘸食，这种食用方式是西北地区民众结合本地物产、民俗独创的一种方式，类似维吾尔族馕饼食用方式。拉面常蘸醋食之，这与受山西民众饮食习惯影响有关。同时喜好制作油泼辣椒，如油泼辣子面。

时值清末西北各大中城市都市化趋势、工商兴起，生活节奏加快，部分面点制作亦出现批量化、标准化。此时社会较为发达的乡村民间集市，是北方传统面点走向现代商业营销方式的重要起点，也深刻影响了西北地区民众日常面食的食材、手艺和造型。面点面相好坏，直接关系到营销收益，因此在面点食材造型设计上争奇斗艳，花样翻新，彼此间都有很大促进。西北地区民间面点，不仅是日常主食，还是婚庆丧事寿仪的重要物品，兼有法器、礼器、祭器，甚至儿童玩具等多重功能，因此这类面点更为考究，造型、着色上几近美术作品，堪称近现代中国民生设计之杰作。

西式糕点也是西北民生食材设计的重要部分，其重要形式在造型、配色、选材、包装等关键环节，提升了新式面点的整体技术，开启了晚清社会民生面点类产业化、商业化、文明化之先河，也奠定了坚实的制作技术和造型设计之基础。

西北民众在餐饮的食材设计中，还有在各大中城市街边巷口所常见的各种小吃担子和烤饼炉子（图3-16、图3-17）。这类馄饨、面条、油茶、水饺、烤饼制馕器具很多。挑子多为木结构的两副框架，一头担着火炉和锅子，一头挑着碗筷调料。小贩们挑着担子走街串巷，即停即食，还可以随时逃避驱赶。烤饼制馕炉子一般设点制作，因陋就简，充分运用废弃铁桶铁炉，成本很低。

图3-16　小吃担子①　　　　图3-17　兰州街头的高担酿皮小吃担②

清末时期西北的酱园店，是城镇化生活最重要的配套商业网点之一。城

①　图片资料来源：清末中国内地的十八省府考察含照片（宣统二年古本）。

②　图片资料来源：欣赏一组珍贵的兰州老照片（http://mini.eastday.com/mobile/1801272023 34428.html#）。

镇的酱园店在南宋时期已出现，但大多在清末时期改造升级为"前店后场"的业态（图3-18）。前面是店铺，专事售卖各种咸菜、调料，后面是腌制作坊，有缸有池。咸菜进货半成品再进行二次加工，可以大为降低成本，酱油则是由日本人在中国酱料基础上新近发明的家用必备作料，本土以仿造洋人实现了机器瓶装。日资商人将瓶装酱油生产流程移植到天津、上海后，亦迅速普及全国，深受民众欢迎，但较之土产酱油，所需不菲。因此绝大多数平民家庭，仍在各地酱园店"零拷"酱油——后场的大缸内曲醇酿造化制好，再注入陶瓮，泥封盖头储存。因社会工商经营和都市生活需要，腌制副食品逐渐部分地采用西式油纸包装和商标注册，并在容器造型、包装设计、商标设计等环节开始有意识地注重设计。

图3-18　兰州城商铺 [①]

（三）民众出行方式与设计

　　鉴于西北地区特殊的地理环境，该地区的长途运输陆路依靠畜力，短途运输多以人背肩挑为主；水路依赖木筏、皮筏和摆渡，兰州黄河两岸大批渡口印证了两岸交通需求量之大。但比之东南沿海地区，西北地区受制于此时

---

① 　图片资料来源：百年沧桑 100 年前的兰州城，你见过吗？（https://www.sohu.com/a/210843846_251778）。

社会经济的发展，其交通运输业明显落后。古驿道渐次失修废弃、商贸往来范围有限，除西北的各大城市渐次出现现代化的交通工具及与之配套的交通条件得以改善之外，在多数乡村地区，交通仍旧不便，陆路崎岖，水运礁险。而且民众交流除了个别走亲互访的以外，多以商客小贩为主。清末民初，运输主要依靠驼、马、驴驮运（图3-19）。

图3-19 西北日常出行[①]

西北各地城镇呈现西洋式市政化倾向，但市区内公共交通工具仍以各式人力抬轿、畜力车、黄包车为主。黄包车的基本原理，是由人力拽扯拉杆提供初动力，通过辊轴将动能传至车轮产生机械能及惯性动力，使车体前行时产生减负作用。黄包车的兜厢外壳多为金属，多涂黄漆；车厢内侧衬裱天鹅绒或耐磨耐脏的棉麻粗布面料，背靠、坐垫内填充棕丝、海绵、丝团不等。

在晚清至民初社会，西北地区各城市流行的黄包车，不但充当了城市居民的主要出行工具，而且黄包车的营运、维修体系，还孕育了近现代西北最早的城市公交体制和商业营运模式。都市生活圈逐渐出现一系列市政服务性机构的配套行业：颁发营运执照、核定收费标准、交通意外仲裁、维修车辆构件等。晚清黄包车的短暂出现，为西北社会的现代化城市公共交通体制的建立和完善，积累了丰富的早期商业管理经验。

西北地区城市生活建立以后，街道马路逐渐增宽，路况条件比之从前好

---

① 资料来源：美国探险家克拉克1912年考察中国西北陕甘地区摄影集。

很多，马拉大车转向不是问题；其运营成本的购置、养护投入较低，操作的技术要求也较低，因此马拉大车一直是公共服务设施的常用车辆，如城市的粮油物资供给和泔水、粪便等生活垃圾的清理和运输，通常都是由骡马大车完成。这种清末时期开始的市政服务运输独特方式，一直延续到20世纪60年代方告结束。

西北地区出行方式决定了交通空间的构成及空间结构模式，地区交通结构的改变包含了交通工具、道路交通条件以及交通网络系统的空间格局等的变化，同时也隐含着民众活动出行时空的改变，及其对生活方式的影响。

（四）民众居住方式与设计

西北地区都市化生活区的建立，其人口多数是平民。这些来自西北各地的平民百姓被新型的都市生活所吸引、依附，同时也提供着城市服务所需的各种廉价劳动力、巨大的消费市场、民生百业的所有技能，强有力地支撑了都市生活的日常维系。西北地区各城市工商发达，秩序良好，生计多多，有力地吸引了周边乡村人口不断涌入，试图在城市寻找到谋生机会，这就形成了晚清西北社会各大中城市都存在的巨大外来流民群。还有洋商在各地修造的矿山、铁路、工场，也吸引了大量劳力前往，这些劳工连同他们的家属，也形成了巨大的人口亲集群。这些依附于城镇社会的大大小小的外来人口群落尚立足未稳，还没有在都市生活中找到自己的相对固定的谋生职位、建立自己生计来源之前，他们的生活状况通常呈现两大特点：一是由于暂时缺乏固定收入，他们在衣食住行等最基本生存条件上，具有突出的简陋性。另一点是不断寻找更适合自己谋生的动机，使他们天然具有极高的流动性。

西北城市的都市化倾向，导致了在20世纪初前后几十年规模空前的人口迁徙。这种人口迁徙，不同于以往因战争和自然灾害引起的同类事件，具有主动性利益驱使的主观动力，是更加推动都市化倾向、形成完善的城市功能体系的最重要社会基础之一。在外来流动人口还没有固定职业、固定收入、固定居所之前，绝大多数情况下，只能依靠自建的"棚户式民居"。这些外来流动人口所形成的棚户区，是社会几乎每一个出现都市化倾向的大中城市都有的街区，它们构成了每个都市最基础、最庞大、最显眼的城市社区。都市的扩展外延，主要是靠无数的棚户区不断地形成、聚集、变化、散布，才得以完成。

棚户式民居的搭建方式多种多样。除去建筑本身的基本功能和基本构造外，无论在选材、做工、形态上，甚至无法用统一的固定标准论述其设计特点。此时期的棚户区基本没有公共照明设施，家用照明多用碗盛豆油灯、煤油马灯、蜡烛等。处于社会底层却占据社会绝大多数人口比例的普通城镇乡村百姓人家，所谓家具基本就是一张方桌、几张条凳，外加一口木箱而已。桌凳箱匣的样式属于明式家具的简化版，采用最廉价的木材，仅保留基本功能，且无装饰构建。

少数官员等上流家庭，室内陈设呈现出中西合璧、多元文化融合的特色。室内铺着地毯，且流行使用西洋家具，多以17世纪前后法欧古典样式为主，又因地理位置同俄国接壤，受俄国文化影响较深，一些日用器物来源于俄国。西洋家具起初因国内极少能仿制，多通过洋行直接采办进口；后喜用洋货之富庶家庭日益增多，较之原版洋家具，清末民初的地产"新式家具"在造型、配件上简单了许多，去掉了绝大多数法式、比利时式的花哨装饰配件，仅仅保留了基本框架外形以维持基本功能而已。用料不甚讲究，多以寻常、廉价的松木、柳木、枣木，甚至柞木、泡桐木为主，涂装也多用洋油漆酚醛类清漆为主，或调入色粉做"浑水涂"。由于此类家具材质、做工都较为粗陋，一方面因价格低廉，大量流入普通市民家庭；另一方面因难于保存，一般寿命在8—10年，现在极少有实物存留。曾经上流人家才能使用的各式家具式样如今早已进入城乡普通人家，这正是民生设计文明进步的社会成效：不断地将高档奢侈品变成民生必需品。[1]

---

① 王琥：《设计与百年民生》，江苏凤凰美术出版社2016年版，第238页。

（五）民众礼俗方式与设计

民众礼俗是民众在长期共同的生产实践与社会交往中形成的生活模式，具有极强的稳定性，涉及民众物质生活内容和精神生活的内容。

西洋式人际往来、社交礼仪、集会庆典等文明事物大举输入，使清末上流社会首先受到强烈冲击，受益良多。尤其在20世纪初的庚子事变之后，新学大盛，洋风劲吹，在各大中城市均产生了新式社交和礼仪活动，涉及各种社会活动，如婚礼庆典、殡葬仪式、生日聚会等，一切所用器物及装束，概从洋制，这类洋式礼俗虽然规模尚小，影响有限，毕竟开一时文明之风，对西北地区清末社会传统礼俗制度的改良，建树新时代之公序良俗，仍具有十分重要的意义。[①]

清末社会西北地区广大城乡普通民众，从各种渠道直接或间接地感受这种席卷全社会的洋风新俗。囿于条件和信息之限，绝大多数城乡民众依然在各种社交礼仪活动中谨遵旧制。这些礼俗方式的守旧与变化，都集中表现在下列几点：待人接物的礼节方式、公私祭祀的礼仪排序、婚丧典仪的器用服色、节庆社火的乡风俚俗及各种礼仪中属于"无形设计创意"的礼仪行序设计。[②]

社交礼仪：与人交往时的礼俗行序方式，是"形象设计创意"的重要内容，晚清西北地区社会民间礼俗用语主要包含寒暄用语、称谓用语、肢体用语三个方面。西北民间彼此相见或下属晚辈拜见上司长辈寒暄用语一般都要先互道"吉祥"。长辈上司或垂问对方父母、家事，以示关怀。商人小贩相见则互道"发财"等的祝福用语，有身份的人见面寒暄时一般互相称谓对方官衔全称，以示敬重；民间百姓则互称对方的家族排序。晚辈初见长辈，行三跪九叩大礼；平辈相见，彼此拱手作揖；下人见官长，需叩拜请安：双臂甩马蹄袖作俯身拱手状，单膝跪地。若平时遭遇上司则简化为"打千"。女眷见

---

① 王琥：《设计与百年民生》，江苏凤凰美术出版社2016年版，第75页。
② 王琥：《设计与百年民生》，江苏凤凰美术出版社2016年版，第75页。

客，双掌持帕，手指上下相扣位于右腰，额首斜肩，口称"万福"。上流社会则大兴洋风，始有西洋之互相握手、东洋之互相鞠躬之通常礼仪；男士对待女性亦模仿洋人绅士之态，提倡女士优先，有以嘴唇轻触右手背之"吻手礼"及持大檐礼帽和手套于前胸、欠身鞠躬；女士则双臂自然挽结于腹前，双膝略做弯曲一下作答，概模仿英伦之"屈膝礼"。

婚庆礼仪：西洋式婚礼开始出现，西洋式礼仪制度改革的小举措，虽不足动摇数千年传统婚姻制度根基，但无形中部分引入类似西方近代契约精神的实际做法，对改造西北民间社会婚姻风俗，具有一定积极意义。但这在西北广大农村和边远城镇仍被视为伤风败俗的事情。绝大多数社会底层民众谈婚论嫁时，还是讲究"父母之命、媒妁之言"，也首选传统婚礼形式完婚。

丧葬制度：自西汉起，中国民众就形成了厚葬习俗。无论官民贵贱，只要条件允许，大多对死者实行厚葬。传统丧葬礼仪经数千年演化，也形成了某些相同或近似的行序方式。清末社会虽有洋俗丧葬传入，但西北多数地区的普通人家仍谨守旧制，丧葬礼仪一如既往。主要表现在丧葬仪式的行序设计和丧葬用器的造型设计两大方面。传统丧葬延至清末，在民间丧事行序设计上已大为简化，将以往历代繁文缛节的许多内容合并归纳，设计成较为简洁的行序方式。这点和晚清洋务及新学所提倡的移风易俗不无关系。丧事之繁简，亦根据丧家条件及死者身份，官绅士庶，各有区别。

节庆礼仪：民间的节庆礼俗，成就了传统民间工艺的许多精彩品类。同时，民间节庆也是民生设计品最重要的动机来源、功能需求、手工技艺、营销渠道等共有载体之一。如上元灯彩、清明祭品、端午粽子、中秋月饼、社火庙会之道具及各种宗祠家祭、农时乡祭、宗教庙祝等集体性公祭活动的行序设计与所用法器、礼器祭器的造型设计和制作工艺。每一种民间节庆，都体现了中国不同地区独特的设计传统，包括无形的行序设计和有形的器物设计。

总的来说，晚清西北社会的信仰习俗对民众思维方式、社会行为与文化生活等方面，均产生重要的影响。

（六）民间闲娱方式与设计

清末时期社会阶层分化加剧，在社会生活中形成特定的生活圈，成员彼此间有相同或相近的生活情调和休闲、娱乐、文教方式，从而形成社会独特的休闲娱乐类人文景观。设计事物的成因寓于民风教化、闲暇休娱之中。普通民众的休闲娱乐方式，从来是与自身的个人喜好、经济能力、技能经验、乡风习俗等条件紧密联系在一起；与此相关的行序用物之设计成分，自然也不可能超越这一前提。尤其是晚清以来西北民间休闲娱乐方式与所用器物的关系，更能清晰地揭示设计事物与其文化成因之间的本质联系。[①]

清末休闲方式，较之历代传统的休闲器物，几乎每一类休闲器物都出现了一些设计上的新变化。西北民众日常休闲方式，通常与自己身处的自然环境、乡风民俗、个人兴趣、经济条件最为有关。

带有文化和商业性质的、人为的主动娱乐方式，通常含有较高的设计成分。它们不但在表演行序上属于"无形创意设计"，而且相关的行头、道具、舞台等方面，更具有很高的设计含量，比之纯粹的日常生活用具和生产工具的设计而言，文娱用具的形态设计，无论是平面形态的符号、文字、图像、纹样，还是立体形态的器型、款式，通常更具有装饰性，是经由人为设计而传达给感受者的一种视觉感染力。[②]西北地区民间戏剧曲艺的繁荣，促成了民生设计在舞台表演相关用物方面的成型、发展。

围绕着休闲内容的一系列设计事物应运而生且与时俱进，闲娱自古至今都是仅次于生产工具和生活用具的绝大产业；民众的生活内容中自我生理与心理所必须具备的平衡需求，可以通过不同的行序设计、用具设计来完成行为，达到同一目的：抚慰因劳作造成的生理之疲劳困顿、弥合因算计造成的心理之烦躁纠结。休闲类用品的设计与制作，通常更能凝聚各自社会最优质的人力、物质、科技、审美资源，休闲设计事物也通常具有较高的人文研究

---

① 王琥：《设计与百年民生》，江苏凤凰美术出版社2016年版，第80页。
② 王琥：《设计与百年民生》，江苏凤凰美术出版社2016年版，第82页。

价值。晚清社会以来，因外来事物的影响和近现代商业、服务业的兴起，休闲事物才真正作为生活内容的重要组成部分，被全社会重视起来，成为除去谋生劳作和生存需求之外最重要的生活内容之一。

综上，西北民众的一饮一食、衣着穿戴、出行交通、起居坐寝，正是在这种环境中逐渐形成各种新变化。这种新变化意味着西北社会前所未有的各种新事物，包括劳作方式、交际方式、饮食方式、服饰方式和新变化所必然导致的各种个人文化素养、个人卫生习惯、个人生活趣味、个人审美取向等。这些无形的生产、生活方式的新变化，正好是通过各种民生类商品得以实现、继之以推广流行。

三、"清末新政"中西北民生设计面临的挑战

清末朝廷逐渐放弃专制，实施新政，意图建立君主立宪政体，这些努力让中国渐有现代国家的形态。究其本质，即是从传统走向现代，将纯粹的农业文明变为复合式的"农业＋工业＋商业"的文明形态。西式民生设计，在中国社会的植入和全面衍生拓展对当时社会改良、移风易俗和民生改善是很重要的促进动力。随着西式现代化工商业的不断引入、扩展，西北社会长期封建制度下的"男耕女织"的传统生产劳作方式和与之相匹配的生活消费方式都随之发生渐变。西洋式民生必需品以其规模大、产量高、质量好、实用性强、价格低廉等巨大优势，攻占了西北市场的众多领域，使得原来"自给自足"的自然型小农经济产业结构遭到了毁灭性的破坏。特别是洋商机织工厂和畜植农牧场的大量出现，使传统旧式农业经济作物种植和副业蓄养成为愈加无利可图的农家营生，为谋活路，大量农业劳力放弃原来的农耕生产和土地，进城去新式工厂、商铺里当学徒和做工；农家妇女们也蜂拥至工厂去做工挣钱，以贴补家用。如此一来，新的谋生方式引导新的消费方式逐步确立，过去很多不可能的消费行为也逐渐成为日常生活的常态化事物，机器工厂生产的民生商品使民众融入全新生活方式与生产方式之中。于是，通过一轮轮反复经历的质疑、犹豫、尝试、喜悦，越来越多的城乡民众自觉或不自

觉地纵身跃入以"城市生活圈"为核心的生活中。①

随着清末民初工商业的持续发展和国内外市场的不断扩大，即便是在西北边远省份的广大村镇，也有越来越多的民众，逐步开始从事某种商品化的农牧业生产。可见，伴随现代工商业不断拓展、延伸，以往那种单纯依靠自给自足生产方式仍能维持同时期普通生活标准的民众，已经逐渐退出了乡村社会的主流位置。当越来越多的城乡民众依靠非农业和传统手工业劳作的新手艺获取货币，得以购买到一定数量的、能维系自家生计的民生必需商品，从机制磨面到机织面料，从酿造酱油到点灯洋油，从火柴香烟到肥皂口碱，均蕴含着设计创意巨大能量的民生商品产业伴随文明生活方式的日益形成，进入民众的日常生活、生产中，并逐渐成为受众最广的城乡民众日常谋生和随常供给的生活场景的主力军，旧式传统乡村经济机制的基本结构，包括谋生手段与消费方式的壁垒彻底坍塌了。②

晚清西北社会的民生百货产业和商业，是随着东部城市都市生活圈的建立逐渐传入、形成的。西北地区的民生百货业既不同于以往传统集贸方式，也不同于西洋商业模式，是在仿造东部城市零售百货业运营模式的基础上，结合西北地区社会民生状况而形成的一种适合本地域的、创意设计—生产制造—经营销售三位一体的市场化运作前提下的现代化新型业态。它的出现，不仅冲击了过时、固化的传统产销方式，而且将先进的现代商业理念逐步建立起来，这个意义已经远远超出百货零售的经济价值，而且使以民生为主体的公众消费商业观念在西北社会就此建立起来，逐步拓展遍及城乡，并且使之成为社会进步、国风改良的时代潮流，可见，西北地区公众消费的新观念、新模式，都是从社会民生百货工商业基础上得以起步、传播的。③

---

① 王琥：《设计与百年民生》，江苏凤凰美术出版社2016年版，第85页。
② 王琥：《设计与百年民生》，江苏凤凰美术出版社2016年版，第85页。
③ 王琥：《设计与百年民生》，江苏凤凰美术出版社2016年版，第86页。

四、文化自觉的形成：被唤醒的民生设计文化认同

由西洋输入的民生商品作为熏陶、影响、传播的主要途径，新意识、新观念、新思想渐入人心，改变着民众的日常生活方式和养成新型消费习惯，同时激活了民众的参与意识。如此带来文化语境的改变，其已被多元的文化场景所替代，这种改变打破西北地区文化传统原有的独立性，促使文化趋同。晚清西北民生设计产业，就是在缓慢的探索中，才逐渐形成自己有利有弊的独特经营风格的产业实体。在建立西北民生产业起步阶段绝大多数华资民生工商业，依然如此。而随着西洋民生设计观念不断传入、洋商实体设计产业不断开办，西北民族工商业者与广大消费者的认知水平和文化认同在逐步提高。这个深刻而细微的文化影响，几乎可以拿任何在清末社会逐渐普及起来的民生商品来说明。这些国货与清末以来仿洋国货一道，构成了完全符合市场产销规律的地道的民生商品，也宣告了西北地区民生设计产业体系的逐步形成。[①]

在西北地区逐渐建立起来洋货销售与加工生产的商业化市场网络——这个洋人初建，后来为中国人仿造、发展的现代产业、营销体系和逐步培养起来的较成熟的广大消费群体，恰巧成为后来的民生设计得以萌芽、模仿、借力发展的最重要的基础条件。

在这一过程中，虽然西北地区遭遇了许多外来文化的冲击，但鉴于西北地区独特的自然历史条件，造就了与众不同的思维方式、行为模式和语言习俗等，依托西北独特的地域发展特点，形成了特有的文化价值观。这是对西北地区传统设计语境的承传、设计文化民族性的重要表述。西北民众起初不自觉地从地域特性切入民生设计，之后逐渐意识到从其历史传统中汲取养分，这是一种文化的交汇和渗透过程，既是对传统文化的传承和创新，也是对外来文化与观念的吸收和统一，以强调各自的文化认同。

---

① 王琥：《设计与百年民生》，江苏凤凰美术出版社2016年版，第125页。

本章小结

本章首先从西北地区民生设计中工业化进程的综合与突破入手：分析了"清末新政"时期西北地区社会时局背景；民生设计中工业化进程的凸显；民生设计产业对传统手工产业的继替与工业化的突破。其次，阐释了西北地区民生设计中对工业化程度的适应性：从民生设计中工业化的演进；工业化在西北地区民生设计变革中的共融；得出民生设计对地域特征的适应作为工业化的必然原因，以及各方力量在西北地区工业化中的作用方式。最后，论证了"清末新政"中西北民生设计与工业化的特征：从民生设计与工业化的融合与设计体制的定型，到对民生状态与民生设计分析，总结西北民生设计面临的挑战及民生设计文化自觉的形成。

第四章

民国前期（1912—1937 年）西北地区
工业化与民生设计

第一节　西北地区民生设计中工业化进程的延续

　　民初时期是中国近现代社会"第一次产业革命"最激烈的时代。民国之前虽然建设了一些官资现代化工矿企业，但几乎无关于普通民众的日常生活和谋生方式，没能从根本上撼动旧有的社会生产方式与生活方式，特别是与广大民众的文明生活习惯和先进劳作状态的形成没有产生直接的联系和影响。而民初时期却有了很大改进，首先，官资军工企业开始逐步向民生产业方向分化，华商民营企业开始完全趋集于纺织、轻工、日用化工和发电照明、交通等民生产业范围。这直接诱发了与全体民众切身利益息息相关的工业化、现代化进程，亦促成以民生商品为主的民生设计产销业态的全面启动。

　　民国时期的中国就其商品市场消费群体的整体状况看，代表着西方文明的大机器生产和文明消费的现代西式工商业，在民初时期的西北地区依然还局限在少数受众狭小范围内，传统手工产品依然占据市场和消费的绝对主体地位。但发展至20年代末30年代初已有了明确导向：以大机器为主要生产手段、以电气为主要动能、以文明生活方式为消费基础的西洋式机制商品逐渐占据重要位置，成为民生必需品的主流产业方向；受到前所未有冲击的乡村城镇传统手工产业也在几十年中不断成长，不断引入新机器、新技术和新材料，改进制造工艺，使自己重新获得市场的认可，也逐渐变身为民众日常生活消费领域供需"民生商品"不可或缺的重要部分。[①] 对西北地区城乡民众

---

① 王琥：《设计与百年民生》，江苏凤凰美术出版社2016年版，第150页。

而言，社会进步集中体现在民生商品日渐融入百姓的日常生活；遍布城乡的传统手工产业不断引入现代工商业的机器、技术和设计；在民生商品影响下，新的日常生活方式和消费观念在不断形成，融入西北社会和西北经济的初步现代化努力之中，而且愈来愈成为不可逆转的民众生活与生产方式。逐渐成熟的市场化经济运作机制和不断改良的法制政体开始在西北社会各项事物中逐渐占据支配地位，这就强有力地保证了西北社会百姓民生状态、社会的整体文明程度向工业化迈进。

一、抗战之前西北地区社会时局背景

民众日常生活方式的改变与民生商品产业的逐渐兴起，是西北地区民生设计得以存立之根本。为唤醒民众，"'五四'新文化运动以民主、科学为旗帜振臂一呼而天下齐应。这一系列政治主张在民初西北社会形成了巨大的社会思潮，使封建法统、迷信观念受到严重打击，自由化、个性化的'新国民意识'在西北各城市的社会各阶层成为社会共识。这就给西北民生设计及产销业态的形成、发展提供了较为理想的社会环境和政治背景——因为民生商品天然具有西式文明与现代科技的理想色彩，自觉或不自觉地扮演了传播西式文明生活方式的重要历史角色"[①]。当然，西北社会一方面处处以洋为师，另一方面又存在积习难改的复杂社会景象，各种新旧矛盾相互碰撞、交织并存。

抗战之前的西北地区，首先是在资金、技术、商宣、质量各方面有很大压力；其次是在生活习惯、消费心理、传统意识、文化认同上占据绝对天然优势的本土旧式产销业态占据主导地位；最后是这一时期西北地区尚未建立有效的专利保护、商业规则，其所处商业环境严苛。

（一）辛亥革命与早期工业化的有效启动与发展

辛亥革命于1911年开创近代民族民主革命，建立中国第一个资产阶级共和国，推翻中国君主专制制度。孙中山先生提出开发西北的思想，具有战略

---

① 王琥:《设计与百年民生》，江苏凤凰美术出版社2016年版，第133页。

意义（图4-1、4-2）。

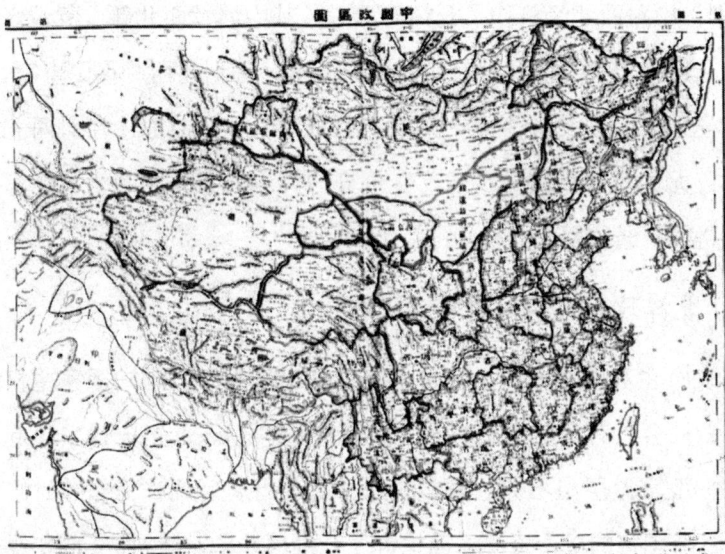

图4-1 中国政区图[1]

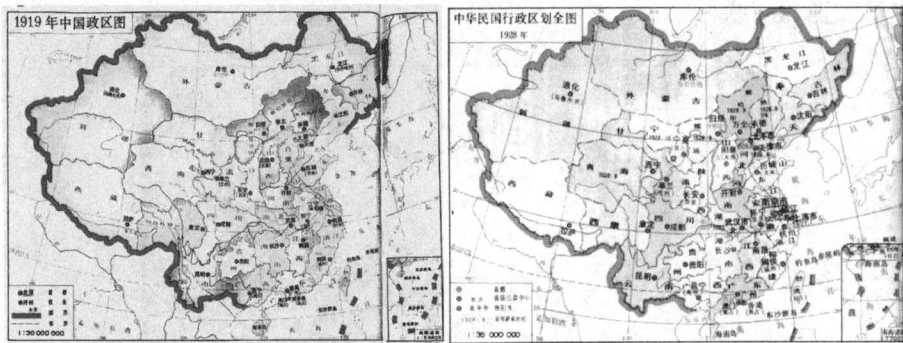

图4-2 1919年中国政区图和1928年中华民国行政区划全图[2]

孙中山先生的《实业计划》不仅是一个治国方略，更是对中国工业化的具体阐述，特别是他提出在掌握自己国家经济主权的同时，大规模利用外资、人才，解决中国由于缺乏西方资本主义国家原始资本积累而对工业化造成的瓶颈，并提出了"国营""民营"等经济组织问题，由此开启了国民经济理论

---

① 资料来源:《民国早期分省行政地形图（25张含各省会城池图）》，民国六年古本。

② 资料来源：武月星等《中国现代史地图集1919—1949》，中国地图出版社1999年版。

的焦点——工业化，形成了20世纪30年代至40年代工业派学者的基本理论。《实业计划》中对西北经济作了开拓性思考。其中涉及西北新、蒙地区的农田灌溉事宜、造林事宜，以及针对西北地广人稀，筹划向西北移民事宜。《实业计划》首先认识到以交通为先，并以交通带动工业。故而，在对西北地区进行规划时，尤为重视铁路的修建，在拟订的九十九条铁路中，不计算接壤或交接的铁路线，通往西北各地的占三十六条。[①]

（二）北洋政府时期对西北地区的开发

北洋政府在对外蒙古领土完整事宜上做出努力，以维护国家主权。北洋政府时期，社会已有开发西北矿业的商议（图4-3）。首先从1924年起，关于该议题的零散言论层出不穷。翁文灏到甘肃进行震后调查工作的时候关注到西北地区具有丰富的矿产资源，遂拟订《开发西北矿业计划》；同年吴佩孚针对绘制西北矿产分布图一事致电农商部；1925年的《西北周刊》中也多次提及开发西北问题。

图4-3　军阀割据图（1917—1919年）[②]

陕西军阀冯玉祥早在1925年任西北边防督办时，面对西北独特的地理位

---

① 王荣华：《危机下的转机》，博士学位论文，南京大学，2014年，第10页。

② 资料来源：武月星等：《中国现代史地图集1919—1949》，中国地图出版社1999年版。

置，就已关注西北在国防上的重要地位，并订立开发西北计划。冯玉祥认为应在西北地区大力开展建设，采取移民垦边作为西北人力、技术的重要弥补，并缓解其他地区人口压力，大兴实业、垦荒辟地、兴修水利、开办学校，有效合理地配置自然资源及社会资源，并取得了一定的成绩，推动西北地区经济的发展。1927 年，冯玉祥在陕西临潼召开陕甘两省建设会议，提案内容涉及交通、水利、垦殖等，其实施方案围绕西北具体实际情况，具有很强的实用性。[①]

自辛亥革命开始至国民政府建立，西北地区的新疆、甘肃、陕西均被地方军阀控制，主政者以军阀为主，对中央缺乏向心力，使得西北地方政府此时期并未完成政治制度及理念的转型。基础工业在此时期也有一定发展，最早的官资或官督商办重工业，是清政府工业遗产，市场机制缺失，技术力量薄弱。但在民国初期的十几年中，大多数厂矿得到了技术和规模上的加强，成为后来西北地区工业化进程的支点和主力。

在地方军阀有效控制时期内，西北地区的制造业、日用百货产业、民用公交、公用市政设施等都有一定的发展。一大批西北地区最早的民族工商业在地区军阀的直接庇护或直接督导、投资下得以创建。这些今天看起来"原始"的现代化作为，却启动了西北工业化进程的"初速度"，奠基了西北社会民生产业，包括技术发明与设计创意体系的成型与成熟。在地区军阀治辖期间，西北的民生产业得到了前所未有的发展。

北洋军阀是近现代西洋文明事物在中国社会普及开来最早的身体力行者之一。但北洋政府的工业化努力存在四个方面的舛错：其一是支撑整个工业化进程的基础工业十分薄弱，未涉及真正意义上的布局结网，缺少体系上的相互策应、相互支撑，致使大多数民族企业经不起稍有竞争的市场检验；其二是北洋政府的工业规则还存在相当的盲目性，基本不存在有计划的工业化布局规划；其三是北洋政府没有抓紧时间建立起符合中国实际情况的、与官

---

① 王荣华：《危机下的转机》，博士学位论文，南京大学，2014 年，第 64–65 页。

民工商业发展相配套的市场管理规划机制，以至于民族企业在内外市场的激烈竞争中一直未能得到有效庇护，往往处于下风；其四是北洋政府一切听任民营商业资本自由发展，没能举国之力、由政府督导、民间商业资本筹资兴办几个超大型工矿业作为中国工业化的骨干企业。北洋时期的新建厂矿绝大多数都是小型企业，普遍雇工人数少、技术力量弱、修造能力差、业务口径窄。但北洋政府为中国社会现代化所做的最大一件贡献，便是以政府法令的形式强制实行了计量单位的统一制式，这一时期奠基了行政、立法等各类体制，其相关条例法规对工商业的培育起到一定促进作用，这项文化改造与工业化进程和民生设计产业的规模化、批量化、标准化等现代化尺度接轨。[①]

（三）国民政府时期对西北地区的开发

南京国民政府于1927年4月成立，结束了北洋政府时期军阀割据的混乱形势。其在推行"武力统一"和"和平统一"的同时，逐步将视线放在开发西北、建设西北的问题上。这种关注经历了酝酿、着手实施、积极推进三个阶段。

第一阶段是从1928年至1931年，国民政府借开发西北向各省灌输统一中国的言论。此阶段国民党为围剿南方工农红军及诛锄异己，将人、财力全用于此。加之旱灾影响，民众将关注点放在兴修水利、便利交通等调节民生方面，政府层面则以旱灾赈济为重点，并未把开发西北当作重点，此阶段多以救济为主。

第二阶段是1931年至1937年，蒋介石、宋子文等亲赴西部视察，对西北地区的工业开发尚未进入实质性阶段。九一八事变发生后，开发西北热潮随着日本侵略中国的野心进一步众目昭彰，且将矛头转向西北地区而再度开启。其开发呼声此起彼伏，民众对开发西北的理解简单地停留在交通、水利、建工厂等层面。此时，考察、创刊、宣传等活动大力进行，有力地推动了西北地区的工业化进程。（图4-4）

---

① 王琥：《设计与百年民生》，江苏凤凰美术出版社2016年版，第139–140页。

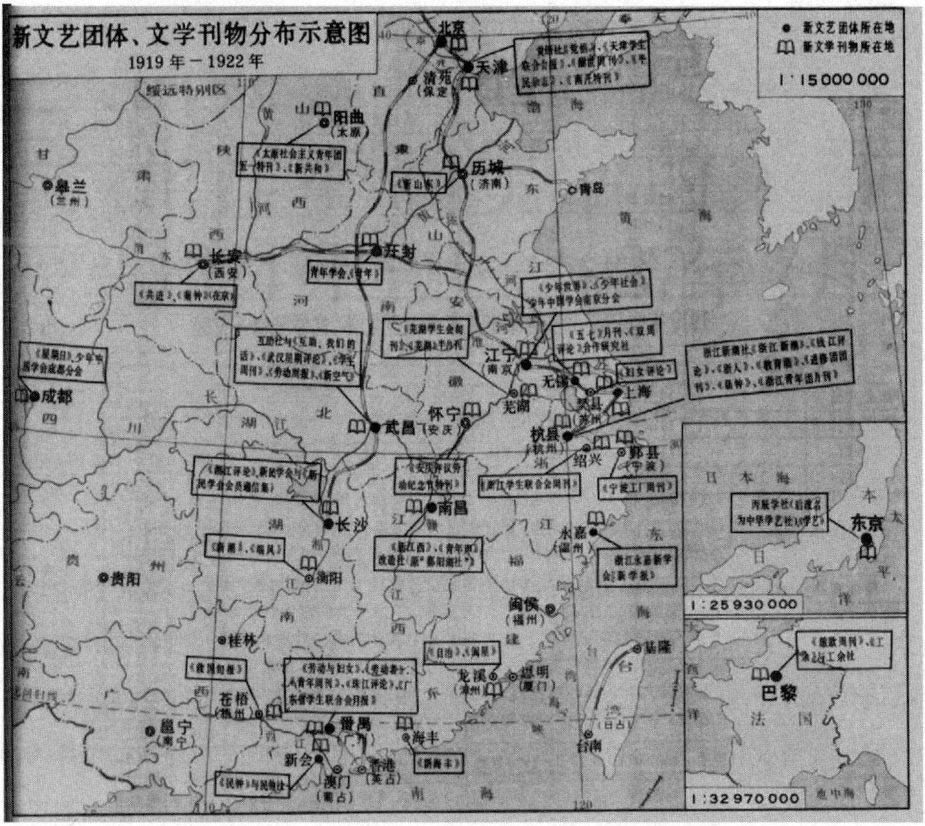

图4-4　新文艺团体、文学刊物分布（1919—1922年）[①]

　　第三阶段是1937年至1945年，抗战的全面爆发加快了国民党政府开发西部的步伐。

　　总之，国民政府时期对西北地区开发使得该地区基础设施有较大改善，这是一项涉及大范围、众多人口、最长实效、形式多样、最深影响的实践行为。其本身带有很强的政治色彩，但在此过程中，西北地区的经济文化获得了一定的发展。

（四）宁夏与青海脱离甘肃分别建省

　　宁夏与青海分别建省是国民政府成立之后的重大行政划分事宜。民国初

[①]　资料来源：武月星等:《中国现代史地图集1919—1949》，中国地图出版社1999年版。

年，西北地区的行政设置基本沿袭清制。历经不同变革[①]，至1929年1月，青海省正式成立，以西宁为省会。1923年10月，设立宁夏省，将旧甘肃省朔方道八县及宁夏护军使辖西套蒙古两旗属地合并。宁夏省[②]于1929年1月1日正式成立，银川为首府。

表4-1　北地区相关中心城市概况表[③]

甘肃	平凉、秦州（天水）、凉州（武威）、甘州（张掖）、肃州（酒泉）、临夏（河州）
宁夏	中卫、固原、灵州
青海	丹格尔（湟源）

如此，甘肃、宁夏、青海分省而治，导致这一时期西北地区的中心城市大力发展。从表4-1中可知，分别建省之后，西北地区的中心城市增多，甘肃、宁夏、青海的中心城市大多由传统城镇发展而来，多处在不同时期各级政府统管之下。这样的历史背景造就了这些城市多拥有一定的交通便利优势及政治经济文化发展底蕴，例如处于西兰公路中段的平凉，是甘肃东部的门户，沟通西安、兰州的重要交通交汇点。临夏自古就是甘肃地区最大的皮毛集散地，且在当地发挥着极为重要的作用。

宁夏、青海分别建省是国民政府与甘肃回族军阀政治斗争的产物，符合国民政府利益最大化的目的，尤其是对西北实施有效控制的一个重要举措。但事实表明，西北社会在这一重要而短暂的历史时期获得了空前的全面发展，建构了作为现代化社会基础的工业商贸、教育科研、医疗卫生等事业。

---

① 1914年，开始设省、道、县三级政区。1916年，甘肃省设置7道77县，属于陇西地域的有兰山道15县、泾原道2县、渭川道9县、西宁道7县，计约有32县，其中有省治1、道治2、县治29。1927年，在今天夏河县新设相当于县级政区的拉卜楞设治局。1928年，实行省、县二级区划体制，从甘肃划出原西宁道7县与其他地区设青海省，1929年1月，青海省正式成立。

② 宁夏省领9县2旗，总面积274910平方公里，人口约为70万人。

③ 田澍：《西北开发史研究》，中国社会科学出版社2007年版，第310页。

二、西北地区民生设计中工业化进程的形式

（一）民国时期西北地区市场体系的构建

民生设计的目的不仅是使用，还有流通，即销售路径，这些综合的具体情况共同构成一个完整的产业链。对流通的关注，即关系到对市场体系的构建，这其中蕴含了丰富的可能性。民国时期，西北农畜原料借助国际市场的发展有了很大成长空间。西北交通的条件改善带动和促进了西北地区市场销售及产品的新发展。

1.民国时期西北的商品流通状态

西北地区地域范围广，自然条件多样化，物产丰富，农牧业、矿林等产业区众多。各个产业区既相互独立又彼此交错。其为西北各地之间以市场为依托的商品交换，奠定了一定的物质基础。贸易规模在西北各地的联系中得到空前加强。

民国时期，以秦岭为界，棉花大量输往甘肃地区；土布、纸张和茶叶等经西安等地输往甘肃。陇海铁路的西延，促使西安逐步发展成为中国东部地区工商业商品输入西北和西北农畜等各类商品输出的重要通道。[1]泾阳亦是关中商业中心之一[2]。这一时期，外来输入的商品有布匹、百货、食盐、棉花等；本地商品通过晋商和洋行输出，谷类等销往榆林，磁、酒贩往靖定、安定等地。[3]（图4-5）

---

① 铁道部业务司商务科：《陇海铁路西兰线陕西段经济调查报告书》，1935年版，第90页。

② 铁道部业务司商务科：《陇海铁路西兰线陕西段经济调查报告书》，1935年版，第107-108页。

③ 刘济南修，曹子正纂：《横山县志》第3卷，"实业志·商务"，民国19年石印本。

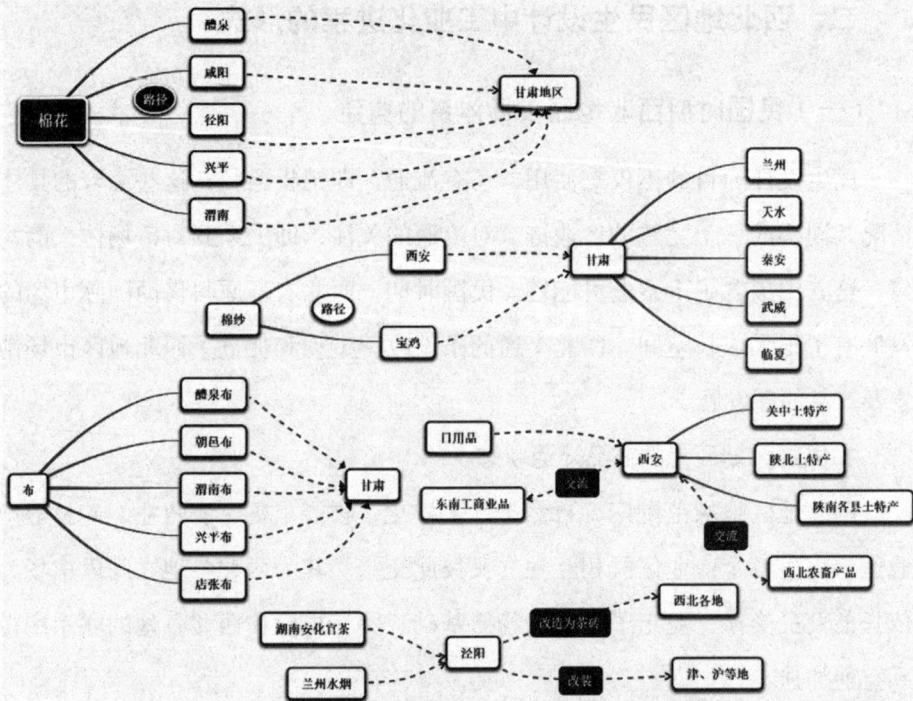

图4-5　民国时期西北地区商品流通图（自绘）

　　羔皮细毛由河套蒙古高原地区的归绥转销至蒙旗以及甘肃、新疆等地，洋商在西北采买羊毛绒及皮料，旅蒙商人从这里贩运茶、绸、布、棉花等，赴蒙旗牧区交换牲畜、皮革等[1]。据1919年的记载，宁夏平原每年对外输出甘草、枸杞、羊皮、羊毛、驼毛和羊绒，输入洋布、海菜、糖、火柴等。作为宁夏贸易中心的银川市，商贾云集[2]。1923年京包铁路通车后，其对区外贸易进一步扩大[3]。商店多晋商、陕商所开设，亦有天津、湖南、四川等地商人[4]。皋兰县输出货物、输入货物均十分丰富[5]。布匹是外地输入甘肃地区的大宗货品，另外，还有棉花、绸缎、茶、药材等货品输入。

---

① 廖兆骏：《绥远志略：绥远文献》，正中书局印行，第268页。

② 林竞：《西北丛编》，上海神州光社1931年版，第235-236页。

③ 高良佐：《西北随轺记》，甘肃人民出版社2003年版，第411页。

④ 林竞：《西北丛编》，上海神州光社1931年版，第235-236页。

⑤ 铁道部业务司商务科：《陇海铁路甘肃段经济调查报告书》，第64页。

甘肃地区以皮毛、水烟、药材为主要对外输出货物[①]。兰州、拉卜楞、永登、张掖、酒泉、平凉是绵羊皮皮张运销点，张家川、靖远则是山羊皮皮张运销点。以抗战为区分点，战前羊皮多通过水路与陆路输往英、美等国[②]，抗战前西北皮毛多通过包头输往天津，因陇海铁路陕西段修筑缓慢而导致货物运输通过水路更加经济便捷。抗战爆发后，皮张只能经新疆输往苏联。水烟走水路先行运至宁夏、包头等地，再运至大同或平、津转运；陆路由兰州运至陕西再行转运。药材由水路的包头输入绥远，再由陆路的宝鸡输入陕西等地[③]。在运销过程中，水路通常借助皮筏顺黄河而下，陆路则依靠胶皮轮骡车以及部分汽车完成运输。[④]

青海地区以皮毛、牲畜、油木和药材为主要对外输出货物，兰州作为转运枢纽，一条路线是顺黄河而下至包头再行转运；一条经兰州入陕西再发往东部地区。同样将杂货、布匹、绸缎等大宗货品输入青海西宁[⑤]。汉、回、蒙、藏各族商贸极为繁荣，湟源作为互市的重要场所给少数民族民众带来极大的便利。货品芜青、青稞、各色粗布、糖、酒等售给蒙、藏牧民，商人收购当地物产转运省外销售。湟源设立羊毛行十余家，每年输出皮张、羊毛、青盐等[⑥]。

新疆地区多以与俄国间的商品贸易为主。其1917年之前区外贸易的百分之八十为俄人操纵，该地区大部分原料及日用工业品向俄国输出，此后至1925年，受到俄国政局波动影响，其对外贸易的线路、物品、规模等也时有

---

① 甘肃省银行经济研究室编印：《甘肃之特产》，1944年版，第49页。
② 水路多用皮筏沿黄河顺流而下包头，再由平绥路转北宁路至天津出口；陆路则由产地先集中到皮张运销据点，再由牲畜驮运或马、牛车运到兰州、平凉等地，再用大车、胶轮车、汽车或火车，经陕西、河南转运到汉口、天津、上海。
③ 王世昌：《甘肃的六大特产》，《甘肃贸易季刊》，1943年第5—6期，第127页。
④ 甘肃省银行经济研究室编印：《甘肃之特产》，1944年版，第49页。
⑤ 铁道部业务司商务科：《陇海铁路甘肃段经济调查报告书》，第87页。
⑥ 许公武纂：《青海志略》第四章 二 湟源县，民国三十四年铅印本。

变动。①新疆地区向西北本地区输出的多为皮毛、干果类，如输往外蒙古的多为谷物、食盐等，输往包头的多为皮毛、干果等，但包头输入的仅是少量杂色布匹。

民国时期西北地区商品交换打破了各地原有的封闭状态，使其原有市场相互沟通，从而为西北地区产业链的形成和发展奠基。

2. 初步形成的民国时期西北市场体系

随市场网络的成型，民国时期西北地区的市场体系以区域性市场网络为依托，由地区中心范围辐射形成不同层次相互衔接的系统。其作为交通和贸易的枢纽，直接沟通区域内外商品交流与销售，主要包括西安、包头、兰州、古城四个地区。辐射下的次级枢纽指地处相对较大地域的交通和贸易要地，与中心枢纽衔接，是进行大规模商品交流的中转要地，如宝鸡、三原、归绥等。再往下还有集市和庙会等小贸易场所，几级枢纽之间联系紧密，共同构成了区域性市场体系，从而促进了西北地区早期工业化进程。

樊如森对民国时期西北地区市场体系进行研究时，将其分成四个市场网络，且以西安、包头、兰州、古城为中心构建了一个较为完整的市场体系，这四个中心城市之下又有众多被辐射的次级市场，东连国内市场和港口城市，西接俄国，南接印度等国，从而为西北近代市场发展、工业化的推进，奠定良好的基础。

但是，西北地区各个集市和庙会等小贸易交流地，是西北商品流通的最基层的场所和最普遍的形式。鉴于西北地区自然条件的不同，民众生产生活依托形式亦各不相同。在以农业为主体生产生活范围内，民众市场交易在时间、地点上具有较强的固定性，往往在约定的集市日期，民众从各地赶到此

---

① 由于俄国政局不稳、经济衰退，新疆棉花一部分转运天津出口。后因沿途捐税苛重、路途遥远，再加上俄国政局和经济形势逐步好转，又全部运销到俄国。生丝、羊毛、各类皮张的输出也是以俄国市场为主，以天津等内地市场为辅。所输入的货物，除茶叶与丝货少部分由国内其他地区运来外，糖、棉布、毛绒布、铁器、熟革等也主要是由俄国运来。刘穆：《最新新疆经济状况》，《西北》1929年第8期，第8-9页。

处进行交易[①]。其交易模式、交易习惯、交易物品基本上长久保持稳定。在以游牧为主体生产生活范围内，民众市场交易流动性强，时间、地点也并非固定，常进行以物易物的交换[②]。在农牧业为主体生产生活范围内，其市场交易兼具二者特点，灵活多样，贸易流通既有稳定的集市，亦有牧区随季节、物品而变的自由特征。

3. 民国时期西北地区市场体系的历史价值

随着西北市场体系的构建，其商品流通渠道畅通，市场化程度渐次加深，其市场经济获得了前所未有的发展。输入输出的商品越来越多样，在社会性群体利益的驱使下，民生产业必然带动民生设计的发展。

例如西北地区盛产羊毛，但羊毛的用途仅限于本地民众制毡毯和帐篷等，随着西北市场体系的构建，原有的农牧业经济逐渐繁荣，加速了商品流通，羊毛可被开发的用途逐渐增多，可用范围更广，促进了工业化程度的推进。[③]

即便如此，西北地区市场体系在经济发展中仍旧受到各种因素的限制，表现出诸多弊端。首先，参与市场流通的商品相较于西北地区农牧业资源而言，所占同类商品总值的比重极其有限[④]。究其原因，其集运与外销交通运输工具主要依靠牦牛、骆驼、皮筏等传统工具实现，交通运输方式落后，外销数量有限，严重制约了西北市场的发展规模。其次，西北各省近代工业起步晚，规模小，水平低[⑤]，资源调配作用发挥有限，且输入输出的产业结构不合理，多输出农畜类原料，输入工业商品，这种模式严重阻碍了该地区工业化

---

① 铁道部业务司商务科编：《陇海铁路甘肃段经济调查报告书》，第72页。

② 王应榆：《伊犁视察记》（1935年），载《中国西北文献丛书》总第139册，兰州古籍书店1990年版，第158-159页。

③ 1934年至1936年间，天津山羊毛、山羊绒、绵羊毛、骆驼毛等对美、英、德、日四国的出口，每年都占全国毛类出口总额的96%以上；1934至1938年间，天津在全国绵羊毛、山羊绒的出口总量中，远超另一主要出口港上海而成为我国最大的毛类出口基地；而天津出口的羊毛则主要来自西北地区，"七七"事变前，西北地区仅青海、甘肃、宁夏、新疆、绥远（此时的内蒙古仅包括绥远全省及察哈尔的一部分地区）五省的羊毛就已经占据了天津羊毛出口的近70%。除羊毛外，以前百无一用的羊肠等也变成出口品，从而丰富了西北地区与外界经济交流的内容。

④ 陆亭林：《青海省皮毛事业之研究》，《拓荒》1935年第3卷第1期，第38页。

⑤ 袁翰青：《西北五省工业现况》，《甘肃贸易季刊》1943年第7期，第12页。

的进一步发展。最后，对西北民众生活方式的影响不大，民众生活市场化的程度还很低[①]。西北地区除个别大城市能接触到外来商品之外，周边乡镇所售物品基本为本地区常见的生活日用物品及粮食作物，如20世纪30年代的关中地区，民众多以务农为生，外来商品仅能接触到布匹、纸张等项，其商品流通程度不高。[②]

综上，民国时期西北地区的市场体系，其总体水平尚不能相比于东部沿海地区，但毕竟有了历史性的进步。这对于西北地区工业化进程有很重要的推进作用，农牧业的商品化及对外交流均促进了西北地区民生经济的开发。

（二）民国时期交通事业与民生设计的发展

西北地区近现代工商业的基础条件之一，便是交通运输发展程度，一头连接着民众的来往便捷，另一头连接着产品的物流成本。西北地区不仅具有重要的战略位置，且是我国畜牧业中心，还具有丰富的矿藏资源[③]，这给中国许多地区的实业家在原料供给及商品市场的拓宽领域带来巨大诱惑。但鉴于西北地区工业基础差，只有先着力发展交通运输业与休养民生才是此时重中之重。[④]

西潼公路是西北交通建设史上最早的公路，开创自1921年，虽全系土路，但毕竟开西北地区交通建设事业之先河。[⑤]从全国的范围看，1921年中华全国建设道路协会成立并倡导修治公路，1922年发布《关于道路修筑奖励条文》，至1926年各省均设省道局或路工局，但各省在工程建设上未形成统一标准。随着南京国民政府成立，1927年交通部以兰州为国道中心，拟定建设全国国道计划。直至1931年5月，蒋介石在南京的国民会议上宣布，全国公路有51210公里，而且多半是土路。1931年国民政府公布《国道条例》，至1934年军事委员会鉴于西北交通闭塞及边防安全，直接兴筑西兰、西汉等路。

---

① 铁道部业务司商务科编：《陇海铁路甘肃段经济调查报告书》，第69页。
② 佚名纂修：《中部县乡土志》，商务民国二十六年（1937年）铅印本，第89页。
③ 如新疆、青海地区矿藏丰富，陕西石油、甘肃金银、宁夏产盐、绥远产碳铁等。
④ 天津《大公报》，1932年4月26日。
⑤ 魏永理：《中国西北近代开发史》，甘肃人民出版社1993年版，第353页。

到1937年底，在未有铁路之甘、新、青、蒙等地，公路成了仅有之现代交通设施。①

1. 20世纪20年代的初创时期

西北各省公路呈现出水平低、质量差的特点。起步阶段的交通建设只是原有道路的简单修整。陕西地区修筑有西潼公路、西长公路、西凤公路，皆由原大车道改善而成，勉强可通车；甘肃地区1924年修筑两段公路，开启甘肃近代公路的历史。1927年甘肃省政府成立后，先后整修了兰平、兰肃、兰宁等8条汽车路，均是在原大车道上进行的改进。新疆1920年在迪化设立公路局，修筑迪化—奇台的公路，这是新疆近代史上第一条可以通行汽车的公路，1928年通向境外的公路正式通车，截至1928年新疆有五条公路可通车。具体情况见表4-2。

表4-2 西北各省公路建设情况②

公路名称	路径	长度	相关情况
西潼公路	途经临潼—渭南—华县—华阴	全长170公里	
西长公路	西安—咸阳—礼泉—永寿—彬县—长武至窑店	全长199公里	1926年11月开工，由原大车道改善而成，勉强可以通车
西凤公路	西安—咸阳—兴平—武功—扶风—岐山—凤翔	全长157公里	1923年6月开测，1930年通车，与西潼相连，贯穿关中东西
甘肃地区公路	兰州东稍门—东岗镇、泾川县窑店—平凉花所两段公路		1924年修筑，这是甘肃近代公路的开始
甘肃地区公路	兰平（平凉）、兰肃（酒泉）、兰宁（宁夏）、兰固（固原）、兰临（临夏）、兰煌（敦煌）等8条汽车路		1927年甘肃省政府成立后，开始在原大车道上先后整修一批公路
新疆地区公路	迪化—奇台的公路		新疆1920年在迪化设立公路局

---

① 豆丁网（http://www.docin.com）。

② 王永飞：《民国时期西北地区交通建设与分布》，《中国历史地理论丛》，2007年第4期，第127-135页。根据相关资料整理。

续表

公路名称	路径	长度	相关情况
新疆对境外的公路	1928年迪化—塔城—斜米（苏联）段公路正式通车		
甘肃地区公路	迪化—伊犁、迪化—塔城、迪化—奇台、迪化—喀什噶尔、迪化—哈密。		截至1928年新疆可通车的5条公路

2. 30年代全面抗战前的发展时期

（1）铁路建设方面

铁路运输相较于传统人力、畜力运输模式而言，不易受气候和季节影响。其摆脱了人畜体能的限制，速度快、运量大、预定时间准确。作为现代化的交通工具与运输机制，其有力地推动了西北地区社会进步。其为铁路沿线近代城市群的出现创造了条件，同时为沿线地区多元性的异质化人口的形成发挥了重要作用（图4-6）。

20世纪30年代初期，国民政府掀起开发西北的热潮。西北地区不仅公路建设渐次正规化，而且铁路建设、航空事业均有所发展。伴随着国际、国内形势的变化，鉴于陇海铁路对当时西北战略重要性体现，国民政府决定在现有通至灵宝的铁路基础上向西展筑。[①]1930年至1937年陇海铁路西延至宝鸡。该铁路于1931年12月修至潼关，于1934年12月抵达西安，于1937年3月通车宝鸡；至此，陇海线宝鸡以东至连云港1075公里的铁路全线贯通。另有1938年渭白、宝双铁路支线开通。

陇海铁路的开通使西北地区一些城市由单一政治职能为主演变为地区政治、经济、文化中心，城市职能增强。铁路使大规模的货物交易与人员流动成为可能，便利运输条件冲击旧的运输体系，导致铁路沿线和铁路枢纽地区商品销售流通速度快、商品贸易发达、销售通道不断拓延，沟通了城镇内外的生产和消费，为可能的工业建设打下基础。

[①] 杜一波：《陇海铁路之现阶段》《大公报》，1935年4月16日。

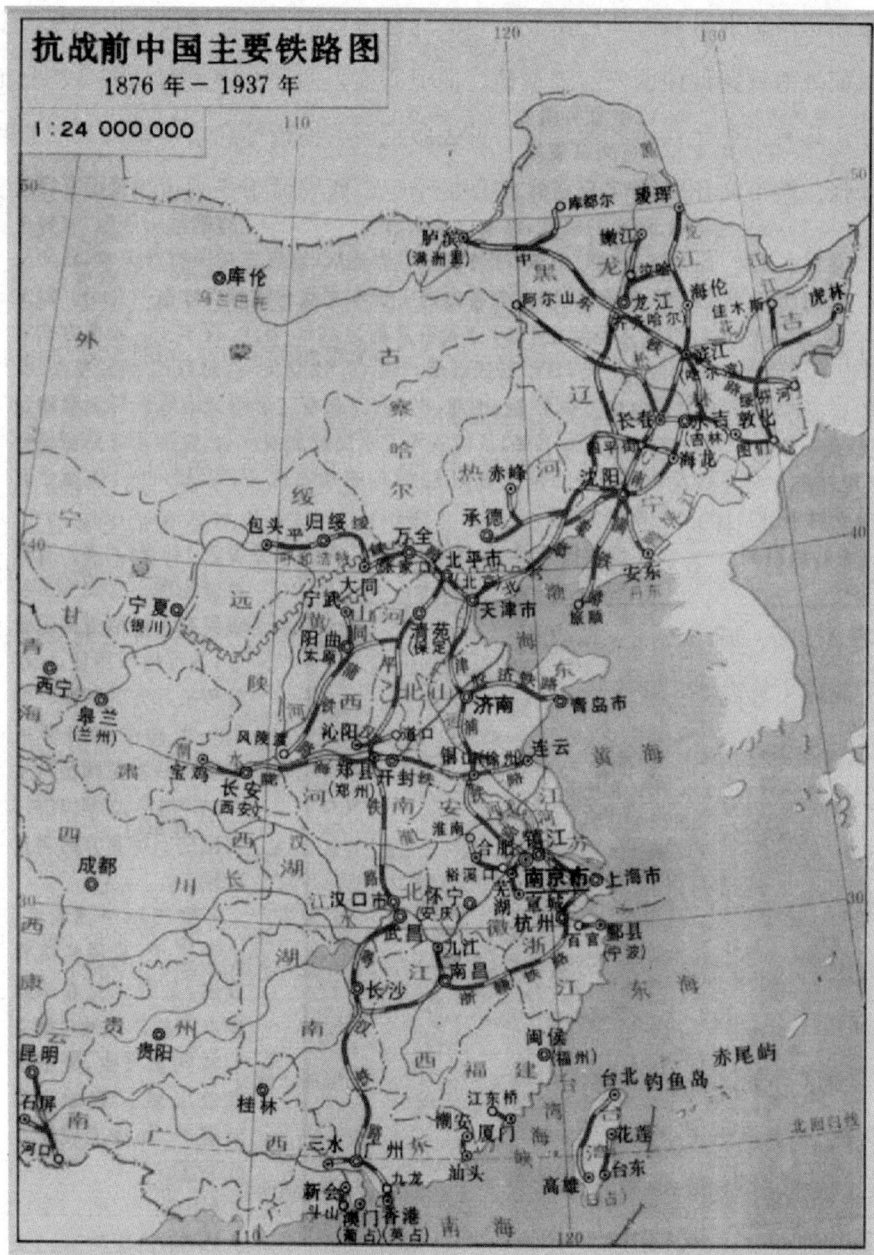

图4-6　抗战前中国主要铁路图（1876—1937年）[1]

其不仅促使该地区人口迅速增长及职业结构产生变化，而且铁路沿线城

---

[1]　资料来源：武月星等：《中国现代史地图集1919—1949》，中国地图出版社1999年版，第99页。

镇带动这一辐射区域总体经济发展、交通运输流向、商品交换结构的重大变革。如陇海铁路促使西安交通便捷，商业兴盛，商户众多、商品齐备、分工精细，具有工业化性质的照相馆、钟表眼镜店、银行等愈来愈多，其商业职能增强，城市文化职能亦有一定程度的增强，西安城市景观也增添了许多现代化元素。

陇海铁路的开通，有促进沿线城镇诞生与繁盛的积极一面，但也导致一些城市因远离交通主线而渐次衰落；另外，陇海西段通车，同时导致渭河航运的衰微。这些因素抑制了另一些城镇的发展。

总之，这一时期西北地区随着铁路西通，加速了商品贸易的发展，其商品交流不再局限于传统地方特产的输入输出，近代工业产品开始更多地进入民众生活。私营商业日益崛起，商业组织门类日渐齐全，民众生活水平有相当大的提高，城市建设不仅表现在物质上，而且在精神上较传统时期均有明显的改变（见表4-3）。

表4-3 陇海铁路通车前后城市景观概况 [①]

市政建设	铁路通车前	铁路通车后
邮路	邮件多靠肩挑人背，或用骡驴驮运	邮件开始发火车运送
照明	传统照明如煤油、蜡烛等	戏院、大商号采用汽灯照明，设有几家专营汽灯的店铺，出现电灯
工厂动力	手工	机械
饮水	人工汲水浅水井	机械抽水水井
金融	钱庄	银行
交通	畜力车、渡船	火车、汽车
教育机构	传统教育机构	西北工学院等现代学校普及
生活质量	几乎没有	民众教育馆、公共体育场、戏院等大量出现

---

① 王静：《陇海铁路与关中城镇发展关系研究（1912—1945）》，硕士学位论文，陕西师范大学，2006年，第46页。

（2）公路建设方面

1935年1月西北公路管理局成立，制定西北公路运输大纲，使西北地区的交通建设日趋规范。如西兰公路通车、西汉公路的建成通车成为沟通大西北与大西南的重要通道。陕西地方上还修建了十多条公路，初步架构出以西安为枢纽的交通运输网络[①]。全面抗战爆发前，甘肃地区陆续修建西兰公路、甘川公路[②]，之后又修建了甘新公路。1933年宁夏地区建成"三大干线"和"四大支线"。青海地区随着独立建省，地方政府极为重视交通建设，初步架构以西宁为枢纽的地方交通网络[③]。新疆地区在30年代初完成新疆至绥远的公路建设，之后在原有基础上修缮了迪化至伊犁、迪化至哈密的公路，如此横贯北疆的公路干线全线贯通[④]。

另外，西北各省在公路干线的基础上不断拓展辐射范围，修建省内支线，单陕西从30年代起便修筑了西朝、西周、西南等公路支线。[⑤]交通建设为西北国防建设奠定了稳定的后方基础，便利了工业原料和产品的运输销售，也使交通条件发生改变。

（3）航空建设方面

航空建设使西北各城市与东南沿海地区沟通便利。20世纪30年代，西北地区的航空工业建设开始起步。1931年，交通部筹设沪新航线，沪新航线是经由西北地区的首条航线，由欧亚航空公司开辟，实际航线仅到达迪化。之后，欧亚航空公司又开通多条通达西北地区的航线（见表4-4）。航线的开通带动机场等相关配套设施的完善，西北地区先后建成西安、兰州、宁夏、平

---

① 西安市档案局、西安市档案馆编：《陕西经济十年（1931年—1941年）》，1997年内部版，第244页。

② 国民党中央党部国民经济计划委员会：《甘肃省之经济建设（中华民国二十六年二月）》，载西安市档案馆编《民国开发西北》，2003年10月内部版，第553-554页。

③ 国民党中央党部国民经济计划委员会：《青海省之经济建设（中华民国二十六年二月）》载西安市档案馆编《民国开发西北》，2003年10月内部版，第569-570页。

④ 谷苞：《西北通史（第五卷）》，兰州大学出版社2005年版，第202页。

⑤ 李全武、曹敏：《陕西近代工业经济发展研究》，陕西人民出版社2005年版，第165-168页。

凉等机场。

表4-4　抗战前西北地区航空建设概况 [1]

经营公司	通航日期	航线	使用机型	通航里程（公里）	备注
欧亚航空	1932年4月1日	沪新航线：上海—南京—洛阳—西安—兰州—哈密—迪化—塔城	容克 W34	3525	上海—南京—西安段开通。同年5月由西安延伸至兰州，12月至迪化
欧亚航空	1934年3月13日	太原—西安	容克 W34	530	同年5月1日停航
欧亚航空	1935年9月25日	西安—成都—昆明	容克	1300	每周两班，当日去，次日返回
欧亚航空	1936年4月	西安—昆明	容克 J-52	1300	每周二周五去，次日返回
欧亚航空	1937年	西安—汉中—成都	容克	663	每周两班往返
欧亚航空	1934年6月	兰州—银川—包头			1935年1月延伸至宝鸡
欧亚航空	1934年	兰州—重庆			
欧亚航空	1934年	兰州—西宁			

　　随着交通运输业的发展，交通沿线相关的工业化进程迅速蔓延推进，新式生活服务功能不断扩展，交通导向性越发凸显主导作用，对指定行业力量整合、市场竞争行为规范、价格机制守约、业务范围拓展等，均起到一定作用。原有商业对于权力中心的依附性逐渐减弱，突破了政治权力中心结构的制约，经济发展的交通导向性取代依附权力的传统经济布局模式。民初，受制于对外交通条件差，对外贸易交流不畅，但随着铁路、公路的修筑延伸，工业化不断推进，并改变了民众的消费理念、消费结构，导致西北地区商业

---

[1]　转引自王永飞《民国时期西北地区交通建设与分布》，《中国历史地理论丛》2007年第4期，第127-135页。

不断繁盛，新式建筑类型不断涌现，其配套设施不断完善。新的生活方式促使新式商业和居住社会不断整合，现代教育体制也逐渐完备，有大学、中学、职业学校等不同层次的人才培养模式（图4-7），学校的类别以及社会文化设施不断增多，这带来民众素质的不断提升。这一时期的社团组织有教育会、实业会、天足会、商务会和同业行会等，足可见当时社会风气渐趋开化，民间教育、实业、商务等方面均同步发展。[1]

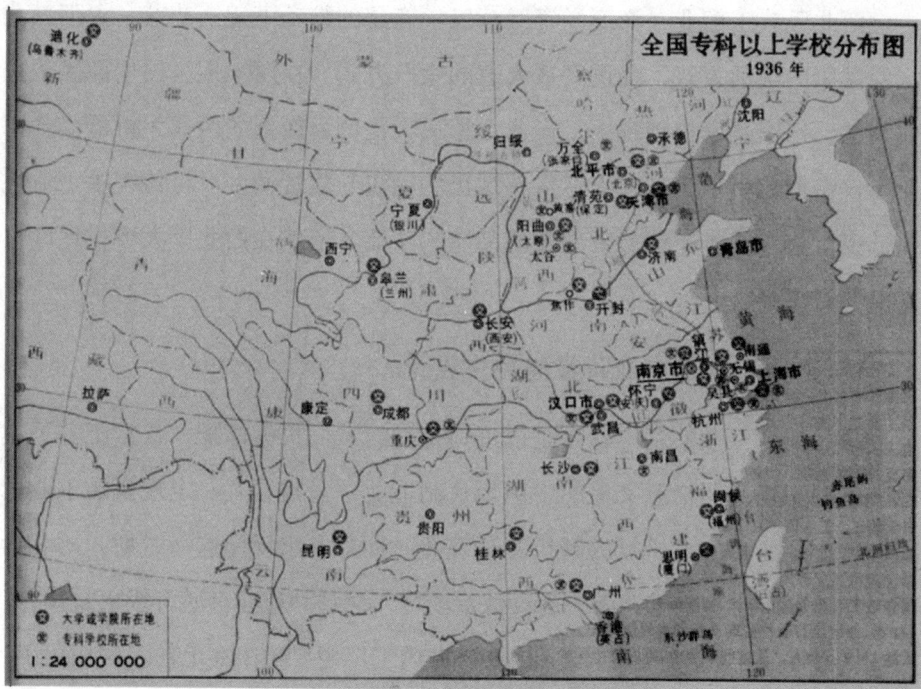

图4-7　1936年全国专科以上学校分布图[2]

三、抗战之前西北地区产销业态与民生设计

民众生产、生活方式的改良是社会现代化、工业化进程的重要组成内容。西北民生商品的设计及产销业态的渐次成熟与发展，是民国社会现代化进程

---

① 王静：《陇海铁路与关中城镇发展关系研究（1912—1945）》，硕士学位论文，陕西师范大学，2006年。

② 武月星等：《中国现代史地图集1919—1949》，中国地图出版社1999年版，第100页。

的一个隐射。抗战之前西北地区风物民俗、舆情时尚相互渗透、新旧交叠。西式事物、文明新学和对旧有政体、文化传统的思索，汇集成移风易俗的革命新思潮，并掀起了声势浩大的社会改造运动。其涉及范围广阔，遍布西北城乡社会的每个角落；影响程度之深，渗透西北社会生活方式与生产方式的方方面面。①工商业越是发达的地区社会大众消费方式的改变也越明显和迅速，这一特点表明了消费方式的变革与工商业的发展是一对相互依存的文明事物。

西北民族工商业在洋商洋资经营民生商品的带动下逐渐萌芽，提倡新式文明健康的生活方式，促进高效人道的生产方式。在西北地区民生商品供应体系中，依旧是乡村传统手工产业占据最大比例，新兴的西式大机器生产工业不仅占据比例低，且在大多数领域仍然无法与之抗衡。乡村传统手工业凭借低廉价格和成本、消费者熟知的品质和功能，依然在西北广大乡村地区占据市场的优势地位。

（一）重工制造产业背景与民生设计

西北地区工业的基本状态是以进口部件组装、机械修配、日常维养为主的中小型工场。严格意义上的中国现代制造业，包括具有一定规模的工业产品批量化生产，工业机械的整机制造在此时期并未出现。这一时期，西北华商兴办的工矿企业逐步发展，不仅数量渐增，而且品质亦有所升级，规模化、机械化、批量化程度小有进步。这些开办的工厂主要集中在毛纺、民用化工、民生百货等方面。

兰州有地方军阀开办专为自己需要生产的小型兵工厂、军备修配厂、军服厂等，但技术程度、生产规模、适用范围都很有限，影响不大，且存续时间较短，均在北伐胜利后转产民生产品或陆续关闭。其中转产的企业开始从单一的军工生产转变为广泛生产民生所需的各种工业制品。在生产军队装备的同时，还装配、生产以民用行业生产机械为主的各类工业制品。当这些由多年军火工业磨合的高精尖技术转为技术要求、加工手段等层次较低的民生

---

① 王琥：《设计与百年民生》，江苏凤凰美术出版社2016年版，第199页。

商品生产领域，无疑极大地提升、促进了西北民生产业的全面发展，民生设计就由此产生：包括工业制品的构件与外形设计、产品变为商品后的包装与容积设计、营销过程中必然出现的商业文宣设计等。[1]

抗战之前的西北地区基本没有开办新的官资大型军工企业，整体上工业化的重心移向毛纺、铁路这些与国计民生有直接关系的领域。众多地方原先由军备业消解分离的产业后来均逐步成为当地民生商品产业的骨干企业，遍布西北各地的机械、电机、日化、毛纺、汽配等民生产业。从设计的角度观之，军备业作为最先实现初步工业化的产业平台，再结合民生社会特有使用环境与生产条件特点的自主性设计创意的民生工业品逐步进入民众的视野。

西北地区各类现代化工厂的规模直接决定了其对同时期制造业的依附程度。机械化程度越高的工厂，对机械制造业的技术保障要求越高。尤其对于尚处于起步阶段、以修配为主的西北机械制造业而言，是完成从单纯的维修保养，到零配件生产，再到模仿性组装和复制，最终到自主技术发明和设计创新的四个跨越阶段的最基础条件。在此时期西北兴办的这些规模工业中有很大比例是洋资洋商所开办；华商企业仍以修配、组装和保养为主，尚未能涉足商业机械的整机制造领域。就制造业而言，所谓以机械的技术发明结合机械和机制商品外观设计的工业设计，此时并未具备条件，但民初小具规模的中外现代化工厂的创设，为后来民国制造业的形成、发展、壮大和现代工业设计的诞生，奠定了最重要的技术经验和市场基础。[2]

（二）市政公用产业背景与民生设计

民国始，西北地区各省市经济社会有所发展，西北多地城市公共空间布局及城市现代化建设均有所起步（图4-8）。各城市空间布局基本稳定，现代化气息愈发浓厚。[3]

---

① 王琥：《设计与百年民生》，江苏凤凰美术出版社2016年版，第220页。
② 王琥：《设计与百年民生》，江苏凤凰美术出版社2016年版，第206页。
③ 冯成杰：《20世纪三四十年代迪化社会变迁——以民国报刊为中心的考察》，《城市史研究》2017年第2期，第25-26页。

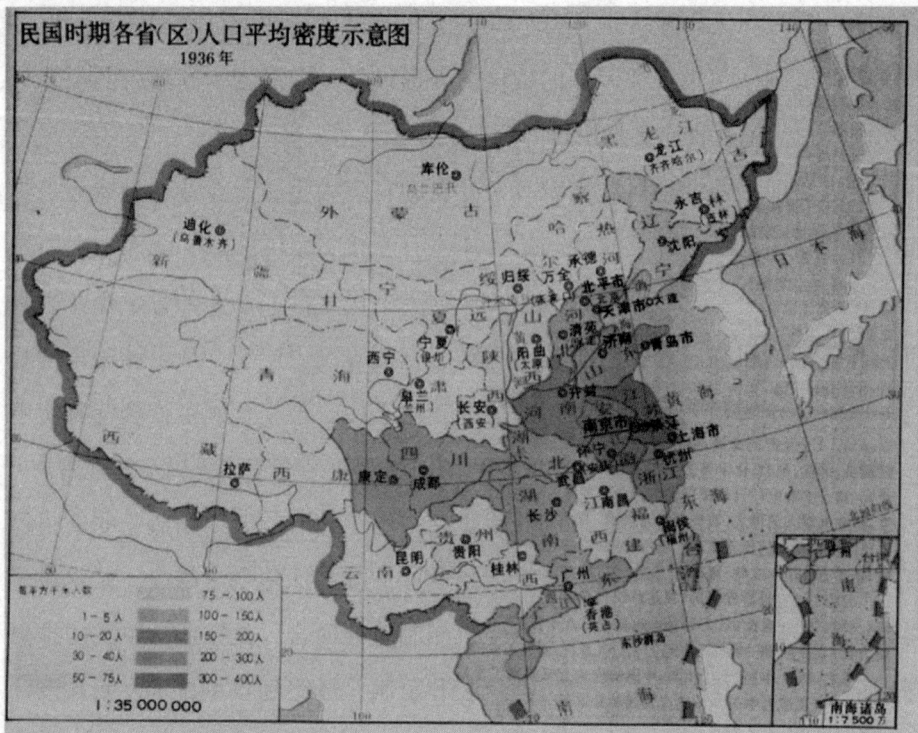

图4-8　民国时期各省人口密度示意图（1936年）[1]

　　从20世纪30年代中期开始，市政建设在西北地区逐渐得到政府关注。政府通过各种途径筹款以开展马路修筑、公园建设，并发展卫生事业。如20世纪三四十年代，新疆迪化商铺林立，同时行商小贩众多，货品俱全，城市街头电线交织、交通灯闪烁，呈现一派繁荣景象。另外新疆商业银行、中央航空公司办事处等新式建筑拔地而起。[2]

　　但在民初，西北地区市民依然过着油灯照明、炮声报时的传统生活。警察作为城市文明的标识，虽然于1916年陕西警务处成立，但直至1924年，城市管理系统的警政在西安基本未有改进，相较于沿海城市，其差距甚远。街巷入夜漆黑，仅在大街区有少数几盏路灯，消防设施不完备。20世纪30年代，

①　武月星等：《中国现代史地图集1919—1949》，中国地图出版社1999年版，第96页。
②　冯成杰：《20世纪三四十年代迪化社会变迁——以民国报刊为中心的考察》，《城市史研究》2017年第2期，第25-26页。

西北城市部分街道商号才装上电灯，夜市灯光灿烂。市区改造道路，铺设沥青，通水、通气、通电，是现代化城市的基础象征，大多数市民家庭依附于这些市政服务设施才算真正开始崭新的生活方式。西北地区的工业化在此时期取得一定发展，但仍很缓慢，而完整的消防设施更无从谈起。[①] 虽然西北地区城市现代化建设已然开始，并小有成效，但城区之间、城乡之间的发展极为不均衡，很多现代化设施并未在稍加偏远的市区、乡镇开展，其路面多为土路、砖石，且无排水设施及自来水设备。

这一时期西北地区城市公用服务业及市政设施建设所用设计、规划和机械、技术，绝大多数还依靠洋资洋商来进行；即便是政府筹办、华资民办的公用市政建设，依然由洋人技师、顾问来协助、指导，西北尚未掌握相关建设的规划设想、建造技术、应用机械等，所以还谈不上真正意义上的现代化民生公用设施的设计创意问题。

（三）文教卫生事业背景与民生设计

民国时期西北地区的医疗卫生事业、文化印刷及国民教育取得了一定的成就。新事物的存在毕竟是一种社会的进步，逐渐开始影响民众的生活。

各省立医院逐步购进并完善设备，医院部门设置打破传统寻医问药的一体化模式，将部门根据功能细分为手术室、影像室、化验室、药房等。医师诊病逐渐有了更强的指向性和专业性，且医院可诊病症不断增多。西药房开始在西北各个城市出现，在当时现代医疗还无法普及于一般民众，购买昂贵的西药是一种奢望。

文化印刷出版业，包括书籍刊印出版、商业报纸、杂志、画报等纸本传媒发行等。由苏联购进或内地购进设备，开办印刷厂。"出版业是现代中国平面设计的摇篮"，随着新式出版物的出现，"包装、商标、招贴、纸媒广告等一系列平面设计产业得以形成"[②]。报刊商业广告的公众影响力日益增强，书

---

① 王旭：《旅陕印象：1920年代西安的城市建设和社会生活》，《城市史研究》2017年第2期，第202页。

② 王琥：《设计与百年民生》，江苏凤凰美术出版社2016年版，第226页。

籍、报章为发展文化之利器，西北社会崇洋风气的传播蔓延具备两个不可或缺的媒介，即商品广告与人口流动。广告在推销商品的同时，也向社会灌输着一种全新的生活样式。以造纸业、出版业和包装业为开端的平面设计产业，因西式民生商品的日益普及，书籍出版和报纸、杂志、画刊等纸本传媒的快速发展，使与用纸和平面设计相关的业务量不断扩展。[①]

此时西北地区的报纸发行业，一方面因为社会经济状况尚未发展到普通大众能够容纳订阅报纸这样的"奢侈型文化消费"阶段，阅读类的文化消费意识和经济承受能力普遍不高；另一方面商界厂家尚未意识到大众媒体对产品宣传的重要性，报纸版面广告占有率稀少，加之报社自身薪金、设备添置与维养等各方面开支巨大，导致报纸定价过高，限制了大众社会的接受程度。但随着通达西北城乡的邮递业务的初步建立，报业发行有了一定的发展。由于国民政府对文化出版业采取了扶持鼓励的宽松政策，一些专业的出版业、教会、社会团体都定期或不定期地出版过书籍、杂志。印刷技术既有现代技术的出版社、书局均采用西洋式铅质活字排版，也有中小印刷出版业者采用古老的雕版线装本。西北地区平面设计的发展，既与工业化进程，商贸、传媒的起步相关，也与普通民众认知程度接受水平的逐渐提升相联。特别是国民教育的普及，使得识字人数渐有提升，直接导致了能读书看报的市民消费群体增长，依附于印刷业和出版业的报刊版式设计、装潢设计，杂志和书籍的封面装帧与内页版式设计，随之得以快速增长（图4-9）。

至抗战前夕，中国各大城市已形成了中国社会最早的较有规模的民生文化产业。虽然西北地区城市现代化建设行之有效，但其工业化进程仍是传统与现代并存，加之西北幅员辽阔，远距离运输设备带来的一系列问题对其民生事业的发展造成一定阻碍。

综上可见，西北地区现代设计兴起、体系的逐渐成形，都与社会各阶层日常生活出现的社会新气象，以及"准现代化"的工商业、文教事业、市政

---

① 王琥：《设计与百年民生》，江苏凤凰美术出版社2016年版，第227页。

建设等全面创立等内外因素相关联。缘于在工业、商业、文教和医疗卫生等方面均获得一定成效，这一社会进步的背景促使西北民生设计得到相应的发展，其产销业态在许多行业已初成体系。

图4-9　新文化运动时期的学校、社团及报刊分布图（1915年—1921年）[①]

第二节　西北地区民生设计中对工业化程度的延续

一、文明生活方式、先进生产方式的融通

西北民生设计及产销业态的建立，相异于封建社会旧有的自然经济和官

---

① 资料来源：武月星等：《中国现代史地图集1919—1949》，中国地图出版社1999年版，第97页。

作设计传统。西北民生设计及产销业态建构在人民大众这一社会主体对西洋式文明生活方式和先进生产方式的全面接纳基础之上，其服务对象是占社会人口绝对比例的民众。民众的日常生活需要，为民生设计提供了所有的设计动机、设计目的；民众的日常生产，又为民生设计提供了基本的设计条件、设计方法。产业条件与消费环境之间的相互交叉、彼此促进，使民初的现代化工商业具备了一个前所未有的发展局面。[①]

（一）文明生活方式与西北地区的新生活运动

新事物的融入代表了一种崭新的、令人向往的文明生活方式，快速投入民众的日常生活中，影响着民众的行为习惯、思维模式。新生活运动所代表的文明生活新方式，已经逐步普及广大城乡民众，预示了文明新生活的社会共识。"新生活运动"的指导思想即是从中国文化传统中汲取进步、积极的因素，结合西洋现代文明观念，逐步形成适合中国具体国情的国民基本素质行为举止标准。[②]

1. 西北地区开展新生活运动概况

20世纪30年代，蒋介石领导的南京国民政府发动了新生活运动，继而全国其他各省市纷纷响应国民政府号召，开展新生活运动。其成立领导机构——新运促进会。

新生活运动共开展十余年，直至1946年之后才走向衰亡。具体推行人员包括机关公务员、警察、学生、妇女。其倡导社会风气开化、广大民众素质提高，继而实现中华民族复兴目标。该运动推行过程分为开展期、持续期、衰落期三个阶段。开展期从1934年至1937年，目标围绕民众生活"清洁、朴素、迅速、守时间、守秩序"[③]展开，从现代化建设的修桥铺路到民众识字的普及，具体而微；持续期从1937年至1946年，属于战时新生活运动阶段，目

---

① 王琥：《设计与百年民生》，江苏凤凰美术出版社2016年版，第227页。

② 王琥：《设计与百年民生》，江苏凤凰美术出版社2016年版，第238页。

③ 《革命文献》第68辑，第32页。

标围绕宣传抗日、民族团结、节约献金、慰问伤兵展开；衰落期从1946年至1949年，属于新生活运动后期。[①]

新生活运动在西北地区得到长期、比较积极的推行与国民政府对西北的重视分不开。西北社会经济发展迟缓与民众文明素养不高、文化教育普遍落后直接相关，新生活运动作为一场自上而下的社会教育运动对西北地区而言恰好切中时弊。

2. 西北地区新生活运动的推行内容

（1）"规矩"与"清洁"运动

围绕"规矩"一项，西北地区提倡用国货、重礼节、守时间、整顿公共场所秩序等运动，相关单位组织开展夏令卫生运动、视察医院卫生、清洁大扫除运动等。从1936年起，西北地区通过电影院幻灯和广播讲演卫生知识；散发张贴标语、传单；举行卫生展览；进行防疫注射；指导民众消灭蚊虫；推广饮用自来水，并对井水进行消毒；取缔随地吐痰；取缔随地小便；对公共场所卫生进行指导。同时制定相应的训练事项：对各行业及推行人员进行训练，训练科目包括公共卫生常识、卫生教育宣传等。同时针对各商贩分别制定卫生条约等。[②] 视察医院卫生，从而规范和改善民众的医疗环境。

（2）禁止烟毒

晚清时期鸦片传入西北地区，鸦片给西北社会带来了双重效应[③]。早在新生活运动之前，根据1932年国民政府制定的《派员查禁十省种烟办法》[④]，西北地区遵照禁烟禁毒法令开展工作。从严禁种植入手，调动各区各级相关行政部门，通过加大宣传、严格查禁，再到戒绝烟民。[⑤]

---

① 李雪：《甘肃新生活运动研究（1934—1949）》，硕士学位论文，西北师范大学，2015年。

② 李雪：《甘肃新生活运动研究（1934—1949）》，硕士学位论文，西北师范大学，2015年。

③ 万谷、陈白坚：《谷主席言序》，兰州市国民印刷局1940年编印，第3页。

④ 尚季芳：《民国时期甘肃毒品危害与禁毒研究》，人民出版社2010年版，第105页。

⑤ 《甘肃禁烟会劝同胞》，《西北日报》，1935年8月版。

（3）开展剪发放足运动

1934年前后，西北地区民间蓄辫缠足现象严重。这与西北地区落后于中国沿海地区，且社会风俗一并保留封建恶习相关。西北地区推行禁止妇女缠足运动，虽取得一定成效，但仍无法完全遏制。

（4）节约运动

1935年起，西北地区开展节约运动，倡导民众节省开支，多用国货，爱惜公物，乐业敬业。首先在西北地区开展改良婚丧礼俗、转移社会风气的运动。其次倡导民众以国货为荣，并对此开展国货知识演讲，举行各种国货展览会，且规定公务、教职人员制服必须采用国货，各机关单位办公用品必须采用国货，以便于民族经济复兴。最后从民众生活态度出发，鼓励民众爱岗敬职。推行之下取得了一定的成效，也确实让民众获利。

（5）民众教育

西北地区广泛开展民众教育运动，以增加普通民众的新生活知识，使绝大多数民众能做到衣冠整齐，简单朴素，逐渐养成合理化的生活习惯。1929年南京国民政府颁布《识字运动宣传计划大纲》，新生活运动发起后，民众识字教育再次得到高度关注。

（6）"三化"方案

西北各地政府和省新运促进会积极响应新运促进总会号召，在生活上参照"节约、刻苦、勤勉、劳动"规范自己的行为习惯，提升生产、生活的热情。为提高民众的身体素质，使民众生活趋于军事化，西北各地政府和省新运促进组织开展体育运动和军事训练。为使普通民众生活趋于艺术化，西北各地组织在公共场所播放爱国电影，以此唤起民众爱国、团结的精神。

（7）举办各种纪念活动及大会

西北各省政府等各机关团体遵照国民政府指示，极为注重举办各种纪念活动。不仅每年定期开展国父纪念周活动，全国各地还修建了许多"中山堂"，20世纪30年代前后甘肃是西北各省中修建"中山堂"数量最多的省份。另外，这一时期还以"中山"命名了许多道路、桥梁。

"新生活运动"虽因当时西北地区的经济条件、时代背景、社会状况而成效极其有限，但其是直接以政府层面大力推动全民参与的移风易俗、素质改良运动，是西北社会实现现代化、工业化改造的必不可少的全民运动。事实上，之后西北社会延续的一些公序良俗，与"新生活运动"不无关联。尤其是作为民生设计及产销业态建立所必须具备的全民消费基础，即大多数社会成员之文明生活习惯、卫生习惯，"新生活运动"极大地拓宽了同时期西北民生百货设计与民生商品产销渠道，使一大批相关产业的民族工商业因此应运而生。

（二）先进生产方式与西北地区的社会经济形态

当然，从另一个角度而言，民国时期西北乡村社会受到东部城市生活方式的部分影响，尤其是涉及非农业性生产与消费的经济活动，这个迹象随着距离东部城市的远近而有所差别。这不仅促使西北乡村经济向现代工商转型，亦使非基本生存类的家庭开支陡然增长，新的乡村农户资金筹集渠道主要还是依靠民间相互拆借和部分商业信贷，再加上县城和集镇的典当行实物抵押。典当行是生活中不可或缺的救难应急之地，特别对于城乡生活在底层的民众，但他们为高昂的利率付出代价。

机械化、标准化、规模化的崭新生产方式逐渐开始在西北社会经济形态中占据主导地位，按照西洋式的、不同于以往传统手工制作生产出来的民生商品日益普及，这一切恰好体现出工业化社会的最基础特征。西洋式生产方式在抗战前期的西北地区尽管依然极为弱小，但其所代表的先进生产观念已经深入人心，且与各种新文明事物互为替补、相互映衬，成为民初经济生活中民众竞相模仿的文明事物。[①] 这种状况一方面打击了传统手工产业和传统农业，另一方面也迫使一部分传统产业加快转型升级的脚步，尽快纳入社会整体工业化的轨道。

这种由西方植入中国社会的新经济模式，即由自由竞争的市场经济来推

---

① 王琥：《设计与百年民生》，江苏凤凰美术出版社2016年版，第162页。

动社会民众生活、生产方式的改良模式，不是人为可以操控的。包括商业、餐饮、理发、洗染、修配、洗浴等在内的服务业，就是在这种大背景下形成的。按任何西方资本主义政治家经济学家的说法，民主政体和自由市场是完全"一体两面"的事物，不可能单体成立。在民主政体的保障下，自由市场才能充分满足所有社会成员的个性化物质需求并彻底调节或改造任何产业结构；反之，只有在自由市场基础上，才能建立确保任何社会成员的个性化精神需求并彻底调节或改造任何社会服务公共机构。可中国的情况不同，此时的西北社会更是不同，其并不是完整的西式民主体制，是带有民主色彩的政治体制和市场成分的经济体制的"威权体制"社会。这种"威权体制"社会在维系"党国体"的威权统治的同时，在民国初期和中期并不妨碍西北社会经济领域的市场化、现代化，只是到后期，才有可能因政体滞后，势必约束、阻碍市场经济发展而导致社会冲突。虽然此时西北社会的民众缺乏真正意义上的政治选票意识，但民众用钞票来抉择跟他们生产方式和生活方式发生直接联系的民用领域事物。①

以上可见，西北社会各阶层都身处社会剧烈转型的时期，新事物的涌现渗透到日常生活的各个方面。无论是西北城市，抑或偏僻村庄，均深受波及。通常新事物被少数人群接受之后，很快带动一群人的集体性效仿。新事物不仅是"有形"的生产工具和生活用具等，亦囊括如思想意识、社会观念、卫生习惯、礼仪举止等"无形文化事物"，其形态具有多样性。在西北地区人口中绝大多数还属于文盲和半文盲状态，对于广大民众而言，往往看得见、摸得着、用得上的民生商品能起到的文化影响，要比只能识文断字的读书人才能看懂的报纸、杂志重要得多。抗战之前的西北地区是建立以西洋小物为原型的社会新式文明生活方式的最重要时期，而主要靠仿造西式民生商品而逐步建立起来的城乡民用商品产销业态，自然充当了传播西式文明生活的最佳媒介。②

此时期，以日常消费为目的的本土民生商品产销企业开始创立，使尚在

---

① 王琥：《设计与百年民生》，江苏凤凰美术出版社2016年版，第253页。

② 王琥：《设计与百年民生》，江苏凤凰美术出版社2016年版，第227–228页。

褓褓之中的西北民生产业有了一个健康的生长环境。尽管这些初创的民生产业是从沿海经济相对发达地区辐射影响过来，但它们的出现决定了这些新兴产业的光明前程，因为其代表着未来和希望。物美价廉的日常民生商品，越来越被占社会主流群体绝大比例的市民家庭所接受，开始不断进入普通百姓日常生活，当民生商品成为西北大多数成员所接纳的生活用品和生产工具之后，从原来仅有少数上流家庭才能使用的高端奢侈品逐渐成为广大民众每日不可或缺的民生必需品。民生设计和产销业态的生存发展空间就被不断拓展。有社会需要，就有设计动机和设计目的。因此，代表新式文明生活生产方式的民生商品已逐步获取社会共识，成为民众日常生活生产中不可或缺的物品用具，已构成常态化的社会习俗。这些民生设计产业，代表着先进文明的生活方式与生产方式的西北民生商品产销行为，这个社会现象奠定了民生设计在西北社会就此扎根繁衍的良田沃土。

二、工业化在西北地区民生设计中的延续

西北地区聚集了众多民族，各民族的生活方式、生产方式虽仍有差异，亦有融合的趋向。但毕竟此时期西北地区的工业化水平尚未达到很高的标准，绝大多数民众的收入偏低、生活困苦。西北地区的各个省市与我国沿海地区相比，现代化、城市化程度较低，但现代化因素日趋增多，城市化发展的趋势日益显现，民生设计中工业化的设计思想日渐成熟，现代化营销模式逐步建立，民生设计中地域特征更为显现。

（一）工业化设计思想的日渐成熟

西北社会工业化进程中极为重要的初级阶段可以从机具装配、设备维修等方面的起步与发展来看，这也是早期中国工业设计产业的突破点。最早的中国工业设计，正是由修配作坊里最早的机器匠人完成的。这些基础能力的逐步获取和持续深化，使现代化产业形态和影响，已深刻揳入支配着社会大众日常生产与生活的主流生存方式的体系之中，亦使早期工业领域中的现代

设计行为，成为一种常规事物，并逐渐完成外来文明植入所必然经历的"本土化"过程。而早期本土工业设计产业的现代化模式的萌芽形态，正好出现在与西北制造业密切相关的铁道铺设、设备维修等行业，这些产业凝结了彼时最高的技术条件、最好的市场前景，亦聚集着当时最熟练的技术人才。[①]这与晚清时期单纯的仿造、复制产业相比，在产品的技术发明和形态设计上有一定区别，已表现出与引入模式不太一样，且更加适合西北地域条件、应用范围的产业特点。此时西北地区的民生商品，不但产能规模技术上已达到当时的现代化先进水准，也形成自己全面的产品设计能力。

设计是围绕预定目的，应用时下能平衡运用的知识与技术，有组织、有管理地协调相关人员将某个现有实体转化为有预期使用价值的产品。民生设计更多地考量一个可以批量化、规模化、标准化生产的产品背后所涉及的政治、经济、文化等各种因素，以及与民众生活方式、生产方式紧密贴合的系统。其显然交织着理论、试验技巧和数据的基本知识库，因此围绕着设计的不确定迅速变小。在工业化生产下，产生了正规工程教育下的工程职业，可见，曾经仅靠师徒相传的不可靠性已然成为书本上可以明确的知识。其实，工程教育知识与师徒相传的知识是一个贯通整体，并不是对立的两极。技术作为一种知识，是可通过标准化模式进行传授，即书面文字、图表和数字公式加以表述的。工业化带来设计系统的集成、优化，具有明确的目的。

一般而言，在民国时期西北的各种产业中，采用机器生产、实行产品的配套且组织进行批量化生产、借助规模化以提高效率，已逐渐成为现代化的产业趋势。机械化、标准化、批量化的程度是判定产业现代化的标志，虽然很多新开发的工业产品依旧处于"学习""借鉴"的阶段，但学习基础上进行了部分改良使之适应市场需要的设计已然开始普及，尤其是在民用机械和零配件设计与生产方面取得了一定进步，已局部实现在维养进口原机的基础上，有效实施较完整的零部件本土化供应能力。这种在以制造业为主的工业化进

---

①　王琥：《设计与百年民生》，江苏凤凰美术出版社2016年版，第209页。

程中，具有本土风格的早期工业设计逐渐形成。虽然这些大多属于配套性的零部件设计与生产行业规模本身相比，还处于微不足道的地步，但对工业产品用途的形态、功能、选材设计，对生产操作流程的行序规划、对产品尺度的"适人性"设计等，均已经开始涉足、参与。[①]

（二）工业化在民生设计领域的延续模式展现（设计的文化价值）

西北零售百货产业逐步建立起来，不可避免地冲击并渐次取代传统经销方式，成为民生商品最主要的流通渠道和消费场域。这类现代化营销模式，为西北民生设计及产销业态的萌芽、形成、发展，提供了最实用的商业模式。

西北各地晚清时就创办的一批老牌商号，从民初起也开始逐步采用西洋现代连锁销售模式，西北地区商号渐增，形成了一系列以特色民生商品划分区域的商业群落，广泛涉及社会民生各个层面。西北民生产业的依存条件除去自主性的创意设计、机械化和标准化的规模生产之外，现代化的零售经销方式是格外重要的产业前提，为民生设计产业的生存与发展提供了强大的商业保障。

作为生产活动与商业活动消费主力军的西北社会广大民众，虽人数众多，但却处于社会阶层的从属地位，其社会地位通常较为低下，且缺乏对生活资源、生产资料的占有权，继而缺失了生活需求、生产劳动的主导地位，自然没有对消费和劳动产品的支配权。这三者的缺乏导致其购买力低、物质消耗少的现实状态。消费能力决定了消费行为，消费地位决定了消费能力。故而，对于处于社会底层的西北社会民众而言，"价廉物美"既是民生商品的最高性价比，亦是民生商品的最高设计原则。西北民生设计的设计行为必须符合这个大众消费的基本状态，才可能使产品变为商品。如若背离这一现实状态，必然导致产品向商品转换的过程随时中止。

以西北地区普通民众的日常生活生产所涉物品而言，即便是社会最底层的劳工家庭，也逐渐养成把某种带有西洋式百货当成自己日常生活不可或缺

① 王琥:《设计与百年民生》，江苏凤凰美术出版社2016年版，第347页。

的必需品。通过蕴含现代文明科技与民主气息的新式民生商品消费方式的迅速普及，民众逐渐接受这些微小事物背后必然导致的生活方式的变革，并且愈来愈热衷于这种给他们的日常生活明显带来某些便利、舒适的新事物，西北地区市场发展的利益链条也在物质追求的良性刺激下得以运转。这是一个社会生活走向进步的显著特质。①

以上可知，设计的文化价值全在于民众的生活方式发生根本性的变化。一件人造事物影响民众，对民众的生活状态产生良好作用，改良了民众的生活品质，这就是设计行为的标准文化现象。于是，这种影响、作用、改良迭代增加，其文化价值就越来越大。即便民生设计起初不占有原料技术、人才、分配方面的资源优势，但正由于它们的服务主体是占社会绝大多数人口的普通民众，因此在承传的时间长度、应用的范围宽度、影响的文化高度上又占尽天然优势。

三、西北地区民生设计中地域特征的显现

因新事物的不断濡染，即便是西北农村普通民众的日常生活与消费亦发生细微变化。其不再完全依附于单一模式生产和生活资料的自给自足，而是利用新兴的市场渠道去解决部分生活所需，这就为民生设计产业拓展了新的发展路径。任何新生的事物想要在当地存续、衍生，首要任务就是改变民众对既有事物的依附惯性，也就是生活习惯，并形成民众新的生活方式中不可缺少的部分。

（一）西北民生设计之制盐、榨油业

西北盐业的发展主要依托自然条件的变化，同制盐业之外的工业其他部门一样，榨油业也是以农产品为原料的加工业。西北地区油料作物的种植较为普遍，种类繁多，如油菜、花生、棉籽等。但是与制盐业一样，西北地区的榨油业产品，并不都是直接食用，而有一部分用作其他工业生产的原料或

---

① 王琥：《设计与百年民生》，江苏凤凰美术出版社2016年版，第193页。

者用作其他的生活消费。

在油坊榨出的油中，非食用油占有比重相当大，而且随着制烛业、造船业、建筑业、家具制造业的发展，这种比重还在不断提高。榨油业脱离农家副业的程度更大，主要原因是榨油需要的设备较为复杂，操作需要多人共同作业，同时一套设备的生产能力也远远超出一般小农家庭对油的需求。这些体现出榨油业并不是农村副业的发展，而是工业化的发展。由于收购的油菜籽数量多，榨出来的油又要运销外地，因此不能采取曾经分散和季节性的生产方式，而必须在专业化生产的油坊中集中加工，为了便于运送原料和产品，这种专业化的油坊大多集中在交通条件较方便的市镇上。

西北榨油业工厂设址亦体现出对地域因素的考量。一是原料采集的优势，依托本地区油料的大范围、大规模种植，给原料的供给提供便利条件；二是选择交通枢纽区域，且接近主要消费市场。其水运、陆运畅通，为油料从采集运输原材料到产品对外销售提供便捷，并降低从采集到销售各环节的成本。

（二）西北各地域、各类型民生设计

早在乾隆时期，兰州就有了不同于旱烟的一种烟，"铸铜为管，贮水而吸之"，这种烟就是后来所称的水烟。据民国初年调查，甘肃从事烟草生产918户，从业5.7万余人，其中女工3.3万人。20世纪二三十年代，水烟制造业是近代以来最为发达的时期。1922年前后兰州水烟生产达到极盛时期，当时开厂营业者达到一百三四十家。

"西安陕西制革厂"在民初开设，并采用新式制革方法，后改为"陆军制革厂"，专制军鞋及军用皮革制品，1928年以后，制革工业稍有发展，陆军制革厂专做军用皮件。1921年"同和制革厂"在西安城内开业，专制法兰革，即铬鞣革。1923年西安设"燕秦制革厂"，因皮革销路不畅，后转型制鞋，并成立"新履股份有限公司"，但这一时段，皮革业发展困难，销路不畅。20世纪30年代之后，铁路的修建给西北制革工业的发展创造了交通便捷的有利条件，"西北制革厂""西北化学制革厂"陆续在1934年到1935年间开设，另外还有西迁来的"胶东制革厂""福安制革厂"等数家制革工厂。[①]

杨增新当政时期，新疆省实业厅在迪化办工艺厂、皮革厂，还派出学员到甘陕学习毛织、炼油、缫丝等技术，外聘河北、河南技师推广内地工艺，在图案、肌理、面料质感各方面逐渐形成具有独特地域风格的设计。通过这样的形式，新疆吸引大批外地手工业者来此落户，并从事手工业生产。其生产主要集中于地毯、皮革、酿酒、煤炭等行业，组织模式民营、官办皆有。

对于绝大多数内陆省份城乡地区的广大民众而言，沿海都市的繁荣商业还过于遥远。与祖辈相似的传统手工产业与传统店铺，仍旧是自己日常生活中不可或缺的基本内容。以甘肃省号称"天下第一县"的甘谷县城为例，老人回忆中描述的城关商业街当年景象：民初时代城北关东巷北面开张的"柳树商行"，是整个县城最老的商铺，地处城关繁华之地，"所经销货物有各种土布、洋布、丝绸锦缎、茶叶、硼灰……货物应有尽有"。天水设有"九如昌"，在陕西宝鸡、甘肃泰安等地还设有许多分号，规模颇大，"九如昌"主营丝绸锦缎布匹以及各种日用杂货，货物非常全面。大尺寸西洋玻璃镜只有到"九如昌"才能买到，可见其货物之齐全；"'源顺德'为蒲家所开老字号，蒲家民国时期人才济济，生意也非常红火。'源顺德'主要经营各类杂货"。"'鹦哥铺'是城内北街孙家巷口第一家铺子的字号。因为铺子门前挂着一只绿鹦哥而得名，山上人到城里赶集，只要说'鹦哥铺'，无人不知，无人不晓。该字号主要经营布匹和其他日用品，价钱便宜，东西质量高，深受百姓喜爱"[②]。

综上，西北地区民生设计中地域特征的显现深刻地折射出西北社会民众生活方式不断变迁、不断进步的事实，也映射出民生设计产业伴随社会民众需求而创意、生产、销售的应时民生商品，近现代西北民生设计及产销业态正是依托这个演进路径而不断向前推进的。

---

① 郑志忠：《民国时期关中地区工业发展与布局研究》，硕士学位论文，陕西师范大学，2012年。

② 张梓林：《民国时期甘谷商铺老字号拾遗》，转引自王琥《设计与百年民生》，江苏凤凰美术出版社2016年版，第198–199页。

第三节　抗战之前西北民生设计与工业化的特征

一、社会共识下民生的文明教化

社会共识下民生的文明教化与民众生产、生活的物质基础关联甚密，并一定程度上呈现出民众不断推陈出新的集体意识，这种集体意识，反映在个体民众，是对个体文化属性的归结和对所处地域传统文化属性的认同，反映在一个地域，是民众对自身群体共有文化形态的识别。物质基础影响着民众文化生活的开展，一个地区的近代化程度最直接地体现在交通、市政、文教等的完善程度，并联动以工商业、城市规模为标准的物质形态。而文化形态则丰富了物质基础的具体内蕴，带动以民众习俗为核心的文化形态。

民初西北地区迅速发展的文教事业，为西北民生设计及产销业态营造了较好的社会环境与文化基础。从教育、工商两端入手，引入西洋先进的自然科学和人文科学，方能开启民智，从提倡西式文明生活到全社会的移风易俗，西北各大城市的国民教育普及直接导致很多民众从小就接受了新型生活方式，也间接成为现代民生商品的消费人群。民生产业与国民教育，成为民初时新生活新文化的两个巨大载体，为西北社会的移风易俗奠定重要基础。

（一）民生商品的文明教化

工业生产、商品实业的进步，促使民众原本的生活模式自觉或被动地调适。西北民生设计及产销业态的发展，本就与民生状况息息相关。民生商品是民众生活品质提高、生活习惯改良的媒介，不同于人的基本生活物质资源。当西方社会生活方式渐次传入西北地区，促使当地民众开始接受这些"新事物"，民生改善，安居乐业，民生商品随即销路大畅，反过来又促进民生设计的发展。

以西北地区各城市为中心，有着人口密度大、交通便捷、经济繁荣的基础条件，对周边地域的快速传播，致使更大范围的文化生活圈得以渐成，其提供人力、市场、原料供应，也不断接受新事物、新文化、新生活方式的持续影响。西北地区交通便捷则物质文明逐渐发达，输入、输出的通道更加通达。交通条件促使交通工具的不断改进，西方商品以及沿海地区商品等通过铁路、公路输入西安，再转运各地[①]。其将外界的新观念、新气象带到西北各地，促使西北与外界在交流范围、交流深度、交流频次等层面均有所扩展、加深、加速，西北各项实业的发展迅速被推进。

因为初生的西式民生商品具有的天然文化属性，使其从出现在西北社会的第一天起，就必然和既有的封建传统生活方式发生本质冲突。输入西北社会的西式民生商品，不仅承载了推广西洋文明事物的具体功能，而且直接导致社会越来越多的各阶层民众逐步养成了新的生活方式。对于开启民智、移风易俗的社会改造而言，民生商品的开发与推广，这是一种最便捷、最有效、社会成本最低的商业路径。从西式商品大举输入到首批民生产业创建的史实看，从原型样本传入到模仿再到改良再到自主发展的全过程，是绝大多数中国民族企业生存发展的必由之路。西式生活类商品有一个突出特点："民用为主"的性质，其本质是建立在人人平等的社会伦理、政治信条和公平竞争的市场原则、经济属性之上的，这是一种新式文明对旧式传统的胜利。[②]

西北地区新型的民生日用品产销关系的建立，直接导致了西北民众生活方式的重大改变，促成社会移风易俗的改良，还左右了西北地区民众关于消费时尚、生活技巧、人际交往、休闲娱乐等所有超越单纯生理性生存需求的、属于更高级生活品质追求的一种集体性的生活态度，直接奠基了西北地区民生产业从设计创意到生产形式再到营销方式的方方面面，同时也催生了真正意义上的现代民生设计及产销业态。

---

① 王旭：《旅陕印象：1920年代西安的城市建设和社会生活》，《城市史研究》2017年第2期，第194-220，329-330页。

② 王琥：《设计与百年民生》，江苏凤凰美术出版社2016年版，第134页。

（二）大众教育的文明教化

梁启超等人竭力主张实行国民教育，国民教育的实施对象是广大普通民众，这颠覆了中国几千年制造官吏的封建教育观念，具有极大的开创意义。这种普及型国民基本教育制度，冲破了封建科举应试教育和清末洋务派急功近利的"新学"教育的种种藩篱，对于移风易俗的社会改良，具有极其重要的现实意义；对现代民生设计及产销业态的普及推广作用，亦是一望而知的。这种教育在教育的对象、目标和内容上都有颇大区别，因此在讨论教育问题时，不能忽略后者。以下，我们以大众教育及其对工业化发展的影响进行分析。

大众教育的目的是为了民众能更自如、更快速从事工商业活动，主要让广大民众识字，获得基础的读、写能力和简单的计算能力。

民初时期，中国社会一项重要文化建设就是白话文的形成和普及，它以直白流畅的表达为要，有着最大范围的适应性和实用性。在清末民初少数文化人努力下，参照西洋、东洋文体的某些特点，吸收了其中适合中国民众普遍能接受、应用的句型、语法优点而形成。将"白话文"教育作为"第一国民用语"地位的确立，其意义已远超出语言文字方式和中小学教科书的范围，对从民初开启的国民教育产生最重要、最深刻的影响。这也是中国社会庶民文化对精英文化的一次前所未有的巨大胜利。从文化语境而言，对后来的近现代民生设计及产销业态的形成和发展都起到关键作用。[1]

对于从事工业活动的人来说，识字率与早期工业化之间关联甚密，读、写、算的能力与商业化的联系紧密，由于西北地区的工业企业绝大多数是小企业，需要独立地与市场打交道，因此这些企业中的主要劳动者同时也是经营管理者和商人。对于这种集工商业者和经营管理者于一体的作坊主来说，通过读、写能力传播具体知识，并相对容易地获得商业信息以及相关的法律、法规，在经营活动中极为重要。

西北地区的大众教育对于西北地区文明教化、工业化的发展具有重要意

---

[1] 王琥：《设计与百年民生》，江苏凤凰美术出版社2016年版，第147页。

义。首先，大众教育关注广大民众基本读、写、算能力的获得，为自主进行商业化生产的小企业培育若干具有实用性知识的小企业主，使其具备一定的经营能力，这些小企业主已不是墨守成规、没有文化的小手工业者，需要能应对商业中关于成本、利润、信贷、租借等基础知识，以此在商业化高度竞争的市场环境下立足。因此教育的普及为西北地区小型企业的发展起到积极的推进作用。其次，教育的普及使西北地区拥有一批优秀的高级技术及管理人才。可见，西北地区劳动力供给的增加导致劳动力的流动，并促使劳动力素质的提高。①

此时期的设计产业，已不再是传统手工劳作、前店后场经营的"过渡型"的教育机构与产业实体，很大比例已采取了西式产业经营方式，以西式教育模式办学，渐次摒弃了师徒传授的旧式学堂教育方式。②

另外，民众教育体现在学校的建设和图书馆的建设上，整体而言，西北地区较之于沿海地区学校较少，西北地区中小学国民教育的普及，使得西北中小城市和乡村孩子以及他们的家长都有机会接触到外面世界的文明事物。这点对于信息封闭、地处偏远、经济落后的西北地区而言，意义尤为重大。

综上，民生商品代表的文明生活方式和大众教育代表的文化教育，是促进西北社会城市劳工阶级和乡村农友阶级发生变革的两大推动力；是包括民生设计在内所有现代化生活方式与生产方式的重要基础。近现代西北民生设计及产销业态正是建立在这个依存基础上才得以发生、发展的文明产物。

二、抗战之前西北地区民生状态与民生设计分析

西北地区民生状态通过生活的点滴细节透露出来，是社会发展的真实摹写，还原了民众日常生活实态，从中可窥见民众自身及社会的逐步改变，反映出社会的发展变迁，使人与社会都逐步走向开明进步和现代化。西北民众

---

① 李伯重：《八股之外：明清江南的教育及其对经济的影响》，《清史研究》2004年第1期，第1–14页。

② 王琥：《设计与百年民生》，江苏凤凰美术出版社2016年版，第221页。

日常生活随着现代化设计元素的渐入，既受自然环境与传统习俗影响，呈现出迥异于其他地区之处，亦呈现丰富、多元的发展趋向，率先体现在民众生产、生活中。由于社会变化的日新月异，西北地区民生工商产业所需要的文化氛围随之越来越浓厚、消费群体越来越庞大，民生设计也随之越来越发展、壮大，逐渐成为那个时代民众日常生产与生活方式中不可或缺的决定性事物。民众生活所需的供求消长关系到地区经济产业的存亡，地区生产、生活就是人口、资本和需求的聚积，其生产背景依托地区自然条件下的经济结构，而西北本身的商业贸易成为该地区生活布局的逻辑成因，也成就着其历史丰富性。

（一）民众衣着方式与设计

清末所遗西北服饰风尚在民间仍基本延续，但不少细节已有所变化。民初最普及的男性常服为立领、窄袖、长下摆、右开襟的蓝色"长衫"。民初时普通市民的长袍马褂，与清末款式相比，变化首先是面料不甚考究。长衫多为民初教师、职员所喜，都是大襟右衽，长至脚踝上方，在身体两侧下摆处各有尺余开衩，袖长均及手背，布料以蓝色居多，普遍是素地无纹。"马褂"民间最为普及，马褂穿在长衫之外，类似现在的上衣，大多对襟窄袖，下摆掩腹而已。长袍马褂四季通用，初春或秋凉则可在长袍外罩件马甲。[①]

此时期，男子剪辫易服，西装开始风行，草冠革履[②]。与之配套领带、生发油、手套、擦鞋油弥漫市场。传统与新式服装交织出现。但西北地区相对传统，如1934年陕西地区"军政商学民皆穿朴素布衣，不着绸缎，也很少穿西服，青年时尚学生仅穿青色粗呢学生装"[③]。又因为西北地区多少数民族，其各民族服饰多有自身民族特点，如回族以穿着传统服饰为主，并用绸带捆扎长衫，外面加件"却本"[④]。（图4-10、图4-11、图4-12）

---

① 王琥：《设计与百年民生》，江苏凤凰美术出版社2016年版，第164–165页。

② 1912年6月1日的《大公报》称："革命巨子，多由海外归来，草冠革履，呢服羽衣，政界中人，相互效法，以为非此不能厕身新人物之列。"

③ 李彧嘉：《民国时期女性服饰的特征与流变》，硕士学位论文，西安美术学院，2016年，第12页。

④ 沈宗琳：《迪化风土人物》，《新闻天地》1945年第1期，第33页。

图4-10　兰州地方官员服饰 [1]

图4-11　西北地区民众服饰 [2]

图4-12　西北地区民众服饰 [3]

---

① 资料来源：美国探险家克拉克1912年考察中国西北陕甘地区摄影集。
② 资料来源：美国探险家克拉克1912年考察中国西北陕甘地区摄影集。
③ 资料来源：美国探险家1912年考察中国西北陕甘地区纪行图文。

根据《高台县志》1925年记载，在甘肃地区的民众，从穿着传统服装转向以洋布为主的西式服装："村民多衣本地织布，冬日多以老羊皮为裘；中产家，间衣洋斜梭布，近衣鸦缎或泰西宁绸；巨绅富室，始裘纨绮。女服，城市竞华靡，服纨绮；乡妇则衣洋布与织布。"[1] 这里，可以看出不仅有钱人追求外国的面料，普通的老百姓也开始追求穿着洋布衣衫，这是社会发展的一种表现。

此时期西北社会局面相对稳定，城镇都市化进程加快，逐渐出现包括服装裁剪、成衣制作在内的城市服务行业。沿海城市对西北同类面料设计与生产起到一些引导作用。现代化标准的纺织、印染机械的使用，新型化学染料的传入与仿制生产，纺织图案、纹样、色织、面料肌理各方面设计的借鉴，导致西北地区在面料、图案、染色、质地等方面的设计，均有一定的提高。

当然，在西北一些地区，由于自然条件、交通运输、生产成本等关系，民众的服装是根据当地的物产而制作。《西平县志》1934年载："衣服简朴，多以棉布为之。其夏日衣纱，冬日衣裘者，百无一二。"[2] 在季节性服装方面，农村的服装大多分为两季，即夏季与冬季，其服装亦只是这样的两种而已。

总之，绝大多数西北民间百姓的穿衣打扮变化较小，一如清末、民初。

（二）民众餐饮方式与设计

民国之前的西北地区，因交通限制导致除陕西、甘肃部分地区与中原接触较多而受其东部饮食文化、新疆地区受周边接壤国家饮食文化影响之外，多数地区饮食结构单一，餐饮方式遵循各地少数民族习俗。但随着经济文化交流的渐次频繁，其饮食方式与设计地域性差异变小、趋同化渐强。

民国初期，西北地区种植的粮食作物有小麦、大麦、青稞等14种106个品种，食用豆类有蚕豆、豌豆、大豆、扁豆等13种36个品种。这一时期良种

---

① 《中国地方志民俗资料汇编（西北卷）》，书目文献出版社1989年版，第227页。

② 《中国地方志民俗资料汇编（西北卷）》，书目文献出版社1989年版，第184页。

的引进，推进了西北地区农业的发展。[①]

西北地区传统饮食平稳发展，其面食、肉食、奶食丰富。西北浆水面的浇头是浆水，浆水由苦菜、苜蓿、小白菜为原料，先切成细丝以后放入水中煮熟，再用酵子发引，装入干净的容器内，三天左右即可食用。甘肃蒙古族的烤全羊在迎接贵客时，往往与献哈达敬酒仪式结合，席间气氛热烈，酣畅尽兴。宁夏手抓羊肉先将羊肉切大块，入水煮，再辅以调料，等煮到羊骨肉分离的程度出锅，再配上蒜泥、腌韭菜花、葱花、芝麻酱、辣椒油等调料，用手抓羊肉蘸汁吃。[②]

岁时节庆食俗是重要的餐饮活动，西北地区的春节、端阳节、中秋节这三大节日具有浓郁的地域特色。中秋节吃月饼已经是约定俗成，在青海有一种专门用来"看月子"的方形月饼，是由娘家送给婆家及其家人，做法与油饼无异，只是在长方形饼上用特制的木签刺上各种几何图案，极具艺术感。

在西北地区生活的回、维吾尔等十余个普遍信仰伊斯兰教的民族，他们有自己的岁时节日、社会礼仪和信仰禁忌，餐饮习俗与之息息相关，其习俗渊源历史久远。信仰伊斯兰教的民族每年有传统的三大节日，即开斋节、古尔邦节和圣纪节，三大节日里的餐饮习俗最具特色。

随着汉族移民涌入，西北民众的饮食习惯随之渐变。首先在餐饮结构上，粮食逐步取代肉食；其次在制作手段上，不断拓展烹调技艺，煎、炒、烹、炸渐次出现在制作中。民众在这个过程中，自觉不自觉地改变着自身传统的餐饮方式，其餐饮文化随时代亦发生重要的变化。这种变化是依据西北各地区消费习惯、民俗民风、经济能力等综合因素共同发生作用的结果。民众餐饮方面，一般之人食小麦粉，另有大米、面、牛羊肉、鸡、韭菜、芹菜等，以中餐为主，仅在上流社会出现西餐。特殊的自然气候使得西北民众常制作蜜饯、腌制咸菜。

鉴于交通运输的限制，沙果、苹果、桃、杏这类本地水果较多，西瓜甜

---

① 徐日辉：《中国饮食文化史》，中国轻工业出版社2013年版，第241页。
② 于小龙、唐志军：《百年银川》，宁夏人民出版社2008年版，第256页。

美，但橘子、香蕉等南方水果罕见。相较于东部及其他地区，冷冻食物尚未引入，如陕西冬季气候较北京温暖，不易结冰，且外国机械尚未输入，亦不能造人造冰。西安城有地方性饮料酒品，"凤翔烧酒为本地特产，啤酒汽水皆外地传入，且价格昂贵"[①]。依托现代技术生产的食品在西北仍属罕见。

西北地区包括餐饮在内的许多民用生活配套组成的城市服务业日益完善，为了适应城市商业节奏，西北各城市的不同层次需求的餐饮业在菜式设计和食材设计上可谓创意百出，在提升商业餐饮"色香味俱佳"的传统风格的同时，也促成了民生设计餐饮类"软性设计"自身水平的提高。结合西北民族传统习俗，许多地区已关注社交席宴行序设计内容的整合。西北商业餐饮大众化还体现在餐饮小吃摊点、小吃担子的增多。小吃摊点、小吃担子原型是乡村庙会的速食摊点，是西北城乡各地区不可或缺的补充性餐饮业。随着西北城镇都市化趋势，这种餐饮业的立体服务模式促使了西北地区饮食业的多元化，影响了传统的饮食方式合餐制，逐渐完善了食品卫生及餐馆管理制度。

从清末至抗战爆发前夕，西北地区民众的生活方式及与其相匹配的生活用具，均程度不等地发生了变化，但究其餐饮用具的变化却极其微小。该地区普通民众的饮食方式和烹饪方式及其用具，通常以家庭为个体单位，部分器具在选材、工艺上小有变化、拓展之外，其基本功能、造型较完整地保持着原有的传统范式。

（三）民众出行方式与设计（新旧运载工具的并行）

西北地区交通运输业的现代化进程仍以清末所遗留的传统旧式交通为重要补充力量，民间货运与商业物流主要依靠传统人力和畜力驮运、黄河皮筏等，其次才是局部区域里程极为有限、站点很少的铁路运输，民间公路汽车长途运输比重很少。但仍然可见西北地区民用交通运输有一定改善，西北各大中城市的市区公路铺设、车站码头机场的建设、市区公交线路里程数和公交车辆保有量及修配业开始起步，但西北一些城市公交运力相对严重滞后。

---

① 王桐龄：《陕西旅行记》，文化学社1928年版，第37页。

　　西北地区呈现新旧运载工具夹杂的特点，与此同时邮电通信等设施的发展，改变了交往沟通的方式和观念，交通网络从传统型向现代多元化发展。道路从土路、碎石路到柏油路，道路变迁带动交通工具的革新。在一定的地域范围内活动、具有强烈地域特征的畜力运输队伍就是交通习俗地域性的一种明显体现。畜力长途运输队伍很早就已出现（图4-13、图4-14），直到民国时期依然十分活跃。这样的运输队伍最著名的，在西南地区有马帮，在青藏高原有牛帮，在西北、北方沿着沙漠戈壁则有驼队。

图4-13　西北驼队[①]

　　民国之前的清代，在供新式机动车行驶的公路修筑前，即便是官马大路也均是土质路面，民国时代兴修了一些公路，但这些公路大多是粗糙的。据统计，到1949年，在历经战火反复破坏下存留的8万多公里的公路中，60%的公路没有铺设路面，在铺设路面的公路中，只有300公里铺设了沥青或水泥路面，其他都是砂石路面。[②]至于公路干线之外，道路更是一如既往，北土南石，特征依然显著。

　　辛亥革命后，西北地区首先从交通方式上开始有了变化，包括交通工具和道路设施。民国元年西安开始出现人力车，西安最早出现的汽车是1915年袁世凯拨给陆建章的两部汽车，当时的交通工具除了畜力车和东洋车外，汽车及脚

---

① 　资料来源：美国探险家1912年考察中国西北陕甘地区纪行图文。
② 　刘文杰：《路文化》，人民交通出版社2009年版，第91页。

踏车凤毛麟角。1923年初长潼汽车公司投入两辆汽车营运，开设钟楼至东门的"环城汽车"，这标志着西安城市公共交通从人力交通和畜力交通为主，向汽车交通的转变。[①]西北地区一些城市，在公路、铁路干线上，钢筋混凝土桥梁、钢结构桥梁等新式桥梁也已陆续有所建造。可知，出行方式带来民众思想观念的转变，也带来城市工业、商业以及生活设施配套建设的改变。随后军政当局所推行的一些建设举措，体现了民生设计的理念和设计意识的觉醒。

图4-14　西北日常出行[②]

西北地区在近代交通业发展的同时，积极推进各种传统民间运输事业，事实证明这种因地制宜的多样性发展模式发挥了其重要作用。西北乡村民众的日常出行短途主要依靠徒步，长途则用畜力代步、车筏并济。因各地自然状况、地理环境、经济条件、乡风民俗很是不同，往往同为社会最底层的劳

①　任云英：《近代西安城市空间结构演变研究（1840—1949）》，博士学位论文，陕西师范大学，2005年，第218页。

②　资料来源：美国探险家克拉克1912年考察中国西北陕甘地区摄影集。

苦大众，其出行方式会有很大差异。

西北黄河航运亦受制于枯水期，无法做到常年通航。但涨水期时，能走比较大的木船，而且航线较长，例如从归化城到包头镇通常行程四天[①]。而且黄河自发源处起始，途经的每一航段水域情况皆不相同，有的水域水流湍急、险滩较多，有的水域较为平缓，故而行驶耗时亦不相同。加之下水顺流、上水逆流又造成来往航程的时间不同。

另外，西北与天津之间的交通运输，其水路依靠皮筏和木船（图4-15），陆路依赖骆驼和马车等，民间亦有畜力"土轿"，即扎一篾篷轿厢，动力依靠牲畜，人在轿厢可坐可卧，这是西北内地交通最舒适的简易工具，但其运力有限，行进迟缓。[②]

图4-15　西北水路运输[③]

在20世纪20年代以前，新疆地区陆路交通工具为车马，道路为传统的驿道系统；水路为皮筏。皮筏与铁路运输衔接，便利了西北地区商品贸易交流，皮筏运输业此时期鼎盛繁荣。至20世纪30年代，大型羊皮筏的载重量已高达到吨，航程延长。甘、宁、新、青的大宗出口运输大多由皮筏运至包头转

①　〔日〕转引自王琥：《设计与百年民生》，江苏凤凰美术出版社2016年版，第280页。沪友会编：《上海东亚同文书院大旅行记录》

②　王琥：《设计与百年民生》，江苏凤凰美术出版社2016年版，第280页。

③　资料来源：美国探险家克拉克1912年考察中国西北陕甘地区摄影集。

口。[①]作为新式交通工具的飞机在我国出现是在清朝即将灭亡的时候，但是纵观整个民国时期乘坐飞机出行是一件奢侈的事情，对于绝大多数西北民众而言更是可望而不可即的，其对于出行习俗整体的影响并不大。

无论如何，西北民生设计与交通方式密切相关，而交通工具的改变和交通方式的多样化，使西北地区及其与外界的沟通联系都有很大的不同。尤其在铁路交通与航空线路后，西北地区的交通格局有了很大的变化。首先是对外交通辐射范围的扩大，其次是交通时空的缩短，交通方式的不断进步，从根本上改变了西北地区空间之间的联系。

就民众出行方式而言，西北民生设计主要集中在两方面。其一是对由洋行洋商输入洋产代步用具的修理装配和维护保养，小工们既接受了关于工业化对生活影响的最初概念，也接受了现代经营的市场化操作培训，培养了最初的"设计"概念，即对实用性和适人性功能设计的关注。其二是尚处于压倒性优势的传统出行方式开始逐渐接受处于萌芽状态的市场化"游戏规则"，身不由己地引入商业竞争概念，来维持自身的营运。如抬轿、有厢马车等都不约而同地在提高效率、降低成本、保持卫生、加强装饰等方面有一定的改善，加之收费低廉是其优势，以至于传统出行营运方式在日新月异的西北社会依然能持续几十年。[②]

（四）民众居住方式与设计

民众居住方面，从房屋构造的因地制宜，到考量与所处地域的和谐关系，充分体现了民众最简朴的生活、生产实践经验。

西北城市内房屋大半为平房，用泥筑成或以砖泥混建。此时期西北地区很多城市中已经有不少多层楼房、西式房屋。房内建有火炉，火炉不仅仅烧水、烤食、取暖，家庭成员的所有家事活动和社交会客，全是围绕着火炉进行，冬季极暖。民间乡村大户人家，于风水选址上则讲究许多。乡僻之人多

---

① 王永飞：《民国时期西北地区交通建设与分布》，《中国历史地理论丛》2007年第4期，第127–135页。

② 王琥：《设计与百年民生》，江苏凤凰美术出版社2016年版，第188页。

住土房，城内之人虽住瓦房，亦往往用土墙土壁。但乡僻民房大都湫溢不堪，屋上泥顶无瓦，屋内多为土地，屋中均有土炕。窗户多糊以白纸，玻璃殊不多见，新式建筑物除各大教堂及医院外，仅中央银行及西北银行两处而已。

西北城市居住条件较东部城市落后许多，但在西安、兰州一些大城市中也受到家庭家具大转换的时代的波及。受到中国东部城市影响，以西洋家具为范本，在此基础上进行本土化简约改造的所谓"新式家具"亦或多或少地进入城市家庭，这类家具备三个特征：首先，异于传统家具从样式设计到打制生产均出自一拨工匠之手，新式家具基本是由机械化工场打制，继而加工完成的。其样式基本来源于同时期欧美市场和中国东部地区的流行样式。其次，异于传统家具的纯手工打制，其带有旋木半圆柱面和平齿凹槽；器面基本涂料都是西洋油漆——酚醛漆，既有手工髹涂，也有气泵喷涂。可见当时制作家具在加工手段上已逐步进入机械化流水线式的现代化生产。最后，异于传统家具的款式约定方式，新式家具基本均属于由生产厂家先行设计、批量生产、现货销售的现代化产销方式完成，虽然买家预定款式仍占有相当比例，但家具主体业态发展趋势已逐步让位于先行设计、批量生产、现货销售的现代化产销方式。[①]

（五）民众礼俗方式与设计

民众的日常行为习惯直接抑或间接地透露着社会变化。民国时期西北地区的社会形态呈现出传统与现代、新与旧杂糅的过渡特征，其界限在隐微之间。

民国建立后，新型的婚恋观念、婚嫁礼仪在西北地区蔚然成风。由于中国土地幅员辽阔，社会经济发展的极端不平衡，因此，整个民国时期，既有得风气之先的新潮前卫观念，更有闭塞落后的守旧愚昧——新风与旧俗共存，西方礼俗与中国传统礼俗互见互融，这就是民国时期婚姻风俗的总体状况。

---

① 王琥：《设计与百年民生》，江苏凤凰美术出版社2016年版，第306页。

1. 政策制度

民国时期，有鉴于守旧愚昧的婚姻陋俗流传甚广，为促进社会文明进步，改革婚姻家庭方面的陈规陋俗，政府层面用立法形式对之进行调整、干预和规范。①

（1）民国政府层面的立法

《大清民律草案》作为中国第一部独立的民事法律草案，其第四编为"亲属法"。虽然其未及颁行而清朝宣告覆亡，但其为民国时期政府层面有关家庭婚姻的立法提供了一个范型。1912年3月2日，刚成立的南京临时政府发布《大总统令内务部禁止买卖人口文》，这道令文的颁发为买卖婚姻下了一道禁止令。1915年，北洋政府法律编查会开始制定《民律亲属编（草案）》，于1926年完成，其条目与《大清民律草案》的"亲属法"基本相同，只是做了少许的微调。因为当时西北地区处于军阀混战状态，国会未能履行正常立法程序，所以《民律亲属编（草案）》与《大清民律草案》一样，未能成为有效法律。这两套有关家庭婚姻的法律虽然未能实际施行，但其对家庭婚姻进行了现代意义上的法律规定，是一种划时代的进步。1926年1月国民党第二次代表大会通过"妇女运动决议案"。规定要根据结婚离婚自由的原则制定婚姻法，反对多妻制和童养媳，司法机关不得蔑视再婚妇女，禁止买卖人口。一个"宣言"、一个"决议案"，奠定了新式婚姻的法律基础，置换了几千年以来的宗法封建婚俗赖以存在的社会条件。1928年，南京国民政府成立。成立之初，其法制局即着手起草《亲属法草案》，该草案虽未公布实施，但之后关于婚姻家庭的法律文件很快推出。《民法·亲属编》体现出男女平等的原则，如亲属分类，改变了过去宗法社会以男系为主的计算标准，而以血统和婚姻关系作为标准；结婚解除婚约、离婚的各种条件（结婚年龄除外）均适合于男女双方，不再偏向于男方。《民法·亲属编》还明文规定结婚时的最低婚龄，禁止了旧婚俗中的早婚恶俗，保护了未成年人的身心健康，有利于种族的健

---

① 陈高华、徐吉军：《中国风俗通史（民国卷）》，上海文艺出版社2012年版，第370页。

康发展。但是《民法·亲属编》对封建婚俗的否定在相当程度上是不彻底的，还保留有宗法社会的一些印记。再者，其在条款中没有规定男子不得纳妾，这就明显地违反了男女平等的原则。虽然如此，《民法·亲属编》的颁布施行，对当时婚姻礼俗的变迁还是起过相当大的作用的。[①]

（2）人民政权层面的立法

1931年，中国共产党在中央革命根据地成立中华苏维埃共和国临时中央政府（中国工农民主政府）。苏维埃政府于1931年和1934年以中华苏维埃中央执行委员会主席毛泽东和副主席项英、张国焘的"命令"形式相继颁布《中华苏维埃共和国婚姻条例》和《中华苏维埃共和国婚姻法》。这两部法律总的精神是：婚姻自由、一夫一妻制，废除包办和买卖婚姻。后来各个时期人民政权制定的婚姻法的法规条款，基本都以《中华苏维埃共和国婚姻法》为蓝本。[②]

苏维埃临时政府之所以在其建立之初就颁布施行这两部婚姻家庭方面的法律法规，是因为苏维埃政府所在地区皆为社会经济非常落后的农村地区，婚姻习俗方面更是封建而愚昧落后，政权的缔造者共产党人急于改变这一现状，以激浊扬清，变革婚姻制度，进而改变民众的精神面貌，发展壮大自己，推动社会文明进步。

1934年颁布的《中央苏维埃共和国婚姻法》相较于1931的《婚姻条例》增加了对军婚的保护："红军战士之妻要求离婚须得其夫同意。"这是中国婚姻法规史上第一次提出了"军婚"概念。[③]

2. 婚姻观念

民国政府成立，封建帝制被彻底颠覆，中国社会的政治体制进入了一个特殊的转型期，传统的社会结构、民众的思维方式和社会的文化规范都发生

---

① 陈高华、徐吉军：《中国风俗通史（民国卷）》，上海文艺出版社2012年版，第370-372页。

② 陈高华、徐吉军：《中国风俗通史（民国卷）》，上海文艺出版社2012年版，第372页。

③ 陈高华、徐吉军：《中国风俗通史（民国卷）》，上海文艺出版社2012年版，第373页。

了剧烈的变化。社会大众，特别是城市青年的谋生之路拓宽。他们纷纷走向社会，其结果就是他们的经济独立性不断增强，不再依附于家族和家庭。经济独立作为婚姻的重要基石，加上从西方传来的婚姻自由的新风和新文化运动的兴起，以婚姻自由为核心的婚姻观念也如同他们所身处的社会一样在剧烈变化。但西北农村地区较大城市风气相对闭塞，但时代毕竟不同，那里也有了显著的变化。[①]

民初时期这些文明新风尚，必然给西北社会日常生活的方方面面带来巨大冲击。首先是女权思想的日益高涨；其次是封建婚丧礼俗受到挑战；最后是涉及普通民众的官司、纠纷的事件，在媒体舆论和社会名流的监督下，对天然人权和私有财产的维护程度有所提升。这些新生的文明事物对改良社会风气、树立国民意识、涤荡封建传统、开启民智、移风易俗，都起到重要作用。[②] 西北地区全社会文化改造绝不可能一蹴而就。千年封建礼俗与法统观念依旧在西北社会民众思想中占有主流地位，尤其是广大城乡地区民用公共资讯事业尚未建立，极度缺乏文明事物传播、进步思想的引导，封建礼俗、宗法传统依然大行其道。特别是婚丧礼俗方面，大多与辛亥革命之前的清末时期并无差异。

（六）民间闲娱方式与设计

民国中期以来，外来文化给西北地区新增了许多新鲜的娱乐元素，"电影业、摄影业、广播业等民生文化产业迅速发展，这种西式艺术与娱乐形式渐次进入民众生活，到30年代形成文化产业现代化基本体系框架"[③]。西北地区一些相对发达的城市开始建立电影院、剧院、俱乐部、公园、旅社等（图4-16），这些渐次完备的社会公共娱乐体系在西北社会形成潮流，并逐渐改变民众传统娱乐休闲方式，而这些恰恰是市民文化形成过程中现代性的真实写照。

---

① 陈高华、徐吉军：《中国风俗通史（民国卷）》，上海文艺出版社2012年版，第375-385页。

② 王琥：《设计与百年民生》，江苏凤凰美术出版社2016年版，第189页。

③ 王琥：《设计与百年民生》，江苏凤凰美术出版社2016年版，第287页。

图4-16　兰州小西湖（1934年10月6日）[①]

　　照相是在西北逐渐普及民间层面的新时尚。当时拥有一台私人照相机，是非常奢侈的事情。随着市民观念的开化，照相在西北地区经历由受排斥到被接受的历程，对拍照的恐惧意识渐渐消失，继而变成羡慕，这导致西北各地出现一批照相馆，照相业逐渐成为当时西北各地对社会民众有一定影响、规模不断扩大的大众文化消费产业，在20世纪30年代获得较快发展。

　　民初西北各地民众娱乐活动较为有限、单调，这不仅是观念的问题，亦主要取决于社会发展程度和休闲娱乐设施建设情况。西北此时期主要以传统戏剧为主，戏剧的服饰、舞美、道具、化妆、灯光上的设计创意，一直是尚处于雏形阶段的西北民生设计的重要组成部分。

　　20世纪20年代之后，民众娱乐方式增多。20世纪30年代，西北出现无声电影。在青海西宁，1930年山陕会馆放映无声电影片；同年，马步芳从天津购置电影放映机。1932年美国人携带小型放映机入西宁放映科教纪录片等。[②]逐渐多地正式放映电影，在售票门口看热闹的民众挤得水泄不通。由此可见民众对新生事物的好奇心，这一新兴艺术形式相较于传统戏曲而言，具有形

---

① 　资料来源：欣赏一组珍贵的兰州老照片（http://mini.eastday.com/mobile/1801272023344 28.html#）。

② 　曹蓉：《从民国时期西宁的娱乐活动看西宁的近代化》，《黑龙江史志》2013年第21期，第91页。

象性、直观性、感染力的显著特征。加之电影是以工业技术为基础，通过分工、合作来"生产"，通过市场营销实现"销售"，从这个角度而言，其特征与工业产品并无二致。[①]

众多外界信息借助电影媒介进行传播，对生活在偏远西北地区的民众起到潜移默化作用，其推动民众思想观念变革、促进社会风气开化、密切西北与外界的交流、加速民众生活方式的转变。电影反映出技术铸就梦想的新价值，其渐渐摆脱舞台化的痕迹，有了属于电影自身的表达语境，更重视与观众之间的互动，成为形塑国家意识的助推力。但这一时期电影尚未普及，放映机构、影片均匮乏，其发展普及大众还需要一定的时间。

西北民众除了接触电影外，还有话剧。话剧被当时的民众称为"文明戏"，不仅丰富当地民众娱乐生活，更重要的是引发民众的爱国主义共鸣，起到很好的宣传作用。之后，西宁很多学校师生先后成立话剧社，并上演内容新颖、贴近生活的剧目。[②]

毋庸置疑，西北地区传统和现代表演艺术的视觉特征对近现代西北设计均产生过一定的浸染作用，为民生设计的创意、造型、设色等提供丰富的资料来源。另外，影院的管理制度从一开始即被提议采用西方标准来进行规范，从制度上来进行行为约束，以保证观影的安静及幽雅。[③]

交通、近代工业逐渐发展、新式商业集中于西北地区城市内、而新式住宅和居住社会重新整合、新式公共建筑类型也不断涌现，城市内部园林绿化得到重视，城市建设从注重物质环境走向注重精神和健康的人本思想。基于这样的转型发展，西北各地城市空间作用也呈现出一定的机理，即内在规律性。渐次兴起的普及性娱乐活动带动了城市公共空间的拓展，使民众参与休闲娱乐活动的活跃度、普及范围等体现出社会改良及文明程度的提升。

---

① 沈榆：《中国现代设计观念史》，上海人民美术出版社 2017 年版，第 76 页。

② 曹蓉：《从民国时期西宁的娱乐活动看西宁的近代化》，《黑龙江史志》2013 年第 21 期，第 91 页。

③ 成淑君：《近代电影院的形象特质及其变化：现代性、娱乐与爱国》，《城市史研究》2016 年第 2 期，第 61–69，238–239 页。

西北地区民众的娱乐活动随工业化发展的推进已有较大进步，但不同阶层民众休闲娱乐存在很大差异，首先，相较于沿海大城市，西北地区的休闲娱乐活动显得较为单调；其次，西北广大贫困民众基本接触不到新型娱乐资源，闲娱方式多因陋就简。

随着城市资源增多、人口集聚，其城市公共空间逐步由单一功能向着多功能发展演化，城市功能、市政、文教等的逐步完善，为人际交往和社会活动提供了场域，刺激并推动着城市政治、经济、文化等趋向成熟，民众的社会生活变迁亦蕴于其中。[①]

综上，抗战之前西北地区民生状态与所涉及的衣、食、行、住、礼俗、闲娱等民生设计形式，必然要经过完全能符合西北民众生活习惯、消费水平、审美风格的严苛检验。其民生设计只有在设身处地替无数普通民众着想的基础上，不断吸纳、消化外来事物的优点，才能将自身的设计创意真正意义上地融入社会大众的生活方式。

三、抗战之前西北地区民生设计产业化的形成

抗战之前西北地区民生设计产业的发展呈现出以下态势。

首先，涉及工业化程度要求相对较低的民生商品产业，在开业数量上有大幅增长，且形成了普遍的创业模式。学徒在洋行洋厂跟师学艺、逐步掌握生产技术和管理方法的同时，积累了宝贵的技术、管理经验，在自身创业的过程中，不断引进先进机械设备、招揽人才，发挥自身劳力廉价、地缘占优的优势，随时根据市场需要调整产品结构，促使产业质量不断提升。

其次，在清末民初官办大型军工企业的基础上，本土制造业在民用商业领域逐渐打开市场局面，不仅培养自主创新人才，更新技术与经销方式，而且充分利用积累的市场应变经验，逐步确保自身的市场份额并积极开拓新的市场空间。

---

① 王旭：《旅陕印象：1920年代西安的城市建设和社会生活》，《城市史研究》2017年第2期，第194–220，329–330页。

再次，一批能存活下来并不断发展的西北华商企业，依靠在竞争中不断对自身产业在管理、生产、开发新品各关键环节上的能力提高，逐步培养出具有民族工商业自身的新视野、新思维、新技能的民族企业家和设计人才。民族企业初创了大致符合世界标准的现代工业体系的雏形，其与国际主要经济体接轨，不断吸纳、引进同时期较为先进的设计生产、销售方面的技术。最后，西北社会风气改良、移风易俗、民众生活改善、民族文明程度提升等均离不开民生商品；西北社会民众消费的认可度提高又促使民生产业进一步向前发展。[①]

西北地区经过民初近三十年的长期积累、改良、拓延和不间断的技术进步、设计创意，才渐次构架出基本吻合所容身社会的生产方式与生活方式的现代工商体系。在演进过程中，任何产业的建立都非一日之功、绝非一蹴而就的事情，其中绝大多数产业都是在传统既有产业基础上逐步积累、改良、渐进完善起来的。有相当一部分西洋式民生商品产业借助西北社会特有的家庭作坊式、村落和工场式传统手工产业载体，利用西北地区廉价劳力资源和丰富的材料来源，在西北逐步建立起来创意—制造—销售新型"产业链"。对于近现代西北民生设计产销业态而言，民初时期尤为受到关注，这是因为相当一部分境外产业和中国沿海发达地区产业移植到西北，这些产业大多以低度机械化、手工操作为主的毛纺织、金属加工类为主，无法与完全新建的大机器、新设备的新式大工厂、大商场相较，但其投资少，见效快，风险低，是民初西北社会作为过渡型、基础型的工业化前期进程极为适宜的产业形式。与此同时，民生设计从仿制洋货起步，这种仿制行为虽然不存在真正的设计创意，却培养了最早对设计诸单元的逐步理解：功能、材质、工艺、形态，还有动能、操作方式、维养方式等。在此基础上，华商华工都积累自身经验，掌握商战规则，继而使西北首次出现涉及普通民众的、真正属于民众自己的民生商品产销企业，且渐成气候，其均不同程度地引进相应的技术和创意、

---

① 王琥：《设计与百年民生》，江苏凤凰美术出版社2016年版，第314–315页。

添置了部分机械、参与了市场销售环节。这正是积累到一定程度的文化质变，也正是近现代西北社会实现工业化、现代化的重要过程。在生产经营的商品中，其最大范围地关注社会消费主体的实际需要，最大程度地迎合社会消费主体的实际能力，成为西北民生设计产业赖以生存的基础条件。这恰好是西式文明事物最本质、最重要的核心价值所在。[①]

纵观西北地区的民生企业基本状况，民生商品"产业链"顶端的技术发明与设计创意多以直接照搬、照抄洋货原型为主，抑或是从洋行订制零部件"自行"组装，基本不存在独自的研发与设计，仅有的独创性体现在个别构件造型或尺度上的改良。其新建工商企业，多数仅仅是向新型现代化企业的过渡型经济实体。这些工商企业在根据地域特色融入本土特征的时候，掺杂了过多品质、技术、经营方面的天然缺陷。民生商品"产业链"从中段的生产方式上考量，也并未形成整体化、规模化、标准化的现代化产业体系。多数民生企业在规模上依然与传统手工产业企业并无太大差异。民生商品"产业链"从末端的商品销售上看，其商业渠道依然主要依靠传统商业的家庭式店铺为主，具有进货渠道狭窄、商品种类缺乏、销售范围局促等天然弊病，并未形成连锁化批发、物流、零售"一体化"的现代化商业体系[②]。西北民生产业与现代化的经销商业的蓬勃发展，直接带动了上游、下游诸多产业的全面兴旺，也逐步培养出人数渐增的消费群体。就对整个西北社会经济活动影响的程度上看，虽然西北新兴的民生工商业，仅仅是个别的、规模不大的、影响力有限的先例，但毕竟从此开启了与西北社会的工业化、现代化同步发展的民生设计及产销业态的体系化发展进程。

本章小结

本章首先从西北地区民生设计中工业化进程的延续入手：分析了抗战之

---

① 王琥：《设计与百年民生》，江苏凤凰美术出版社2016年版，第152页。
② 王琥：《设计与百年民生》，江苏凤凰美术出版社2016年版，第228–229页。

前西北地区社会时局背景、工业化进程的形式、产销业态与民生设计。其次，阐释了西北地区民生设计中对工业化程度的延续：从文明生活方式、先进生产方式的融通；到工业化在西北地区民生设计中的延续；再到民生设计中地域特征的显现。最后，论证了抗战之前西北民生设计与工业化的特征：从社会共识下民生的文明教化；到对民生状态与民生设计分析；总结西北地区民生设计产业化的形成。

西北地区工业产业布局的局部无序状态到渐次有序，以及整体交通导向性秩序渐成，商业空间从依附型向市场导向型的独立发展。对于西北地区民生设计而言，只有形成产能、变成商品的创造，才具有商业前景和生存价值。民国（抗战之前）时期西北民生产业中形成产能和实现商品生产的设计创意，预示了民生设计产业的美好未来。民国西北社会的整体文明程度，包括全体民众的生活方式和生产方式均有了很大的提高，一个更适合西北民生设计及产销业态生存发展的社会空间被逐步建立起来；同时，从设计到生产再到销售这个体系前所未有地形成完整、产能和技术强大的民生商品"产业链"，也愈发深刻地影响着西北地区向现代化社会的进程。

很多民生产品在设计——制造上的新模式，是西北早期工业化时期的实验性产品，由此引发的民生常用器物在标准化、规模化、批量化上的设计意识，逐渐开始植根于西北社会。对于建立西北民众现代生活方式与正确接受、吸收外来文化的社会改良而言，这些民生产品却有着很大的贡献。

第五章

民国后期（1937—1949年）西北地区
工业化与民生设计

第一节　西北地区民生设计中工业化进程的繁荣与引领

抗日战争时期是中国西北地区民生设计与工业发展的一个极其重要的阶段。自古以来，国家经济重心一直向东南倾斜，西北地区社会发展长期处于缓慢、停滞状态。进入清代，国家政治、军事势力开始顾及西北，并进行了种种工业化努力，促使西北地区社会经济有了一定的发展。由于战乱和军阀统治，与中国东部等地区相比较，西北地区社会发展依旧迟滞。抗战军兴，西北由作为仅次于西南的重要战时大后方[①]，民生设计与工业发展有了很大的提升空间，西北地区工业化与民生设计发展出现又一个高峰，同时为其之后的发展奠定了基础。

之后，民国后期的"土地改革"是中国社会一切政治经济事件中最大的一个事变，决定了同时期中国社会历史进程的主要走向，[②] 自然也决定了包括民生设计及产销业态在内一切社会事物的存续、发展状况。

一、抗战时期西北地区社会时局背景

在20世纪三四十年代，中国掀起两次开发西北的热潮。在此过程中，国民政府在抗战前试图更好地控制西北、维护统一；缓解西北旱灾；抗战时期

---

① 西北大后方通常指陕西、甘肃、宁夏、新疆全境和山西、中原、华北部分战区省份与"西北大后方"地理上连接成块、国民政府县级以上军政机构建制完整的地区。

② 王琥：《设计与百年民生》，江苏凤凰美术出版社2016年版，第448页。

其主要目的是解决西北边疆危机，支援抗战，并迎合东部工厂内迁引发的西北工业发展。

（一）抗战与西北地区政治地位的提高与变化

1931年，九一八事变之后，国民政府对于西北之开发倍加关注，先后派遣多个专业团体前往西北进行实地考察，且接连通过《开发西北案》《关于开发西北之各种决议应急速实行案》等决议，这是国民政府时期对西北进行开发的第一次热潮。西北开发的第二次热潮是伴随着1937年抗日战争全面爆发，国民政府内迁重庆后，西南、西北成为抗战大后方，这样的局势变革将西北经济开发推进到国民政府和民众的视野中，西北地区先后被作为"抗战根据地"，民族危机、经济需求使得西北的战略地位陡然上升。

这一时期，各种组织、各种团体相继赴西北进行考察。[1]20世纪40年代初有两次规模较大的考察活动。一次是1942年9月至1943年2月的西北工业考察团，另一次是1943年6月的西北建设考察团。最终撰写的《西北建设考察团报告》为西北地区提出许多建设性方案。[2]1942年7月，在兰州举行了中国工程师学会与各专门工程学会第十一届联合年会。会议针对西北铁路建设、水利工程、冶铁及轻重工业等做出规划，并唤起与会者的关注。

伴随滇缅战局的变化，蒋介石于1942年3月强调中国局势"西北重于西南……经济重于政治"。可见，西北的政治地位在国内又一次明显提升。1942年8月蒋介石视察西北，对各省政治、经济、军事、党务等各方面工作做出指示，要求研究西北建设方案，包括交通、水利等十余项内容，同时对西北驻军提出要求，与军事训练同步开展屯垦、畜牧、植树等任务。蒋介石加强对战时西北的建设，规定了建设的基本原则和建设事项。

（二）战时向西北"大后方"的内迁与移民

虽然西北地区工业化的步伐已然迈开，但该地区工业基础依旧极为薄弱，

---

① 王荣华：《危机下的转机》，博士学位论文，南京大学，2014年版。
② 王荣华：《危机下的转机》，博士学位论文，南京大学，2014年版，第119–120页。

加之历经了几十年的自然灾害与各类民族起义、对外战争等，导致西北地区工业企业数量极为有限，且规模小，缺乏资金和技术人才的相应支持，发展速度迟缓。抗战时期，国民政府西迁，相应的政府官员、军职人员、内迁工厂职工及其家属等一并涌入中国西南、西北地区。加之抗战对军火工业以及相关军事日用品之被服、军品、药品等提出极大需求。抗战时期，因战争导致运输受阻，但西北地区自然资源赋予的地域物品为工业发展提供了廉价的原料供应；本地区的羊毛、棉花、矿藏等资源受到国民党政府的关注，国民党政府充分利用这些资源便利条件，全面发展西北大后方的工业生产。虽然西北地区与东部地区的交通受到一定阻碍，但此时西北地区具有极高的战略地位，畅通的国际援华通道以及该地区与苏联陆空运输无阻，这些因素均促使西北成为战时重要的战略根据地。[①] 战时工厂内迁是后方工业一个划时代的转变。在抗战爆发后，大批厂家西迁至大后方，加快了西北地区工业发展，为抗战时期中国民族工业继续生存和发展做出特殊贡献。

（三）西北国际交通线与国内交通运输业

交通的开发使得西北运输业迎来新发展，这一时期目的是运送军用物资与民众日用品、工业品，但交通的建设为后期西北工业化程度的推进起到很关键的奠基作用。道路便捷加速与外界的交往，这对民众社会习俗、生活生产等的变迁都起到重要作用。

伴随汽车设计制造技术的快速发展，公路运输的优势日趋明显。公路运输作为铁路运输、水运的辅助，在军资运输繁重的情况下，西北地区缺少现代化交通工具，以至于公路上经常可以看到众多的牛、马车，甚至堵塞了交通。此后，牲畜被禁止上路，这一规定规范了公路管理，给军队警察以及政府供给品的运输提供了便捷、安全的行驶保障。[②] 抗战及民国后期西北地区的

---

① 贺黎黎：《1840年以来陕西工业化演进路径分析》，硕士学位论文，陕西师范大学，2011年。

② 孙凡、沈榆：《国际现代主义对中国百年设计的影响》，《创意设计源》2013年第4期，第32–39页。

交通建设以公路运输为主，陇海铁路西延至天水，是这一时期铁路运输的重要补充，且航空事业有一定的发展，这一切共同发挥作用。此时驿运亦起到重要的运输补充作用，但西北各省交通布局在里程数、分布密度等皆不均衡，这一特征也给西北交通运输业带来一定的制约。

1. 抗战时期西北地区交通运输条件的改善

国民政府将开发西北的重点放在发展交通上，孙中山早在《实业计划》中就提出"交通为实业之母，铁路又为交通之母"。[1] 徐万民在《战争生命线——国际交通与八年抗战》已认识到抗战时期，穿越西北地区的古代丝绸之路是关系中华民族生死存亡的生命线，其东西延伸距离之长、各站点能较好地形成衔接，是综合公路、铁路、航空三位一体的交通网络，亦是最安全的国际交通线。[2] 为了支援前线，运输抗战物资，西北地区的交通建设事业迎来发展的高潮阶段，由此体现出交通建设的重要性。

（1）铁路建设方面

全面抗战爆发后，陇海铁路为机车用煤及解决后方生活用煤起到关键作用，东部地区陆续落入日寇之手，为解决后方出现的煤荒。国民政府自 1935 年起，开始测量陇海铁路宝鸡——天水段[3]，但实际 1939 年才动工，由于抗战时期国民政府财力有限，地貌复杂、工程艰难，至 1945 年才铺轨到天水北道埠，但全长 154 公里宝天铁路，结束了甘肃境内没有铁路的历史。[4] 陇海铁路的延展加快了西北地区社会经济的发展步伐，在抗战中为西北对外交流提供了极大的便捷。当时技术条件和设备落后，施工材料短缺，不仅难以保证路基质量，也影响施工进度。

---

① 胡汉民：《总理全集》（全2册），上海民智书局1930年版，第151页。
② 徐万民：《战争生命线——国际交通与八年抗战》，广西师范大学出版社1995年版，第90页。
③ 朱绍良等四委员提出：《拟请提前完成陇海线西兰段铁路以利交通而固边防案》，载西安市档案馆编：《民国开发西北》，2003年10月内部版，第104页。
④ 杨兴茂：《抗战时期甘肃工业的崛起》，《发展》2009年第11期，第33页。

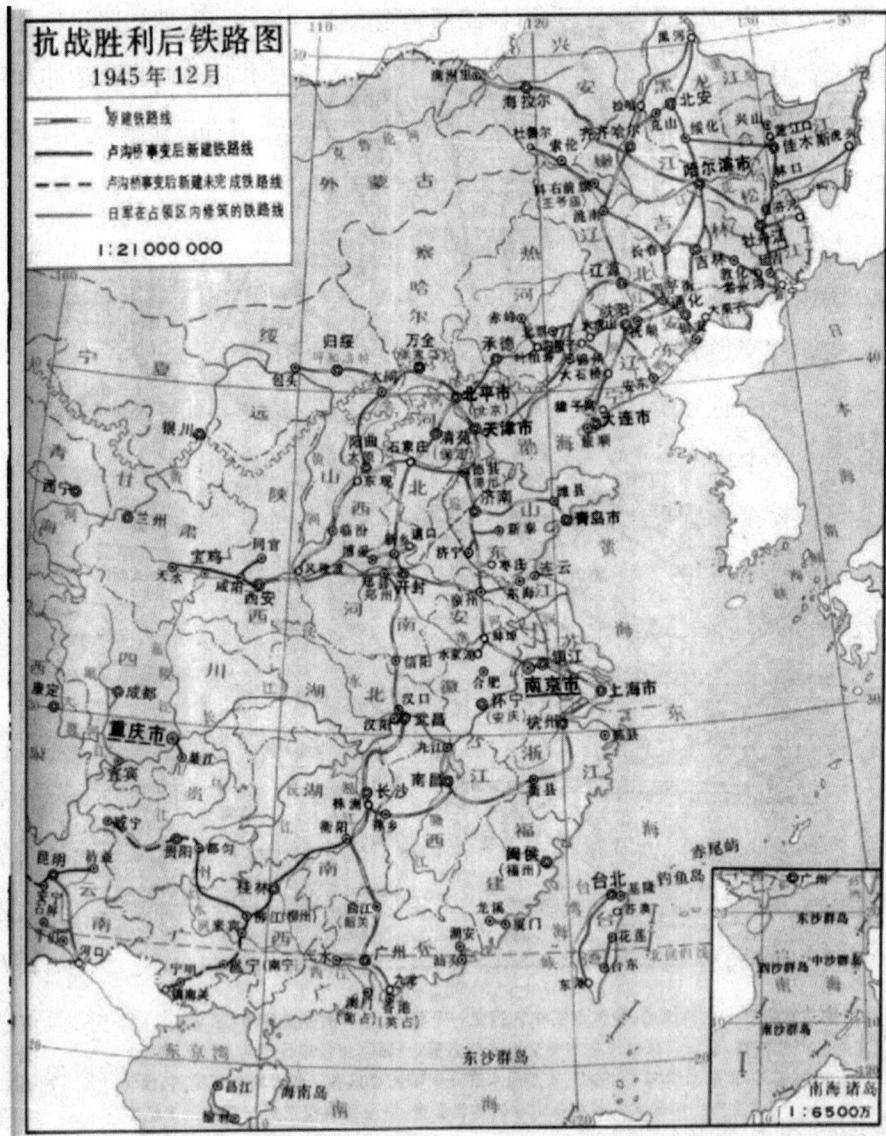

图5-1 抗战胜利后铁路图（1945年）[①]

在修筑宝天段铁路时，因西北地区本身无法提供相应的施工材料，加之设备和技术条件差的限制，其所用材料一部分钢轨从陇海东段沦陷区进行拆卸，铁路扣件就近建厂进行加工生产，遇到桥梁段，先行使用旧桥拆卸的部

---

① 武月星等：《中国现代史地图集1919—1949》，中国地图出版社1999年版，第208页。

件进行铆合组装，其余用木材质做替代组建。[①] 枕木多用杂木拼凑，为解决宝天段枕木供应问题，国民政府于1943年2月与甘肃水利林牧公司合作创设西北枕木厂，但生产成本高、运输距离远等问题仍旧存在。钢钎购置困难，部分钢钎通过西北当地修配厂进行配备，洋灰通过水陆运输远购于重庆。当时设备简陋、施工工具落后，混凝土搅拌和灌注等所有铺设工序皆依靠人力完成，土石方在铺设工程中占有很大比重，依靠人力进行挖掘、搬运不仅耗时常、且路基质量难以保障。另外，当时修筑铁路缺乏完备的路基夯实技术，铺轨要等路基自然沉降之后进行，这样一来，施工进度受到各方面的条件制约而缓慢。[②]（图5-1）

（2）公路建设方面

西北地区公路建设亦进展迅速。相较于铁路的造价，公路成本低，且公路作为西北地区的交通建设很适合当时财力匮乏的国民政府。修筑公路且连接打通西北国际交通线，便于大量苏联援华物资输入；战时，在交通便捷的区域设厂生产军用物资和民生日用品，以便迅速支援抗战，保障经济运转。

以七七事变作为分界点，公路建设在不同时期有不同的建设任务，之前国民政府修筑公路为将各省现有路段相互打通联结，形成路网，以备经济建设与战争需求。为了打通国际通道，中印公路、滇缅公路也相继完工。川陕公路建成连接了西南、西北大后方。同时，在原有道路基础上修缮了兰青、兰宁公路，并完成甘川公路的建设，如此形成以兰州为枢纽的西北公路运输网络。国民政府配备相关技术人才，大力投资西北公路建设，使这一时期公路事业有很大程度的快速推进。重点完成贯通大西北的公路，使其成为抗战时期的国际大通道。至1945年抗战胜利为止，甘肃省共修通4500余公里里程公路[③]。至1946年陕西省在原有交通公路基础上增设宝平公路、汉白公路，修

---

① 凌鸿勋：《宝天铁路兴筑之经过及今后之展望》，甘肃省图书馆藏1943年版，第7页。

② 李鸿：《宝天铁路建成始末探析》，《档案》2014年第2期，第23—27页。

③ 李世华、石道全：《甘肃公路交通史·古代道路交通，近代公路交通》，人民交通出版社1987年版，第227页。

通里程达4700余公里，其连接大西南与大西北，对促进陕西地方经济发展发挥了重要作用，且形成几大支干公路交通网络构架，最重要的是承担了运送军需民用物资的重担。[①]青海省这一时期基本形成内外交通运输网络体系，主要修建青藏公路玉树段，宁张公路，西宁至临夏，西宁至湟中鲁尔沙的公路，形成由西宁北通新疆，南下四川，西进西藏，东达兰州的交通网络[②]。宁夏则集中对"三大干线"进行整修[③]。新疆至1942年全疆公路3400余公里，形成东路、西路、北路三大对外通道，公用、民用汽车已经达到1000余辆[④]。总之，近代公路体系的发展将西北五省连接一体，形成以兰州为中心的西北近代公路运输系统。

随着公路的修建与汽车数量增多，相对应的现代化管理模式开始规范，从对车辆号牌、行车执照、驾驶资质的核发验收，到对道路养护、车辆捐费、护工管理等的规划制约，交通监管的作用日渐明确。同时，由汽车运输带动的其他服务产业，如交通旅馆业、专门的汽车配件行等也有所发展。这一切，均呈现出工业化体系下的产销业态模式。

（3）航线建设方面

全面抗战爆发后，为加强与苏联的联系，1939年交通部与苏联民航局联合组建了中苏航空公司，开辟新疆哈密至苏联阿拉木图的航线。西安作为全面抗战时期西北地区航空运输的枢纽，其西通兰州、银川、酒泉、哈密，南连成都、重庆、昆明和汉口，东接上海，且实现了重庆与莫斯科的联航。据统计到1949年初，经由西安的航线共达18条，主要运输军政要员、邮件和重

---

① 张岂之、史念海、郭琦：《陕西通史·民国卷》，陕西师范大学出版社1998年版，第257页。

② 青海公路交通史编委会：《青海公路交通史·古代道路交通近代公路交通》，人民交通出版社1989年版，第254页。

③ 宁夏回族自治区交通厅编写组：《宁夏交通史（先秦—中华民国）》，人民交通出版社1988年版，第243页。

④ 新疆社会科学院历史研究所：《新疆简史》第3册，新疆人民出版社1980年版，第272页。

要的货物[①]。

2. 民间运输作为交通工具的重要补充形式

公路修筑为畜力车运输创造了改进的诸多条件。一般在交通条件的限制下，才有可能根据可行性进行运输工具的改良设计。西北地区常用畜力车，除了行驶在传统土路上，也需适应相应公路的形式，畜力车通常采用木轮，之后逐渐效仿汽车采用木轮包胶。西北民间亦有脚力轮车，安装的车轴、刹车均借鉴挪用汽车淘汰零部件材质。改进后民间运输工具，首先提高了运输效率，其次可见民众掌控设计事物与特定时空环境的内在联系，标志着运输业的进步，以及民生设计中民众对相关事物彼此关联依存因素的把握。西北地区的驿运事业随着战况的变化而愈加重要。

从民国初期到民国后期，民间运输始终具有较强的生命力，其成本低、实用性高、对路况要求也低、且灵活方便，在抗战特殊的历史背景下，担负着集散输送军用物资的重任。从政府到普通民众，皆对此极为重视。

驿道运输亦是抗战爆发后西北运输业重要的补充力量，为了弥补汽车运力的限制，国民政府对驿道进行整修，使驿运再次发挥重要作用。鉴于西北地区汽车运输业发展速度之缓慢，民间运输方式无论在货物运载、信息传递、民众交流等方面继续居于主导地位。如宁夏地区传统黄河航运依旧是运输主力。在新疆地区，亦是民间运输作为主要运力。民间运输的改进对抗战物资的运输起到重要的作用，还在一定程度上促使西北民众在经济、文化、商贸等方面进行交流沟通。

民间运输之所以在民众生产、生活中占据主导作用，一方面，是因为铁路与公路这种新式交通运输业的修建路径均远离西北农村，且将注意力放在军事效用上而忽略民用及市场功效；另一方面，是因为新式交通运输成本高，适用范围小，无法普及普通民众，而且其在管理上缺乏经验，诸多的限制因素导致新式交通的出现对西北社会民众生产、生活改变较小，其民生设计的

---

① 陕西省地方志编纂委员会：《陕西省志·民航志》，西安地图出版社2001年版，第3页。

作用不可高估。①

3. 西北地区交通路线的空间分布模式

首先，交通路线的建设基本采取最容易建设的方案。一方面，择取河谷平原和盆地，并采取阻碍最少的线路，这些地区具备适宜民众生存的地理环境与自然资源，且容易形成交通畅通的路径，人口密集，便于形成与周边地区的沟通交流。一般而言，这些地区交通密度也随着人口的集中而成比例增大。另一方面，择取易于开发利用的绿洲或走廊，其多处于沙漠与山脉的交接地域，这里为民众提供了适合生产生活的自然资源，亦便于交通路线的建设，所以西北地区的西安、伊犁、河西走廊等交通路线较为密集。交通路线的空间分布模式自古就遵循这一原则，即便今天的西北地区交通建设依然反映出这一特征。

其次，西北各省交通里程分布相差悬殊，发展极不均衡。铁路几乎都分布在陕，甘次之，青、宁、新无铁路。公路里程较长的为陕、新，甘、青次之，宁最少，且密度不平衡。航线主要分布于陕西、甘肃，其他地区仅有一两条。

最后，缘于西北地区的广袤无垠，以及自然环境复杂多样，修建交通运输线路需要耗费大量的人力、物力和财力，其交通运输呈现地域特征，形成由多个中心点辐射开来的相对独立又内部联系紧密的地域系统。

综上，西北地区因地制宜，建构多种形式的交通运输模式，既不断建设公路、铁路及航空事业，又推进传统民间运输事业。事实证明这种多样性发展模式是可行的，且发挥了重要作用，其始终遵循经济便利的原则。西北地区交通运输发展阶段具有很大差异性。值得注意的是，中国近代交通事业在抗战时期遭遇了最严重的破坏，但在西北地区交通事业达到了高峰，全国铁路建设特点为前方拆迁、后方建设，呈现出抗战时期铁路建设的差异性。

---

① "汽车客运票价宁夏—包头49元，宁夏—兰州38元，按当时市场价格可以购买大米784斤，相当于一家人一年的口粮。货运也是异常昂贵，100斤大米从宁夏—包头，水运4元，驼运6元，汽车运25.2元，相当于200斤大米的价格。"参考王永飞:《民国时期西北地区交通建设与分布》,《中国历史地理论丛》2007年第4期，第127-135页。

（四）陕甘宁边区在中国革命中特殊的地缘政治地位

抗战时期的陕甘宁边区拥有自己简陋而实用的民生及军工生产体系。

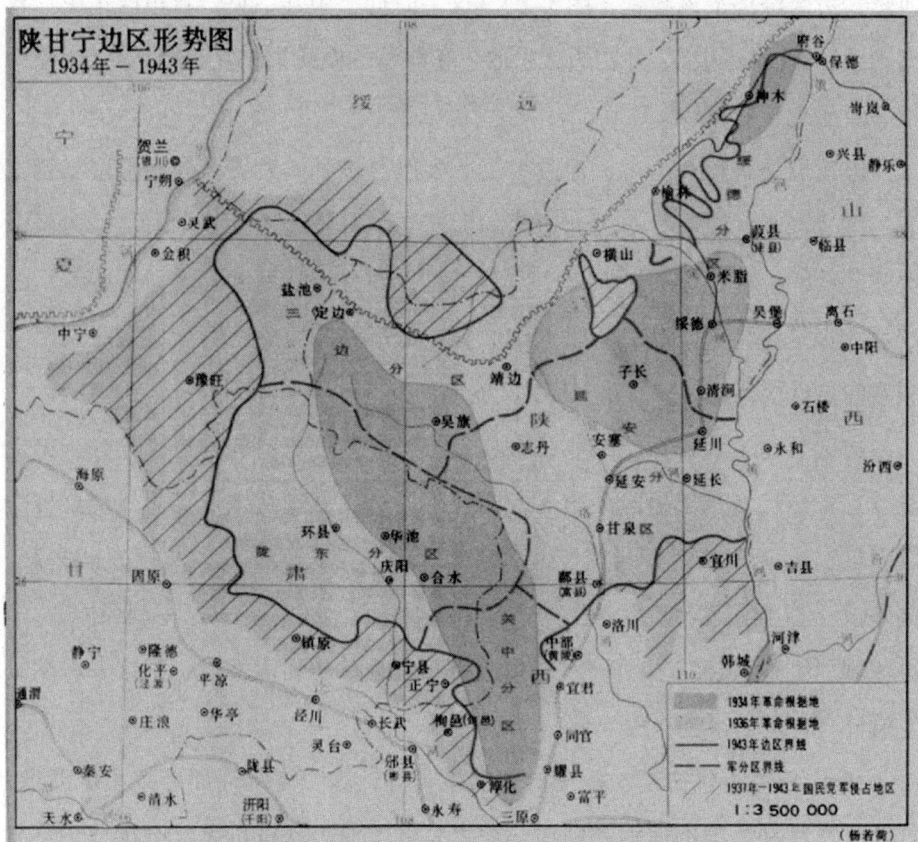

图5-2　陕甘宁边区形势图（1934—1943年）[1]

1. 历史背景

陕甘宁边区由陕甘苏维埃根据地演变而来，是土地革命时期许多根据地中仅存的一个根据地[2]。边区兵工厂承担着八路军和抗日游击武装的大部分武器装备的研发、制造、修配任务。尤其是需要不断根据前线实际需要研制出有针对性的新型武器。但西北地区的现实条件是交通阻滞、资金匮乏、设备及生产技术落后、人才短缺、缺乏工业建设的各种经验。抗战时期，为了做

---

① 资料来源：武月星等：《中国现代史地图集1919—1949》，中国地图出版社1999年版。

② 1937年9月，中华苏维埃共和国临时政府驻西北办事处更名改制为陕甘宁边区政府。

好后方准备、改善民众生活条件，边区政府拟订出一系列发展经济的政策和措施，以发展生产、供给军需。1939年，抗日战争进入相持阶段，国共关系逆转，边区经济遭遇封锁（图5-2）。这一时期，中共中央号召边区军民"自己动手""自力更生"，并在边区采取公私兼营的模式，相互支持完成自给。

2. 工业化成就

以发展公营工业为主；促进手工业生产合作社的发展；鼓励发展私营工业。抗战期间，依靠投奔西北边区的大量知识分子和工程技术人员，边区渐次建起纺织、造纸、兵工等多个国营工厂，而且不断发展壮大。这些工厂的产品大多是民生必需品和军工基础原料，为打破国民党政府和日寇对共产党领导的抗日根据地的"双重封锁"，奠定了坚实的物质基础。

边区公营工业包括纺织业、服装业、医疗卫生业、机器制造业等。20世纪二三十年代，东部地区纱布涌入本地市场造成家庭纺织业衰落，直至抗战爆发后，边区政府充分利用该地区自然条件，使边区纺织业再度发展兴旺。此外，"上海利用五金厂"从上海内迁入陕，边区建立了"八路军制药厂""中央印刷厂""延长油矿"等。[①]边区公营工业应战争所需而设，对这一时期民生设计有一定的推进作用。

20世纪40年代初期，延安常遭敌机轰炸，这一混乱局面导致工厂溃散，打乱了产品和原料的运输和销售，加之公营工业出现盲目无政府状态，急需边区政府完善制度、拿出举措。1943年后边区政府针对自给方针进行制度调整，使公营工业得以正常发展。

在创建公营工业的同时，边区政府大力发展手工业生产合作社和边区私营工厂。边区政府为支持合作社发展为其供给设备、调剂产销等，边区建立了最早的手工业生产合作社"延安工人合作社"，标志着边区手工业的发展与进步。边区私营工厂多系合股经营的小型厂商，1945年《陕甘宁边区政府奖励实业投资暂行条例》的颁布是针对私营企业从政府层面进行政策及财政支

---

① 贺黎黎：《1840年以来陕西工业化演进路径分析》，硕士学位论文，陕西师范大学，2011年。

持，从而很好地促进了私营企业的发展（图5-3）。

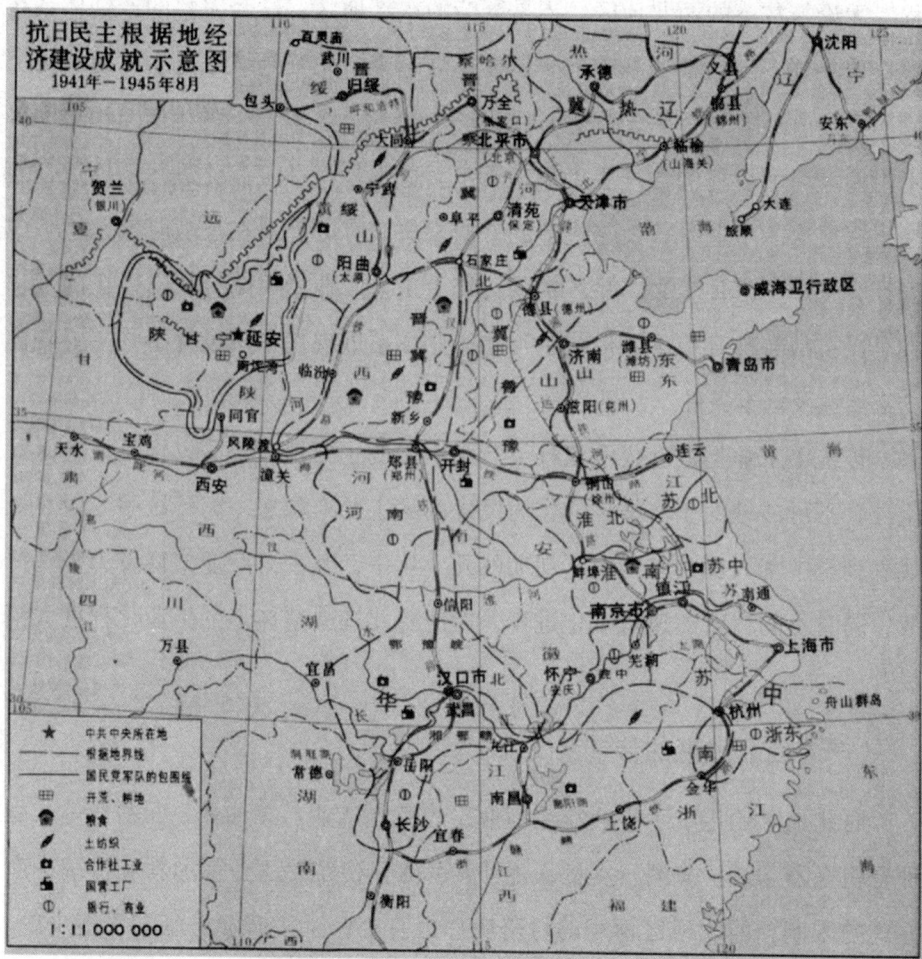

图5-3 抗日民主根据地经济建设示意图（1941—1945年）[①]

二、抗战时期乡村社会传统手工业的重要作用

在西北地区早期工业化的百年进程中，乡村传统手工业一直占据极其重要的地位。尤其在早期工业化的初始阶段，乡村传统手工业不是现代化和工业化的敌对势力，相反，其在很大程度上是西北本土产业工业化的雏形，西

---

① 资料来源：武月星等：《中国现代史地图集1919—1949》，中国地图出版社1999年版，第167页。

北城乡大多数本土产业，都经历了从传统手工产业向现代工业转型的持久历程。无论是贫瘠的西北地区，还是繁荣的东部地区，这套完整的产销体系在人口聚集到一定数量的基础上必然会建立起来。尤其是抗战时期，现代化工厂不是被迫沦陷，便是全力投入军工生产，"民生必需品"的生产与销售不得不由遍布广大乡村的传统手工业来承担。这不是一种工业化进程的倒退，而是更深层次的工业化普及与改造的普遍现象。有必要对在抗战时期承担了中国社会几乎全部民生必需品产销的传统手工艺产业做简略分析，以正确了解在全民抗战特殊环境下，传统手工艺产业维系近现代中国设计事物主要载体的必然性及基本条件。

传统手工业是近现代西北社会产销业态的主要组成部分，亦是该地区民生社会不可或缺的基本架构。作为民生商品主要产源之一的传统手工业在抗战胜利至中华人民共和国成立初期的几十年中，其手工产业集体发力坚持抗战、同时不同程度加速机械化进程，促使西北社会整体上的工业化程度大幅提升。

（一）西北地区的传统手工业

西北地区的传统手工业有毛织业、皮革制造业、榨油业、面粉业等，品种有粗瓷器、纸、烧酒、皮货、各种食品等。传统手工业受原料和传统生产方式的限制，西北地区再小的村落庄户也有一些手工产业是基本不能少的，如木匠、泥瓦匠、油漆匠、织造、副食品加工等，根据村落的大小来决定这几种基本产业的生产规模：是自产自销，还是部分外销。还有一些需要具备一定的人口密度，来确保成本与盈利的市场，如酱园、裁缝铺等多半在百户以上的小镇，才设有此等手工作坊。而日杂商品制造业和服务业、修理业、零售业，是在人口稠密、百业共生的大城镇才能生存下去的。这三种层次不同、有机组合的传统手工产销业态，是20世纪30年代以来西北乡村地区工商业生态体系。在这个生态条件下，理解近现代西北社会传统手工业与现代城市工业的最基本区别所在，也就更易理解为何抗战时期西北乡村传统手工业对民生设计产业存续的重要价值。

1. 西北各地手工业

西北地区家庭作坊式的手工产业向西式商品产业的逐步靠近、渗透，这是一种代表主流方向的传统手工业向现代工业转化的产业趋向。

抗战爆发后，西北地区手工毛纺织业不仅存在大量以个体农户为基础的副业生产，还伴随市场需要而逐年增产，出现一批小的手工工厂。这一时期，甘肃毛编业发展迅速。兰州等地还出现专门的生产工厂，但多数以手工捻线、编线为主要形式，其产品除本省自给自销外，多外销他地。[①]天水地区的线杆、纺车撵毛线在晚清已盛行，至抗战前后，天水创办编制毛衣的合作社，从上海引进机器设备及技术，大量招工，形成规模化生产，产品质量不断提高，产品销售路径不断拓展。[②]这些传统的手工纺织随着现代化机器的引进，推动了西北纺织业早期工业化的进程。

除了上述手工业，西北地区其他手工业也有较大发展。如酒泉盛产玉器，产笔筒、笔架等；天水盛产漆器，销往兰州、陕西、四川一带；木器以临夏最为发达，该县在甘青宁三省工作者不下万人。抗战时期，甘肃各种木器制造业有1800余家，从业者19000余人。陇西的火腿多销售于陕、甘、宁、川等市场。临洮生产酥糖，以青稞、桃仁等为材料，主要运销兰州及附近各县。

总之，抗战时期民众日常所需的民生商品产销活动，基本上全数转移到产业下游的城乡民间传统手工行业，且在战时获得全面快速的增长。这些传统手工产业的战时发展建立在特殊的产销环境中，往往仅仅是总体规模上和总体产量上的增长，企业的性质上并没有得到很大变革。观其产能、条件、市场，战时西北地区手工业多半属于家庭式或邻里社团结成的小型生产单位，主要依靠生产成本低廉，即人工酬劳低下、基本依靠手工操作、很少添置新型机械的模式来维持产业状况。其产品部分用于家庭及邻里自我消耗，部分

---

① 夏阳：《甘肃毛纺织业史略》，《社会科学》1985年第5期，第79—85页。

② 马英毫、韩雨民：《解放前后天水城区私营工商业概述》载《天水文史资料（第1辑）》，1986年，第103页。

对外出售，供应社会。正因为这些传统手工产业在战争时期产销两旺，没有技术更新、产能扩大的自身动力，因而在抗战胜利、新型工业恢复之后，在不到两年的时间内就迅速退潮，出现大面积倒闭现象。[①]

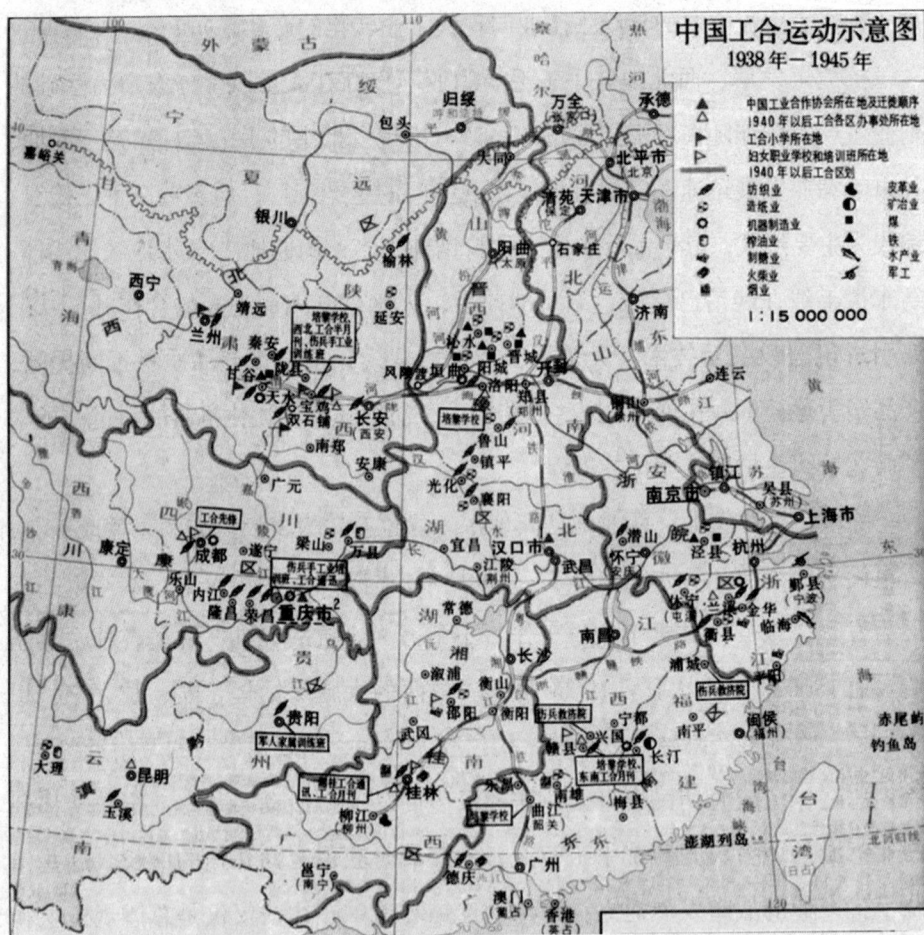

图5-4　中国工合运动示意图（1938—1945年）[②]

2.扶持后方手工业

抗战爆发后机器工业日渐兴起，但面对西北地区的特有资源，其机器工业利用率极低，且不能满足市场需求。此时期国民政府注意扶持后方手工业

---

① 王琥：《设计与百年民生》，江苏凤凰美术出版社2016年版，第397-398页。

② 资料来源：武月星等：《中国现代史地图集1919—1949》，中国地图出版社1999年版，第151页。

发展，并支持"工合运动"。[①]生产军需民用品来满足战时所需，冲出侵略者对我国在经济上的封锁、倾销。[②]

西北地区是"工合运动"创建最早和开展最活跃的地区，"工合运动"是以工业生产为目标的群众性经济救亡运动。（图5-4）"工合"西北办事处设在宝鸡，天水、陇南成为西北工合运动的重点。原因在于：一是出产丰富，原料来源不成问题；二是手工业比较发达，尤其是纺织业、造纸业，便于组织而且收效较快；三是交通比较便利，地接川陕，原料方便取给和成品方便对外运销；四是地近宝鸡，便于工业合作协会西北办事处的协助；五是从军事地理上看，这里比较安全。

"工合"西北合作社主要生产纺织、皮毛、制革、机器五金、印刷、食品等产品。工合运动在抗战期间起到重要的历史作用；抗战胜利后，工业合作社分散各地，艰难维持。

（二）传统手工业的重要作用

传统手工业在中国社会延续千年，一直是20世纪前半叶中国广大民众日常生活最重要的产销业态。即便是"黄金十年"后中国沿海经济较发达地区已初步呈现工业化加速的趋势，而对于西北地区而言，传统手工业在民生商品的基本供应市场中依旧充当着重要的角色，起到决定性的作用。[③]

西北社会由传统手工业向现代工业转化的过程既漫长又复杂，纵观这一时期中国社会整体的手工业发展态势，其在不断完成自身的工业化改造。机械化生产方式的最大优点即是提高产品品质、扩大产能、减小劳动强度，中国工业化进程以机械化操作为主要形式，其过程缓慢而持续。但对于尚未实

---

① "工合运动"由新西兰友人路易·艾黎和美国进步记者埃得加·斯诺及其夫人尼姆·韦尔斯发起，旨在帮助中国失业工人和难民摆脱生活困境，拯救民族工业，在大后方从事工业生产，补င益军需民用物品。自中国工业合作协会成立之后，"工合组织"遍布包括陕甘宁边区在内的16个省区。

② 杨汉平：《经济进攻与经济反攻》，《西北工合》1941年第4卷第7-8期，第12页。转引自伍文强《西北工合杂志研究》，硕士学位论文，西北师范大学，2016年，第26页。

③ 王琥：《设计与百年民生》，江苏凤凰美术出版社2016年版，第361页。

现工业化的西北地区而言，提高产品品质与售价不成正比、扩大产能没有促进产品销售、减小劳动强度却带来裁员等问题，加之机械化增加了资金、物资、人力、时间等前期投入，这种与工商实业牟利目的截然相反的产业行为毫无生存空间。故而，社会总体经济水平和市场决定下的商业生态环境，导致了西北地区乡村社会存在漫长的传统手工业存续期。①

西北地区工业化进程从晚清开始起步，历经民初和民中的发展，到抗战爆发为止形成一个完整的、持续的发生、发展状态。在涉及民生商品的产销业态这一领域西式工业化产业与传统手工产业之间，既相互竞争，又互为替补、互相借鉴，两者均成为西北社会民生商品生产供销体系中不可或缺的部分。在其形成、发展过程中，两者互为参照又互为区别，其产销业态的转换，并非全然相互排斥的，而是在大多数状态下共存互补的经济共同体。

即使到了民国后期，远离都市圈的西北城乡手工业，依然是民生商品乡村社会主要的生产销售企业。这些产业仍以传统手工生产方式和前店后场的传统销售方式为主。即便是在抗战结束后远离都市的西北各地乡村经济活动中，具有现代化意识的商品产销业态依然极为薄弱，民众的日常生活依赖于货物交换、抵押等传统契约方式，很多民众依旧对法律条文不了解，其日常生活约定俗成的契约观念固化在心中。但这种近似原始方式的商业状态，在西北各地农村是相当普遍的。造成这种状况的原因很复杂，但主要有两条：一方面出于交通不便、信息闭塞和长期战乱造成的封闭式经济环境所致；另一方面说明由于规模小、价格高、品质不稳定等因素，使得民生设计产业在民国末期乡村社会日常生活中的影响力有限。②

从民生设计产业的本质上讲，动能来源、生存依靠无一不是民生商品的产销状况所决定的。即便是远离发达都市的西北城镇乡村，20世纪以来便形成了能适应本地区消费状况的产销业态，这种以传统手工劳作和传统经销方式为主的乡镇工商业，尽管历经战争和自然灾害等天灾人祸，却支撑起20世

---

① 王琥：《设计与百年民生》，江苏凤凰美术出版社2016年版，第361–362页。

② 王琥：《设计与百年民生》，江苏凤凰美术出版社2016年版，第480页。

纪以来大多数时间西北当地民生商品供应，而且充当了乡村民生商品产业工业化进程的主要角色。

三、抗战及民国后期西北地区产销业态与民生设计

抗战及民国后期的西北地区，民众除去基本生存需要，衣着类的穿衣、戴帽、穿鞋，杂用类的洗漱、理发、个人卫生等民生商品，是无法完全由个人自行制造的，只能依靠社会产销服务系统来供给，即依赖民生设计的产业与销售形式才能得以维系。这就是民生设计及产销业态的存立根基。在"黄金十年"得以大发展的中国民生设计产业并没有在战争期间中断，反而部分在西北大后方继续生存并获得一定发展。

（一）军工、重工制造产业背景与民生设计

抗战时期的西北地区民生设计，总体而言军需生产集中了全社会人力、物力的主体部分；用于民生商品的生产、销售部门的产业、商业整体水平下降，创意水平局部上升。抗战时期西北大后方军工业是同时期工业率先实现较高程度的机械化、标准化、规模化的工业部门，其如火炮、轻重武器、弹药、单兵防护用具等工业产品在造型设计方面有一定的飞跃发展，无论是整机组装、配件制造，还是功能强化、适人性提升，均体现出前所未有的造型设计能力，其中包含相当部分的自主性研发创意能力。与民生商品重叠部分的军需品，如制服、车辆维修、交通设施等的生产与研发也达到历史最好水平。军工业的急速发展，相当部分是用民生商品生产部门做出的重大牺牲换取的。可见，这一时期该地区民生设计呈现出"战时经济"的独特特征。[1]

抗战爆发的1937年至太平洋战争爆发的1941年间，全国集中社会上大部资源投入与战争有关的军火军需品生产，新建工商业的民生商品在数量和质量上都受到极大的挤压，与设计相关的产业更是遭受空前挤占。西北地区的民生商品生产大部分转由各省民间的传统手工产业完成，原本属于工业化产

---

[1] 王琥：《设计与百年民生》，江苏凤凰美术出版社2016年版，第422页。

物的现代民生商品设计基本处于停滞、衰减、退步的状态。战时状态国民政府对西北"大后方"产业指导政策是优先发展军火工业，一切民生产业均为此让道。"军工优先"的工商发展政策，在当时是有一定道理的。一是因为战争降临，不得已为之；二是因为欠账太多，属于弥补性增长。国民政府"兵工署"对"大后方"军工企业进行一系列调整、扩充，许多工厂增加了设备，军火产量有较大增长。[①]

当太平洋战争爆发、中国开始接受大批美援、民生供应略有趋缓之后，更加符合现代化工业标准建立起来的部分军需工业产能在向民生商品领域的生产逐渐转移、延伸后，带来了西北地区民生商品产业的全面提升。

另外，内迁的机器设备亦给西北地区工业注入了先进的生产动力，使其不断壮大、拓展。西北"大后方"逐渐形成西安、宝鸡、甘青等工业区，这些新型工业区的骨干厂家，绝大多数是民生产业，无一例外都是从战区内迁过来，这批厂家原本是"黄金十年"的中国工业化成就，涉及中国社会民生产业的基本构架。沿海、内地厂矿的西迁大幅度增加了西北地区的产业资本，同时也改进了西北地区的产业结构。这些民生产业迁至"大后方"，对中国工业的续存和发展，提高"大后方"民众生活保障，稳定"大后方"抗战社会，都具有特别重要的意义。

但是到了民国末期，西北军火工业无论在规模上还是在产能上，较之抗战高峰时期差距甚远，其本身是在抗战时期的军工基础上延续下来的特殊行业。战后原西迁来的军工企业一部分回迁原址，一部分留在西北，战时强大的军工体系基本瓦解；战后头两年旺盛的民生市场需求，使得大多数军工行业转为民用，业务范围主要在机修、汽配、农机、通信等行业，在产业结构和技术掌握上，已和兵器生产与研发发生了较大偏移。故而，战后西北乃至全国的军工行业在整体上并未有大规模发展。

---

① 王琥：《设计与百年民生》，江苏凤凰美术出版社2016年版，第398页。

（二）交通运输产业开发与民生社会变革

西北地区整个社会随着交通的拓展发生变化，带来了政治变迁、经济变迁、文化教育变迁、民众意识变迁、社会习俗变迁。西北地区民众的价值观、教育观等随着抗战期间西北地区交通运输条件的改善已出现较明显的工业化特征。随着工商业的崛起、文教事业的进步，机器生产逐渐替代手工劳作。

1. 政治变迁与民生设计

西北公路成为苏联援助中国的主要线路是源于1940年7月英国封锁滇缅公路，之后苏德战争和太平洋战争又使中国国际交通线中断。西北地区凭借战争的特殊时期以及政府对待西北交通开发与运输的积极态度，再次繁荣起来，其交通的便利，已经占有关系整个战争乃至国家存亡的重要地位，道路的延展与对政令的执行大大提高。[①] 道路运输与政治变迁有很强的关联，交通运输亦会随着政治的动向而表现出不同的现象。

2. 经济变迁与民生设计

交通业的发展为来往商业带来便捷的通道。交通建设带来最直观的变化就是经济的发展，这一时期西北地区形成多个商贸区域。[②] 在社会商品结构中日用消费品明显增加，并在西北市场中占有举足轻重的地位。

抗战时期西北市场日用品多依赖与外地调剂，输入途径通常为经汉中入关中，或者由汉中经天水入甘肃、新疆等地。交通的改善，便利了货物传输的来回行程，运输的数量上亦有了质的改变，以交通枢纽地区带动辐射周边地区，拓宽货物销售渠道，为当地各种货物运输的便捷起了至关重要的作用。

3. 文化教育变迁与民生设计

交通运输首先打破了地区间的独立和封闭，将不同生活方式下的民众拉近交流的距离，这个交流不单是经济上的互动，亦包括生活方式、生产方式以及文化之间的交流，并增进民众意识形态上的相互沟通，使文化教育易于

---

① 任盛治：《最近的陇南》，《新西北》1939年第1卷第4期，第43页。
② 《兰州武都碧口广元邮路详情》，《现代邮政》1948年第3卷第4期，第37页。

普及，促进民众素质的提高。

抗战爆发后，随着国民政府西迁，西北地区交通的开发，增进文化和科学技术等的发展、交流，西北成立了各种学校与教育机构。交通运输的发达增进不同地域民众的见识，对地区民众素质的提高有重要作用，现代化的文化特征也随之剧增。

4. 民众意识变迁与民生设计

思想解放带来民众意识的转变。便利的交通使民众改变思维方式，接受新观念、新道德。她们冲破传统的世俗旧观念，打破禁锢已久的封建的重男轻女观念，不仅提高了妇女素质，更为妇女解放和新文化的发展与传播做出贡献。

兴办教育促使本地学生及旅外归国学生为传统的西北注入新鲜血液。民众接受新事物、革新观念，其生活范围拓展，生活圈子增大，突破地理的局限。民族意识和爱国情怀渐强，开化风气、移风易俗、女子放足，严禁鸦片、提倡节约等，有意识与无意识间接受新的思想和行为方式。

5. 社会习俗变迁与民生设计

交通的发展从根本上改变了民众的生活方式，进而促进社会习俗的变迁。出行便捷、出行速度加快、沿线客流量增加、开阔民众视野、思想更加包容，与之相匹配的各种服务行业随之发展，并带来人口结构的变化，新的消费方式出现等。

对内而言，大量民众外出谋生、求学，其价值观更为客观。对外而言，外来民众的流动促使本地民众思想更加包容开放。交通的开发改变民众的生活方式，其延伸还带来人口结构的变化，以及一些社会习俗的变迁，并促进当地医疗卫生事业的变化。伴随着先进思想的侵袭，旧式婚恋观受到排斥，年轻男女开始自由恋爱，新的消费方式和娱乐方式出现。例如理发店、旅馆、电影院等渐次出现，报纸、刊物、电影等文化事业都有相应的发展。

虽然抗战时期西北大后方的新建公路事业极大改变了整个西北地区交通落后的状况，为抗战时期的民生物资供应及战争物资输送，提供了强有力的保障。但因"经济恶化、内战开打"[①]等多方因素，国民政府在抗战胜利初期制订的全国公路网修建计划被搁浅。

（三）市政公用产业背景与民生设计

西北地区部分城市的市政设施和公共服务建设在此时期均有一定程度的增长。这一时期西北城市市政建设改善，表现在公交行业、民用水电供应和电话电报、广播等行业的改建、扩建、新建等方面。标准的民生商品，如电灯泡及其附件配套、供电配套等新型民用照明方式，是由设计—生产—销售构成完整的民生商品"产业链"，其发展成形并在西北社会扎下根，融入每户民众家庭日常生活杂用的固有生活方式，无形中部分地改变了民众的作息习惯，也部分地提升了民众的生活品质。

西北各省大城市商业中心城区于1948年前后开始逐步建有官办民营大型商场，市政设施配套开始健全。商场多设置以百货、文具、书店等各类柜台及专卖店铺，经营各类民生日杂商品和各地土特产品，并附设各种餐饮副食摊位。此类商场在西北城市中也极少，一般设在城市繁华街区。

在公用服务业逐步扩大的同时，公用设施的修理业也逐渐发展起来，如西安就形成了各种市政公用服务业的专业修理厂，分别从事煤气表、灶具、自来水表等修理，兼营生产供修理、维养使用的零部件。

第二节　西北地区民生设计中工业化程度的大发展

一、抗战及民国后期西北地区工业化的推进

（一）抗战及民国后期西北地区工业化的发展态势

这一时期西北地区工业化的发展由国民政府主导的工业建设和陕甘宁边区工业建设组成。

---

① 王琥：《设计与百年民生》，江苏凤凰美术出版社2016年版，第493页。

1. 国民政府主导的工业建设

首先西北地区工业化具有战时经济的特征，初步形成分布范围广，且具备一定近现代生产水平的工业体系雏形。内迁西北的工业以及人口对军用品及民用品的需求急剧增加，促使"开发西北"一系列举措的推行。[①] 其次，机器生产与手工业生产并存、互进，内迁工业技术先进，人才众多，这些外来工业与本地工业相融合，从而通过辐射作用带动本地工业发展。最后，工业布局渐次趋向合理，建立了门类齐全的工业发展体系。以兰州为例，其发展重心逐渐向周边地区扩散和延伸。从抗战前至1945年前兰州地区机制工业情况可见，兰州地区机制工业在1945年前比战前增长数倍（见表5-1）。此外，随着战争的需要以及内迁入西北人口的增多，民营工业也呈现一派繁荣景象。

表5-1　抗战前至1945年前兰州地区机制工业情况 [②]

时间	机制工业	工厂数量	工人数量	总资本
1938年前	机械、纺织、制革、面粉、制药、玻璃、化学、火柴、纸烟等机制工业	27家	数百人	二三百万元
1942年	机械、纺织、制革、面粉、制药、玻璃、化学、火柴、纸烟等机制工业	121家	1526人	约1476万元
1944年6月	机械、纺织、制革、面粉、制药、玻璃、化学、火柴、纸烟等机制工业	236家	3383人	达到1亿余元

2. 陕甘宁边区工业建设

边区政府以公营工业的发展为骨干，以合作社、私营工业和家庭手工业

[①] 例如，甘肃通过国民政府的经济部资源委员会、军政部、交通部、卫生署、中国银行等，以独资或与甘肃合资经营等方式，相继兴办、合办和改扩建甘肃矿业公司、甘肃煤矿局、甘肃机器厂、甘肃化工材料厂、中央电工器材厂兰州电池支厂、兰州电厂、兰州织呢厂、兰州制药厂、兰州面粉厂等大批官办工矿企业。岳珑：《抗日时期的陕西工业》，载《西北大学学报（哲学社会科学版）》，1989年第2期，第93页。

[②] 资料来源：贺黎黎：《1840年以来陕西工业化演进路径分析》，硕士学位论文，陕西师范大学，2011年，根据相关资料整理绘制。

为辅助。抗战爆发后，为了避免敌机空袭，西北利用资源在各地纷纷设厂。并在支援抗战中，积累了丰富的工业建设经验，培育出一大批管理、技术人才，为中华人民共和国的工业化建设奠基。

另外，这一时期的设计活动虽然简陋，却较为丰富，以《在延安文艺座谈会上的讲话》为导引，配合边区政权提倡文艺为人民服务的政策，很多设计吸收民间设计特点，通俗易懂。设计的形式内容上与时局紧密结合，起到最广大的传播效果；在艰苦的环境下，因陋就简地利用易得的材料、工具进行设计。其设计内容包括：为各类报刊进行装帧设计；为部队重要仪式、场所、文艺演出等进行相关布置与设计；为边区民众设计民间工艺品、歌舞队道具、门神等。[1] 以上设计典型反映出当时所处的时代环境。

总而言之，西北地区这一阶段工业化的发展呈现出以政治引领为先，生产秩序、动力机制、资源配给均在统治阶级的政治需要影响下进行，导致民生商品在设计上反映出不同程度的"政治元素"特征，以军事工业、能源工业、机械工业等为主的重工业发展，为西北地区工业化打上政治"烙印"，这种以政治热情替代事物发展的规律，逐渐成为社会的发展共识，一直延续到中华人民共和国成立初期。

（二）抗战及民国后期西北地区工业化演进路径

抗战时期西北工业发展动摇了旧的自然经济根基。通过先进的生产模式敦促传统手工业经营模式转化，促进西北地区由消费型开始向生产型转化，促进西北地区一些城镇开化风气、转变观念。

另外不可忽视的一点，即抗战期间，传统手工产业在很大程度上维系广大城乡民众日常需要。尤其是抗战爆发初期，大多数工厂西迁西北地区，转向兵器或军需生产的"战时经济"体制，抗战军民赖以生存的日常必需品方面的民生供应，主要是依靠西北诸省遍布城乡的传统手工产业，而非新型工

---

① 范建华：《延安时期的艺术设计活动》，《南京艺术学院学报（美术与设计版）》2013年第4期，第57–60页。

商业。原本即将被现代化工业逐渐淘汰的传统手工产业，无论是规模、户数、从业人数，还是产能、利润、销售额等均成倍增长，并成为抗战民生商品最主要的生产部门。在国家工业力量大力投入抗战军工生产、物资供应极度匮乏、货运极为不便的困难条件下，手工业从业者和广大民众积极增产、扩大货物供应，不但使西北"大后方"社会民生供应得以维持，还强有力地支援了前方抗战军队的日用军需。[1]

二、产业组织形式与经营方式的工业化演进

（一）产业组织形式与经营方式

1. 迁入式——西北的民生工业

抗战爆发，沿海等工商业城市相继沦陷，其中一部分工厂设备和资金向西北地区转移，在西安、宝鸡、兰州等地获得新发展。[2]（图5-5）

许涤新在1940年春曾记载，截至1938年年底，迁陕的工厂达300余家，在所有西迁的工厂中所占数量、物资比重虽不大，但足以有效推动该地区工业发展。[3]

以陕西为例，东部地区有42家工厂迁到陕西，共有机器设备1.5万吨，技工760人。计纺织业工厂19家、机器业工厂8家、食品业工厂8家、化工业工厂3家、印刷和卷烟等工厂4家。1942年，西北唯一大型现代化煤矿"同官煤矿"建成，日产煤200吨。至1945年，陕西共有大小煤矿92个，年生产能力近百万吨，是战前年产量21万吨的近5倍。战前陕西只有1个电厂，发电容量为709千瓦，抗战期间除"西京电厂"增设1600千瓦发电机1台外，宝鸡、汉中、王曲均增设电厂，使发电容量与度数远远超过抗战前。陕西省抗战前仅有棉纺厂2家，到1942年发展为36家，占全省工厂总数的23.3%；资本总

---

① 王琥：《设计与百年民生》，江苏凤凰美术出版社2016年版，第403页。

② 王致中：《抗日战争时期的西北城市工业》，《兰州学刊》1989年第3期，第73—80页。

③ 许涤新：《在发展中的大后方经济》，《群众》周刊第4卷第14期，1940年5月20日。

额达20 736 400元，占全部工业资本的47.1%；工人4385名，占全部工人的
37.2%。其他如食品加工业机制面粉业、机制烟业、机制造纸业、印刷业、制
革业等，西北"大后方"工业的全行业生产水平，均比战前有很大发展。[①]

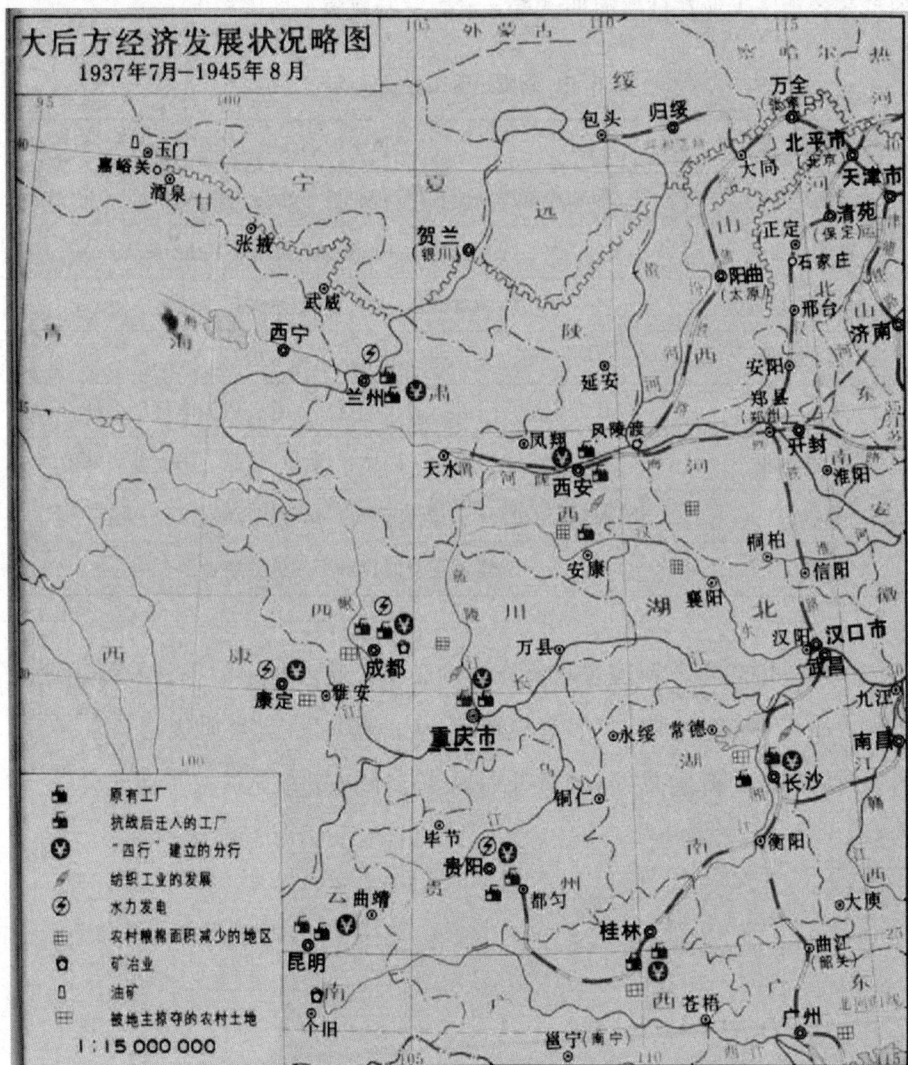

图5-5 大后方经济发展状况略图（1937—1945年）[②]

---

① 李仲明：《抗日战争时期的工业内迁与西部开发》，《北京观察》2005年第8期。转引自王琥《设计与百年民生》，江苏凤凰美术出版社2016年版，第401页。

② 资料来源：武月星等：《中国现代史地图集1919—1949》，中国地图出版社1999年版，168页。

2. 地方主导式——地方政府兴办的工业

这一时期，地方政府兴办控制的工业企业亦有显著发展。如盛世依靠毗邻苏联的便利条件，援引苏联资金和技术人才发展本地工业，迪化、塔城及阿克苏各地区工业在抗战前期已有一定的发展规模（见表5-2）。

表5-2　新疆地区工业发展简况 [①]

机制工业	具体工厂名录
制革业	伊犁皮革厂一所；伊犁制皂厂一所；迪化制革厂一所
食用品工业	迪化面粉厂一所；伊犁面粉厂一所
水磨面粉厂	伊犁水磨厂一所；绥定水磨厂一所
自来水业	迪化自来水公司一处
电气工业	伊犁电灯厂一处；迪化电灯厂一处；塔城电灯厂一处
印刷工业	印刷所共六处：迪化、塔城、喀什、伊犁、阿克苏、阿山
机器工业	修理汽车机械总厂一处在迪化；修理汽车机件厂一处在伊犁
修理工业	修理五金器具机厂一处在塔城

1938—1939年，新疆省政府先后颁布中央政府制定的各种发展工业的法规，如《经济部国营矿区管理规则》《小工业及手工艺奖励规则》等。[②] 新疆省政府制定《新疆省工业五年计划》，有计划有步骤地开展工业建设。（见表5-3）[③]

[①]　资料来源：王致中：《抗日战争时期的西北城市工业》，《兰州学刊》1989年第3期，第75—76页。

[②]　《中央经济部咨建设厅文件》《全国经济各委员会给新疆省来文》，新疆维吾尔自治区档案馆馆藏档案：政2-7-15，政2-7-136。

[③]　《新疆省工业五年计划》，新疆维吾尔自治区档案馆馆藏档案：政1-2-52。

表5-3 新疆省工业五年计划[①]

年份	动力部门	基本工业部门	衣着工业部门	食品工业部门	居住工业部门
1936年	完成迪化电厂；踏勘焉耆区哈曼沟水电厂，可行性论证、设计；筹设和阗电厂	完成迪化水泥厂；完成金属冶制厂；筹建南疆酒精厂	完成新疆纺织厂；完成库车硝皮厂；筹建迪化毛纺厂	筹备迪化面粉厂	成立哈密三夹板厂
1937年	完成和阗电厂；建设哈曼沟水电厂；筹建喀什电厂	完成南疆酒精厂	完成迪化毛纺厂；筹建伊犁毛纺厂；筹建迪化制革厂	完成迪化面粉厂；筹建焉耆面粉厂	
1938年	完成哈曼沟水电厂；完成喀什电厂；筹建奇台电厂；设计天池水电厂		完成伊犁毛纺厂；完成迪化制革厂	建成焉耆面粉厂；筹建奇台面粉厂；筹建焉耆罐头厂；筹建制糖厂	
1939年	建成奇台电厂；建设天池水电厂；勘察伊犁水电厂厂址，可行性论证、设计		筹建和阗毛纺厂	建成奇台面粉厂；建成焉耆罐头厂；建成制糖厂；筹备伊犁罐头厂	
1940年	完成天池水电厂；建设伊犁水电厂		建成和阗毛纺厂	建成伊犁罐头厂	

　　青海地区的地方当局所控制的工厂制造业多服务于军需，如被服、军鞋、裹腿、马鞍等，且多半以手工业生产为主。抗战爆发带来马步芳军队扩充，导致军需供应需求扩大。宁夏地区工业发展的主要工厂企业则在马鸿逵集团的控制之下。[②]（见表5-4）

① 转引自王利中：《20世纪50年代以来新疆工业变迁研究》，博士论文，西北大学，2010年，第26页。
② 张慎微：《马鸿逵家族经营的几个工厂》，载全国政协文史和学习委员会《宁夏三马》，中国文史出版社，2016年版。

表5-4　马鸿逵集团控制的宁夏工业 ①

企业名称	地址	主要设备	资金	产品	创办时间
宁夏电灯股份有限公司	银川		10万银圆		1935年10月
兴夏毛织股份有限公司	银川	8架手拉梭织毯机，6架脚踏织布机，另外并吞几家私商	13万元（法币）	毛织地毯	1945年
兰鑫炼铁股份有限公司	大武口汝箕沟			铁锅、锹等	1943年2月
兴华陶瓷股份有限公司	大武口		50万元（法币）	低档陶瓷	1944年3月
宁夏制糖厂	银川		10万元（法币）	未成	
鸿丰烟草股份有限公司	银川			低档纸烟	1944年
光宁火柴股份有限公司	银川	半机械化生产	60万元（法币）	驼牌火柴	1942年6月
德昌煤矿公司	汝箕沟				1943年
德兴煤矿公司	磁窑堡				1943年
兰鑫机器厂	银川	十几架脚踏织机		维修	1944年
利民机器面粉厂	银川			双塔牌面粉	1943年8月

　　抗战时期，国民政府在西北地区投入了较多的资金与技术设备，同时与地方省府合营办厂，西北地方当局遂增加投资、添置设备，加之西北各地方当局自办的民营工业，这些民营工业虽然规模有限，是吸收私人资本的官商合办性质，但这些形式在不同程度上均促使西北地区工业化的发展。

　　3. 工合工业式——生产合作社

　　抗日战争时期，工合工业式也是重要的商业组织形式。其目的为支援长期抗战，组织了全国生产工人和小手工业者形成最大规模、最广范围、涉及

---

① 本表由刘继云整理编制，《宁夏三马》，转引自黎仕明《20世纪甘宁青中等城市与区域发展研究》，硕士学位论文，四川大学，2004年。

程度极深的生产合作社，用以生产军需民用产品。西北工合的第一个合作社是陕西宝鸡铁器生产合作社，主要从事纺织、染色、铁器等生产项目。宝鸡以外，汉中、天水、兰州都设有事务所。天水事务所主要组织了机器、火柴、面粉、棉毛等生产。秦安、甘谷的工合组织则主要利用当地丰富的羊毛资源进行毛纺生产。1939年兰州工合事务所成立，其涉及的工厂见表5-5。战时工合工业组织对推动和繁荣西北地区的民生生活和满足部分军需供应，起到重要的作用。

表5-5　兰州工合事务所管理的工厂[①]

名称	工作任务
军毯管理处	负责工合各毛毯厂的技术工艺设计，质量管理、材料消耗、生产定额和成品检验，以保证军毯完成的质量和数量
工合试验厂	主要从事毛纺技术工艺方面的试生产工作
军毯纺织厂	接受军需总署的订货
兰州工合羊毛厂	主要从事羊毛的洗晒、挑选、分级工作
兰州工合合纱厂	主要生产毛毯、地毯、挂毯、军毯，棉经毛纬以提供给织毯厂家，同时本身也进行一定数量的织毯生产
工合培黎学校	

4. 边区工业和城市民营工业等组织形式

为解决边区的军需民用，边区政府在庆阳、华池、合水等地动员公私双方的力量从事工业生产。战时西北地区民营工业组织的作用亦不可忽视。其虽规模小，但数量多，特别在中心地区，如兰州轻纺工业中民营工厂数量很大；烟草工业也是兰州民营工业的一个重要领域；另外，与民众日常生活密切相关的机制面粉业、榨油业中，民营工厂也占有相当比例，其他战时民营工业数量较大，还有印刷工业。

---

① 王致中：《抗日战争时期的西北城市工业》，《兰州学刊》1989年第3期，第78页。

综上所述，抗战时期的西北地区民生产业组织形式及其经营方式受到战时环境限制，绝大多数有一定规模的企业都由政府直接管控，致使抗战结束后，政府不再投资西北，使该地区社会经济迅速恶化。军阀势力导致西北如西宁等地区一些工厂在军阀管控之中，受制于其营运模式多以经济发展为第一要务，必然压制了该地区民营工业的发展。规模小、资金少、设备简陋是战时西北地区民营企业的主要特点，其涉及领域多贴近民生，使得大后方民众经济生活的最低需求得以满足。西北地区的战时工业，对抗日战争起过重要的物质保证作用。

（二）影响工业化演进的因素

抗战时期西北工业科技界的各项发明创造活动非但没有因战时供应的极度困难而中止，反而因"科技救亡""实业报国"而更加活跃。[①]

西北社会的工业化演进从民生角度观之，其具体标准：首先，考量西北城乡民众的生活方式，即日常生活的文明程度、社会舆论、文化取向的开放程度是否达到一定水准，这事关民众的生存状态。其次，考量西北城乡民众的生产方式，即民众的劳作手段、生产效率与劳作强度之比、劳作报酬状况等，这事关民众的谋生手段。

此时西北地区工业建设的资金来源多以国家投入占主导优势，采用官办和民营等多种方式进行融资办厂，虽然规模大不相同，但多种模式的分工协作产生了一定的实际效应。另外，西北各省区均有自身特色的地缘产品，分布范围广，且通常依托自然条件的优势形成成本低、质量佳的产品，地域产品应急补缺的生存空间较大，民众的生存状态得到了优化，谋生手段在这样的环境下不断发展改进。

另外，西北地区工业化秩序的系统在此时期逐渐趋于完善，渐次完成设计、生产、销售环节的规范化等秩序。这种工业化秩序贯穿于设计、生产、经营活动的全过程，虽然这一时期为抗战以军需生产为主导，但民生设计也

---

① 王琥：《设计与百年民生》，江苏凤凰美术出版社2016年版，第403页。

有一定的发展，其逐渐开始重视相关产品的市场分析、消费导向与研究对象、思维酝酿与创新设计、生产实践与营销竞争、诱导消费与用户评估、综合信息等大循环，这种思考方法提出了发展民生设计思路的推导，明显带有问题导向和解决问题的意识。

三、抗战及民国后期西北地区工业化的扩散效应

（一）新生活运动与西北地区工业化的扩散效应

"服务抗战"是新运促进会在抗战爆发之后的工作宗旨①。抗战胜利后，新运促进会的工作宗旨为协助地方政府进行社会各项工作的恢复和重建。

1. 妇女群体开展新生活运动的案例

1942 年 7 月，甘肃省妇女工作委员会负责指导组织全省妇女开展新生活运动，以提高妇女知识水平，培养其能力。具体工作：首先，从文化建设层面，对广大妇女进行识字培训，举办座谈会等。针对性地创办《甘肃妇女》刊物，内容以理论知识和实践为主；设计壁报为广大妇女普及卫生与育儿知识。其次，对生活进行引导，宣传放足、办幼稚园、设妇女问事处。办幼稚园以解决职业妇女专心工作的后顾之忧，且对入所托儿生活实行集体管理，培养其良好的生活习惯。设妇女问事处，为妇女解决生活难题。再次，成立抗属工厂，加强生产建设。最后，每逢年节或国庆纪念日，妇女工作委员会都发起劳军运动，进行慰问活动。②

开展妇女运动，争取妇女解放；鼓励女子入学；鼓励妇女从事工业生产和农业生产。新生活运动结合西北各地社会实际情况开展工作，以提高广大女性民众综合素质，尤其思想的进步对民生生活影响深远。

---

① 1937 年 7 月，西北地区新运促进会制定战时工作六项：宣传抗日活动；宣传防空军事；开展劳军募捐活动；防止汉奸活动；提倡国货，抵制洋货；推行节约献金运动。参见《各省及海外新运妇女工作委员会工作概况》，《妇女新运》1943 年第 7 期，第 51-70 页。
② 《各省及海外新运妇女工作委员会工作概况：甘肃省新运妇女工作委员会》，《妇女新运》第 5 卷第 7 期，1943 年 7 月，第 56-57 页。

2. 西北地区新生活运动的推行内容

西北地区新生活运动推行内容继续强调良好生活习惯的养成及生活方式的培养。围绕"清洁"从民众集体到个人都有所强调。从集体的角度开展夏令卫生运动、视察医院卫生、清洁大扫除运动等；如针对个人行为方式的案例，1947年3月甘肃省政府制定新运促进会及各县新运会推行新生活运动工作要点，从个人卫生入手，强调不良行为习惯的改变，保持公共场所卫生干净、公共空间墙壁干净等。①

继续开展剪发放足运动，至1943年，西北地区相关省份新运促进会对各偏僻县镇进行视察，发现各县妇女缠足现象仍然存在，西北地区针对禁止妇女缠足，开展放足运动，取得了一定成就。

同时，西北地区推行节约献金运动，以充实抗战力量，奠立抗战的经济基础。其主要鼓励民众简朴节约，为长期抗战做物质准备。借助社会力量与政治力量推行实施，具体到实际生活中，要节约羊毛、药材的使用，留出剩余以备外销；生活中采用国货；提倡植物油点灯代替煤油；婚丧喜宴从简节约；捐献衣帽鞋袜以救济难民；捐献医药、日用品救护前方将士；捐献首饰；鼓励购买公债等。节约献金运动通过报刊、宣传队开展各种形式的宣传活动。西北地区每年照例举办国父纪念活动和各种纪念活动。

可见，这一时期各种活动的开展，从改变民众的思想意识到具体实施的实际行动，有力地推进了西北地区文化现代化的进程。

（二）文教卫生方面的扩散效应

抗日战争在历史上第一次将全民族的命运最紧密地联系在一起，国共两党一致联合抗日，民族矛盾的急剧上升使中国社会长期的阶级矛盾得以缓和，全民抗战意识深入人心。这一时期，不仅战场上官兵浴血奋战，而且教育在此时期得到了持续发展，此时的西北大后方虽然日常生活中物资极度匮乏，但精神生活丰富多彩。可以说，抗战时期是中国文化现代化进程的关键时期。

---

① 《三十六年度新生活运动推行要点》，《甘肃省政府公报》，1947年第646期，第22页。

　　教育方面，北平大学、北平师范等部分高校的西迁，并组织成立西北师范学院，其保存了中国现代高等教育事业的基本力量，促进并推动了西北地区抗战大后方文教事业的延续性，促成抗战大后方教育事业的不断发展。另外，如国培黎工艺学校、华亭安口镇的瓷器职业学校、各地教育馆的设立以及大量创办的中小学校等，均有效地推动西北地区科学文化事业的开展，带动了少数民族地区教育和边远地区教育。①

　　战后，在1946年国民政府制定并颁布了《教育宪法》，从国家的层面强调国民教育的重要性，普及大众教育，并推行社会教育，以提高广大民众文化水平。重视全国各地区教育的均衡发展，对边远地区进行经费支持，并从教育工作者角度，确保其待遇之提升。②抗战期间，大批院校师生随国民政府内迁至西北大后方继续坚持办学，为中国高等教育事业发展做出贡献。抗战胜利后，这批骨干院校陆续回迁，并在原有基础上获得一个短暂的快速发展时期。民国中小学教育，是在清末教会学校和民商私立学校、民初北洋时期国民教育、"黄金十年"普及教育的数十年累积基础上形成的体系。受战后经济等不利因素影响，西北地区的大学、中学教育在民国末期仍属于稀有教育资源，但国民小学在战后数年内已经相对较为普及，且在西北城乡相对保持完整规模。

　　西北地区文学艺术的发展直接导致了民生设计的活跃，抗战时期西北大后方民生商品中不断出现设计经典范例。如当时的平面设计、报纸版面设计、插图等；日化民生商品包装，包括卷烟、肥皂、牙膏等民生商品的外包装设计；舞美及展示设计，包括电影景棚、剧场话剧、抗战宣讲会、群众游行等均取得了极大进步。

　　一个地区的工业化过程，不仅表现为商品经济的发达和工业生产的进步，也包含着从城建、市政、社会生活和思想文化上对于这一新型经济秩序的调适，卫生正是其中一个十分微妙却又关键的组成类项。随国民政府西迁而来的公共卫生人员，不仅为西北带来先进的医疗服务，还在西北开展医疗培训，

---

①　杨兴茂：《近百年甘肃五次大开发纪略》，《档案》2000年第4期，第6—8页。
②　薛林荣：《民国教育给我们的借鉴》，《教师博览》2008年第1期，第10—11页。

培养专业人才，以充实西北地区各卫生机构。同时，对现有卫生人员进行专业提升训练，以增强卫生人员的专业素养。

第三节　民国后期西北民生设计与工业化的特征

一、民国后期西北地区各种机制工业演进趋势

（一）"大后方"西北的工业区

截止到1942年，仅国民政府"资源委员会"所辖在西北地区独资或合资创办的工矿企业就有12家，即甘肃机器厂、甘肃华亭电瓷厂、陕西褒城酒精厂等。1943年到1945年，又新建甘肃化工材料厂、甘肃煤矿局等8家大中型工矿企业。[①]

首先，发展扶持民营工矿企业以鼓励和推动传统产品生产向工业化方向转化。战前国民政府曾颁布一系列法律或政策措施，以扶持民营工业的发展。抗战全面爆发，国民政府先后颁布一些有利于发展民营企业的条例，对其扩大奖励范围、增加补助、简化审批程序和手续等，这些政策在一定程度上对西北大后方的工业发展起到重要的推动作用。[②]

其次，发展后方国营工矿业，尤以重工业为重。重工业是国防建设的基础，黄金十年期间，国民政府发布了一系列工矿业建设计划，并建立了国有资本主义企业。在西北设立陕西油矿勘探队、甘肃油矿筹备处和青海金矿办事处。从1938年开始，国民政府公布《非常时期农矿工商管理条例》，之后五届五中全会通过了《西部各省生产建设与统制案》，至1945年，仅资源委员会以独资或与西北各省政府合资经营创办的企业就有近20家。政府对工矿业的态度保证了战时工业经济的有利发展，也使西北工业比例不均衡的现象有所改善。

最后，内迁工厂生产设备及生产技术，迁入西北的企业对西北经济发展

---

① 王琥：《设计与百年民生》，江苏凤凰美术出版社2016年版，第402页。

② 贺黎黎：《1840年以来陕西工业化演进路径分析》，硕士学位论文，陕西师范大学，2011年。

的影响深远，为西北地区工业化的发展奠定了基础。西迁填补了战前西北机械工业的空白，为西北迁入先进的机器设备、技术人才及管理经验。（图5-6）

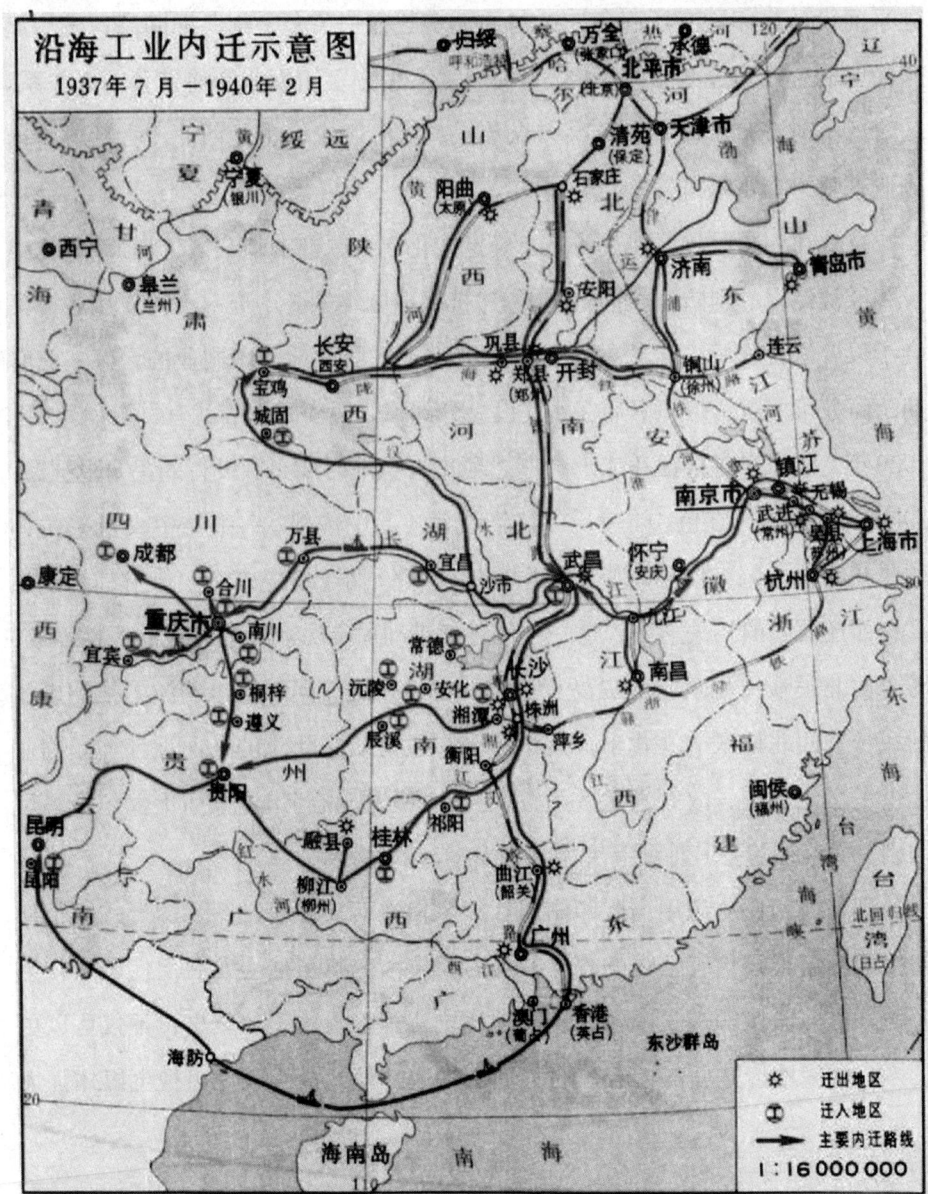

图5-6 沿海工业内迁示意图（1937—1940年）[①]

---

① 资料来源：武月星等：《中国现代史地图集1919—1949》，中国地图出版社1999年版，第125页。

（二）西北"大后方"的平面设计与印刷业

因战时经济管理制度，民生设计产业大多数行业基本处于停顿状态，唯独平面设计与印刷有所起色。这与绝大多数在"黄金十年"期间高速发展起来的印刷企业内迁至"大后方"，促成"大后方"印刷业空前繁荣不无关系。政府的战时文宣、教育和社会公众传媒的实际需求，也是西北"大后方"印刷业繁荣的主要原因。①

抗战初期国民政府通过《关于确定文化建设原则纲领案》，其强调文化建设和经济建设、国防建设同等重要。《抗战建国纲领》中亦对言论、出版、集会予以合法性保障。宽松的文化环境促进了平面设计与印刷业的繁荣，此时期，商务印书馆、中华书局在西安设立分部，仅西安的书店就有百余铺。② 至1939年，甘肃全省报社达二十余户。③ 延安在抗战时期出版发行的主要报刊有：1946年复刊的《红色中华》，1947年改名《新中华报》；中共中央机关主办的《共产党人》；八路军总政治部办的《八路军军政杂志》等。④ 抗战初期随高校西迁而来的相关学者，这一群体逐渐带动周围民众读书看报的习性养成，对于西北民众文化素质的提高有一定的促进作用，同时，也刺激了报刊事业的成长。西北地区的文化事业逐渐繁荣，也为众多此时的平面设计与印刷业提供了文化土壤，故有大量政治性及教化性印刷品刊出，其中不仅包括书籍印刷，而且还包括其他所有文字与图案的印刷。

我国报刊业从运用铜版印刷照片技术发展而来，通过图片的形式进行新闻报刊的编辑，具有很强的视觉冲击力。技术变革与社会发展促使民众在生活的方方面面接触视觉图像，新闻围绕抗战，多采用图像叙事，不仅可以更具体、直接地传达新闻内容，而且能更好地打动民众，表现出视觉媒体强大

① 王琥：《设计与百年民生》，江苏凤凰美术出版社2016年版，第400—401页。

② 西安市地方志编纂委员会：《西安市志》（第六卷），西安出版社2002年版，第587页。

③ 王贵禄：《抗日战争时期甘肃文艺运动论略》，《陕西师范大学学报（哲学社会科学版）》2019，48（01）：139.

④ 王琥：《设计与百年民生》，江苏凤凰美术出版社2016年版，第405页。

的优势。在报刊编辑时，从封面、版式、字体等过程进行规划设计，开始关注受众的视觉感知，其设计类型既保持了文化和传统的连续性，也提供了创新和变化的可能。

1.《西北工合》杂志源流

《西北工合》是在抗战文化繁荣及工合运动之下创办的宣传刊物，创刊目的是向社会报道抗战和介绍工合运动在西北地区的发展动态，以此宣传模式鼓舞民众的工作积极性和抗战信心[①]，并推动战时工业合作事业的发展。随着工合事业在西北地区的持续开展，参加工合的民众对工合的认知亦不断深化，该杂志针对性地在封底特开"社员园地"栏目，以期社员将感觉的所知所想记录出来。

2.《西北工合》的发行销售与版式设计

杂志的版式设计方面，《西北工合》杂志除去专号与特刊，前三卷发行采用32开本刊印，这一阶段稿件来源稳定，且数量充足，页数多在40余页。自第四卷起，《西北工合》杂志在发行时受到编辑过程中因时间、来稿等诸多不便造成的影响，发行采用16开本刊印，页数也缩减了一半。《西北工合》杂志也经历了半月刊—月刊—双月刊—停刊的发行历程，其发行极为不稳定。加之战时物价波动与杂志发行的变动，该杂志的定价也在相应地发生变化。《西北工合》创刊之始每期零售价为0.3元，第四卷第10期时每期零售价为0.5元，第四卷第16期改为月刊后，每期零售价定为0.8元，发行的不稳定影响了杂志价格的变动。加之稿件的来源波动不定，期刊常有断续。稿件的供给不足最终导致杂志停刊。[②]这样的波动对订阅者长期订阅造成极大的困难，继而影响读者群体的稳定性。

杂志发行地在工合西北区处所在地宝鸡，杂志的主要功能是宣传，其采用的营销方式只有"为加速推行工合运动，本刊诚恳祈求读者，将本刊介绍

---

① 伍文强：《西北工合杂志研究》，硕士学位论文，西北师范大学，2016年，第7页。

② 伍文强：《西北工合杂志研究》，硕士学位论文，西北师范大学，2016年，第12–13页。

他人"。① 根据此判断,《西北工合》杂志创办之初并未采取多样化的营销手段,且销售对象定位比较宽泛, 没有特别的针对性。杂志创办后期, 也尝试在其他畅销刊物上刊登《西北工合》杂志的目录广告, 另外, 编辑部还对外采用赠阅的方式进行宣传。

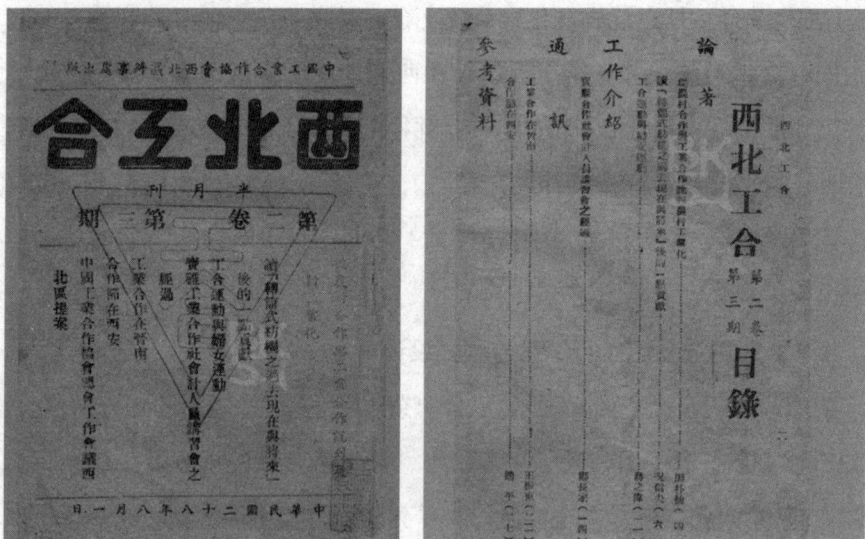

图5-7 《西北工合》杂志 ②

关于《西北工合》杂志稳定的读者群体量没有直接的数据资料, 通过"《西北工合通讯》在并入《西北工合》之前的销量为390册" ③ 进行粗略判断, 其读者群体一定在这个基础上有所增加。

杂志封面插画历经了无插图（图5-7）—重复插图（图5-8）—彩色工合标识为底（图5-9）—黑白版画四种模式（图5-10）。

---

① 《西北工合》1939年第2卷, 第4期, 封底。

② 资料来源: 孔子旧书网《西北工合》封皮图片, 第二卷第三期。

③ Nym Wales, *China Builds For Democracy*, Foreign languages press, 2004, P167.

图5-8 《西北工合》插图重复模式 [1]

注：第3卷第5期和第3卷6期插图相同，第3卷12期和第3卷13期插图相同

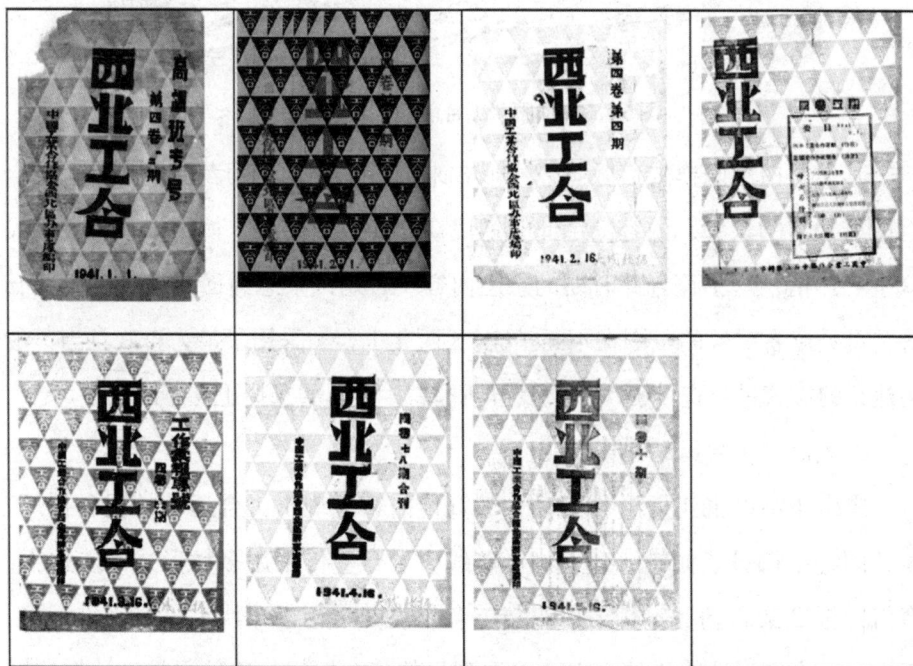

图5-9 《西北工合》杂志彩色工合标识为底模式 [2]

[1] 资料来源：伍文强：《西北工合杂志研究》，硕士学位论文，西北师范大学，2016年，第13页。

[2] 资料来源：伍文强：《西北工合杂志研究》，硕士学位论文，西北师范大学，2016年，第14页。

图5-10　插图"工合前途是光明的"[①]

其中黑白版画模式借版画艺术形式来宣传工合，让读者从直观上对工合运动有一定的认知，内容围绕此时期民众伴随战争结束，憧憬未来，鼓励民众生产热情，这正符合此时期的杂志内容。后期该杂志封面增设中英文的刊头，可见读者对象的范围在不断扩充。《西北工合》采用了最为直观且当下最为流行的方式进行宣传，印刷质量不断提高，字体的选择也在不断调整。

3. 大后方工合运动的宣传业

产生于战时的工业合作运动，其宣传内容呈现出工合运动的服务作用。服务围绕抵御日货倾销、建立经济防线。工合宣传采用多种形式同步进行，多借助报纸杂志刊登宣传，出版与工合相关的书籍，在特定场所制作标语、板报等。中国工业合作协会总会采取醒目的工合标识，这种视觉设计促使民众皆能明了其助力的重要性。[②] "工合"标识设计简洁明了、色彩搭配醒目，对字体比例尺寸皆有严格的规定，在应用方面从合作社门楣到产品标志、信笺信封等均不断规范使用，期望通过文字形式来宣传工合运动。

---

① 资料来源：伍文强：《西北工合杂志研究》，硕士学位论文，西北师范大学，2016年，第15页。

② 艾黎著，黄雪楼译：《工业合作救国论》，商务印书馆1939年版，第43页。

4. 工合运动与西北地区工业化

西北地区因其地理环境造就了相应的生活方式。在原有工业基础薄弱、交通不发达、产品外销受阻的情况下，采用半手工业生产是对工合运动存在的重要助力，从生活习惯上看西北普通民众的生活方式仍是延续传统而古老的形式，这与西北地区自古依托以农牧业为主体的生产形式相关，民众不自觉地抗拒大工业存在，更多的是对实用性商品的追求。工合组织在这样的背景下，承担起在乡村推广工业合作的责任，其将流亡的技术工人有效地组织起来，对西北民众从思想上进行沟通教育。

针对日本阻止中国工业化的进程，中国在工业化路径的选择上倾向于采取合作的方式，这是抗战初期中国知识界的一项重要思想成果，这种工业化理念《西北工合》杂志都予以极大的关注。

在《西北工合》杂志中开展过以实现工业化为基础的讨论。[①]工业化的实现需要社会共同去承担责任，建立合作的方式，工合是实现工业化的基础，并将乡村传统手工业与先进的机器大工业有机融合，不仅发展机器大工业，并将传统手工业作为有力补充，同时不断提升完善手工业技术水平，对两者进行有效的技术改进和合理先进的管理。[②]

综上所述，以《西北工合》作为西北"大后方"的平面设计与印刷业案例，具有一定的代表性。其在标题的字体设计、边饰纹样、套色安排、画面布局等方面，均表现出抗战宣传画作者们良好的专业素养和饱满的爱国热情。抗战时期的西北地区，其印刷业的产品受到社会物资供应水平和抗战时期教化的特殊性制约，加之国民政府不同形式、不同程度的控制，其政治性和教化性特征明显，严重阻碍了印刷业的商业化进程。直至抗战后期，通俗文艺读物、年画、日历及迷信用品等这类更多关注民众生活的商业化印刷业才有进一步发展。

---

① 杨汉平：《工合运动的前途探讨》，《西北工合》1942年第5卷第1期，第15页。
② 杨汉平：《工合运动的前途探讨》，《西北工合》1942年第5卷第1期，第15页。

（三）西北"大后方"机制（毛、棉）纺织业

由于西北地区是全国最大的牛羊畜牧区，也是在晚清就修建了中国最早的多家毛呢纺织厂，加上无数的民间毛纺作坊，抗战期间西北地区自然成了军需民用各种毛呢衣料的重点产区。这一时期，西北地区从事毛纺工业生产的主要有军政部兰州织呢厂、西北洗毛厂、中国毛纺公司、西北毛纺织厂等。

1937年冬，鉴于军需必要，国民党军政部与甘肃省政府接洽，达成将原甘肃织呢局的机器、厂房租借给军政部，并援武昌制呢厂的成例，定租价。但军政部于1938年接收该局后，经过检修、修复后，同年9月正式开工生产，并专制军毯。1939年冬，日机两次空袭兰州，制呢厂织机车间的机器和厂房全被炸毁，致使生产陷入瘫痪，1940年夏才恢复生产。1943年该厂改为军政部、甘肃省合办制呢厂，投资500万元，改组后，厂方兴建厂房、购进设备，不单生产灰色军毯，并增产呢绒、粗呢、帆布及地毯，生产目的转向民用，这是甘肃织呢总局在辛亥革命以后最大的一次扩建。但仅办一年，就因通货膨胀，厂方领导营私舞弊，产品质量粗劣不堪，应市产品竟连私营企业都竞争不过，资金周转不灵，亏空甚大，于1945年4月仍改为军政部制呢厂，生产渐趋下跌。

抗战开始，日本帝国主义侵占沿海港口及内地交通要道，海运被封，大批物资不易出口，只有陆路运销一途。当时政府的复兴商业公司在兰州成立"西北分公司"，主要收购边陲各省羊毛，在兰州分类、整理、打包，陆运至苏联，换回各项军用物资，以利抗战。但所有西运羊毛，须在星星峡统经苏联专家检验，他们仍认为中国羊毛杂质太多，含有沙土、贴泥、粪便等，如不洗拣，增加成本运费，殊不经济。便在哈密全部挑拣、水洗、晒干，再打包起运，西北分公司赞成苏联专家的意见和做法。1940年在重庆由实业家刘鸿生出面与复兴商业公司合资经营兰州"西北洗毛厂"，并由重庆毛纺厂运来洗毛机及拖水机，派技术人员筹办。原重庆毛纺厂的洗毛机系外国进口，是毛纺织机器上带有的洗毛机，重庆厂为成立西北洗毛厂，自行仿造一整套洗毛机及拖洗水机，先运到兰州两个水槽的一台脱水机，并带技工来兰州选

址修建厂房，安装机器，即行开工。西北洗毛厂随着业务的开展，也健全了组织机构。下设五课，其中单业务课下设拣毛车间、洗毛车间、打包车间。1945年9月，抗战结束，西北洗毛厂并入西北毛纺厂。[①]

1943年，中国毛纺公司西北毛纺织厂筹建，该厂由官商合股经营，规模大，机器设备由中国毛纺织公司以投资形式廉价转让剪呢机、烫呢机、拉毛机等，其余委托该公司代办定制，并提供各种机器图样，在渝制。1945年10月10日正式开工生产。当时装有和毛机、梳纺机各1台，走锭纺机420锭，筒子机1台，织机12台，整经机、钢丝拉毛机、脱水机、剪呢机、烘呢机、烫呢机各1台，洗呢机2台。因机器大部分为仿制，时生故障，当时除军政部订制军毯顺利生产外，其余仅制各种制服呢及花呢等。至1947年，该厂所产呢绒品质极优，颇受各界欢迎，一时供不应求。为扩展业务，增加生产，先后添置发电机、提花织机及蒸刷机各一部。遂加织大批厚薄驼毛绒运沪，制成精美床毯及男女外衣，远销港澳。之后，西北洗毛厂停办，业务由西纺厂兼营。[②]

西安大华纺织厂负责人对于如何提高技术、改进产品质量进行筹划。首先针对棉花等级的划分设置收花门市部。1940年大华在三原设立棉花采购处和打包厂，不断拓展活动范围，花行将棉花定等级，按次第以不同价格收购。由于陕棉充足，大华的纱、布机均如数开齐。抗战期间，大华纺织厂成立职工救国会，积极生产支援抗战，1938年起大华承织军布，除少数供应民用外，其余全部供应军需。[③]

1939年4月，宝鸡申新纺织厂正式建厂，是年10月由于政府急需军布，要求宝鸡申新纺织厂迅速开工生产，1940年6月，申新借到一台火车头，在

① 政协甘肃、陕西等省文史资料委员会编:《西北近代工业》，甘肃人民出版社1989年版，第310–314页。

② 政协甘肃、陕西等省文史资料委员会编:《西北近代工业》，甘肃人民出版社1989年版，第316–318页。

③ 政协甘肃、陕西等省文史资料委员会编:《西北近代工业》，甘肃人民出版社1989年版，第335–346页。

陇海铁路局宝鸡机车修理厂协助下，把这台"平汉404"号机车加以整修改装，将连杆换上了梅花形的连接头，把车轮垫起等，之后，火车头开始运转，用皮带带动纺纱机，开出4000纱锭。该纺织厂共有纺纱机2.8万锭，布机300台；每年生产棉纱1.12万至1.68万件，棉布12万至16万匹，所产"四平莲"牌棉纱在西北和西南市场上广受好评。西北"工合"用中新的"四平莲"牌棉纱作经，用甘肃当地的羊毛线作纬，织出军毯供给抗日。[①]

而战前西北毛织厂（厂址在山西太原），其拥有成套国际引进的毛纺织设备和中国本土机器制造厂制造的设备，但抗战时期日军进入太原期间，西北实业公司绝大部分机器设备受限于交通运输并未迁陕，仅将一少部分机器设法运陕。其西迁陕西开展纺织事业，保护了纺织技术实力且推动了陕西纺织工业生产。[②]另外，西北地区蔡家坡纺织厂、富宁公司等亦多多少少对该地区工业化的发展有一定的推进作用。

（四）西北"大后方"机制食品与日化工业

机制食品包括机制面粉业、机制榨油业；日化工业包括火柴业、皂烛业、造纸业等。其工业布局围绕保证原料供给及有一定的消费市场，如西北地区机制食品与日化工业多分布在陕西地区，以充分利用其交通区位优势。

1. 机制面粉业

早在20世纪20年代，西北地区交通闭塞、经济发展迟缓、工农业生产凋敝，民众日常食用的面粉仍沿用着人力、畜力拉磨的古老方式。面粉业属于市场导向型的产业，西北地区面粉工业的发展轨迹与陇海铁路的延展有密切关系。以西安为例，火车通抵该地之后，市场日趋繁荣，外省商人陆续来到西安投资开办机制面粉业。至抗战爆发前后，机制面粉开始逐渐为一般民众所接受，继之，地方人士亦不断兴建开业，到西安解放前，已有大型面粉

---

① 政协甘肃、陕西等省文史资料委员会编：《西北近代工业》，甘肃人民出版社1989年版，第355–380页。

② 赵军：《近代山西机器纺织业发展的考察》，博士学位论文，东华大学，2014年，第65页。

公司十余家，中小型面粉公司十余家，从业人数两千余人，月产量数十万袋，除供应本地民众及附近各县外，还远销其他省市。①

"成丰"面粉公司是西安第一家机制面粉业，之后该地区逐年均有兴办的大中小型面粉公司。如1936年4月开业的"华峰"大型面粉工行；1939年成立的"和合"面粉公司；其他陆续开业的大型面粉公司有"福豫"，中小型的有"永丰""象峰""裕丰"等以及宝鸡的"大新""福新""岐山"等面粉公司。西安解放前，总计有大中型面粉公司十余家，铜磨78部，从业人员一千余人，每月产面粉为42万余袋；小型面粉公司有十数家，铜磨37部，从业人员近千人，每月产量为3.6万余袋。

面粉行业的磨粉机器有单机和双机之别。单机产量小，双机产量大。"成丰"公司的磨粉机器为双机，在西安市为独家，产量居第一，机器设备系济南总公司自行监制，动力是在美国定制的调轮发电机，锅炉亦系美国巴柏葛锅炉厂出品，"成丰"有大型40寸铜磨25部，在当时西安市所有面粉公司的设备中其设备属第一。"华峰"面粉公司全套机器设备均系法国进口，管理技师亦为苏联白俄，装有大型40寸铜磨12部。"福豫"面粉公司全套机器设备亦系进口，装有大型40铜磨8部。"和合"面粉公司全部机器设备为西安当地制造，装有小型20寸磨40部。其他中小型面粉公司的机器设备均为西安当地工厂制造。所有大中小型面粉公司，除"成丰"公司为自磨发电外，其他均以蒸汽机发电为动力。面粉业的产量主要是依据城市规模及市场容量而定，工厂西迁伴随大量职工家属的西迁，面粉需求量同步增长，西北的面粉业呈现繁荣景象。抗战期间，因接受军粉磨制任务，副以少量商粉。②

西北地区机制面粉业依托便利的农作物资源优势而发展较快，但抗战期间各家面粉厂因政策规定均需承担军粉磨制任务，而导致市场供不应求，同

---

① 政协甘肃、陕西等省文史资料委员会编：《西北近代工业》，甘肃人民出版社1989年版，第410页。

② 政协甘肃、陕西等省文史资料委员会编：《西北近代工业》，甘肃人民出版社1989年版，第412–415页。

时各地区乡村传统磨坊和小型面粉厂起到重要的补充作用。[1]

2. 机制火柴业

火柴在20世纪初的中国并未普及，市场上进口火柴因价格昂贵并不适用于普通民众。1920年正式投产炳兴火柴公司，创天水民营工业之先声，质量上乘，伴随天水交通事业的发展，火柴销路广，陇南、陇东各县以及河西一带往来贩运者不绝于途。加之物美价廉，这有效地刺激其产量上升，最高时每月达900箱。当时炳兴产品仅雄鸡牌黄磷火柴一种，燃点低、发火慢，适用于农村及西北多风地区，极受民众欢迎。后又出山羊牌硫化磷阳火，发火虽快，但易于熄灭，故终不及阴火销路之广。[2]1939年4月永和火柴两合公司成立，并以"老虎"为商标，1945年改永和公司为光华公司。抗战胜利后，天水除光华与炳兴两大火柴厂角逐市场外，陇兴、工合等火柴厂亦相继开设。[3]

当西北多省已有自己的火柴工厂企业时，新疆还未有火柴工业，民众依旧依靠燧石发火。南疆因有硫黄矿产，当地民众便用木片蘸点硫黄来做引火之物，维吾尔语叫作"古古特"，汉族人叫其"曲板子"。北疆由于交通便利，故而有从关内来的硫化磷火柴和黄磷火柴，亦有由苏联来的安全火柴。但火柴是易燃的危险品，加之要长途运输，运价很高，市价随之升高。抗战爆发后，新疆当局在伊犁筹建火柴厂，于1940至1941年间开工生产，该厂制造苏联规格的安全火柴，鉴于当时磷还没有造出来，火柴盒边上的发火剂无法涂制，还不能发火。虽然这样，该厂产品已经在市场上进行销售，每盒火柴配售苏联火柴一盒，利用苏联火柴盒边的药料进行发火。[4]

西北地区的机制火柴业如摇篮般孕育了西北早期工业化，而且培养了一

---

① 郑志忠：《民国时期关中地区工业发展与布局研究》，硕士学位论文，陕西师范大学，2012年，第45页。

② 政协甘肃、陕西等省文史资料委员会编：《西北近代工业》，甘肃人民出版社1989年版，第519页。

③ 政协甘肃、陕西等省文史资料委员会编：《西北近代工业》，甘肃人民出版社1989年版，第521页。

④ 政协甘肃、陕西等省文史资料委员会编：《西北近代工业》，甘肃人民出版社1989年版，第540页。

批西北人自己的经营管理和技术生产人才。围绕着当时相对先进的安全火柴生产、销售环节，还诞生了现代西北社会最早一批真正意义上的商业化创意设计作品：从火柴盒"贴花"到火柴批量销售的包装设计，从促销传单到商业海报的广告设计。

（五）西北"大后方"机制制药业

西北地区在 1930 年前后，加工制作西药是一个空白。西安零星的西药房远不能满足西北民众的日常需要。1931 年九一八事变后，东北沦陷，外货减少甚至断绝，而国内药厂几无，且又设在沿海各省，药品供应成大问题。加之西北地区受自然条件影响，本身具有多种药材，这样因地制宜的条件以及开发西北、振兴实业的社会环境，促使西北化学制药厂于 1937 年在西安成立，该厂先后历经十一年。其产品种类丰富，销路甚广，并附设药学专科学校，是西北地区唯一新兴的制药厂。

西北化学制药厂的机器设备，在当时国内较为先进。有制药用的真空蒸馏机、轧片机等，每台机器并附有一个马达，搬迁便利。此外还有一些精密仪器。制造脱脂棉或外布用的机器有电动织布机、钢丝车等，以及铁工部使用的车床、铣床、刨床等，当时借助陇海铁路运输便利，机器运回西安之后，安装迅速，此外还建成一眼 32 丈深的机井和一座水塔。为确保药品达到质量要求，建厂初设立制药部、棉纱部、铁工部三个专业技术部门，各部委派技师指导。之后伴随该厂业务扩大，又增设玻璃、酒精、印刷、造纸四部。[①]

西北防疫处 1934 年成立，其机构庞大、设备齐全、人才技术国内领先，制造与医疗尤为突出。1935 年筹备蒙绥防疫处，1940 年在临洮设洮南牧场，同年成立化学制药部、玻璃厂、药械修理组、工程组等附属机构，同年在平凉设制造所，生产牛痘苗及牛疫疫苗。1941 年设立成都制造所，设血清、疫苗、痘苗、兽用制品、化学制品等五个生产组。1943 年将化学制药部、药械

---

① 政协甘肃、陕西等省文史资料委员会编：《西北近代工业》，甘肃人民出版社 1989 年版，第 478–481 页。

修理组、玻璃厂三机构合并成立西北制药厂，大力发展生物制品。生产血清达3000万～4000万单位，疫苗也达300万人份。这些生物制品，行销全国各个地区，极大满足了民众需求。防疫处在生物制品取得成果的同时，研究工作也在预防斑疹伤寒疫苗的制造和建筑"灭虱灶"的成功方面取得一定成绩。为适应民众需要化学药品，很早就重视用土产药材制成各种药品。并适应生产发展的需要，在西安、重庆设立办事处，作包装转运销售。[①]

抗战时期，西北地区还兴办了"西安华西化学制药厂"。以制造和推销西药与卫生材料为主，其所有制造各种原料药的原材料主要是国产药材，如三酸、硫黄等，而药棉、纱布、绷带布等，更是纯用陕西棉制造。[②]

（六）西北"大后方"机制制革业

西北地区的制革业，不但长期受军阀混战和土豪劣绅排外欺压的影响，技术力量的薄弱和原材料的缺乏，也是经营制革业的一个难关，除牛皮是当地土产外，其他材料多系国外进口，西北交通不便，来货不易。当时制革技术不但简陋且亦非常保守，在工艺操作过程中，互不沟通，技术、工艺、操作配方等均不公开。1937年抗战爆发，物资匮乏，人口集中，军需民用都要靠当地供应，一般工商业者认为有利可图，因而办工厂，搞工业的人愈来愈多，金城银行在1939年开办陕甘制革厂，通商银行开办大华制革厂，教育界人士开办永昌制革厂，其他像以个人命名小型家庭制革厂有百余家。[③]

1939年国民党军需局将"西北""平津"两制革厂合并为军需局制革厂，即现在的603制革厂，当时该厂专制军用皮件及军鞋等，设备规模较一般厂好，因其有钱有势，对牛皮实行统制，不准商营工厂私购牛皮。

1941年成立雍兴公司长安制革厂，主要生产轮带并制作传动轮带，兼制

---

① 政协甘肃、陕西等省文史资料委员会编：《西北近代工业》，甘肃人民出版社1989年版，第486–488页。

② 政协甘肃、陕西等省文史资料委员会编：《西北近代工业》，甘肃人民出版社1989年版，第489–491页。

③ 政协甘肃、陕西等省文史资料委员会编：《西北近代工业》，甘肃人民出版社1989年版，第501–503页。

牛底革、牛面革、衣服革等。该厂资金高达法币40万元，有10匹马力蒸汽机一部、庄皮机二部、转鼓一部、制鞋皮机三部、压光机一部。经营范围除制鞋制革外，兼制皮球及箱囊。该厂所产的轮带皮和底皮也运往西南各省。[①]

另外，西北地区的植物鞣料秦岭中很丰富，五倍子也可为制造次等革提供材质，这些均为发展制革业提供良好的资源，有效推动了西北地区制革业的发展。[②]

（七）西北"大后方"机器制造业

机器制造业足以映射其他工业发展的程度。战前西北机器制造业规模小、动力设备弱，因生产项目多服务于军工，故而远离民众生产生活。抗战时期，随着西迁而来的工厂企业，促使西北地区机器制造业有了极大发展。

1938年，蒋介石到兰州曾亲赴制造局，指示要改单一的军工生产为军工兼民用生产，并承揽公路、水利等工程的机具制造，同时改名为"甘肃制造厂"。1940年，甘肃制造厂改名为"甘肃机械厂"，除制造民用机械外，为防空袭，另设洮沙分厂，专事制造军械。1941年，国民党政府资源委员会与甘肃省政府合资经营，改甘肃机械厂为"甘肃机器厂"，为避免日机空袭，选新厂址于兰州西郊土门墩，历时三年全部迁入新厂址生产，此时期无固定生产方向及产品。

甘肃造币厂建立于1927年，1935年曾停办，1948年利用原来设备，重新铸造银币。西北军曾在甘肃发行西北银行券，经济命脉掌握在造币厂手内，是一个非常重要的机构。

1940年，西北地区的"西北机器厂"以修配纱机而创立，厂址设在蔡家坡，是当时西北规模较大的机器工业，为配合西北地区毛纺织业发展，该厂不仅完成半成品的加工配套，继而进行全套纺织机械的生产。[③]

---

① 政协甘肃、陕西等省文史资料委员会编：《西北近代工业》，甘肃人民出版社1989年版，第504页。

② 郑志忠：《民国时期关中地区工业发展与布局研究》，学位论文，陕西师范大学，2012年，第71–73页。

③ 政协甘肃、陕西等省文史资料委员会编：《西北近代工业》，甘肃人民出版社1989年版，第384页。

（八）西北"大后方"机制烟业

国产卷烟产业起步于上海（图5-11）。西北地区此前均是作坊式小烟厂，品质、产量、销路都不大，但在西迁企业基础上，趁机购置机器、新建厂房、扩招员工，努力扩大产业规模。西北卷烟行业通过临摹、学习洋商设计、生产、销售卷烟的全过程，逐步掌握了完整的民生商品产业链流程，建立起有自己特点的商宣设计、包装设计、装潢设计、广告设计和覆盖全部平面设计基本元素的图案设计、符号设计、字体设计、色彩设计等众多设计细节技艺，还将这些已掌握技能广泛运用到其他平面设计领域，为开创并持续发展西北民生类商品的平面设计做出一定的贡献。

民国成套铜质香烟具

民国火柴匣铜质烟缸

图5-11　民国时期快鹿组合烟具 [①]

综上所述，这一时期西北地区各种机制工业演进的过程中，产业的工业化程度提升直接促进了西北地区民生商品设计产业的飞速进步，40年代初的西北地区食品及副食品加工业，如粮油分装、面食包装、肉食灌装等的包装设计，民生日用品设计，如民居、家具等用品用具，纸本媒介的平面设计，如宣传画报刊版式、书籍装帧和插图等，民生商品设计的平均水准都比战前

---

① 图片来源：《中国设计全集·文具类编》礼娱篇，商务印书馆2015年12月，第230-231页。

有很大提升。尤其是1942年之后的战争后期，西北大后方工业承揽了美军在太平洋战区军需品生产之后，美元、美式产能加设计观念快速植入中国工业部门，使中国工商业在各方面均有较大提高。[①]

同时，民生商品中围绕抗战时期的题材，加之大量美术、文化精英的介入，西北民生设计事物在设计创意方面不断有所提升。与此同时，尤其是纸媒印刷、书籍装帧等各方面受到战时经济的制约，西北地区民生商品的整体制作水平较之战前有很大下降。但抗战时期西北民生设计深受广大民众喜爱，且表现出较高的艺术性和时代性，既维持了抗战军民的日常所需，也大力宣传了抗日救亡的爱国思想。

二、抗战及民国后期西北地区民生状态与民生设计分析

（一）民众衣着方式与设计

由于物质匮乏，西北民众的经济生活趋向紧缩，衣着也日益简朴，变化较少。西北民众传统衣料普遍比较粗糙、简单，多以自织土布、羊皮为主。通常是一年三季一身黑棉猴，即小立领、对襟、盘布纽扣，只有夏季穿侧面镂空的小褂。一般男人衣着款式多为上穿满襟土布衣袄，下穿"本装裤"即一种黑面宽裆小裤脚长裤，裤脚管用带束住，腰间用布带或草藤缠扎，夏单冬棉，头戴黑色圆顶小毡帽；纯粹的农牧民没帽子就拿"羊肚白"即白毛巾扎在脑袋上，在前额绾成两只羊角状巾角。女人穿自制土布浅色满襟宽袖上衣，下身也是"本装裤"。大户、文人多着长袍，材质多选用绫绸或土布，外罩马褂，部分人喜戴礼帽，材质多为本地毡呢。除夏季外，陕北农民、羊倌身上多一年三季穿着翻转绵羊皮，即没有经任何缝纫及布片装饰，下身穿着棉裤，腰里束带，其衣着打扮，古朴淳厚。[②]赶脚小贩、车夫、羊倌或出门走远道的人，则多身披羊毛皮板，肩上挂一副"裢褡"。西北边区"公家人"的

---

① 王琥：《设计与百年民生》，江苏凤凰美术出版社2016年版，第422页。

② 王琥：《设计与百年民生》，江苏凤凰美术出版社2016年版，第388–389、459页。

服饰有其自身特点。八路军制服是西北边区中心延安城里党政军学与普通老百姓相区别的"统标记"。制服有统一的形制，材质选用经济耐磨的青布，腰间束皮带，小腿打起绑腿，男女制服一致，服饰以实用性和便捷性为主，走在延安街头，该制服有较强的识别性。[①]

　　30年代中期至40年代初期，由于国内外形势的影响，中国共产党以西北关内地区作为根据地，该时期该地区的服饰呈现多元化风格的汇聚倾向，各方人才集聚于此，各色服装在此交汇，以革命军装为主导，另外出现学生装（图5-12）、中山装（图5-13）、洋式裙装（图5-14）等。但之后国内外形势导致该地区物质资源匮乏，民众生活困苦，对服饰基本保持最基础的需求，且以俭省素朴为目标。

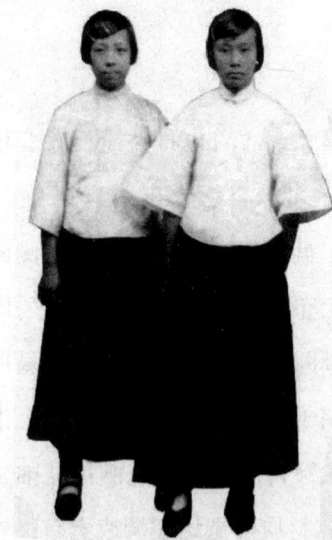

图5-12　学生装[②]　　　　　图5-13　中山装[③]　　　　　图5-14　洋式裙装[④]

　　皮装是冬天特有的服装，在寒冷的西北尤其如此。男子常服长袍、短

① 王琥：《设计与百年民生》，江苏凤凰美术出版社2016年版，第390页。
② 图片来源：《中国传统设计全集·服饰类编》衣裳篇，第196页。
③ 图片来源：辛亥印记第五讲：中山装替代长袍马褂（http://news.163.com/11/0919/08/7EA5M02D00014JB5.html）。
④ 图片来源：《中国设计全集·服饰类编》衣裳篇，商务印书馆2015年12月，第258页。

褂，绸缎、呢绒、纱、罗、夏布及各种粗细布类，皆可制衣。冬日皮裘，则狐、貉、羊羔、山狸、灰鼠之类，皆可用之，若貂皮、猞猁、水獭、海龙乃贵重品，非通用者。冠，则夏日草帽，冬日皮帽，春秋缎制小帽及西式毡帽。履，则冬棉与毡，余悉用缎，亦有用革履者……在寒冷的西北地区，民众会自觉地用皮衣来进行保暖。但是真正能够穿着皮装的也是少数。居民普通衣服，惟布一种，着绸缎、呢绒者甚少。单、夹、棉随时更易，在极暑极寒之期，亦鲜有用葛与装者。以长衫短褂为常服，农人俱服短衣，以其便于操作也。鞋帽则以质朴应用为主。

由此可见，普通民众在使用皮毛衣服时，缺乏用动物皮毛进行再加工，更缺少对皮毛服装的款式、色彩的设计与制作。40 年代，人们对于加工动物皮毛已经有了很大的进步，不仅如此，而且还懂得各种动物毛皮的价值与作用。

兰州的西式服装制造业开始于 1938 年，是由哈尔滨迁到兰州的山东人张鸿安开办的鸿昌西服店。随后，浙江的马定茂、马文龙开设罗宾西装店，李荣开设吉丰西装店，在抗战中这里共开设了 20 多家。一般一套为 90 元（相当于当时的一两黄金），所以在兰州婚礼上新郎仍然多身着长袍马褂。女子服饰为上袄下裙，虽然是沿袭清朝而来，但是形制却发生很大变化，人们改变传统的样式，在制作过程中以体现女性的曲线美为宗旨。再者是旗袍，旗袍原为清代满族妇女的服装，特点是宽大、平直、面料多用绸缎，衣服上绣满花纹。20 年代旗袍开始在社会上流行起来，最初的样式和清朝的一样，但随后就有了明显的变化，袖口缩小，长度减短，腰身收紧等。此后，人们又不断吸收西方服饰的长处，对旗袍进行了无数次的改革和创新，如旗袍的长短、衣襟的开法、装饰的繁简、衣领的高低等，在不同时期均有所差异。因此到了 30 年代，旗袍已经完全脱离原来的形式，演变成一种既保持中国民族特色，又体现西方服饰优点，充满着时代气息的服装，且几乎成了中国妇女的标准服饰。从达官贵人、富商，到工人、学生、普通的家庭妇女无不穿着。其不仅仅是民众日常生活的便服，也是政府规定的正式场合的礼服。由于当时民众的经济状况，女子的婚礼服饰则仍然是旗袍与袄裙为主。但从《西北日报》

刊登的广告来看，当时兰州已经有部分青年女子以婚纱作为婚服。此类情况并不多见，主要仍局限在高收入群体。[①]

西北地区的服饰历经单一本土风格到多元汇集风格的发展。款式日渐多样，随着职业的细分，出现制服、学生装、西式流行装、本土民族服饰等。其服装面料、加工细节等随着技术的进步、西式商品对传统服装的冲击出现传统到现代的变化。其裁剪方式开始学习西方的立体裁剪，这不仅是技术的进步，更是民众之间交流的频繁，加之通过电影等新兴事物对民众时尚流行观念影响的呈现。

（二）民众餐饮方式与设计

1937年至1940年，延安地区的财政经费主要靠外部来源，其中主要是国民政府对八路军的军费拨款，其次是各界华侨、工商业界的踊跃捐款。从1939年起，陕甘宁地区政府向当地民众征收的"救国公粮"连年翻倍，公粮征收量的一路飙升，对民众生活冲击很大，令当地民众苦不堪言。之后，毛主席号召边区军民开展以解决吃饭穿衣为目标的"大生产运动"，至此边区财政收入得到好转，民众生活得到一定的改善。但整体而言，抗战期间西北民众的日常生活还是非常艰苦，尤其体现在一日三餐上。

西北地区幅员辽阔，民众饮食习惯也各不相同，少数民族地区虽然餐饮结构与饮食习惯逐渐有所改变，但民族习俗仍占据该地区饮食主导地位。仅陕北边区与关中、陇东的餐饮习俗就有所差异，陕北民众多喜食麦面、小米、谷物等，关中、陇东民众多喜食小麦、糜子等。西北边区普通民众饮食的基本特征以杂粮粗食为主，很少能吃上肉食。这一时期西北地区尤其是边区民众餐饮方式基本没有很大的改变，且多在生存线上挣扎。

民国后期，战事平息，很多工商业主、技术工人小业主、公私机构小职员和文化机构与高等院校的师生等回迁返乡，国共内战正式开打后，西北民

---

① 崔欣：《民国时期兰州婚俗研究及其旅游开发》，硕士学位论文，西北师范大学，2007年，第29-30页。

众遭遇物价飞涨，民生困难，所有经济及产业整体状态迅速下滑，甚至严重影响西北普通民众最基本的食品供应的地步，商业餐饮服务业随之发生经营状况一落千丈、举步维艰的严重状况，普通民众在日常生活最基本保障的"吃饭"问题上艰辛不易。

（三）民众出行方式与设计

抗战及民国后期西北城市在修建的市区市政服务设施系统基础上，有了一些新变化，省际陆路铁路和水路的公交客运也开辟了一些新路线，新建了一批车站、码头。如迪化市区建成柏油路和卵石路，出行条件大为改善，更适应于新式交通工具的出行。

西北各城市的普通民众出行主要交通工具中，自行车比例有较显著增长。政府低级公务员、教师、公司雇员、青年学生，甚至巡街警察，使用自行车出行的人数比例有明显增加。但西北地区的中小城市及乡村依然相对落后，自行车对于收入较低、仅维持温饱的劳工阶级和农民而言，仍属于奢侈品范畴。民众出行主要仍依靠步行、畜力代脚、人力车，甚至大车抬轿等。如西式马车，虽令人耳目一新，又很舒适，上海率先批量仿造、购置、租用，然后又由上海传到南京、天津、北京等各大城市并继续影响周边。根据1947年《宁夏纪要》记载，在宁夏也出现新式马车，虽然进入20年代后受新式交通工具影响，马车在各大城市有式微景象，但直到1949年仍然可见其踪影。[①]

抗战胜利最初两年，西北地区中的大城市搞了一些公交车辆配置和路站建设，但一些战前老百姓主要交通工具并没有能恢复起来甚至逐渐消亡。

1. 新型交通方式影响下的出行及其行为观念的变化

这一时期是新型交通工具、交通方式迅速发展，传统交通工具、交通方式依然盛行的时代，新旧汇聚，这种情况在先受西式文明影响的沿海都市尤为明显，之后普及到西北地区。李大钊在《新的！旧的！》（图5-15）一文中记述："狭隘的一条道路，其间竟能容纳数多时代的器物：也有骆驼轿，也有

---

① 陈高华、徐吉军：《中国风俗通史（民国卷）》，上海文艺出版社2012年版，第199页。

一轮车，也有骡车、马车、人力车、自行车、汽车等，把20世纪的东西同15世纪以前的汇在一处。"[1]李大钊虽讲述的是北京，但此时西北地区的城市，何尝不是如此。每个当时在都市生活过的民众，都切身经历过乘坐的交通工具瞬息在古老与新颖之间的神奇变换。

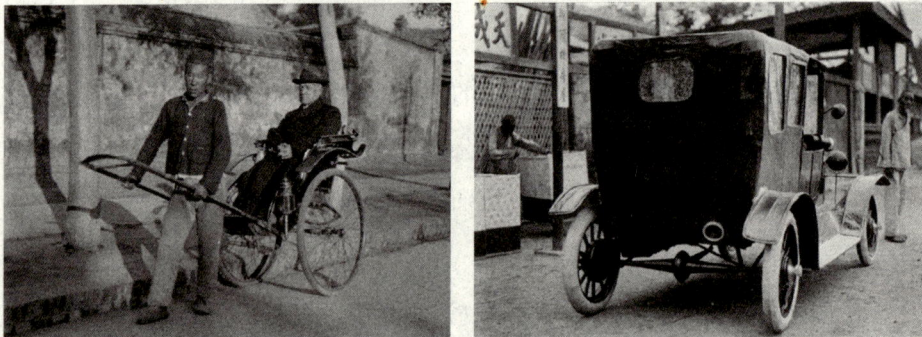

图5-15 交通工具[2]

清末来华的传教士总结当时中国人习惯成自然的一些特点，其一是缺乏时间观念，这种对时间观念的缺乏包括交通习惯在内。对于时间观念缺乏的习惯，随着新式交通方式的推广逐渐得以改变。作为公共交通，轮船、火车、汽车的出发，每个班次都有固定的时间。火车通行后，"旅客须知"明确规定"按时刻表行走，万难稍等，如有旅客中途停留，不能赶及，皆系自误，务望注意，以免烦言"。"车已行动，虽未离月台，亦不得冒险跃登"。[3]20世纪二三十年代公共汽车运营调度时刻安排已经精确到用"秒"来计算，用时间观念逐渐深入近代社会民众的日常工作和生活中。[4]当乘坐这样的公共交通成为日常生活必需时，民众必然讲求时间的精确。新式交通工具如此精确的时间安排使得到达目的地的时间也能事先准确预知，通常情况下，到达目的

---

① 李大钊：《新的！旧的！》，转引自陈高华、徐吉军《中国风俗通史（民国卷）》，上海文艺出版社2012年版，第216页。

② 资料来源：《清末民初中国各地城市乡村百姓生活习俗建筑老照片集》。

③ 苏生文、赵爽：《交通近代化与公共秩序（二）》，转引自陈高华、徐吉军《中国风俗通史（民国卷）》，上海文艺出版社2012年版，第217页。

④ 鲍成志：《试论新式公共交通兴起与近代中国城市发展》，《四川大学学报（哲学社会科学版）》，2009年第2期，第131页。

地的时间也总能控制在一个相对误差不大的范围内，这在以往是不可想象的，新式交通工具的出现改变了这种情况。伴随新式交通工具的发展，使得原先觉得十分遥远的地方变得近了许多，自然扩大了民众的出行范围，于是人与人之间交往日益频繁，越来越多的人目光不再局限于祖辈时代生活的狭小地域内。新式交通方式下，行旅的时间节奏发生改变。同时，城市公交业的行车调度、经营管理、车辆进口和维养逐渐完善，且已基本形成多样化的现代陆路交通网络。同时，快捷的新式交通又使民众的出行频率大为提高，更多的人融入更大的社会之中。

依托新式交通方式，民众更多地选择外出旅行，这渐成习惯的旅行主要表现为铁路旅行。铁路旅行始于清末，西北地区随着铁路相继竣工通行，铁路旅行逐渐流行。在当时，乘坐火车旅行成为一件既时尚又体面的事情。

2. 近代交通方式、交通规则下的出行习俗

民国肇始，前清官员仪仗制度废除，历史久远的最主要的古代交通习惯—— 官员出行按等级避让制度就此终结，取而代之的是适应新型交通方式、新的交通规则之下的新的出行习俗。近代的出行习俗与交通规则密不可分。近代交通规则的出现与修订无疑深受西方的影响，其最先出现在设有租界的通商口岸，时间也早在民国建立之前的清末。近代交通规则在上海出现较早，而且随着市内交通方式的变化而不断修订、完善。先是在黄包车、手推车占道路交通主角的时代，租界当局公布了《手推车规章》。进入马车时代，又颁布《马路章程》涉及道路交通，如驾车者须在马路左边前行，他车须从他车之右边向前；交叉路口需缓行，对左右转弯亦有规定；凡载重之车马等类，其速率不得较速于步行之人等。这些规则一直沿用到民国，由于西北地区较沿海地区发展起步晚，故此，这些规则缓进浸入西北地区。[①]

20世纪后进入机动车时代，汽车开始进入民众生活。与原先已有的各种交通工具相比，汽车肇祸的危害性更大，也因此从一开始就被称为"市虎"，

---

① 陈高华、徐吉军:《中国风俗通史（民国卷）》，上海文艺出版社2012年版，第221-222页。

且颇受诟议。故此，很多地区都有拟订取缔"市虎"条例的动议，但取缔显然是违反社会进步规律的。虽然在一些未通机动车的小镇道路上依然能如往昔一样闲庭散步，但这样的地方只会越来越少。如何在新的形势下形成一套新的出行规范、养成一种新的出行习俗才是最为重要的。

1920年，上海工部局巡捕房就开始起草涉及租界及相关地区的交通规则，1921年1月1日正式对外公布和实行，几年后又对该规则进行反复修订。上海之外，各地的道路交通管理、设施也在相应进步，同时也在推出自己的交通规则。但因各自为政，连一些基本的规则也未能在全国统一，比如左行还是右行可谓是基本之基本，竟然也是各行其是。大体而言，由于北方毗邻俄国，受其影响多采用右行；而南方受英国影响多左行。随着公路建设的发展，汽车交通在全国逐渐连为一体，这种局面当然不得不需要改变。

30年代新生活运动，规定车辆靠左行驶。伴随大量美援汽车进入中国，中国习惯了车辆靠左行驶的规则，至此1946年1月才算有了一个统一的结果，规定车辆靠右侧行驶。此外还规定民众群体行列的规则以及行人规则等，各地区积极制定推广交通规则。[①] 还有一些人提出了个人的看法与建议，"行人要使其充分利用人行道，不得在街心行走，更不准随意在任何地方穿过马路。行人欲穿过马路者，必须在规定之地方穿过之，以免危险"，但良好的交通习惯不可能于朝夕养成，也并非一纸交通规则就能改变一切。[②] 进入民国，汽车作为公共交通工具普遍起来，尤其在城市中，成为大众化的出行工具，男女挤在同一个狭小空间中、男女杂坐已是司空见惯之事，即使到了晚上也不例外。这便促使轮船、火车不再维持清末时一度专设女座、女间的权宜之计。于是"男女杂坐不以为嫌"[③] 成为新的出行习俗，男女授受不亲的礼教观念趋于崩溃。女性出行的解放又导致了相关交通习俗的产生，如让路、让座时男

---

① 朱斌：《靠左走？靠右走？》，《看历史》，2010年第4期，第16页。
② 陈高华、徐吉军：《中国风俗通史（民国卷）》，上海文艺出版社2012年版，第223–224页。
③ 侯祖畬、吕寅东：《夏口县志》第2卷《风土志》。

子让女子。①

现代交通体系的构建为西北各个地区趋于紧密化奠定了坚实基础。现代化的技术促进了各地的联动，随着彼此间关系的密切化，更进一步推动了西北的现代化进程。

（四）民众居住方式与设计

在整个民国时期，居住与建筑风俗的形成发展、演变方向则存在着中西交汇、新旧交错现象与时代特征。在居住与建筑风俗上，既有传统特色，亦有时代创新，发生着急剧变革。在居住与建筑样式、规格上，呈现出多文化发展的态势。民众随着时代的巨变，在居住与建筑风俗的观念上，进行更新，且付诸生活实践。

纵观这一时期，民众在居住与建筑风俗方面，呈现出以下的"个性"与"特色"：其一，西北地区城市的改建、扩建、新建拓展，城镇的兴起与改造，致使民众的居住环境，在时代的巨变演进"张力"的催生下，逐渐发生重大深刻的变化：一方面，是民众的居住生态环境空间的缩小与恶化；另一方面，随着时代的演化与进步，民众的居住人文科技环境的相对开放与变革，且两者之间形成既"交错"又"共生"的关系，更直接影响民众居住生活的进程。其二，随着时代的变革发展，居住建筑科技水平的提升与新技术的应用，建筑修建工程工期大为缩短，建筑现代化、规模化程式化特色凸现，从而直接或间接影响整个居住社会生活的发展、演变、繁盛、传承的历史进程。同时，更为民国时期的建筑与居住风俗，打上深刻的历史"烙印"，并对后世产生多元的影响与多种效应。②

至民国末期，西北城市一些新建的高档民居建筑与简易式民居建筑，具备如下特征：板砖双码、错层堆砌。如此使结构更牢固，隔声、保暖效果更好，亦省工省料。砖砌时用洋灰，墙体形成后再用洋灰填缝、抹平。这样可

---

① 满大启：《常德地区志·民俗志》，中国文史出版社1994年版，第48页。

② 陈高华、徐吉军：《中国风俗通史（民国卷）》，上海文艺出版社2012年版，第150-151页。

以使墙壁密封性好些，兼有防雨水渗透、隔声、隔热等多种低级功能。运用洋瓦铺顶，这种矩形长板瓦每片宽约30厘米，长约45厘米，瓦面呈波浪起伏状，可聚集雨水，使其有序下流，下部檐口上侧为锹铲状，上部檐口反向有挂钩状结构。民国末期的新建民居建筑，门扇已大量使用胶合板打制，门扇连接门框的已不再是转轴，而是使用了铰链叶片，用木螺丝固定后可以自如翻转。最初的民居均是在门板上安装"锁鼻"和"锁搭子"，再挂上一把环钩挂锁了事，讲究些的则安装美国产的"嵌入式弹簧锁"。窗扇简易，无窗棂、有玻璃。左右开启窗扇，一般是框格构造，无中式雕花镂空式窗棂，只镶嵌玻璃，窗扇也有铁质风钩和竖状插销，有简单的室内装饰。档次高点的民居上有天花板，下有地板，有些高档民居还有墙裙。简易式则既无天花板、地板，也无墙裙踢脚。高档的民居配有独立的卫生间和厨房，使用简易式筒状铁皮煤炉，普通简易式民居则每个楼层有公用厕所，利用拐角楼道支锅做饭。[①] 但更多的西北民众则混居在老式窑洞、民居帐篷中。

（五）民众礼俗方式与设计

1. 安土重迁习俗的延续

民众习俗是根深蒂固的，安土重迁是最为基本的出行习俗观念，首先在偏僻地区，因交通极度不便导致这一观念一直存续，同时在已有新式交通通行的地区，这一习惯依然存留，"父母在，不远游"的思想起着指导作用。传统的交通条件，不可能令人产生出行的想法。即便是在交通条件相对发达的地区，在习惯思维左右下，民众还是视"出门"为畏途。家人出远门必须要有正当的理由以及衣食住行等各方面的准备。否则，家长和老人不会轻易同意。出门远行的一部分民众无非是为肄业学校，为供职京外，及断断续续之牛皮、药材等商人。

2. 启程

安土重迁的习惯，使得民众一旦必须出门，尤其是出远门，就表现得极

---

① 王琥：《设计与百年民生》，江苏凤凰美术出版社2016年版，第467页。

其慎重。尤其出行范围广，且路途较遥远的，首先须得择日。最通常、最简单的办法是拿一本历书查一下，凡是印有"不宜出行"的日子就改天出门，还要看看所行方向是否平安。讲究些的还要专门请人卜卦或到寺庙求签。此外民间还有出行宜忌日子的俗信，也得遵守，不同地方有自己特有的宜忌日子。

第二件大事是祭祖祀神，求得护佑。除祭告祖灵外，还得专门祭祀路神。祭祀路神古称祖饯或祖道。有些地方渐渐废除这一做法，但不少地方依然沿袭旧习，并且有陆路、水路之分。关于祭拜神灵以求路途得到护佑的习俗，涉及交通工具的拥有者及从事交通运输的专门人员、行业，其平时就有祭拜所供奉的神灵的习俗。陆路方面，畜力运输以马为主，旧时马骡运输业大都供奉马神。马神习称马王、马祖、马明王、马王爷等，被认为是主管马骡驴之神。脚夫也有供奉马王的，或者供奉王二车神、天仙圣母。拉黄包车的人力车业清末才出现，因为传说周文王渭水访贤曾给姜太公拉过车，亦供奉周文王为祖师。

经过择日、祭祀，出行的日子理应确定，但实际上还会因为遇上一些俗信不宜出行的意外而发生改变，或触犯一些禁忌而不得不改换行程。通常不宜出行的意外与禁忌有：出门前不能与家人争吵，也不能说"死""霉""鬼"等不吉利字词，否则出远门心绪不定；早起刷牙时牙刷断，煮饭时把饭煮焦，吃饭时噎住，或者折断筷子、打碎碗等，均是不吉之兆，一般就会中止外出。刚出家门遇上不吉利的事情，同样折回家门，改期出行。[①]

3. 路途习俗

民国时代，在已设置路灯的城市里，夜行几无多少忌讳。但一离开灯火照耀的城市，走夜路依然是习俗所忌讳的。因此尽可能安排白天赶路，晚上歇脚。但出门，尤其是出远门、久出门，难免有非走夜路不可的时候，故而又有走夜路的习俗。

---

① 陈高华、徐吉军：《中国风俗通史（民国卷）》，上海文艺出版社 2012 年版，第 231 页。

适应当时畜力、人力交通工具普遍的状况，沿着交通线，除了专供旅客住宿的客栈旅馆外，不少地方还设有车马店、大车店、骡马站等，供人、畜、车辆过夜。当时一些寺庙也接待行旅住宿，旧时的寺院庙宇中也常设有旅舍，食宿价格无一定标准，由居住者视财力随意施舍银两。近代的寺院大多不设旅舍，只有个别名山大寺还保留着简易的客舍。

4. 婚姻制度

抗日战争时期，各抗日根据地民主政权根据所在地的经济和政治情况，分别颁布了系列有关婚姻方面的法律法规。这一时期各抗日民主政权颁布的婚姻法令总的精神与1941年7月7日公布的《晋察冀边区婚姻条例草案》中对于婚姻的看法一致，强调实行男女平等、反对买卖婚姻、反对包办婚姻、婚姻自由、一夫一妻等，这是所有抗日民主政权婚姻法的基本精神。

1946年4月，陕甘宁边区通过《陕甘宁边区婚姻条例》。该条例除了一以贯之地承继了第二次国内革命时期和抗日战争时期中共政权颁发的婚姻法规总的精神外，又增加了一条特殊的规定，即"少数民族婚姻，在不违反本条例之规定下，得尊重其习惯"。这条体现了党的少数民族政策。苏维埃政权、抗日民主政权和解放区人民政权所颁布的婚姻法令的社会效应是显著的，其使所在地区的婚姻礼俗出现了新的景象、新的风气。

总之，民众礼俗的内容最为庞杂，但也最贴近民众的日常生活，因此在涉及事象上具有多元化的特征，在表现形式上呈现出多样性的特点。每一种礼俗的产生都连带着十分复杂的社会背景，同时也散发出异常活发的生活气息；民众礼俗在发展过程中一方面被民众高度信奉和传承，另一方面亦由于环境与条件的不断改变，而适时地发生着各种嬗递与变异。

（六）民间闲娱方式与设计

在20世纪40年代初西北边区的艰难岁月里，许多能体现群众性的公共建筑依然在建设。礼堂作为新型的公共建筑，可以满足集会、演出、阅览、进餐等多方面群众性活动的需求。如建成于1942年的延安杨家岭中央大礼堂（图5-16）为木石结构、石砌墙体的建筑。顶为石拱，石拱之间用木梁连结瓦屋面。主厅内摆满排椅，可容纳一千多人，空间开阔。主厅东边是一个小会议室，两边还建有两个小阅展室，用以抵御半圆拱万一产生的侧推力。为了提高大拱的承载力，在大拱上又修了几个小型砖拱，然后用单砖砌平，既能承重，故显得外观平整又美观。随着边区社会经济文化的不断发展，建筑规程逐渐细化，从质量标准、建制规范、使用维修办法等多方面进行规程制定。[1]

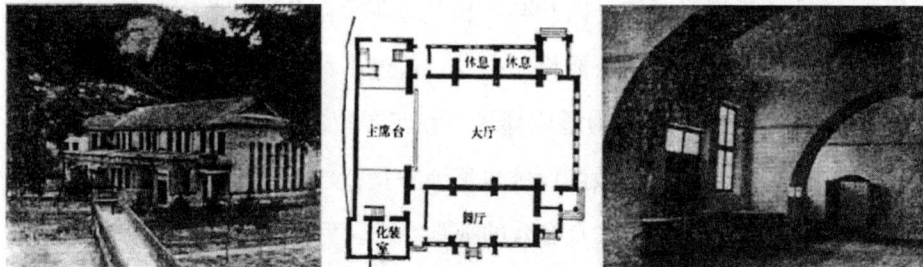

图5-16 延安杨家岭中央大礼堂[2]

民国后期西北地区大城市中的照相馆业务有所发展，在照相服务内容上有所拓展，新增了许多青年客户喜爱的人工绘制或大幅彩印背景的影棚式拍摄和情节化妆项目等，一些大的照相馆还效仿沿海地区，引进器械、加强后期胶片合成、暗房洗印技术，不断拓展自身的业务范围。

战后全国电影发行放映业也有较大发展，西北城市在影院放映机械、音响、座椅及装潢上，都大力引进了美式标准和设备，整体档次有较大提高。电影成为民众追求时尚生活方式的一种体现，广泛而深刻地深入民心。电影院也被看作现代化城市的繁荣标志。

这一时期西北城市中电影院不仅装饰愈显富丽堂皇，而且内部设施通常初具现代设计意味。其充分考虑观影环境和氛围，并在原有基础上增加放映

---

① 周予希:《基于近代建筑制度视角的中国室内设计转型研究（1845—1953）》，学位论文，东南大学，2016年，第129页。

② 图片来源：周予希:《基于近代建筑制度视角的中国室内设计转型研究（1845—1953）》，学位论文，东南大学，2016年，第128页。

机，确保播放的技术稳定。电影本身作为民众通俗教育的利器，带给民众切实的文明体验，能弥补西北多年封闭造成的民生设计信息缺失，无形中增加电影院对民众的吸引力。电影的发展已然超越了放映的单一功能，在此时期与社会时局绑定，是政府政治宣传和思想控制的重要手段。

这一时期，公园的社会服务功能增多，其不仅为民众提供游览休闲的平台，同时公园常组织各种有意义的互动活动，以引导民众健康向上。如新疆地区迪化的中山公园在1939年增设动物室供民众观赏，其饲养陈列各种动物。另外，该公园设置民教馆，以1943年民教馆附设西公园的临时分馆为例，馆内展开社教工作；并在西公园设阅书处，通过多种文化娱乐设施的配备提高大众文化娱乐生活。同时为适应环境，在花园边凉亭内设立临时分馆一处，供民众阅览、游艺，体育锻炼设施也逐渐齐备，各场地设计了标识木牌以区分公共设施功能，并给予民众有效的视觉导视。另外，迪化公园于1945年设置卫生教育陈列馆，借助图画、标语等形式为民众开展卫生宣传。[①]

西北地区的闲娱文化是在特定的历史环境和自然环境中形成的，有其独特的风格。新形式的逐渐介入、新设施的逐步完备，不断地扩大民众的参与范围和参与度，渐次改变西北民众的思维方式、生活习惯和消费观念，继而推进民生设计的发展。

三、抗战及民国后期西北地区民生设计特点与工业化的特征

（一）西北地区产业的均衡布局

抗战时期西北地区形成的一些现代化民生设计形态，对于提升中国工业化条件下的民生产业具有巨大实际价值，其无论在产业布局、门类分工，还是开拓资源等各方面均是现代化、工业化的重要举措，亦成为中国20世纪下半叶民生设计支柱型产销业态。

---

① 闻永健:《民国时期迪化市政建设研究》，硕士学位论文，新疆大学，2016年，第37–38页。

抗战初期随国民政府内迁西北大后方的部分工业部门，本身为原沿海大城市"黄金十年"新建的新型工厂，其具备现代工业的基本优势，即产业规模较大，产能较高；机械操作，全员劳动生产率较高；有独立的技术研发与产品设计部门；一般均有配套的物流与销售部门。其创意、生产、销售的产业链健全，大多代表了30年代中国工业化成就，很快成为西北地区较为先进的工业部门。内迁之后，这些新型工厂纳入政府战时管理体制、充当战时军品生产部门，大量官资注入、原料基本能保障供应军需采购等问题，在政府各种有力措施的支持扶植下，这些工厂很快得以恢复并形成新的强大生产能力，成为西北"大后方"军火与军需品生产的骨干企业。此外，这类工厂中虽承接部分军需品生产，但仍保留部分民用品生产，如搪瓷制品、玻璃制品等众多民生企业，其是抗战时期西北"大后方"民生工业制品生产的重要力量，亦是支撑起西北大后方军民抗战的物质力量，并延续了中国民生设计产业。虽然其在规模、产能、技术、资金分配和供销渠道上远不及军工生产部门，但数目众多、门类丰富。[①]

西北地区的工商业以及民间传统手工产业，是抗战时期西北民生设计产业的主要栖身之地，八年期间生产了除工业制品外的绝大多数主要品种的民生商品，在战时困难条件下，保障了西北及其他地区的基本民生。

（二）战时西北地区民生产业的飞跃发展

战时中国军工企业，主体是在内迁到西北、西南"大后方"的沿海兵器工业和制造业基础上形成的。抗战中，"大后方"使原来分散经营的中国民生产业有可能在战时管理体制内实现资源、产能门类方面的统一调度、筹划和分配。具有相当的产能、规模稳定的销售渠道的企业，才能使产品的技术研发和外观设计成为不可缺少的生产环节，而且能集中技术与设计力量开发新产品。战时机械制造、汽修等行业实现多家中小企业合并，虽然因为战争特殊条件下成功的新研发产品设计案例并不太多，但抗战时期涌现的一批高

① 王琥：《设计与百年民生》，江苏凤凰美术出版社2016年版，第428页。

水平的军工产品和民生产品，都与这种合并模式有关，这是企业拥有独立设计部门的关键，亦是抗战"大后方"工业制品在设计研发方面有一定进步的原因。[①]

综上，战时条件下的民生设计产销业态普遍严重受挫，远不及战前。受制于战时经济体制的民生必需品分配制度，其物资原料供应紧张、技术人才极度缺乏，制约了自由竞争、自由消费。但军工行业作为西北地区战时经济的优先方向，无论在新品研发、外观设计、弹药配给、批量生产各方面均有一定发展，在军工产品的口径、规格等方面，均能根据中国自己的地理、气候、环境和兵员生理特征，研发设计出适合需要的武器装备，这个设计意识在概念上已经把现代中国工业设计水平和行业标准往前推进了一步。这种把原先低下的仅是外观设计的工业设计概念发展成适合操作、提高功效的现代工业设计必备标准，是产品的时代进步。与战时工业制品的造型设计不断进步相对应，处于次要部门的民用工业制品也在战时经济的夹缝中生存发展。尤其在抗战后半期，西北地区民生产品部门大多数接近战前水平，有些新建或合并的民生商品企业还创造了骄人业绩，如毛呢纺织等，为保存中国社会工业化进程和维持民生设计产业起到关键作用。[②]

本章小结

本章首先从西北地区民生设计中工业化进程的繁荣与引领入手，分析了抗战及民国后期西北地区社会时局背景；抗战时期乡村社会传统手工业的重要作用；抗战及民国后期西北地区产销业态与民生设计。其次，阐释了西北地区民生设计中工业化程度的大发展：从西北地区工业化的发展；产业组织形式与经营方式的工业化演进；抗战及民国后期西北地区工业化的扩散效应三方面进行了分析。最后，论证了抗战及民国后期西北民生设计与工业化的

---

① 王琥：《设计与百年民生》，江苏凤凰美术出版社2016年版，第428–429页。
② 王琥：《设计与百年民生》，江苏凤凰美术出版社2016年版，第429页。

特征：从西北地区各种机制工业演进趋势到对民生状态与民生设计进行分析，总结民生设计特点与工业化的特征。

抗战及民国后期的西北民生设计产业，在这一时期表现出蓬勃发展的趋势。无论是设计观念的逐步更新，还是设计行为介入产业效益的程度；无论是对西北社会文化事物的影响，还是民生商品的消费时尚日益形成，都呈现出一定水平。在民生商品各产业不断成长的条件下，设计创意呈现出前所未有的活跃，不但逐渐接受西式民主的设计理念，而且在设计的产业实施层面逐步衔接。

第六章

中华人民共和国成立初期（1949—1966 年）
西北地区工业化与民生设计

1949 年 10 月 1 日中华人民共和国成立，是中国历史上意义重大的政治事件。中华人民共和国成立初期，整个社会移风易俗，各行各业万象更新，西北地区同样跟上了时代的步伐，在扫除旧社会弊病的同时，大力发展工业经济。但中华人民共和国成立后西北地区的工业发展并未一帆风顺，因三年自然灾害、"文化大革命"等事件，中国社会遭受严重打击，后者更是导致工业化经济与民生设计及产销业态处于长期停滞状态。因而本章涉及的时间范围界定在 1949 年 10 月中华人民共和国成立，至 1966 年为止。

另外，因中华人民共和国的成立，西北地区区域的界定也更为清晰化，按照国家对地界的划分方式，西北地区被划定为"深居内陆，位于昆仑山—阿尔金山—祁连山和长城以北，大兴安岭、乌鞘岭以西，包括新疆维吾尔自治区、宁夏回族自治区、内蒙古自治区的西部和甘肃省的西北部等"①，共涉及陕西省、甘肃省、宁夏回族自治区、青海省与新疆维吾尔自治区五省。

第一节　西北地区民生设计中工业化进程的深化

一、中华人民共和国成立初期西北地区社会时局背景

中华人民共和国成立之初，百废待举，西北地区工业建设虽有初期积累，但总体上工业基础薄弱，设备简陋、技术落后，再加之抗日战争、解放战争

---

① 中华人民共和国中央人民政府网站（http://www.gov.cn/guoqing/2005–09/13/content_2582640. htm）。

多方因素，虽有一定程度的缓慢发展，但屡遭重创，多数企业为国民党官僚资本垄断。中华人民共和国成立之后西北各地相继解放，在新政府、新政策的指引下，在中华人民共和国成立初期进行了工业生产的恢复工作，西北五省在中华人民共和国成立初期的形势背景各不相同，中华人民共和国成立后相关政策的施行，使其工业建设与社会主义改造工作皆取得阶段性成果。

（一）对新疆地区进行工业开发的形势背景

新疆地区地域辽阔，但位处西北边陲地带，地广人稀，在中华人民共和国成立前并未形成较大规模的工业系统，因而中华人民共和国成立初期其工业化仍处于起步阶段。中华人民共和国成立后，如何开发新疆，发展工业，成为党和政府重点关注的战略决策之一。中华人民共和国成立之前，新疆地区人口以维吾尔族为主，另有汉、哈萨克、回、柯尔克孜等多个民族，属于少数民族占多数的地区，中共新疆分局于1949年10月12日正式成立，至1955年10月1日，新疆维吾尔自治区成立，新疆各族人民开始行使国家赋予的民族区域自治的权力，新疆社会日趋安定，同时也有效促进了新疆地区的现代工业建设。

在这一时期，中央政府首先将官僚资本收归国有，建立起社会主义国营经济，1950年5月，新疆省人民政府颁布《工商登记办法》，以登记新疆地区工商业者情况，限定其经营范围，并将粮、棉、布、炭、糖、茶、油7种民生商品控制在国营经济主渠道中，保证供给与物价稳定。对于私营工业，国家对于煤炭、制毡、制革、食品加工等行业采取加工订货的方法，建立起国营企业与私营企业之间的联系，并逐步采取"加工、订货、统购、包销、收购"[①]等5种国家资本主义初级形式，在工业方面进行国家层面的调控，以解决新疆地区人民民生所需。

20世纪50年代，新疆地区的现代工业建设得益于军民的共同努力，进疆

---

① 中共新疆维吾尔自治区委统一战线工作部、中共新疆维吾尔自治区委党史工作委员会编：《中国资本主义工商业的社会主义改造·新疆卷》，中共党史出版社1993年版，第5页。

的中国人民解放军成为主力，发起并实施新疆工业现代化运动，逐渐形成以乌鲁木齐为中心的经济带，新疆工业结构也日趋变化，重工业比重日益加大。又因新疆地区为少数民族地区的特殊性，中华人民共和国成立前占据主流的少数民族手工业，在中华人民共和国成立后仍发挥作用，在集体经济中占据一定比重。20世纪五六十年代，中央政府对新疆经济有着计划性的投资，虽历经波折，但极力满足广大人民需求，进行多方调控，以健全新疆地区现代工业体系。

（二）对陕西地区进行工业开发的形势背景

陕西位处内陆腹地，自古即为中华文明的发祥地，近代以前就已存在冶铁、丝绸、制瓷等多项手工业，农牧、煤炭资源丰富，加之20世纪以来，陕西地区兴办工厂、兴修水利、开通铁路，至中华人民共和国成立前，工业化程度已初具规模。但在抗战时期，因交通阻隔与战时经济政策的制约，其工业化较为封闭落后。中华人民共和国成立后，社会渐趋安定，陕西地区的工业开发即在已有的工业基础上进行。

1949年5月20日，西安解放，并成立西安市政府；1950年1月，中共陕西省委和陕西省人民政府相继成立，由此展开国民经济的恢复工作，全面复工复业。与新疆地区施行的政策相似，解放初期，陕西地区同样将官僚资本收归国有，如雍兴公司改为西北人民纺织建设公司，同官煤矿改为国营煤矿等。彭德怀司令员在宝鸡视察时强调，"西北建设全赖工业，暂时基础过于渺小，所望公营私营诸厂协力同心，殊途同归，克服暂时之经济困难，完成今后必然建设之任务"。[①]可见，作为西北地区之一的陕西省，同样肩负着该地区的工业建设任务。

中华人民共和国成立初期，陕西地区是公私合营企业的重点试办单位，其一包括收归国有的官僚资本，与私股共同合营，如公私合营利民面粉股份

---

① 张优民等主编：《中国资本主义工商业的社会主义改造·陕西卷》，中共党史出版社1992年版，第6页。

有限公司；其二为私营企业面临经营困难，从而与政府投资合营，如公私合营新泰企业有限公司；其三为爱国资本家与政府共同投资改造旧厂，如裕农油厂等。公私合营在这一阶段，于煤矿、机器制造、榨油、面粉等多个行业推行展开，在这一态势下，国民经济的恢复与陕西地区的工业改造都有了一定提升。

（三）对甘肃地区进行工业开发的形势背景

甘肃位处内陆，处于我国地理中心地带，古代甘肃地区常以茶叶、羊、马进行贸易，多少数民族聚居。近代时期，陕甘总督左宗棠创办兰州制造局、甘肃织呢总局等产业，引入机器工业，这一阶段，当地木器、铜器、玻璃、制革等手工业也有所发展。但由于民国时期战乱频繁，加之国民党政府管理不力，甘肃地区工业发展出现停滞甚至倒退现象，因而中华人民共和国成立初期甘肃地区工业建设较为落后。[①]

中华人民共和国成立初期，与新疆、陕西地区类似，由军事管制委员会接管天水、兰州等地的官僚资本，并将之改造为国营企业，并对私营企业制定管理办法，又针对市场情况进行物价调控。1950年6月，市政府工商工作团成立，将中华人民共和国成立前的工会与商会进行改组，成立各级工商业联合会，以便于工商业者联合互通，从而展开社会主义改造工作。1951年3月进行私营企业财产重估工作，全省私营工业共计2674户，资本8000余万元，较之于1949年统计所得951户私营工业、资本533万元大幅上涨。[②]再加之对私营工商业展开的厂厂联合、以销定产、提高产品质量、改善劳资关系、调整税收等措施，以助力甘肃地区恢复工业生产。

---

① 师纶等编：《中国资本主义工商业的社会主义改造·甘肃卷》，中共党史出版社1992年版，第2页。

② 师纶等编：《中国资本主义工商业的社会主义改造·甘肃卷》，中共党史出版社1992年版，第3—20页。

（四）对宁夏地区进行工业开发的形势背景

宁夏位处西北边陲，于1929年1月正式建省，此地历史悠久，土地肥沃，物产丰富，在古代为丝绸之路的交通要道。近代时期，宁夏因长期封闭，并未形成较大的工业规模，小型手工业作坊占多数，虽有纺织厂、面粉厂、印刷厂等新式工业，但大多设备简陋，仅利用当地资源开发而成，并未出现大型现代化工业。

解放战争之后，宁夏经历两次变动，一为1954年9月撤销省建制，并入甘肃省，二为1958年10月改为宁夏回族自治区[①]，因此，在相应阶段宁夏地区工业化发展的社会背景有一定变动。宁夏于1929年9月23日解放，其后成立银川市军事管制委员会，由此接管旧政权，肃清反革命分子，恢复社会秩序。在工业建设方面，军管会接管原属于国民党政府的毛织、造纸、面粉等工厂，建立国营工业，虽相继恢复生产，但产能较低，产值较少。为改良此局面，政府于1950年对宁夏电厂、面粉厂等工业进行改造，1951年建设银川电厂、银川毛纺织厂，此为宁夏现代化工业的开端。

自1954年6月19日，中央人民政府委员会第三十二次会议始，中共宁夏省委与省人民政府开始了撤销省建制与成立银川专区的准备工作，至1954年9月23日，正式宣布撤销宁夏省建制，甘宁两省合并[②]。宁夏与甘肃合并时期，在中共甘肃省委与省人民政府的领导下，甘肃地区工业进行了更深层次的社会主义改造，促成公私合营的发展，并进入全行业公私合营的高潮，银川地区即有棉布、百货、饮食、烟酒等14个行业，产业规模较之于中华人民共和国成立初期大幅增长，且发展走势良好，成绩显著。

（五）对青海地区进行工业开发的形势背景

青海地区在解放前，受国民党军阀马步芳统治，工业受制于官僚资本，

---

① 中共宁夏回族自治区委统战部、中共宁夏回族自治区委党史研究室编：《中国资本主义工商业的社会主义改造·宁夏卷》，中共党史出版社1994年版，第8页。

② 中共宁夏回族自治区委统战部、中共宁夏回族自治区委党史研究室编：《中国资本主义工商业的社会主义改造·宁夏卷》，中共党史出版社1994年版，第11–12页。

发展极为缓慢，基础极为薄弱，多为马步芳开办的火柴厂、皮革厂等小型工厂，以及国民党政府与青海地方联合兴办的西宁水力发电厂、官办大通县公平煤窑等。

直至1949年9月，青海地区相继解放，开始恢复工业生产工作，其措施包括改造官僚资本主义企业为国营企业，但前者在马步芳逃离青海时已遭大肆破坏；在私营工业方面，改良旧习，筹办新型工业企业，如1950年开办的私营裕新面粉厂，为青海第一个大型私营工业企业。于1952年，开办公私合营湟源电厂，1953年开办私营利民食品厂等，青海地区工业建设加快，势头好转，同样向公私合营迈进。

据统计，截至1955年11月底，青海地区共有裕新面粉厂、湟源电厂、湟源榨油厂、门源榨油厂四家公私合营工业，66户私营工业，包括砖瓦、棉花、金属、木材、食品、造纸等门类。[①] 中华人民共和国成立初期，青海地区工业化起步较晚，基础薄弱，但得益于政府大力改造，同样跟上了时代发展的步伐。

二、中华人民共和国成立初期西北地区铁路事业的发展

我国国土面积辽阔，西北地区更有着地广人稀的特点，因而交通运输是推进西北地区工业化发展的一大基石，交通运输业中又以铁路运输为重，具有运输量大、速度快、成本低等多方优势，尤其适合广袤的西北地区。中华人民共和国成立以前的铁路建设多受制于帝国主义、封建主义、官僚资本主义，往往带有半封建、半殖民地的痕迹，数量少、质量低且规划不合理。中华人民共和国成立之后，国家政权的独立自主，使铁路建设在质量、数量上都有着明显的提升，在中共中央政府的规划下，中华人民共和国成立以后的铁路建设，既对原有的铁路进行大规模修正，又在此基础上开发了大量新线路。

---

① 马玉珊主编：《中国资本主义工商业的社会主义改造青海卷》，中共党史出版社1993年版，第7–8页。

为确保战后经济的有效恢复，中华人民共和国成立初期中共中央开始对铁路建设进行抢修工作，以保障运输需求。1949年中华人民共和国成立后，中央军委铁道部改为中央人民政府铁道部。1950年1月17日，在北京召开的全国铁路工程计划联席会议中，由朱德总司令对中华人民共和国铁路建设做重要指示，将陇海铁路列入线路复旧工程重点项目之一[①]，并于1950年10月竣工。

西北地区地域广阔，但因开发不当、自然条件恶劣等问题，在中华人民共和国成立前铁路事业十分贫瘠，未能将该地区的资源进行有效的连接流通。在中华人民共和国成立之后，西北地区铁路事业的开发成为工业发展的重中之重，除抢修陇海铁路外，又迅速新建天兰铁路，以改变西北地区交通闭塞的窘况。天兰铁路最早修筑于国民党政府时期，但至1949年工程进度滞缓，在中华人民共和国成立后，天兰铁路于1950年4月15开始施工，于1952年10月1日铺轨，于1954年8月正式通车。此后，包兰铁路、兰青铁路、兰新铁路等多条要道相继建成，西北地区的铁路事业有了较为客观的成绩（见表6-1），有力促进了西北地区的工业建设与经济发展，小至农业产品、土特产的产品交流，大至采矿、冶金等重工业的生产开发，对西北地区经济、政治、文化都有着重要影响。

表6-1 中华人民共和国成立初期西北地区铁路新线建设及既有线改造
（1949—1966年）[②]

项目	线路名称	起讫站名	建设长度（公里）	建设年月	设计单位	施工单位
既有线改造	宝天	宝鸡至天水	154.79	1950.03—1954.08	西北铁路分局	西北铁路干线工程局、第一工程局
新建铁路	兰新	兰州西至武威段	297.87	1952.10—1956.03	兰肃线测量总队、西北铁路干线工程局、西北设计分局	西北铁路干线工程局、第一工程局、建厂工程公司

① 庄正主编：《中国铁路建设》，中国铁道出版社1990年版，第19页。
② 庄正主编：《中国铁路建设》，中国铁道出版社1990年版，第427-443页。

续表

项目	线路名称	起讫站名	建设长度（公里）	建设年月	设计单位	施工单位
新建铁路	宝成	宝鸡至成都	688.20	1952.07—1957.12	天成线第一、二、三、四测量总队，西北铁路干线工程局，西北设计分局，西南设计分局	西南铁路工程局，第二工程局，第四工程局，第六工程局，通信信号工程公司，隧道工程公司，铁道兵一、三、四、六、十师
新建铁路	兰新	武威至疏勒河段	602.23	1954.01—1958.07	西北铁路干线工程、第一设计院	第一工程局
新建铁路	包兰	包头至焦家湾段	989.78	1954.10—1958.10	大桥设计事务所、西北铁路干线工程局、华北设计分局、西北设计分局、第一设计院、第三设计院	第一工程局，第三工程局，铁道兵二、七、九师，独桥团，建筑处，隧道工程公司，通信信号工程公司
新建铁路	兰青	河口南至西宁	177.00	1958.05—1960.02	第一设计院	西宁铁路局
既有线改造	兰新	河西堡至芨岭段	45.31	1959.05—1960.11	第一设计院	兰州铁路局、乌鲁木齐铁路局、甘肃省筑路队
既有线改造	宝成	宝鸡至凤州段	92.90	1958.06—1961.08	第三设计院、电务设计事务所	电气化铁道工程局、华北铁路工程局、西安铁路局
既有线改造	包兰	包头至焦家湾段	979.00	1961—1963	第一设计院、兰州铁路局、呼和浩特铁路局	西北铁路工程局、宁夏回族自治区三局五公司、兰州铁路局、呼和浩特铁路局

续表

项目	线路名称	起讫站名	建设长度（公里）	建设年月	设计单位	施工单位
既有线改造	宝兰	宝鸡至兰州	496.79	1955.01—1962.12	西北设计分局、第一设计院	第六工程局、兰州铁路局、天水铁路局、西安铁路局、隧道工程公司
新建铁路	青藏	西宁至克土段	119.52	1958.09—1965.12	第一设计院	西宁铁路局、第六工程局、铁道兵十师
新建铁路	兰新	疏勒河至乌鲁木齐段	989.31	1956.05—1965.12	西北铁路干线工程局、西北设计分局、第一设计院	第一工程局，乌鲁木齐铁路局，铁道兵二、七、十一师，新疆生产建设兵团
新建铁路	干武	干塘至武威	181.50	1958.10—1965.12	第一设计院	兰州铁路局、乌鲁木齐铁路局
新建铁路	平汝	平罗至大磴沟段	36.00	1959.05—1965.12	第一设计院、第三设计院	西北铁路工程局、兰州铁路局
既有线改造	宝成	宝鸡至成都	668.20	1958.03—1965	第一设计院、西安铁路局、成都铁路局第三设计院	西安铁路局、成都铁路局

三、传统手工业作为"过渡性产业"形式的承前启后作用

手工业素来是满足社会民生需求的传统产业，随着西北地区现代工业的初步发展，现代工业与手工业关系紧密、此消彼长，但现代工业并不能将手工业完全取而代之，西北地区传统手工业有着一定的不可替代性，包括少数民族服饰、宗教用品等，现代工业并不能将此列入服务范围，因而此类手工业仍能延续生存。现代工业逐步发展产生的社会矛盾，能够由传统手工业进行调剂，而现代工业同样为传统手工业带来活力，两相磨合，形成西北地区

现代工业与传统手工业相互依存的态势。

抗战胜利后，西北地区因长年战乱工业发展缓慢，加之工业基础十分薄弱，部分地区长期处于停滞、落后状态；中华人民共和国成立初期，工业方面的首要任务即对已有工业进行恢复生产，在此基础上逐步深化，曾经为官僚资本主义管控的产业被收编为国企，并对民间私营企业进行了规范化管理，其中即包含个体手工业。

1953年年底，全国第三次手工业生产合作会议中提出，"在方针上，应当是积极领导稳步前进；在组织形式上，应当是由手工业生产小组、手工业供销生产合作社到手工业生产合作社；在步骤上，应当是由小到大，由低级到高级；在方法上，应当是从供销入手，实行生产改造"[1]。在中华人民共和国成立前，西北地区个体手工业居多，且多为分散、初级的个体手工作坊，虽在旧社会能够为民众提供生活所需，但中华人民共和国成立之后不再适应国民经济发展要求，因此中央提出对农业、手工业、资本主义工商业的社会主义改造方针，对私营工业实行"加工、订货、统购、包销、收购"[2]等形式，过渡至公私合营。并将个体手工业列入资本主义工商业范畴，采取"说服教育和在自愿的基础上，实行互助合作，从小到大，由低级到高级，逐步改造"[3]的方针。

以新疆地区为例，在中华人民共和国成立前，该地区工业化进程极为缓慢，总体仍以传统手工业为民生需求的主要来源，包含地毯、皮具、木器、造酒等。在中华人民共和国成立后，新疆地区工业进程加快，开办制盐、制酒、皮革、地毯、五金等多家企业，如吐鲁番七泉湖盐场、伊犁酒厂、乌鲁木齐皮革厂等。与此同时，党和政府对新疆地区手工业采取积极扶持的政策，包括1950年至1953年向手工业低息贷款1424万元，供应原料，安排加工、订

---

[1] 《新华月报》（精装合订本）1954年第8期，第162页。

[2] 中共新疆维吾尔自治区委统一战线工作部，中共新疆维吾尔自治区委党史工作委员会编：《中国资本主义工商业的社会主义改造新疆卷》，中共党史出版社1993年版，第5页。

[3] 秦生、张嘉选、王永康：《从贫困到小康》，甘肃人民出版社2004年版，第71页。

货，帮助推销；1953年起对个体手工业者、手工业劳动者所组成的合作社免征工商业税3年等。至1953年，新疆地区土纸、皮革、服装、地毯、五金制品等手工业产品逐步恢复生产。①

随着社会主义改造的不断深入，西北地区手工业发展逐年递进，至1956年达到高潮阶段，总体而言，西北地区手工业社会主义改造任务基本完成。通过社会主义改造，西北地区手工业逐渐与现代工业交织并行，部分如棉纺织、丝绸等产业被机械化生产取代，部分如地毯、民族首饰、民族乐器等特色手工业因自身的民族特色得以延续，并形成独具少数民族特色的地方手工业。

在中华人民共和国成立之后，西北地区原本占据主导地位的传统手工业的生存空间虽被现代工业挤压，但手工业生产并非绝迹，而是与现代工业的发展并行、相互促进，同样在国民经济中占据着举足轻重的地位，成为西北地区向工业化转型的过渡性产业，诸如新疆地区的地毯、花帽等工艺制品，既具有实用功能，又能够展现民族魅力与传统文化的艺术价值。传统手工业虽随着历史进程的加快被机械化取代，但仍是现代工业的助力产业，渐也适应并融入新式工业体系之中。

四、西北地区工业化的曲折发展

西北地区工业化进程并非一帆风顺，中华人民共和国成立初期中共中央政府虽对工商业做出宏观调控，但仍存在资本家唯利是图、投机取巧以牟取暴利的现象，为此，自1952年2月始，包含西北地区在内的全国各大城市在资本主义工商业展开"五反运动"，具体包括反行贿、反偷税漏税、反盗骗国家财产、反偷工减料、反盗窃国家经济情报五项。涉及地区包括兰州、天水、西安、宝鸡、西宁等重点城市，而较低一级的市镇则进行"五反"教育。中华人民共和国成立初期开展的"五反运动"成效卓著，将西北地区的工业建设引入正轨，并淘汰了一部分不适应当下时局的企业，以便于国计民生的发

---

① 中国轻工业联合会、中华全国手工业合作总社编：《中国轻工业辉煌60年》，中国轻工业联合会、中华全国手工业合作总社2009年，第349页。

展。因而中华人民共和国成立初期西北地区工业化虽有波折，但在大方向上能够及时止损、逐步行进。

实然，中华人民共和国成立初期全国各地农业、工业、商业等产业都取得了可观的成绩，但也渐渐暴露出不足之处，以至于全国上下渐滋生出冒进思想，事态发展开始脱离自然规律。1958年中共第八届全国代表大会提出"二五"计划时期工业生产建设任务，并仍以重工业为中心；1958年5月，中国共产党八届二中全会正式通过了"鼓足干劲，力争上游，多快好省"的建设社会主义的总路线，举国掀起"大跃进"运动，以实现在短时间内赶超资本主义发达国家的目标，在这一形势的影响下，西北地区亦未幸免，其工业化建设也步入"大跃进"运动之中。

在"大跃进"运动一味追求高指标、高速度的形势下，西北地区兴建大批钢铁厂、建设小高炉，超越财政限制以扩大工业建设，并对部分传统行业强令停产，以致西北地区工业比例严重失调。为调整西北地区工业建设比例，60年代起中央开始对国民经济进行调控，缩减重工业、加强轻工业。祸福相依，经由"大跃进"运动的重大失误，西北地区开始重组工业结构，改善轻工业、重工业比重失调的局面。在"大跃进"运动之后，三年自然灾害接踵而至，全国人民再次陷入水深火热的境地，至1966年"文化大革命"运动，西北地区乃至全国的工业建设皆屡遭挫折，整体上看虽有进步，但发展之路属实坎坷，部分行业因诸多因素以致长期停滞，甚至出现大幅下滑的现象。但也正是诸多不良因素，使改革开放时期我国才能逐渐摸清坚实有力、切合实际的发展路线。

第二节 西北地区民生设计中工业化程度的黄金时期

一、西北地区民生设计中工业化具备的地域资源

西北地区有着地广人稀的地域特点，广袤的土地具有丰富的自然资源，

如金属矿石、煤矿、石油等，为工业开发提供了充足的原材料，西北地区共有三个省与两个自治区，各地所拥有的优势资源虽有相似之处，但各具特色，在此基础上发展的工业、民生产业，有着不同的发展走向。

以新疆地区为例，该地区有着天然的地域优势，光热资源丰富，能够培育优质的瓜果，同时，因土地辽阔又可发展畜牧业，通过牲畜可生产大量皮、毛、乳、肉相关的农副产品，以促进皮革业、毛纺织业、食品业的多方发展。在自然资源方面，新疆所具有的优势包括光、热、水、土等，其地域特点可概括为"绿洲经济、生态农业"[①]，其土地面积占全国的六分之一，可开发的荒地资源数目庞大，但多数土地为贫瘠的盐碱地，地域虽辽阔，但绿洲面积并不大，至清末，已开辟的绿洲包括喀什三角洲绿洲、乌鲁木齐绿洲、玛纳斯绿洲、伊犁绿洲等；中华人民共和国成立后，新疆地区又对石河子绿洲、奎乌独"金三角"绿洲、艾比湖绿洲进行了开垦工作，为新疆各族人民提供了生息繁衍的场所，也使得新疆荒地资源得到了有效开发利用。基于土地广袤的优势，新疆人民得以种植各类植物，干旱少雨的气候使得当地虫害问题减轻，有利于瓜果、棉花等经济作物及贝母、甘草等药用植物的生长。

因此，得益于特殊的气候环境，新疆地区种植的作物包括以下几类：其一为棉花一类的经济作物，棉花为新疆地区的传统农作物，因新疆地区日照充足，所产棉花品质上佳且产量高，在中华人民共和国成立后，新疆地区棉花种植区域也有所扩展，棉花产量也同步增长，成为新疆向外输送的特色商品。其二为西红柿、香梨、葡萄等食用瓜果，新疆地区有着极佳的光照资源，因此生长在新疆地区的西红柿营养成分与甜度能够高于内陆其他地区，既能作为土特产品输送至全国各地，又能够促进当地食品工业的发展。其三为药用植物，新疆地区本土生长的野生药用植物包含甘草、麻黄草、贝单、雪莲、党参、阿魏、肉苁蓉、枸杞等20余种[②]，能够通过人工培育，以进行大面积栽

---

① 雷霆：《基于可持续发展的经济与环境资源协调发展机理研究》，博士学位论文，新疆大学，2005年，第97页。

② 谢香芳主编：《新疆维吾尔自治区经济地理》，新华出版社1991年版，第97页。

培，并成为新疆地区医药工业的原材料。此外，新疆地区还有罗布麻、芨芨草、芦苇等纤维织物；可以用作芳香材料的薰衣草、野玫瑰、百里香等植物。新疆地区丰富的植物资源，有利于促进其食品、药品、纺织、造纸等多方产业的发展，并在中华人民共和国成立后得到了有效开发。

在畜牧产业，新疆地区也有着悠久的发展历史，在中华人民共和国成立后，新疆畜牧品种也进行了改良，包括细毛羊、和田羊、伊犁马、巴里坤马等，由此生产品质上佳的肉类、乳制品及羊毛制品。新疆地区得天独厚的自然资源在中华人民共和国成立前已有积淀，1943年即有数据统计，全省马计87万匹，牛155万头，羊1172万只，骆驼9万头，驴67万头。[①] 在中华人民共和国成立后，时局趋向稳定，在国家的大力开发下，新疆地区优质的农牧资源能够被有效利用，为新疆地区食品业、农副产品业、皮革业、毛纺织业提供了优质的原材料。

除农牧业外，新疆地区更值得重视的为天然矿产资源，在现代工业化社会，能源作为重要的环境资源，是人类生存与进行生产活动的原动力，新疆地区煤炭、石油、天然气等能源储备丰富，是国家能源开发的重点对象。虽在中华人民共和国成立以前新疆煤炭业发展较为缓慢，但在1949年以后，着重开发乌鲁木齐、艾维尔沟、哈密三道岭三处矿区，逐步建成多处煤矿；在石油开采方面，早在1887年新疆商务总局就已在独山子设厂采油，在中华人民共和国成立后，1955年克拉玛依油田被发现，自此即对新疆地区石油进行了大规模开采，与之相应的石油化工产业有了较为可观的进展。而新疆地区的金属资源也极为丰富，在中华人民共和国成立之初，即已开发黑色金属及有色金属矿产14种，包括铁、铬、铜、铅等，并且探明锰、铜、锌、铝、镍、钨、铝等矿床储量；在非金属矿产资源方面，新疆地区也含有云母、石棉、石膏等门类，以及新疆特有的白玉、青玉、碧玉、墨玉等玉石资源。在大量矿产资源得以开发之后，与之相应的配套产业能够同步发展，包括金属冶炼、石化、建

---

① 王致中、魏丽英:《中国西北社会经济史研究下》，三秦出版社1996年版，148页。

材等，为新疆地区工业发展提供物质基础。

而陕西省则位于我国中部偏北，农业资源丰富，具有多样化的自然生态与生物资源，陕西省涵盖草原、森林草原、落叶阔叶林等地带，因此所生产的植物、农作物多样，本地农作物包括马铃薯、豆类、玉米、高粱等，以及苹果、梨、柿、桃、杏等水果，此外，陕西森林覆盖率高达37.3%，繁茂的森林生长着各类野生植物，树木类包括白桦、红桦、刺槐、杨、柳等，此类植物可提供丰富的木料，另有人参、川贝、当归、白芷等药用植物，与漆树、松柏、桐籽等油料作物，品种多样。依托于丰富的植物资源，中华人民共和国成立初期陕西地区在副产品、药材、木材、水果等门类都有发展的潜力。在家畜方面，也有常见的鸡、鸭、鹅、猪、牛、羊、驴等，其中滩羊毛皮较为出名，秦川牛、关中驴等品种质量上佳。[①] 因而在旧社会，陕西地区传统农业水平虽停留在较为原始的层面，尚未形成现代化产业，但能够自给自足，在步入新时期后，能够快速跟上现代农业发展的脚步，并成为陕西支柱产业之一。

二、中华人民共和国成立初期西北地区民生设计中工业化的演进

（一）西北地区民生产业的生产特点

中华人民共和国成立初期，西北各地工业化程度参差不齐，且因不同地域的自然资源、社会资源存在的差异性，在中华人民共和国成立后的工业建设中存在着不同地域间的共性与个性，但西北地区在国家政令的调控下，整体发展态势类似。总体上看，中华人民共和国成立以前西北各省都存在一定的早期工业积累，但发展并不均衡，且受地方军阀、官僚资本主义势力的打压，加之战乱影响，工业设备或被破坏、或停滞在低级阶段，其生产技术水

---

① 朱显谟主编:《陕西土地资源及其合理利用》，陕西科学技术出版社1981年版，第6-8页。

平也极为落后。因此，西北地区中华人民共和国成立以前的工业化发展虽有积淀，但其生产方式、生产组织形式、产品销售、流通方式仍带有农业文明的痕迹，机械化生产虽已出现，但多数民生产业仍为传统手工业作坊的形式。

中华人民共和国成立后，西北各省相继解放，社会体制的改革使得官僚资本主义名下的企业收归国有，被改造为社会主义国营企业；私营手工作坊也转变为手工业合作社，进而被纳入国营经济领导范围；原本的私营小作坊转型为大型工厂，生产技术也引入新型设备，向机械化发展，民众生产方式发生改变。在政府的扶持之下，公营、私营经济共同发展，公私合营成为主导性经济发展路线，民众复工复业，不再局限于农业生产，而是具有国家编制。在国家对资本主义工商业的改造下，公私合营在20世纪50年代中期达到高潮，国家施行的"以销定产""厂厂联合"等政策，使民生产业在短期内恢复生产、发展稳定，民生产品也得以流通，国民经济逐步增长。

（二）民生设计中工业化的演进

西北地区工业化水平本就薄弱，又因经久战乱，政局不稳定，国民经济屡受重创，在近代发展起来的产业也因此停滞甚至倒退，民众生活质量处在较低的水平，因此在中华人民共和国成立之初，首要任务即对社会进行改造调整，恢复生产，以满足民众生产生活所需。在此条件下，西北地区工业建设逐层推进，根据各自地方条件因地制宜，优先发展关乎国计民生的现代工业，包括煤炭、钢铁、纺织、机械等，其工业制品所需原材料逐渐不再依靠苏联进口、国内外省输入，而是随着现代机械化生产的进步能够自给自足。

在国家的调控下，西北地区工业生产步入正轨，物价趋向稳定，民众日常所需生产、生活用品能够实现供需平衡；铁路、公路等交通运输业的发展，使得西北生产的工业原料、药材、皮革、粮食等土特产能够向外输送，加快人员、货品的流通，西北地区工业、农业产品不再滞销，原本闭塞的西北地区与内陆其他地区能够进行交流互动。此外，现代教育事业的发展也为社会培养各行各业的高层次人才，在工业建设方面，西北地区向内地广招人才，各地专家以及西北大学、兰州大学等高校毕业青年，及时投入到西北工业建设工作中去。

三、中华人民共和国成立初期西北地区产销业态与民生设计

中华人民共和国成立初期，社会尚处于恢复阶段，工业建设多为对中华人民共和国成立前已有产业的改造、重组，在重工业制造、市政建设等领域多受苏联模式的影响，向工业化、现代化大力推进。在此期间工业发展的价值取向虽受政治因素影响出现了偏差，出现工农业发展失衡的现象，又因"大跃进""文化大革命"等事件，我国的经济建设受到严重损害。但在这一阶段取得的成绩并不能被全盘否定，其展现出特定历史阶段的产销业态与民生设计面貌，也为改革开放后的工业建设提供了一定基础。

（一）重工制造产业背景与民生设计

自左宗棠设立西安机器局起，西北地区开始步入近代重工业领域，因抗日战争等多方因素的影响，位于大后方的西北一带肩负起支援前线的任务，因此率先发展军工、石油、煤炭等重工业，由此推动该地区机械设备、交通运输等产业的多方进步。至中华人民共和国成立后，重工业仍旧是西北地区工业结构的重要组成部分，且中华人民共和国成立之初，受苏联工业化模式的启发，再加之国情需要，重工业成为中华人民共和国经济发展的重要建设对象。

1953年国家开始实施"一五"计划，其主导方向即"以重工业优先发展"。在"一五"计划期间，国家对于西北地区重工制造产业投资巨大，渐次调整了西北重工产业结构，为中华人民共和国成立初期西北工业化奠定基础。相较于中华人民共和国成立前，西北地区重工业的发展有了更为丰富的产业类型，更为规范化、技术化，并得益于苏联政府"对援建项目的厂址选择、施

工设计、设备安装、试运行等"①技术指导，在苏联的援助下，西北地区重工业的发展在中华人民共和国成立初期成绩斐然，涉及机械制造、石油开采、矿产开发、高压变电等多个领域。而重工建设与苏联关联甚密这一特征，也使得该时期苏联小说、音乐等外来文化逐渐融入中国社会。

西北地区重工制造产业的优先发展，一定程度上源自其丰富的自然资源。中华人民共和国成立初期，西北地区石油、煤炭矿产开发产业在重工产业占据重要地位，且西北五省所具备的矿产资源各有特点，煤炭资源分布在新疆、陕西、宁夏等地，包括铜川煤矿、韩城煤矿、石炭井煤矿等，石油资源则主要为陕西延长油田、甘肃玉门油田、新疆克拉玛依油田等；由此也催生出兰州炼油厂、兰州化学工业公司等石化工业；在金属开采加工方面，有陕西钢厂、西安钢铁厂、西宁钢厂等。②此类自然矿产资源的开采，增加了中华人民共和国成立后国家的能源储备，对于西北地区工业建设大有裨益，至今仍是生化能源的重要来源。

1957年，中华人民共和国建成的以大中城市为核心的八大工业区中，西北地区有陕西工业区、甘肃工业区两处，分别以西安、兰州为中心③，西北地区重工建设增强了国家工业基础与经济实力，但着重发展重工业也导致了农业与轻工业的发展不平衡，成为"大跃进"运动的诱因。

（二）交通运输产业背景与民生设计

中华人民共和国成立初期，社会时局渐趋平稳，但工农业、交通事业仍需经历长期的恢复，铁路建设是交通运输业的重中之重，重要成果包括陇海铁路的修复通车，包兰铁路、兰青铁路等新干线的建成、运营，由此改变了西北地区落后闭塞的状况。在铁路建设方面，不仅铁路数量逐步提升，修筑

---

① 岳珑：《20世纪50—70年代中国西北地区重工业化道路的选择与反思》，《当代中国史研究》2009年第16卷第3期，第78—84页。

② 岳珑：《20世纪50—70年代中国西北地区重工业化道路的选择与反思》，《当代中国史研究》2009年第16卷第3期，第78—84页。

③ 王琥：《设计与百年民生》，江苏凤凰美术出版社2016年版，第594页。

铁路的技术装备也与日俱增，在20世纪五六十年代，我国铁路建设所用装备多来自进口，而铁路建设技术也多由苏联援助。50年代后期，中华人民共和国自行研制的JS型、GJ型机车逐渐投入使用[1]，与之配套的机车制造企业也应运而生，铁路建设方面的人才培养使得多项技术有了自主性突破，并逐步促进铁路隧道、铁路枢纽、铁路桥梁等多方产业的同步发展（图6-1）。

图6-1　1956年建成的包兰铁路东岗镇黄河大桥[2]

铁路事业的发展，促生出火车站一类交通基础设施，车站所具备的"交通枢纽功能""交通配套功能""城市功能"，使交通运输产业不限于交通方面，其对于城市工业、商贸、旅游等产业皆有影响，车站的建立首先满足连接城市内外交通的作用，加强人员、商品流动，其次围绕车站为中心，建立各类现代城市基础设施，吸引人口集聚。随着西北地区多条铁路的恢复、新建，西北经济得以复苏。铁路事业的发展也扩大了采矿、冶金等重工业产品的对外输出范围，大量工业原料、矿产资源能够向东部地区运输，一改以往金属矿石、煤炭难以外运的窘况，为西北地区矿产资源的开发创造条件。此外，西北地区土特产也能够向外进行商品流通，包括药材、皮革、水烟、粮

---

① 王琥：《设计与百年民生》，江苏凤凰美术出版社2016年版，第598页。

② 图片来源：庄正主编：《中国铁路建设》，中国铁道出版社1990年版，图版18。

食等，得益于交通运输能力的增强，大量滞销的土特产品能够以低成本大量外运，商品的流通加强了市场活力，同时促进西北地区农牧产业的发展。

（三）市政公用产业背景与民生设计

城市化是现代社会的一大趋势，在近代时期我国市政概念受外来文化的影响，较之于古代城市的概念有了诸多变化，又因民国时期军阀割据，北平、南京、重庆等各大重要城市市政管理方式不一，发展极不均衡。在中华人民共和国成立后，国家市政工程的建设与公用产业的规划开始渐趋统一，城市人口的逐年增长、城市化水平的日益提升，使市政公用产业发展迅速，在"一五"计划期间，包头、西安、兰州等西北地区的重要城市同样肩负起城市化改造的任务，改造道路，恢复供水，新建多处市政工程，包括供水、排水、桥梁、燃气、供暖等。

中华人民共和国成立初期我国市政工程同样受到了苏联援助，专业市政工程设计院逐步组建，1952年7月，西北工业设计院成立；中国市政工程西北设计研究院前身为"建筑工程部给水排水设计院兰州分院"，于1959年1月正式建院，并承担起西北五省工业区与城市给水排水勘察设计任务，并于1965年改名为"建筑工程部西北给水排水设计院"，直至1993年9月更名为"中国市政工程西北设计研究院"，逐步发展成为跨学科、多工种的专业设计院，成为日后西北地区市政建设的中坚力量。[①] 自中国市政工程西北设计研究院成立后，其对西北各地区多处市政工程进行设计，截至1966年，所设计的工程包括1960年新疆克拉玛依给水工程、1963年兰州市马滩水源地供水水文地质勘查与凿井工程等，对中华人民共和国成立初期西北地区给水、排水等市政工程做出颇多贡献。

（四）文教卫生事业背景与民生设计

中华人民共和国成立后，学校秩序渐趋恢复，1949年至1951年，高等院

---

① 《中国市政工程设计通志》编委会编:《中国市政工程设计通志》，中国建筑工业出版社1998年版，第728页。

校进行了合并、改组与重建工作。西北地区对于高等院校的调整包括：1949年9月，将陕西师范专科学校与陕西商业专科学校并入西北大学，陕西省立医学专科学校并入西北大学医学院；1950年，将西北农业专科学校的农田水利科并入西北农学院，畜牧和兽医科并入西北兽医学院，农业经济科并入兰州大学，撤销农业专科学校等。[①] 自1952年至1958年，全国教育改革试行以苏联为参照的高等教育模式，国家对于大学院系进行调整。而中华人民共和国教育方面的改革，为工业建设行业输入大批人才，提升民众文化素养与基本素质，但这一阶段的教育改革由于历史的局限性，尚存在一定问题，在"文化大革命"阶段，其价值取向更是发生了巨大的偏差，对我国教育、科研事业造成严重后果。

在卫生事业方面，中华人民共和国成立初期也参照苏联模式，于50年代建立起职工疗养机制，并将劳动者权利与职工休假制度纳入《宪法》，加快国家疗养事业的发展。为有效普及民众预防为主的公共卫生观念，中华人民共和国成立初期多次展开"爱国卫生运动"，并通过报纸、宣传册、漫画等多种形式进行宣传，有效抑制了疟疾、血吸虫病等多种常见传染病，也为民众注射预防传染性疾病的疫苗，包括天花、肺结核等疾病。[②] 如青海省西宁市小桥煤建门市部，因贯彻落实"动员起来，讲究卫生，减少疾病，提高健康水平"[③]的教导方针，一改"讲卫生不卖煤，卖煤的不卫生"这一固化思想，经过长年累月地坚持与改造，西宁市小桥煤建门市部卫生条件有了较为显著的提高，讲究卫生的意识也逐步深入人心，从而改善生存环境与卫生面貌。在这一阶段，与民生设计相关的卫生用品，也有了同步的发展，包括药品的包装、现代医疗器械造型、卫生宣传材料的排版设计等。

---

① 王红岩：《20世纪50年代中国高等学校院系调整的历史考察》，高等教育出版社2004年版，第177、178页。

② 王琥：《设计与百年民生》，江苏凤凰美术出版社2016年版，第603页。

③ 本书编委会：《爱国卫生运动经验汇编2》，人民卫生出版社1974年版，第64页。

第三节　中华人民共和国成立初期西北
民生设计与工业化的特征

一、强化"政治挂帅"的民生产品设计

中华人民共和国成立之初，政治氛围浓厚，"政治挂帅"的社会风气日益成为民生设计产品的发展趋势，且是这一阶段最为鲜明的民生设计特征，中华人民共和国成立后与工业建设相关的各项政策，同样与政治挂钩，也就决定了该时期民生设计与工业化中突出的政治倾向，这类特征在不同民生产品设计中的表现程度虽各不相同，有的潜移默化，有的特征明显，但在社会生产与生活各个方面贯穿始终。在这一氛围的影响下，中华人民共和国成立初期民众生活有了暂时性的改善，国民经济有了明显的增长，城镇职工工资、社会医疗服务等方面都有了较为显著的提升。"三反"运动、"五反"运动、"爱国卫生运动"等关乎民生的社会运动，也有效促进了社会的现代化发展，以社会主义建设为中心的社会改革贡献巨大、成效显著，在一定程度上扫除了旧社会遗留的弊病，在此般政治格局稳定、社会治安良好、民众积极向上的社会环境下，民生设计与民族文化、国家意识息息相关。

但这一形势并未能维持长久，在工业建设方面取得的短暂成绩使社会被眼前的胜利蒙蔽，以至于出现完全违背经济发展的"大跃进"运动、"人民公社"运动，打乱了民众工农业生产的正常秩序，甚至出现"大炼钢铁""亩产万斤"等荒诞事件。在此期间，受政治因素影响，社会浮夸之风大增，民生设计产业被政治理念禁锢，导致行业的萎缩与倒退。因此中华人民共和国成立初期，"政治挂帅"的观念在社会整体民生设计中贯穿始末，且是该阶段最为鲜明的时代特征，但其具有的两面性，在不同的历史阶段产生了天差地别的后果。

二、中华人民共和国成立初期西北地区民生状态与民生设计分析

（一）民众衣着方式与设计

随着社会的变迁，民众服饰的改变直观且特征鲜明。早在鸦片战争时期，西方文化的传入使得中国封建思想受到冲击，剪辫、禁止缠足等法令发布，民众服饰不再受封建思想约束，趋向于大众化、多样化。至中华人民共和国成立之时，民众的衣着方式已有了一定程度的变化，中华人民共和国成立后，民众衣着同样随着国家政治体制、思想观念的变化而展现出独有的时代特征。

中华人民共和国成立初期，在大环境的影响下，革命的成功使社会崇尚穿军装，但此举使得真假军人混淆，则出现了"非军人不得穿军服"的通令。又因中华人民共和国成立之初社会各界对于苏联模式的模仿学习，苏联革命领袖列宁常穿的便服受到民众欢迎，列宁装为西服式的小翻领、双排扣，面料为单色棉布，流行于50年代的妇女群体。这也使得当时男女服饰性别差异淡化，体现出中华人民共和国成立后革命女性先进的时代气息。

中华人民共和国成立后，社会各层人士的穿着各有不同，但多简明、朴素，以干部装、列宁装为典型。政府公职人员由于身份的特殊性，往往身穿结合中山装与军装特点的干部服，上身带有小翻领、四只口袋、单排扣，下身则是直管西裤，且逐渐统一，为当时国家干部、公职人员的常见穿着；知识分子与学生的穿着则更为丰富，虽也以中山装、干部服为潮流，但也存在其他穿着方式，如男学生常穿工装、夹克，配白袜白球鞋，女学生常穿布拉吉，配黑色布鞋或圆口皮鞋，布拉吉为苏联传入的连衣裙，其名称由俄文 платье 音译而来；而普通劳动工作者，也常选择列宁装、干部服作为日常服饰。[①]

中华人民共和国成立初期，可利用的社会资源有限，社会尚节俭风气，民众还处于节衣缩食的阶段，因而服饰多为家庭主妇自行缝制，或是量体裁

---

① 王琥:《设计与百年民生》，江苏凤凰美术出版社2016年版，第549页。

衣，交由裁缝店制成，尚未形成时装业，衣着风格大多简单朴素，使用的原材料也为民众自行纺造的土布、棉布，并且经过多次缝补，因此中华人民共和国成立之初社会民众衣着简朴，多以列宁装、干部服一类的制服为首选，颜色常为蓝色、灰色，也说明了当时中国经济水平薄弱的状况与推崇节俭的社会风气。

（二）民众餐饮方式与设计

地方饮食文化与该地区的自然环境、物产特点、生产力发展水平与经济条件等诸多因素密不可分[1]，因此，在中华人民共和国成立以后，西北地区经济实力与工业化水平日益提升的过程中，民众对餐饮的要求也逐步提高，在"以粮为纲、全面发展"的方针指导下，农业、畜牧业逐渐恢复，农民获得土地所有权，能够投入到生产食品原料的工作中去[2]。在这一条件下，西北地区的餐饮行业与社会经济条件的改变同步，不断开发出新型美食、创造新吃法、运用新食材等，老字号餐饮、个体饭店、酒店、食品加工厂等常见的门店、企业开始出现，餐饮产业朝着欣欣向荣的态势迈进，餐饮方式的更新换代，使得民众在就餐方式、饮食文化上也有了新的理念，与饮食相关的包装设计也出现了崭新的文化元素。

中华人民共和国成立后，西北地区恢复农业生产，但中国人口基数庞大，粮食的供应仍存在一定短缺，在1955年，国家实施粮食统购统销，以对粮油进行控制，从而定量供给给个人，在这一措施的推行下，商业型餐饮业难抵颓势，副食品加工等产业也受到诸多限制。在此之后，"大跃进"运动、"三年自然灾害"等历史事件相继出现，使得20世纪五六十年代的民众长期处于农副产品供不应求的状态，餐饮行业的发展屡遭挫折，食品本身的食用功能被放大，而其包装、造型、工艺等附加的商业价值则大打折扣，直到改革开

---

① 王明德：《改革开放与陕西饮食文化》载《三秦文化研究会年录论文集》，三秦文化研究会2004年版，第94—101页。

② 赵荣光主编：《中国饮食文化史西北地区卷》，中国轻工业出版社2013年版，第250页。

放后，餐饮业的发展才重新步入正轨。

西北地区少数民族众多，其地方餐饮因而具有多民族融合的特色，经由近代西方文化的冲击，虽有一些异国饮食文化进入西北地区的饮食系统中，但中华人民共和国成立初期该地区仍以传统饮食为主导。尽显原生态魅力的少数民族饮食文化为西北地区餐饮的一大特色，以青海地区为例，有藏族的青稞酒、手抓羊肉、酥油茶，蒙古族的奶皮、烤全羊、酸奶、奶酒、风干肉，土族的烫水烙饼、米面团子、米面窝窝、月饼等，不同地区饮食文化互融的同时又别具特色，在中华人民共和国成立后，各民族在不同阶段的生活方式虽出现变化，但其地方饮食习俗未发生较大改动，并形成各树一帜的地方风俗流传至今。除少数民族外，汉族美食同样在西北地区占据一定比重，且以面食为主。

此外，西北地区较为常见、普及的餐饮习俗为饮茶，且各个民族的饮茶方式、口味、茶具各有特点。甘肃地区自古盛产茶叶，其历史可追溯至汉朝，该地区饮茶的习俗名为"三炮台"，即茶碗、碗盖、碗托三部分茶具，饮用前先在碗中放置茯茶或花茶、冰糖、枸杞、红枣等，然后冲入滚烫的沸水，加盖略焖，即可饮用；宁夏地区饮茶的习俗可追溯至西夏时期，以盖碗茶为常见饮茶方式，常用陕青茶、砖茶、绿茶，配馓子食用。青海地区藏族饮茶的习俗可追溯至唐代吐蕃时代，因地处高原，日常饮食常以肉食、青稞为主，饮茶能够"消肉食之腥""解青稞之热"，因此颇为流行，该地茶饮主要有清茶、面茶，清茶是用滚水沏茶或在砂罐中熬饮，面茶则是将白面和羊油放在一起，在锅中炒熟，放入花椒、青盐、杏仁、核桃仁等，加水熬煮。[①]

西北地区各地茶饮方式诸多，还包括新疆地区的茯砖茶、青砖茶等。在长久的历史中，西北地区饮茶的传统并未因政治运动、自然灾害的影响有所变动，既是自身日常生活的习惯，又是招待客人、传递文化的方式，在中华人民共和国成立后，经由长久历史积淀的茶风茶俗也未随着时代的变化而改

---

① 赵荣光主编：《中国饮食文化史西北地区卷》，中国轻工业出版社2013年版，第256-260页。

变，而是在各民族的坚守下形成特色鲜明的地域饮食文化，以饮茶为媒介，不断地进行文化的传递、交流，在坚守旧俗的同时推动餐饮的创新，成为该地区独具意蕴的民族特色餐饮方式。

（三）民众出行方式与设计

中华人民共和国成立初期，民众出行所使用的交通工具日趋丰富，包含公交车、自行车、汽车、火车等，虽类型多样，但普及的范围极其有限，以自行车为例，在中华人民共和国成立以后，自行车成为个人主要出行工具，但在五六十年代的西北地区乃至全国各地，自行车仍仅限于中产阶级使用，往往局限于社会地位较高的政府干部、文艺界人士、高干子女等高层次人群。[1] 在这一阶段，受限于经济、生产技术等条件，自行车虽未大范围普及，但在改革开放后，个人拥有自行车的数量迅速增长，西北地区各级城市开始开办民营修车行，在配件生产、零件组装等方面业务兴隆，此类出行方式也逐步深入民众日常生活之中。

而汽车作为制造方式更为复杂、费用更为高昂的交通工具，在中华人民共和国成立初期使用范围更为局限，虽在国家的大力发展下，国产汽车制造行业有了重大突破，至1956年7月1日，中国第一辆解放牌汽车研发成功，此后，汽车制造业发展迅速，城镇公交网也开始建立，对公路的修补、重建等改造工作也逐步深入，以方便民众出行与货物运输，但城市公交客运业与国产汽车制造业在中华人民共和国成立初期仍在萌芽阶段，尚未能广泛投入使用。

这一时期发展较为可观的运输方式为铁路运输，在前文中可知，自中华人民共和国成立至1966年，西北地区铁路主干线进行了及时的恢复改建，并新建包兰线、兰青线、兰新线等多条铁路，将相对来说闭塞落后的西北地区与国家其他省市连结贯通，西北地区铁路交通网初步成型，在此基础上，民众出行时可选择铁路作为远程交通方式，并将西北地区的土特产、矿产输送

---

① 王琥：《设计与百年民生》，江苏凤凰美术出版社2016年版，第576页。

至外省。例如新疆省，位于我国西北一隅，受限于地理位置的劣势，与中国内陆市场相距甚远，新疆省占地面积较大，地广人稀，省内各市之间出行也极不便利，且省内各个地区与内地的距离各不相同。因此，交通运输业作为经济发展的必要条件，在西北地区尤显重要，在中华人民共和国成立后，大力发展西北地区铁路建设，随着多条铁路干线相继建成，西北地区生产的金属矿石、机械配件等工业原料得以向外输送，原本受限于高昂运输成本的皮革、粮食、药材等农副产品，也能够对外进行交易往来。而西北地区的民众与外来人员，也可以选择铁路这一更为便利的远程出行方式，有助于西北地区人员流动。

整体而言，中华人民共和国成立初期西北地区民众出行的方式较之于中华人民共和国成立前变化并不明显，虽然修补、新建了公路、铁路，但多为货物运输之便，在汽车制造行业虽有突破，但也仅限于极少数人群，并未面向社会大众，自行车的普及度稍有提高，但同样只面向社会地位较高的人群，而在水路运输方面，西北地区特有的羊皮筏仍在使用。因而中华人民共和国成立后运输行业的多方发展，铁路、公路的改造虽在西北地区稍见成效，但其传统的徒步、畜力仍为普通民众短途出行主流方式，并保留着羊皮筏这一水路运输形式。

（四）民众居住方式与设计

20世纪五六十年代，受当时中苏友好政治关系及社会环境的影响，中国新式建筑呈现出模仿苏联的特征，此时的苏联社会与美国为首的西方资本主义国家对立，建筑界时兴社会主义现实主义理论，在建筑设计上彰显民族形式，在这一背景下，"仿苏化""民族化"成了中国中华人民共和国成立初期的建筑设计风格，与传统民居与历史遗迹共同构成中华人民共和国成立初期的建筑风貌。

西北地区不少传统民生建筑因战争而毁坏，因而中华人民共和国成立后的当务之急为改善民众居住环境。以西安为例，在中华人民共和国成立初期即建立西北建筑公司、人民建筑公司、新华建筑公司、中国建筑公司等[①]，肩负起工业与民用建筑为主的城市规划设计工作。"一五"计划期间，西安市剧院、书店、礼堂、邮局、体育场等公共建筑相继建成，由苏联提供基础设计方面的援助，并采取苏联建筑设计理念，较为典型的建筑如陕西省建筑工程总公司办公楼（图6-2），位于西安北门安远门内北大街路东，于1953年7月开始建设，至1954年10月建成。建筑采用中国传统的歇山顶作为屋顶，且运用额枋、雀替等中国传统建筑构件，而其建筑立面则采取西式风格，即反映了"社会主义内容、民族形式"[②]的设计理念。此外，中华人民共和国成立初期西安市新建的西安人民大厦、西安市委礼堂等公用建筑，都体现出了"仿苏化""民族化"并行的时代特色。

图6-2　1954年建成的陕西省建筑工程总公司办公楼[③]

在"一五"计划阶段，西北地区民生建筑以苏联模式为主导，新式建筑多带有"苏化"的特征，在此过程中，建筑设计逐渐标准化、统一化、规范

---

① 史煜：《影像记忆中的20世纪西安明城区建筑特征演变研究》，博士学位论文，西安建筑科技大学，2019年，第203页。

② 史煜：《影像记忆中的20世纪西安明城区建筑特征演变研究》，博士学位论文，西安建筑科技大学，2019年，第210页。

③ 樊宏康主编，《建筑创作》杂志社承编：《西安建筑图说用建筑诉说过去　用发展谱写未来》，机械工业出版社2006年版，第45页。

化，建设大量民用市政设施，与此同时也意识到中国国情的特殊性，渐渐弱化苏联建筑的特征，以折中的形式结合中西建筑元素，又因50年代后期节俭之风盛行，因此建筑设计也趋向于节约、简化。

此外，随着西北地区工业化程度的加深，工厂数量增加的同时，与工业区相应的工业住宅也随之出现，工作场所从"家"中独立而出，在以往，家或为手工工坊、商店，具备生产与交易的功能，而在现代社会中，住宅作为民众休闲、睡眠、吃饭、抚养孩子的场所，被赋予了更为生活化的价值，因此，中华人民共和国成立后民众对住宅的装潢、陈设更为重视，对日常生活的居住空间倾注更多的个人感情。而中华人民共和国成立初期社会各层对于卫生的重视，也潜移默化地改变了民众生活的卫生习惯，并顺势影响了家用物品的民生设计思想，西北地区早期工业化程度较低，绝大多数民用卫浴设备简陋，仅为简易的脸盆架、澡盆等，而随着卫生意识的普及，卫浴设施的设计更追求干净卫生的理念，肥皂、洗衣机、洗衣粉等洗护用品的需求量也随之增长。

中华人民共和国成立初期因战争影响，各地建筑遭受大面积的损害，且战争平息后，人口增长速度的加快，民众居住条件极为有限，因而20世纪五六十年代，民用住宅建筑数量大幅增长。与此同时，商业建筑、公用建筑学习苏联建筑设计理念，与中国传统建筑方式结合的仿苏建筑较为常见，而随着社会的现代化发展，节约、卫生等意识逐渐融入民众生活，建筑形式趋向简洁、生活方式追求健康卫生，民众生活水平较之于中华人民共和国成立前有所提升。

（五）民间闲娱方式与设计

中华人民共和国成立初期，随着公园、影院、体育馆等民用设施与公共建筑的设立，民众休闲娱乐的方式日趋多样化，看电影、读书、下棋等文娱活动，以及篮球、足球、乒乓球等体育运动成为民众日常闲娱方式，在国家的组织下，五一、国庆的文艺演出、国庆群众游行等一年一度的大型活动也成为惯例，而在儿童游戏方面，也有跳房子、踢毽子、跳皮筋、弹弓等传统儿童游戏流行。

得益于出版业的发展与政府对于公共文化设施的建设，图书馆、书店等文化场所数量有所提升，如陕西省即于1954年建设钟楼新华书店（图6-3），1956年建设陕师大图书馆等，馆藏丰富的图书出版物，民众与日俱增的阅读需求得到满足，经济条件有限的青年知识分子也有了理想的阅读空间。在文学方面，中华人民共和国成立初期西北地区较为著名的作家有杜鹏程（代表作《保卫延安》《在和平的日子里》）、柳青（代表作《创业史》）等，而在此之后出现的贾平凹、路遥、陈忠实等知名作家，正是在西北地区出生成长，这一时期的文学作品也多围绕革命、民族命运等题材展开创作。

图6-3　1954年建成的钟楼新华书店 [1]

随着政府对于公共建筑、市政工程建设的加深，这一阶段公园、影剧院的数量也同步增长，逛公园作为五六十年代民众休闲的主要方式之一，也是"对民众进行科普教育、国防知识传播与政治宣传的场合" [2]，不单是现代新型公园，部分地区留存下来的历史遗迹，也通过现代化改造，形成了结合传统与现代元素的文化景点，在战争中损毁的名胜古迹也在这一时期得以修葺、

---

① 樊宏康主编，《建筑创作》杂志社承编：《西安建筑图说用建筑诉说过去　用发展谱写未来》，机械工业出版社2006年版，第46页。

② 王琥：《设计与百年民生》，江苏凤凰美术出版社2016年版，第584页。

复建，博物馆的修建也使得中华人民共和国成立后的文物及时得到补救，并为市民提供了文化观览空间。

此外，科技的进步也为民众提供了可拥有的现代技术用品，收音机成为城市民众生活的常见品，电力的普及使得广播得以进入千家万户，在居家生活时民众即可接触到外界的声音，为民众的生活带了新鲜活力。而西北地区传统的民间休闲娱乐活动也并未消失，如皮影戏、社火、庙会等传统民俗仍是民间闲娱方式的一部分。中华人民共和国成立后，西北地区先后恢复了庙会这一传统民俗，以促进西北城乡物资交流与经济发展，该时期举行的庙会，不仅有利于城乡经济文化、思想观念的互动交流，为民众提供休闲娱乐渠道，而且结合政治宣传，采取展览棚、书报阅览棚、墙报、黑板报等形式进行文化传播，以宣传爱国卫生、生产互助等新法则、新思想。

三、影响中华人民共和国成立初期西北地区民生设计的新因素

中华人民共和国成立以来，中国社会移风易俗，各行各业万象更新，其间萌生了诸多关乎民生设计的新因素。其一，设计教育与设计产业逐渐成形，民生设计的意识逐步深入；其二，设计"民族化""民间化""民众化"的三个特点贯穿始终，形成了中华人民共和国成立后民生设计的主要倾向；其三，在中华人民共和国成立之初，"清廉""高效""节俭"的时代风气[①]。诸多与时代背景紧密结合的社会因素，使中华人民共和国成立之初西北地区的民生设计，体现出该阶段特有的时代特色。

首先，中华人民共和国成立以后，多所高校院系进行了大范围调整、重组，西北地区较具知名度的艺术院校为西安美术学院，其以1948年创办的"晋绥美术学院"为前身，曾更名为"西北军政大学艺术学院""西北艺术学院""西北艺术专科学校""西北美术专科学校"，于1960年正式更名为"西

---

① 王琥：《设计与百年民生》，江苏凤凰美术出版社2016年版，第605–623页。

安美术学院"①。建校过程中，西安美术学院同样受到苏联美术教育体系影响，引进苏联美术教育体系，学习苏联美术教育教学方法，与此同时，西安美术学院遵循毛泽东"教育必须为无产阶级政治服务，必须与生产劳动相结合"的教育方针，将艺术教育与民生设计相联系，创作大量结合农民生活、塑造政治领袖的艺术作品②。在中华人民共和国成立之初，全国多所艺术院校设计教学模式也逐渐规范化，培养了大量设计相关人才，此类人才源源不断地投入到社会工作中，为中华人民共和国成立之初的民生设计产业注入新鲜血液。

中华人民共和国成立后，我国受到西方世界的打压与经济封锁，仅有的学习对象为苏联，因此，民族文化遗产成为中华人民共和国成立之初可挖掘的主流设计元素，传统纹样、符号、图式被广泛搜集整理，应用在民生设计产品中，加之西北地区多少数民族聚居，其传承下来的手工艺与图案纹饰得以留存，如皮影戏、木版年画人物造型、纹样等，都在国家的鼓励下大力发展。

如上文所提，中华人民共和国成立初期的社会风气与设计教育背景，使得该时期的绘画、雕塑、民俗艺术等创作作品更多地关注于民间生活、习俗，具有浓厚的乡土气息与艺术情怀，因此，西北地区传统手工艺中的设计元素能够以新的艺术面貌呈现，多结合社会背景，该时期的陕西凤翔木版年画，即出现了"劳动模范""保家卫国""婚姻自由"③等现代社会题材。与此同时，中华人民共和国成立初期文艺创作围绕着"为人民服务"的主题思想，毛泽东在延安文艺座谈会上提出"革命文艺是团结人民、教育人民、打击敌人的有力思想武器"④，因此新时代的民生设计往往以歌颂党和领袖、歌颂人民群众为发展方向，民生设计产品中，多出现镰刀、麦穗、火车头等图案符号。

---

① 王琥：《设计与百年民生》，江苏凤凰美术出版社 2016 年版，第 608 页。

② 范淑英：《西安美术学院与中华人民共和国美术教育发展历程》，《西北美术》2019 年第 3 期，第 15–16 页。

③ 秦琪：《陕西凤翔木版年画吉祥人物纹样造型研究》，硕士学位论文，陕西科技大学，2015 年，第 9 页。

④ 夏征农、陈至立主编，熊月之等编著：《大辞海·中国近现代史卷》，上海辞书出版社2013 年版，第 506 页。

此外，中华人民共和国成立初期民生设计另一典型特征为"清廉""高效""节俭"，这也反映了中华人民共和国成立初期社会清新、纯净的时代特征，这一时期新社会处于初生阶段，尚未掺杂混沌浮躁的风气，贴合民众生活的设计理念，也未有功利化的成分，而是亲和、现实、朴素的艺术元素。中华人民共和国成立之初，社会尚未能一改落后、贫穷的窘状，因而中华人民共和国民生设计产品中也顺应简朴之风，勤俭节约作为中华传统美德，成为时代环境下的社会公德，既是该时期民生设计的典型特色与为人处事的行为准则，也是当下我们需要学习、传承的优良传统。

本章小结

本章首先对中华人民共和国成立初期政治格局进行概述，并对该时期西北地区进行了重新划定，由此，对五个地区中华人民共和国成立后的社会时局背景与工业开发形势进行了分别论述；对中华人民共和国西北地区铁路建设事业进行分析；罗列该地区中华人民共和国成立后至1966年新线及既有线改造铁路信息；阐释西北地区传统手工业的过渡作用；以及中华人民共和国成立以来西北地区工业的曲折发展。其次，以新疆地区为典型，说明西北地区不同地域民生设计中工业化所具备的地域资源；分析西北地区民生产业的生产特点与工业化演进趋势；分点论述中华人民共和国成立初期西北地区产销业态与民生设计。最后，强调中华人民共和国成立初期西北民生设计与工业化"政治挂帅"的时代特征；对其民生状态与民生设计进行逐一分析；推导出影响中华人民共和国成立初期西北地区民生设计出现的新因素。

中华人民共和国成立初期，西北地区工业化基础薄弱，加之战争影响，已有的工业建设也处于停滞、倒退状态，中华人民共和国成立后，在政府的主导下，西北地区利用已具备的优势资源，进行了各自的工业化改造，成绩可观，且该时期的民生设计产品，具有鲜明的时代特征。中华人民共和国成立初期西北地区工业化有着曲折发展的特点，由于"大跃进"运动、自然灾害、"文化大革命"等不良因素的接连出现，中华人民共和国成立初期取得的阶段成绩受到了严重损害，但正是因为该时期对于工业建设的探索，在改革开放以后西北地区工业化才能步入更高层次。

结 论

晚清民国时期中国西北地区的早期工业化在以往的研究中被认为长期处于凝滞状态，内部动力匮乏且长此以往循环，无以冲击传统框架，经过19世纪中叶西方对中国的冲击之后才发生骤变。但我们本着对西方"近代"历史发展的整个道路与方向产生怀疑的态度，对此时期西北地区工业化中以西方为出发点之模式提出挑战。以晚清民国时期中国西北地区民生设计为出发点，深入探析西北民众社会变革的动力及形态结构，从社会内部按照社会自身的观点探索其民生设计的历史推进，力求突破"殖民地史"工业化的局限，反对把非西方社会的设计历史凌驾于中国设计历史之上，且将中国设计视为其延续。本书力图对各种有关论点进行分析，给处于深刻反思中的我国设计学界提供一定的思考素材，并从比较广阔的视野对中国早期工业化的本质进行较深入的理解，同时从中窥视中国民生设计发展的某些动向。

第一节　西北地区早期工业化是中国现代设计的起源之一

晚清民国是社会结构、思想观念、文化教育等方面发生剧烈变动的转折时期，是我国设计艺术从传统向现代转型的关键时期，西北地区虽然相较于中国其他地区滞后许多，但其在开启我国早期工业化进程中亦做出一定的贡献，其民生设计演变亦为中国现代设计变迁的缩影之一。

晚清民国时期西北地区民生设计的发展，是在面对外来文化的巨大冲击和挑战下彰显出的包容，其带有从晚清及更早时期发展而来的内在结构和趋向，若干塑造设计历史发展极为重要的力量持续发挥着作用，如经济的商业化、社会各阶层面对的各类挫折等，这一通常标志着惯性或停滞的连贯性最好能被理解为适应力：它表征出文化的沟通结合调适的复杂过程，以及最终为社会所有阶层民众所接受的象征符号、社会身份和角色的形塑过程，以呈现出活生生的民生设计历史情势。

工业化绝非简单的工业建设，而要将整个文化、整个社会，连同民众自身一起变化过来。在西北地区百余年的工业化历程中，积累了大量的工业技术、知识和制度。西北地区的早期工业化经历了从模仿、改进、创意的艰难历程后，西北民生设计才得以开花结果，其始于"制造"，但是有制造并不一定意味着有设计思想的发生，当时很多产品的设计主要解决的是批量生产的技术问题。之后，设计思想才渐进贯穿民生设计之中。

西北地区社会工业化进程中现代设计发展从微观的角度关注了西北地区不同时间不同地域事件发生、生成、发展的事实和条件，并将其置于影响中国现代设计发展的各种宏观要素之中进行解释。本书研究了西北地区民生设计回应不同时期经济、社会、环境提出的问题的过程及其思维特色，更看重行动的过程，针对性地选择相对自成体系的"单元"进行考察。

晚清民国时期西北的民生设计及产销业态对民众生产、生活方式产生了重大影响，其见证了近现代西北工业化、现代化进程的发展。西北地区民生设计及产销业态从黑暗中探索前行，方向感不甚明确；到商品的设计研发及其所附属的母体产业形式和商业模式日趋成熟，使西北城市居民和乡村百姓开始养成源自西方的现代社会所必须具备的文明生活方式和文明生产方式。[①]这是社会变革最伟大的成就。因此，西北民生设计也是中国现代设计的起源之一。

第二节　西北地区民生设计特点与研究价值

西北地区所涉设计活动或者设计产物之间的差异都只是一种现象，左右其变化的内在动因要在更广泛的宏观语境下去寻找，这就必然要考察设计活

---

① 王琥:《设计与百年民生》，江苏凤凰美术出版社2016年版，第511页。

动发生时的生活方式与生产方式，关注民众观念、社会结构、经济技术等因素。这番研究借鉴了社会学范式，即找到影响设计发展的各个要素，认定设计发展的动力不取决于设计本身，而是取决于相关要素的综合作用，是通过整合、调控这些要素终可获得一个有利于设计发展的良好环境。

西北民生设计的早期工业化是在与西方及中国东部发达地区的技术文化遭遇、撞击、融合的过程中动态演进，其早期工业化进程呈现出阶段性、赓续性，民生设计文化体现出变化的多样复杂特点，纵观这一时期，西北地区民生设计的发展变革虽受到外来影响，但仍具有内源性的特点，其间隐含着自身设计文化的相沿承传，虽然民生设计文化的发展变化亦出现迅疾性与先进性，呈现出革故鼎新的新气象，亦同步存在着因循沿袭、陈陈相因，两种趋势交织在西北地区民生设计的工业化进程中，表现为"传统手工产业"与"近现代民生设计产业"共存共生的局面，其展现的设计发展结构有分化、有整合，呈现出多元格局，民生设计在这一规律的拖曳下不断寻求自身的变革。随着技术、民生产品由国外、中国其他地区向西北地区的转移所带来的新思想，西北地区的消费者用到产品解决了功能问题，进而体会到其设计的妙处，所以民生产品成为设计的有效载体，民生设计通过技术、产品转移进行渗透。设计的参与就是将形成民生商品的各种要素统筹在一个系统下，并取得综合性的平衡，同时在市场传播上逐步取得优势。

西北地区民生设计是呈现为内在关联的，具有场域化、情景化特征的具体内容，其不是一个抽象的概念，且映射出对工业化思想的接受和再阐述。民生设计随着整个社会的变迁、融合，逐步形成了中性人格，即一定时代、一定社会中具有较强的适应性而导向稳定有序生活状态的特征。

纵观晚清至民国时期西北地区的工业化进程，通过百年积累创造出一批涉及社会大众各个生活领域的产品。其曾经是引导了无数民众文明新生活的民生必需品、消费商品，凝聚了先辈们对自由、民主、文明、幸福的向往。百年间战争、灾难连绵不断，能积累出如此成就实属艰辛不易，西北社会勉强建立起了差强人意的现代化工商业基础体系，其是中国近代丰厚文化遗产之一。

第三节　西北地区早期工业化变革发展的
关系与对民生设计性质、功能的认识

本书理解和探究西北地区特定时代文化背景中工业化构成要素及其相互关系，描摹刻画民生设计中不同文化旨趣的个体与社会群体对工业化发展的独特贡献，从而全面展现西北地区民生设计的工业化过程，揭示民生设计发展历程中工业化要素生成和结构形成的时代性特征，以及工业化要素扬弃和结构变革的历史进程，其背后隐喻了西北地区民生设计发展的历史意义与逻辑内涵。

西北地区工业化的变革发展必然涉及区域研究。研究西北地区早期工业化，发现西北所涉及地区形成了若干成系统的区域，每个系统与其周围地区产生或强或弱的关联。这里涉及两个主要衡量指数：一个是涉及自然资源与距离、地貌等相关的地理环境；另一个是技术，尤其是与交通运输相关的技术。人与物在交通运输不发达且尚未机械化的情况下运输成本甚高，有效地限制了各系统区域的总面积并减少了几乎各种形式的地区间交往。在这种情况下，阻碍流动的自然地理因素由于增加了运输成本，就形成地区间的天然界限；而另一方面，促进流动的自然地理因素由于降低了运输成本，就形成了地区内部的天然核心地带。人口与资源往往集中在这些核心地带，并随着从中心向边缘地带外移而越来越稀落。城市当然总是坐落于各区域的中心地带，或处于通向这些地带的主要交通线上。

早期工业化发展促进了西北地区的经济发展与社会进步，民众间彼此以互动交流的方式共存，贸易兴衰和文化利益涉及民生设计众多方面，其带来社会公平的公众意识及对于世界的更深认知，亦减少了文盲，提高了教育、提供了更好的医疗、增加了劳动生产率，便是这些成果也带来对于传统生活的挑战。

第四节　西北地区早期工业化的深层原因

西北地区早期工业化一方面受到外来文化的侵袭，另一方面来自中国西北地区传统民众生产、生活中的各种经验。两者相互渗透、转化，传统社会中隐含了近代的潜势，近代社会中又呈现了对传统的承继，所以在把握两种互相渗透的状态时，本书尽量对错综复杂的现状及传统的经验做出动态、灵活的忠实阐释。

从西北地区早期工业化深层驱动原因进行分析，探索其内部推动力。西北社会并非只被动接受外来冲击，且停滞懈怠的"传统"秩序的物体，其产生社会历史变化的根源一部分来自内部因素，依此主张，西北社会处在一种充满问题与紧张状态的局势中，面对这种局势，民众具备一定的才智技能以及内在突破力。这一界说强调了西北地区地域环境及其文化的重要性，尽管外来的影响在不断增强，不断为自身发展开拓路径，但从西北地区社会内部结构形成的各种势力彼此间不断发生作用来看，叙述西北地区早期工业化时，不仅说明了西方如何影响，也强调说明西北地区社会内部，在生产方式、生活方式之下政治文化思想等多方面发生了怎样的变化，怎样向前推进。如此，内部因素的作用无形中得到重视，如苏联学者称："外力入侵倘若不导致未被征服民族为征服者所吞并，则其内部发展的自然历程必不致中断，其基本方向，亦不致变更。"[①]

本书尽量采取本土的、内部的，而非西方的标准来研究中国早期工业化，鉴别并剖析西北地区民生设计中哪些情境征象具有早期工业化的历史价值。将西北地区按横向分为各自独立的区域，并将民生设计与地方历史整合进行研究，强调设计中历史的重要性；同时将西北地区按纵向划分出不同时间段，以推动设计历史的撰写。

---

① 柯文著，林同奇译：《在中国发现历史——中国中心观在美国的兴起》，社会科学文献出版社，2017年版，第26页。

西北地区民生设计中呈现的早期工业化是经历过长期转变的，我们能够连缀起一个记录着社会架构之纹理与变化模式的历史文本。民生设计的历史本身包含了与西方工业化进程中相似的演化痕迹，西北地区民生设计同样也经历了农业生产率不断增长、人口增加、交通改善等社会与经济演变过程。从晚清起，中国的思想革新与各种为此付诸的活动固然愈来愈受西方的影响，但同时拥有传统沿革的血脉，这个传统在涉及民生设计的源流、风格及生产生活的实践内容上依旧离不开传统的实践经验。我们将西北地区民生物质实践与经验的体系对照于设计学的理论，以探讨意识形态与世俗信念的相互渗透，要想创造性地解读这个庞大、丰富的文本，我们必须尝试超越传统。

第五节　西北地区早期工业化对现代设计的启迪

本书将西北地区工业化条件下的设计产业作为研究对象，不仅分析设计案例，也同时研究这些设计行为的文化背景。

启迪一：西北地区早期工业化影响下的民生商品消费出现了新的特点。

西北地区逐渐发展为以制造为基础、批量生产为目标并扩展到更系统领域的现代设计模式，设计从接受"任务"起始，这种形式统筹规划了所涉及的各个元素，且辅以具有易用性的交互方式来满足产品存在的合理性。所涉民生产品是在多重限制因素的制约协调下被塑造出人造物被理解的方式，其设计过程复杂，物品的内在意义通过设计传达。

西北地区民生设计及产销业态与中国广大地区民生设计及产销业态相同，均是建立在西方式的大众消费观念和社会商品经济生产模式之上的现代化产物。其与以手工劳作为主的传统生产模式虽然存在着千丝万缕的联系，但在本质上又有着天壤之别。正由于西北地区民生设计及产销业态的发生、发展、延传，作为工业化最基本特征的机械化、标准化、规模化才在西北社会扎根、立足；作为现代化最基本特征的以"公民消费意识"和"大众审美意识"为核心的自由市场经济和民主秩序的社会，才得以在西北地区初见端倪。从这个层面可见，近现代西北地区民生设计及产销业态的形成和发展，亦是百年中国社会伟大变革的基本动力来源之一，其作用力和影响力波及社会各阶层的每一位民众，以及民众每时每刻的生产行为和生活状态。[①]

首先，出现消费阶层的变化。西北地区民生设计产业，无论是涉及民生商业领域的产业结构、设计方式和消费模式、时尚标准，这百年间都随之发生重大变化，其消费主体逐渐形成以大众消费为经销目的的民生商品。其次，出现消费内容的变化。民生商品覆盖范围囊括了每一位普通民众的日常生活。这种"普适性"逐渐废止了传统产销业态始终强调拉开消费群体阶级差异、争取高端消费牟利的陈旧观念。最后，出现消费取向的新变化。西北地区民生设计逐步实现标准化、机械化、规模化的工业化产业模式，其外在原因是百年社会变革所促成的市场分化、消费观念变化和大众消费审美观的形成。

启迪二：对现代设计活动的推动作用。

从西北地区早期工业化与民生设计研究可见，对设计活动的重要性理解远远超出人们的所知，尤其在经济和观念方面。设计活动常被遮蔽在单纯的视觉角度，而不自觉地忽略与思想和经济的联系。实际上，设计是在早期工业化历史的特殊阶段应运而生，而且在工业财富的创造中扮演重要角色。设计对于思维方式而言，远非中性、温和的艺术活动，其拥有持久的影响力。民生设计的目的不仅是使用，还有流通，即销售路径及具体情况，其共同构成了一个完整的产业链。围绕这些环节展开分析离不开两个语境：技术和人文。技术主要涉及材料、工具、工艺这些基本问题；人文则需要考察设计物主体的个人或群体，以及更宏观一些的时代、地域、习俗。对流通的关注，其中蕴含了丰富的可能性。

---

① 王琥：《设计与百年民生》，江苏凤凰美术出版社2016年版，第508页。

决定商品设计的并非某种内在的基因结构，而是制造者和制造业，以及在商品社会中这二者与社会的关系，即"社会语境"或"社会背景"，故我们不能将设计活动剥离于其生长的社会环境而单独考量。设计的特殊使命便是将概念和可行的生产方式结合起来，合理化的工厂生产方法、富于创造力的营销技巧，以及尤为重要的对产品的关注等，使得设计改变了人们看待产品的方式。透过适合不同时期、不同民众的设计，我们便能获知民生设计的社会形态，了解各种不同的设计就等于了解社会的面貌。

晚清民国时期的西北民生设计，在努力服务产业、提升民众生活品质方面还有很长的道路要走，这是因为：首先，西北地区此时期工业生产体系尚未健全，而西北地区绝大部分民众还在为温饱而努力，因此对设计消费的需求上有很大的距离。其次，产品设计大部分停留在以手工业为基础的产品之中，这与民生设计在西北本身的局限有关，也与专业分工角色的缺位有关。最后，自抗日战争始，长期的战争以及政权的更迭带来的文化断裂，使老一辈设计者只能被动地适应。中华人民共和国成立之后确立了优先发展重工业的经济战略，以大型民用、军工装备为代表的产品自有其工程技术的逻辑，更何况当时这些技术均从国外引进，我们首要的任务是消化技术，而不是照顾使用者的感受和审美。因此，纵然从理论上讲设计可以涵盖之，但事实上在很长时间里设计在西北地区依旧被边缘化。[①]

不可否认，西北地区民生设计在工业化进程中，脚步显得匆忙慌张，也没有足够的自信，与中国同时期其他地区相较，工业化进程的脚步相差甚远。但无论如何，即便是今天来评价其民生设计产业的成就和其对中国消费社会形成的文化影响，依然是利大于弊，西北地区早期工业化对其民生设计仍然起到了有力的推进作用，是中国工业化发展进程中不可或缺的一部分。

---

① 沈榆：《中国现代设计观念史》，上海人民美术出版社2017年版，第123页。

附　录

说明：本附录时间范围依据文章章节进行划分：

一、1861—1894 年大事记

1. 19世纪六七十年代，左宗棠向朝廷建议："以乌鲁木齐为新疆总督治所；阿克苏为新疆巡抚治所；伊犁设将军一名统率旗营驻军，并增设兵备道一员，塔尔巴哈台增设同知一员，以固边防。北疆镇、迪、道基本上仍按旧建制不变，拟改迪化州直隶知州为迪化知府，增设迪化县知县一员；原阜康、昌吉、绥来、奇台四个县的建制不变；拟将呼图壁、济木萨的行政负责人升格为知县，哈密通判升格为直隶厅同知。吐鲁番又名广安州，为入南疆冲要首站，拟增设广安道一员，以资控扼；将吐鲁番同知改为广安州直隶，升辟展巡检为辟展知县。托克逊为乌鲁木齐通南疆八城的要冲，拟就地设托克逊县知县一员。在南疆阿克苏设巡道一员，喀什设兵备道一员。另在阿克苏（即古温宿国）设温宿府知府一员，下辖温宿县知县、尹和县知县、拜城县知县；在库车（即古龟兹国）设鸠兹府知府一员，下辖鸠兹县知县、沙雅尔县知县；在喀什噶尔（即古疏勒国）设疏勒府知府一员，下辖疏勒县知县一员治汉城，疏附县知县一员治回城；在叶尔羌（即古莎车国）设莎车府知府一员，下辖莎车县知县一员治汉城，莎附县知县一员治回城；在喀喇沙尔（即古焉耆国）设焉耆直隶州知州一员，治喀喇沙尔，下辖库勒县知县一员；在和阗（即古于阗国）设于阗直隶州知州一员，下辖于阗县知县一员；在乌什（即古尉头国）设尉头直隶同知一员，治乌什；在英吉沙古（即古依耐国）设依耐直隶同知一员，治英吉沙尔。"之后的建省过程中，新疆只设置了巡抚为最高行政长官，未设总督，由左宗棠手下的第一员大将刘锦棠担任新疆的第一任巡抚。

刘锦棠不负众望，很好地贯彻了左宗棠的既定方略。[①]

2. 1869年1月30日，左宗棠奏请清政府，在陕甘饷项外敕拨30万两白银，作为采买、制造经费，创办西安机器局，就地生产军火。西安机器局规模较小，局址设在省城西安东门，主要机器设备从上海向国外购买，工人由浙江招募，主要生产洋枪、铜帽、火药和开花子弹等。

3. 1872年8月，左宗棠率军进驻甘肃省城兰州，遂于次年春将西安机器局迁往兰州，设立兰州机器局。1873年到1893年的20年间，陕西省军工工业实际处于停顿状态。1894年甲午战争爆发，由陕西省紧急抽调各路援军，但省内所需枪炮弹药储存无几。

4. 1895年，西宁一带爆发回民起义，清政府急调陕西扶标永兴军等前往镇压，并令陕西护理张汝梅办理各军军火粮饷。张汝梅以"甘回扰乱，各军分赴防剿，需用枪弹为数巨甚"[②]，而陕西省各军所用枪炮，皆由他省协拨，不尽合用等理由，再次奏请清政府创立陕西省机器制造局，试造枪弹，以供接济。璇奉谕旨，获准正式开办。局址设在西安城内风火洞，为官办，由政府派员管理一切事务。

5. 陕西出现机器局、新式教育机构、近代新闻出版等代表近代化发展的机构或者设施，思想界也渐趋活跃，新闻出版单位有十余个，报纸种类接近十种。西安开办官办的秦中书局，购置西安第一台铅字印刷机；创办西安第一张报纸《秦中书局汇报》。1897年西安最早的民办报纸《广通报》创办，转载外省的时论文章和时闻报道，宣传维新。陕西的电报事业较东南沿海地区和一些发达城市略晚，1889年，商办西安电报局开业，局址设在梆子市街黄公祠，后移马坊门开办平挂信函等业务，开辟西安经至凤翔成都、西安经潼关至洛阳及西安至商州三条邮路，又设西安至老河口一线。

---

① 彭大成：《左宗棠开发西北的战略举措与深远影响》，《湖南师范大学社会科学学报》2001年第1期，第46–57页。

② 李全武，曹敏：《陕西近代工业经济发展研究》，陕西人民出版社2005年版，第115页。

二、1901—1911 年大事记

1. 清末"新政"时期总体情况："劝工局厂"及"劝工习艺厂"的设立；兰州机器织呢局的恢复；官报书局、石印书局、甘肃炼铜厂、陕西制革厂、光明火柴股份有限公司、甘肃全省中等矿务学堂、洋蜡胰子厂等创建；新疆"拓地建厂，安置机炉"；伊犁玉山巴依制革厂、陕西延长石油官厂等创建。

2. 清末"新政"的影响下，1902—1911 年 10 年间，西安市设立了邮电局，创办了陕西大学堂、武备学堂等一批新式教育机构；创建"劝工陈列所"，用于展览工商业品和手工艺品；出现了一些销售洋货的商店和药房，城市面貌开始有些变化。

3. 1903 年底创办的洋蜡胰子厂，是西北地区最早的机器日用化学工业，共有机器设备 20 种，主要生产肥皂、洋皂、洋蜡等。这之前民间早已用土法制造红、白蜡烛，但只停留在手工生产，还没有进入机器生产阶段。1908 年冬，彭英甲在抵制外货、挽回利权的呼声下，决定仿造洋蜡洋胰。遂与林阿德签订合同，从比利时购买制造洋蜡和胰子的机器各一套，聘请比利时人瓦能克为工匠，开办洋蜡胰子厂。厂址在兰州城西的白云观左侧，厂房 40 多间，产品主要是肥皂、香皂、洋蜡。但是该厂产品成本较高，西北人民生活贫困，无力购买，终因销路不畅而停办。[①]

4. 1904 年开办陕西工艺厂，该厂主要生产竹器、木器、针织等。随后，1910 年，陕西巡抚恩寿与西安将军文瑞又设立"驻防工艺传习所"，选择八旗子弟入所学习。

5. 1905 年前后，受"戊戌变法"之影响，凤翔不论在农、商、工、文教等方面都小有进步，特别是实行教育改革，兴办学堂。

6. 陕西省火药局原一直由西安府清军同知兼管，1905 年，因清军同知缺额，便设立火药局，派专人办理火药制造一事。局址分为东西两处，东处设在新开道巷南端城墙下，据史料记载："光绪三十一年，火药局除仿制火药

---

① 彭英甲编：《陇右纪实录》第 12 卷。《甘肃文史资料选辑》第 4 辑，第 145–146 页。

仍筹价作正销外，所需经费由财政局按月筹给……是年，造100斤火药成本为11两3钱4分2厘4毫，钱180文。全年共造火药8万斤，用银9073两9钱2分，钱12.4万文（按照市估折合银86两4钱2分）。"[①]西处设在西安城内西南风火洞旁。其所造火药、铅丸主要供给全国各地驻军使用。随后，火药局迁址，便无史料记载。

7. 1906年甘肃农工商矿总局创办劝工局，主要利用本地原料进行玻璃、绸缎、织布、裁绒、制革等制造，局属各厂中较大的有绸缎厂、织布厂、裁绒厂、玻璃厂，宣统时，劝工局厂产品达14类、268种之多。与手工工场发展的同时，甘肃地方当局在兰州地区还兴办了一系列以机器生产为主的工厂，为西北地区民生设计的工业化发展注入了新的生机。另外，畜牧业与森林采伐业的发展，对西北的皮毛及木材市场的形成具有决定性作用。

8. 1906年新政时期，陕甘总督升允任命兰州道彭英甲为甘肃农工商矿总局总办，主持兴办地方实业。是年5月，彭英甲领官银二万两于贡院内建起了"劝工厂"。"劝工厂之设，首在兴利惠工，讲求土货制造，以示提倡，开风气，保利权，塞漏危为要义"。[②]其管理结构是"局中开厂，厂内分科"。劝工厂成立后主要开办了四个厂：一是绸缎厂，下设络丝、染织、织造三科；二是织布厂，下设牵经、纺纱、织布、染色四科；三是裁绒厂，下设弹毛、纺织、染色、裁绒四科；四是玻璃厂，下设吹料、平光、砑光三科。显然，绸缎厂、织布厂、裁绒厂的创设都考虑到地方的资源优势，并且这些厂开办初期生产情况还不错。但是后因"所造物品，模仿者为多……又无外国新式机器以制造之，成本过重，其势不能以久"[③]，不得已于1910年11月停办了。

9. 1906年，西安知府创办工艺厂，"以毡毯为首，次则棉花"，为陕西近代官办第一家手工纺织工场。同年凤翔知府创办蚕桑学校，设织布工厂，以

---

① 1901年《陕西清理财政说明书·岁出军政费说明书》。

② 彭英甲编《陇右纪实录》第12卷，载中国人民政治协商会议甘肃省委员会文史资料委员会编：《甘肃文史资料选辑》第4辑，甘肃人民出版社1987年版，第145页。

③ 慕寿祺：《甘宁青史略正编》（第二十六卷），兰州俊华印书馆，1936年版第50页。

织绸为主，兼织白布。1910年（宣统二年），陕西巡抚等人奏请在西安设立驻防工艺传习所，预招80人学习纺织、桑蚕、制革、毛毯，并准备了讲堂、厂房共30余间，设置商铺用于销售出品。

10. 光绪三十二年九月十一（1906年10月28日），甘肃洋务总局与德国泰来洋行正式签订黄河铁桥包修合同，"议定价天津行平化宝银十六万五千两，保险八十年"，由兰州道彭英甲一手经理并派藩、臬两司会同照料。[①] 光绪三十四年正月（1908年2月），陕甘总督升允奏"兰州城北滨临黄河，拟造铁桥以资利济，所有桥价运费等项，概由统捐溢收项下拨用作正开销"[②]。光绪三十四年二月二十一（1908年3月23日），来自朝廷的朱批传达到了甘肃："该部知道。钦此。"至此，黄河铁桥的建设工程正式得到了国家的认可。

11. 《新疆图志》记载，1906年迪化设立手工业习艺所，由内地和南疆各地来的一批工匠，传授攻金、攻木、制革、制绳、缝纫、毡毯等技艺。1908年，设立手工业工艺局，管理城市手工业生产。时称迪化为全疆政治经济、文化中心，当时的交通工具主要依靠畜力，货运客运以马车为主。于是，在迪化制造大车及马具的局部工业化得到了发展。从事锻打铁器工匠，大多数是把红炉设在巷尾空场或偏僻的河滩地带，以凭体力和两把铁锤进行生产。有的制马掌、钉马掌，有的锻造日用小铁器，摆在炉旁出售。迪化城内外也有生产农具犁铧的，有铸铁锅、铁勺、菜刀、铁锁、铁钉的。也有制造各项木器，编箩筛、蒸笼以及弹棉花、制爆竹、缝纫、烧砖瓦、编制柳条筐的。20世纪初年，迪化城外南关山西巷附近的所谓的南关马市，便是昔日牲畜交易市场。库车两千余年前即以制铁器著称，相沿至今，该地操冶铸业者所造马刀、剪刀，驰名西北。当地用牛羊油和石灰及碱煮制洗衣肥皂及用土法硝熟羊皮制裘，和田等地除以蚕丝业出名外，尚有制玉器业。新疆主要有造车、制铁掌、编笼、擀毡业、造纸业、靴业、织布和染布业等。这一例证举证了传统手工产业与工业化的交叠。

---

① 谢小华：《清末修建兰州黄河铁桥史料》，《历史档案》2003年第3期，第72、74页。
② 王双怀、贾云：《二十五史干支通检 下》，三秦出版社2011年版，第1590页。

12. 1906年新疆巡抚抚署在迪化、伊犁、塔城等地设立贫民习艺所，实际上只是官办的手工工场，它以倡导实业、传习工艺为宗旨，设攻金、攻木、制革等专业技术课程。

13. 1906年，清政府将阿尔泰地区从科布多参赞大臣管辖改为直属于中央，1919年，民国政府将这一地区划归新疆省，设阿山道。

14. 1906年彭英甲代表农工商矿总局与比利时参赞林阿德签订合同，订购比利时的铜矿、淘金、织呢三种机器。为解决燃料问题，官铜厂便建在了平番（永登）窑街。1910年厂房建成，安装机器，开工生产。开炼后，日出金20两左右，日产铜2090斛。旋因矿砂质量低劣，运输不便，计算成本后，入不敷出，再加上外国技师工匠6人每月支银1300两，全厂每月支银2000两以上，费用庞大，无力开支，该厂开办不到一年即告停产。

15. 1907年创办的官铁厂，厂址在兰州黄河北王保保城，设化验、分析等机构，试车后各机器运转好。该厂分提炼、制生铁、制熟铁三科，产品多为农具和生活用具。1910年官银厂开办后，该厂归官铜厂兼办。

16. 庆阳"光绪三十二年（1906年），创办褐局于城内，褐局生产之褐匹较外运者质量较佳，毛缠子多销于西安、汉中等地"①。

17. 为有效防止洋匠合同到期后华匠艺徒无法正常生产，彭英甲创办了"织呢艺徒学堂"，这是我国最早的毛纺织技工学校之一。办学伊始，彭英甲认为这样不仅织呢局可免聘募洋匠，并可"派往外省充当工师教习"。当时办学经费不足，为节省经费，彭英甲规定学校附于织呢局内，不另建校舍；比利时工师同情彭英甲的努力，义务讲授外语、机械、纺织、染色各课，不另领薪水，中文各课由坐办担任，翻译们担任洋匠授课翻译，亦不另领薪水，只支少量车马费，而学生即是织局艺徒，亦不另发伙食费。光绪三十四年四月初九（1908年5月18日），甘肃织呢艺徒学堂正式开课，学生共30名，正额20名，局内挑选，副额10名，由局外招考。学生年龄在15~30岁，规定入

---

① 庆阳县志编纂委员会：《庆阳县志》，兰州大学出版社1998年版，第129页。

校学生必须是"资质聪明、精神完全，不吸洋烟，能讲习浅文者"。教授课目也完全不同当时一般学堂，课目分"主要"及"随意"两科，"主要"课有法文、机器、机织、几何、染色、织呢、纺线、剔染和实习；"随意"课则有算法、国文、体操等，以半工半读式的新式工艺学课为形式。

18. 1911年西宁成立了西宁府商务会。

三、1912—1937年大事记

1. 1912年9月西安满城被拆除，西安的城市布局发生了些许变化。东大街拓宽30米，两侧有统一尺寸修建的二层带有檐廊的商铺，从钟楼延伸至东门；1912年创办三秦中学、西北大学；1917年陕西警备司令部创办小型电厂，从此有了电灯；1921年冯玉祥督陕时，在南院门建立"洗心所"，在满城旧城建立"民乐园"，供讲道、讲演、开展文艺活动。1922年西安在旧有驿道上，改筑了可通汽车的公路；1928年设市政府，在满城废墟上开辟新市区，规划道路，拍卖荒地，并修筑了尚勤路、尚俭路、尚仁路（今解放路）、尚德路等东西南北交通干道，新市区的交通网完全形成；但至陇海铁路通车前，没有开展大的建设。

2. 1913年1月，全国废除驿运，标志着旧时驿运的终结和新兴公路运输的开端，公路成为新交通方式之一。

3. 1914年，开始设省、道、县三级政区。1916年，甘肃省设置7道77县，属于陇西地域的有兰山道15县、泾原道2县、渭川道9县、西宁道7县，计约有32县，其中有省治1个、道治2个、县治29个。1927年，在今天夏河县新设相当于县级政区的拉卜楞治局。1928年，实行省、县二级区划体制，从甘肃划出原西宁道7县与其他地区设青海省，1929年1月，青海省正式成立，省会西宁县。1923年10月17日，经国民政府批准以旧甘肃省朔方道八县及宁夏护军使辖西套蒙古两旗属地合并建为宁夏省。1929年1月1日正式成立宁夏省，首府为银川市。宁夏省领9县2旗，总面积274910平方公里，人口约为70万人。

4. 民初王典清在三原创办翻砂厂，从事简单的机械工业生产。

5. 1916年7月，陕西省警务处成立。早在1908年4月24日，清政府准陕西省设置巡警道，职掌全省警政事务。省会所在地设诸巡警公所，执行警察事宜。

6. 清末民初，西安城市仍处于以手工业生产为主的商品化初期，"迩来（1917年）创立大小之公司，其体制甚备。除延长石油公司之外，有粉面公司、工艺厂、皮革公司、服装公司、木器公司、绩织公司、电灯公司、电话公司、人力车公司、皂胰公司、火柴公司等。其中电话虽能通用，而电灯之营业则尚未发达，其他甚或全是昙花一现，久存者少"。① 总之，民国初年，由于战乱频仍，饥荒瘟疫，西安经济和城市设施遭受不同程度的破坏，仅有的手工业作坊发展也受到限制。西安的人口只有10余万；商号虽号称5000多家，实以小商小贩居多，且多面临亏损停业；工业多以传统手工操作，作坊式经营为主，大机器生产工厂如凤毛麟角，能够提及的仅有西安集成三酸厂（1932年创办）、西京电厂（1933年创办）等少数企业。

7. 迪化的人民公园，"建设始于1918年，由杨增新及当地的官吏、富商、巨贾、士绅集资，并请来内地工匠，兴建了丹凤朝阳阁、阅微草堂、醉霞亭、春晓亭等亭台楼阁。1922年完工，命名同乐公园。杨增新和金树仁时期，该公园的各种设施还不健全，但是公园向全体市民开放，不受阶层、民族、信仰的限制，各类市民拥有了共同的公共活动空间。在盛世才时期，同乐公园改名为迪化第一公园。国民党统治时期，改称为中山公园。从盛世才到国民党统治时期，该公园的各项设施渐趋完善，成为具有多重功能的公共空间"②。

8. 1919年，劝工局缩小规模后改为劝工厂，分皮革、织布、硝皮三科。皮革制造、洋式皮箱及皮靴是西北地区民生设计区别于其他地域的特色产业。西北地区以毛织、毡毯、制革、制烟为著。

9. 1921年，中华全国建设道路协会在上海成立，倡导修治公路。政府方

---

① 刘安国：《陕西交通挈要》，中华书局，民国十七年版，上编，第33页。

② 闻永健：《民国时期迪化市政建设研究》，硕士学位论文，新疆大学，2016年，第36页。

面在1922年发布《关于道路修筑奖励条文》。到1926年，各省当局均设有省道局或路工局。专门负责省道的建设，也有民间自发建设的，因此到1927年全国公路增至29170公里。然而各省在工程方面没有统一的标准。

10. 1923年大荔吴尊之集资1.5万元，筹建大荔织袜传习工厂，设在县城内，为本县手工机器生产之始。

11. 陇海铁路修建以后西安市创办的主要机械工业企业：1923年成立新履革履公司；1933年成立集成三酸厂；1934年成立利秦漂染厂；1935年成立亚立工厂、玉德工厂、德记工厂等企业；1936年成立大华纱厂、华丰面粉公司、中南火柴厂、大业香皂厂；1937年成立西京机器修造厂、同发祥铁工厂、培华染织厂、民生工厂等。

12. 1924年，吴佩孚曾两次致电农商部，请求绘制西北矿产分布图，以便开采。曾赴甘肃进行地震震后调查的翁文灏也已注意到西北丰富的矿产，派同行赴河西一带调查，翁亦于1924年拟订《开发西北矿业计划》，分析开发的可能性。1925年3至5月《西北周刊》先后刊登多篇开发西北问题的文章。留美矿物学家刘垣鉴于西北矿产丰富却无充分资本开采，主张将美国退还庚子赔款移作开发之用。

13. 1925年冯玉祥订立开发西北计划，动员兵工种树修路，垦辟荒地，举办实业，开渠疏河，设立工厂和学校，取得了一定的成绩。1927年3月，冯玉祥召集陕甘两省专门人才、国联总部代表及相关人员，在临潼召开陕甘两省建设会议，共议决提案11项50余条，内容涉及交通、水利、工厂、垦殖等，对开发交通筹划良多，制定了详细的办法。

14. 1927年冯玉祥部队在华阴县西岳庙内和云台观先后建立兵器工厂。

15. 1927年，南京国民政府成立后，交通部以兰州为国道中心，拟定建设全国国道计划。1928年，从交通部中划出铁道部，修建公路改归铁道部主持。1929年2月，铁道部在南京召开国道设计委员会，制定国道路线网、国道工程标准、国道运输计划大纲，并于是年10月公布。1931年5月5日，蒋介石在南京的国民会议上宣布，全国公路有51210公里，而且多半是土路。1931年

6月，国民政府公布《国道条例》，但实际上各地仍各自为政，互不联系，管理制度混乱。1932年11月，军事委员会在汉口召开苏、浙、皖、赣、豫、鄂、湘7七省公路会议，议定7省联络公路路线，由全国经济委员会负责督造，后又将闽列入督造范围之内。1934年起该会鉴于西北交通之闭塞及边防之重要，直接兴筑西兰、西汉等路。到1937年底止，全国公路遍及30行省，已通车者为110952公里。在未有铁路之甘、新、青、蒙、川、贵、黔、康、宁等地方，公路成了仅有之现代交通设施。

16. 陇海铁路通至西安以前，拓宽了东大街，开辟了新的城门，并在满城废墟的基础上建设新市区，沿东大街一线的商业发展成为城市新的发展轴线。1927年后，新市区一直设置有政府机构，标志着此时西安的行政中心已经有所转移。自清初以来形成的以城市西半部为政治、商业中心和人口密集区的格局正在悄然发生变化，东北部的大片空地已逐渐成为后来吸纳新兴工商业与规划建筑、安置移民的理想场所。

17. 1927年青海西宁成立了平民新剧社，其是在西宁道尹林竞的积极倡议下，由道尹公署的部分青年职员和西宁各个中小学教员们组织而成的。1928年平民新剧社在西宁昭忠寺首次登台，演出了四幕话剧《家庭鉴》。此后的《瞎子》《卖烟膏》等话剧不仅丰富了民众娱乐生活，同时对扫盲和禁言起到了宣传作用。平民新剧社在五卅惨案纪念日时编排的《朝鲜亡国恨》反映了日本帝国主义的残暴和朝鲜亡国的惨痛，引起民众的强烈共鸣。西宁各学校师生先后成立话剧社，在各种集会上演出内容新颖、贴近生活的话剧。①

18. "西安陕西制革厂"在民初开设，并采用新式制革方法，后改为"陆军制革厂"，专制军用皮革制品及军鞋，1928年以后，制革工业稍有发展，陆军制革厂专做军用皮件。在南四府街开设的"第二路制革厂"兼做皮件，其工厂设备简陋，1930年后改为商营并改名为"和平制革厂"，后又改为"义记制革厂"。1921年"同和制革厂"在西安城内开业，专制法兰革。1923年西

---

① 曹蓉：《从民国时期西宁的娱乐活动看西宁的近代化》，《黑龙江史志》2013年第21期，第91页。

安设"燕秦制革厂"，因皮革销路不畅，后转型制鞋，后成立"新履股份有限公司"，并从北京招募制鞋技师，增添工具、设备。20世纪30年代后，国民政府开发西北政策陆续出台，1934年铁路展筑至西安，交通便捷，给西北制革工业的发展创造了有利条件。1934年开设"西北制革厂"，专做带皮兼制皮件。1935年开设"西北化学制革厂"，设备有锅炉、转鼓、压底皮机等。另外还有西迁来的"胶东制革厂""福安制革厂"等数家制革工厂。①

19. 大荔敬义和织绒厂生产的栽绒毯，"逐年改良，声誉鹊起，销路日增，民国十七年（1928年）西安农工出品展览会曾得一等奖章，同年上海工商部中华国货展览会亦获优等奖章及奖品等件"。

20. 1928年山东德州兵工厂迁入潼关，从事军火生产、枪械制造，成为陇海铁路通车以前第一家近代机器工业。

21. 1928年凤翔城内设立平民织布厂。

22. 渭南为关中重要的产棉地，"本县花行生意渐盛，近有铁机压棉厂之设，将来潼西铁路通车，本县商业更有望也，现本县有商店一百三十三家"。

23. 西安于1928年才首次设市。在此之前，西安隶属于1913年所设之关中道。

24. 青海的西宁，1930年山陕商人从外地携来影片在后街山陕会馆公开放映《日本火山爆发》和卓别林主演的滑稽片等无声电影。同年秋，马步芳从天津购回电影放映机一部，常在坐落在西宁南大街的新编第九师国民党特别党部驻地和大教场放映，但只允许少数市民观看。1932年三个美国人携带小型放映机一部，放映过《草原上的牛羊》《马拉机播种和收割》等科教纪录片。在1936年"双十节"，一百师政训处为庆祝"国庆"在小教场放映了有声电影。②

25. 西安在20世纪的20至40年代，南院门有博物馆、民众教育馆、图书

---

① 郑志忠：《民国时期关中地区工业发展与布局研究》，硕士学位论文，陕西师范大学，2012年。

② 曹蓉：《从民国时期西宁的娱乐活动看西宁的近代化》，《黑龙江史志》2013年第21期，第91页。

馆及大书店、小书局、旧书摊和剧团戏院等。

26. 1931年10月,交通部开始筹设西北航线,即沪新航线。由欧亚航空公司开辟,途经南京—西安—兰州—肃州—哈密—塔城,全线共长4050公里,实际当时仅到达迪化,故实际航线3525公里。1932年4月1日,上海—南京—西安段开通,5月17日延至兰州。1932年12月,又扩展至迪化。

27. 1932年国民政府制定的《派员查禁十省种烟办法》规定,鄂、豫、皖、赣、湘、苏、浙、闽、陕、甘腹地10省首先禁种罂粟,其余各省克日禁种。甘肃省政府遵照中央政府各项禁烟禁毒法令,1935年开始厉行"六年禁烟计划",分期禁绝。从严禁种烟的源头入手,通令各区各县行政长官组织,加大宣传禁绝力度;并查禁毒品;再到戒绝烟民。1935年7月初,在省政府训令和省新运促进会号召下,兰州市新运会率先设立甘肃省省立戒烟医院。

28. 1932年华阴县政府建民生工厂,后改为染织科职业学校实习工厂。

29. 1932年5月,由甘肃省政府建设厅制定《甘肃省建设厅公路局管理汽车暂行规则》,主要规范车辆号牌和行车执照的检验与核发,征收车辆捐费等工作。西北公路运输管理局还制定了《养路竞赛暂行办法》,对护工实行竞赛鼓励的工作方式,还制定"巡路牌"传递办法,道班对辖线必须有专人天天巡路。

30. 1933年,上海商人段镜甫、孙直斋在渭南县合办聚记棉花机器打包股份有限公司,开始半机械化生产,成为渭南近代工业之始。

31. 1934年秋尧山油厂建成投产,全部机械设备均由法国购进,计有5吨轧油机3台,2吨半锅炉厂台,价值15万元。从上海等地招聘了技术熟练的工人。油厂日处理棉籽6万斤左右,生产油脂50000斤上下,其副产品有棉饼、棉壳油泥等,部分油脂经加工可代替军用柴油。其经营方式是自产自销,渭河南岸设有销售点,洛阳三原礼泉等地设有棉籽收购站。[①]

32. 1934年凤翔城内成立培实工厂。

① 魏永理:《中国西北近代开发史》,兰州:甘肃人民出版社,1993年6月版,第204页。

33. 1935年根据中央政府颁布的《禁止蓄发留辫条例》和《禁止妇女缠足条例》，制定厉行剪发放足运动的具体步骤和实施细则。

34. 1935年1月西北公路管理局成立，制定西北公路运输大纲，使西北地区的交通建设事业走向正规化。

35. 1935年，新疆省政府成立了"新疆省设计委员会"，在苏联顾问、专家的帮助下，"新疆省设计委员会"制订了"第一期三年计划"和"第二期三年计划"。1936年7月起，新疆开始进入有计划的经济建设时期。在工业方面，"第一期三年计划"关于工矿业方面的经济建设政策和计划内容是："为了发展工矿业，提出建立现代化的轻重工业和人民投资工业，制定各种矿业法规，组织采矿队，彻底勘查本省矿产，招收矿业实习员，扩大阿山金矿局，实行机器开采等。"①

36. 1935年陈凤立在三原县城西关开设"凤立"铁工厂。

37. 1935年杨虎城部在凤翔开办培实工厂，为手工机器织布；同年蔚华织布厂在县城成立；1936年，县政府投资1.5万元在县城南大街建立民生工厂，从事织布、木器家具生产；1936年全县有22个工商行业、231个店铺，从业者1700余人。

38. 1936年西凤公路竣工，货运畅通。

39. 1937年前，三原逐渐形成了药、布、京货、棉为主体的商业繁盛状况，东南布匹货物内运经此地输送西北，为渭北最大的商贸城市。

40. 泾阳县处于平原之中，四面畅通无阻，"多大车，甚频繁"，是通向西北的交通便道，优越的交通地理位置为泾阳经济的恢复发展提供了条件，"市况固盛，究竟不如三原，街道比较整然……县署位于东南隅，其机关与建筑，又有警署，商会山西会馆，商务研究所，高级小学……为产棉之要地，其买卖最盛，每年约在三万以上，棉店内多置一二之轧花机以备取实上市之用……产于附近之棉，大半输入汉口"。泾阳也是关中皮业中心，"牛皮之买

---

① 陈纪莹：《新疆鸟瞰》，转引自王利中《20世纪50年代以来新疆工业变迁研究》，博士学位论文，西北大学，2010年。

卖稍盛，多有附近乡下集来，然后发庄……此外，甘肃之药材买卖亦盛"。

41. 陇海铁路修建以后咸阳市区创办的主要机械工业企业：1935年咸阳成立第一家近代工厂，即咸阳中国打包公司，其配有1台220千瓦柴油发电机；1935年成立陕西酒精总厂；1936年成立咸阳裕农油厂、咸阳纺织厂。

42. 随着官办机器局的恢复和发展，商办机器制造业也开始兴建。1935年，西安创建了亚立、玉德机器厂和义聚泰工厂等多家机器制造厂，主要生产轧花机、切面机、织布机及农工用具。西安还有月产300台各类机械的小型机械厂11家，主要生产柴油机、面粉机、弹花机等机械，还少量生产汽车配件及小车、尖锅等产品，使得机器制造业一开始便发展势头较好。还有位于西安的永丰铁工厂、集成三酸厂铁工部，渭南的裕泰铁工厂、聚义铁工厂等。此时，各机器制造厂多以生产轧花机、弹花机、水车等小型农工应用机器为主。

43. 据陕西省战前官方（1936年）统计资料显示，关中地区已出现机器工业生产的厂家，除集成三酸厂外，有1家纺织厂、2家面粉公司和3家火柴公司；其中有5家在西安，宝鸡、华县各有一家火柴公司。

44. 1936年，国民政府中央银行在咸阳建成机器打包有限公司，用蒸汽机带动200匹马力发电机生产，有300多名工人，每小时打包40多个，同年10月，省政府在咸阳建成省酒精厂，拥有西北当时最先进的设备。

45. 1936年火车通咸阳后，在城北0.7公里处建咸阳火车站，小手工业开始起步，车站周围相继建起了"裕农油厂""打包厂""咸阳纺织厂""酒精厂"、西北工学院等小型私有企业和学校。

四、1937—1949 年大事记

1. 西北地区机器制造业：发端于左宗棠用兵西北之时，1869年所创办西安机器局，其就地生产军火。1873年春西安机器局迁往兰州，1895年设立陕西省机器制造局，随着官办机器局的恢复和发展，商办机器制造业也始兴建。1935年，西安创建了亚立、玉德机器厂和义聚泰工厂等多家机器制造厂，主要生产轧花机、切面机、织布机及农工用具。西北地区还有生产各类机械的小型机械厂家，主要生产柴油机、面粉机、弹花机、轧花机、切面机、锄草机等机械，还少量生产汽车配件及小车、尖锅等，使得机器制造业一开始便发展势头较好。此时，西北各机器制造厂多以生产"轧花机、弹花机、水车等小型农工应用机器为主。

2. 西北制药业：西北化学制药厂于1937年在西安开始筹建，是西北地区首家西药制造厂。后又建立华西化学制药厂，主要制造和推销西药与卫生材料，即生产各种注射药、酊剂丸片原料药和脱脂棉、脱脂纱布、绷带布等。1940年创办了新华化学制药厂，有煤烧锅炉、蒸汽机以及制药片机、注射药机等设备。西北地区的化学原料蕴藏丰富，相关工业正在勃兴，如皮毛、染织、药物、电业、冶金。

3. 西北制革业：民国初年，设陕西制革厂，采用新式制革方法，后改为陆军制革厂，专制军用皮革制品及军鞋。抗日战争爆发，作为大后方的西北，军需民用都在增加，各界人士积极创办工业，制革业迅速发展。此时这些制革厂大都采取新法制革，多半是植物鞣制和矿物鞣制两种，操作多系手工，设备都很简陋。旧法制革如挽具革、烟熏革、弹花弦革等则发展不大。1938年西北化学制革厂在西安设立，1941年雍兴公司设立长安制革厂，加上战前设立的新履公司，三家制革厂规模最大，均为动力工厂。新履股份公司除制革外，兼制皮球、各种皮件、箱囊等。西北化学制革厂除生产皮件外，还产栲胶，并出口海外。长安制革厂所产的轮带皮和底皮也运往西南各省。

4. 西北洗毛、打包业：洗毛、打包、猪鬃和羊肠衣等是随着对外贸易和出口的需要而兴起的手工业。西北羊毛开始运往天津港口出口，因羊毛未经清洗，粪便、泥土、油脂等粘于羊毛之上，影响了羊毛的价格，也不便于运输。因此，随着羊毛出口数量的增加，在一些羊毛集散地出现了洗毛、打包业。1940年，实业家刘鸿生出面与复兴商业公司合资在兰州兴建了西北洗毛厂，从事洗毛和打包，洗毛、脱水为机械操作。

5. 西北猪鬃业：猪鬃业是随着外贸发展而兴起的一个新兴行业。猪鬃除了用于制造鞋刷，剩余输出，占产量的90%。集中市场以兰州、武威、天水、甘谷、陇西、临洮、洮州为最多，其次在夏河、张掖、酒泉、平凉、西峰镇、靖远等地。猪鬃在输出时要进行梳理，将生鬃通过各种工序进行加工，打包输出。

6. 西北弹花业：弹花业是随着棉花的输入和种植而新兴的一种手工业。民国建立后，棉花大量生花输入后，需要弹成熟花方能使用；甘肃推广植棉后，棉花需要榨籽，这两类对棉花的处理均称为弹花业。

7. 西北白铁业：即洋铁业，是依靠洋铁皮发展起来的产业。中国传统的器皿主要以瓷器、木器和各种金银铜等为主，自近代以来随着洋铁的进口，出现了以洋铁为原料的产品，如烟筒、洋铁壶、油灯、油壶、油提、漏斗、喷壶等日用品。抗战以来，随着铁皮来源的断绝，该业主要利用废弃的煤油、汽油或酒精的铁桶为原料进行生产。

8. 西北水泥业：水泥业主要在甘肃永登，有两家工厂生产：一家是西北公路局在永登窑街设立的洋灰公司，每日仅出1桶（每桶170公斤）。一家是1941年春，由资源委员会、中国银行、交通部及甘肃省政府按照4∶3∶2∶1的投资比例，在窑街投资兴建的，名称为甘肃省水泥股份有限公司，设计生产能力每日可生产100桶。

9. 1937年，设陕甘运输局，改善西兰公路，重修甘新公路，1939年全线通车，甘新公路是中国通向国外的唯一通道，是苏联援华物资必经之路。此时期西北地区的公路，西达中苏边界的霍尔果斯，东到鄂陕边界的白河，北到内蒙古陕坝，南到四川广元，以兰州为中心的西北近代公路网形成。

10. 内迁企业的到来为战时西北工业的发展注入了活力，成为西北近代工业的重要组成部分。厂矿内迁带动和刺激了西北经济的发展，为西北工业注入了新鲜血液，成为西北开发的生力军。同时，东部厂矿西迁，也客观上要求西北本土交通、畜牧、农林、水利、厂矿及教育等事业的开发与发展，以提供市场、原料和技术后备人才。这一时期，国民政府制定了相关政策，向西部倾斜，加大了资金投入，推动西北的开发与发展。国民政府在支持工厂内迁的同时，还对后方的民营工矿企业实行奖励扶持的政策，国民政府先后颁布了《非常时期矿业奖励暂行条例》《经济部小型工业贷款暂行办法》《战时领办煤矿办法》等，取消了战前颁布的《工业奖励法》对民营厂矿经营门类的某些限制，扩大了奖励范围，降低了呈请奖励资本额，简化了申请、批准办法之程序和手续，这些政策在一定程度上促进了后方工矿业的发展。

11. 抗战期间，西北"大后方"完成了一系列重大的民生工程。如1941年11月通车的"咸（阳）—同（官）"铁路；1939年通车的"甘（肃）新（疆）"公路等。同时期，西北战略公路的"西兰公路""甘青公路"及其他多条支线公路，都进行了全面的整修和扩建。至1941年，战时竣工启用的大型灌溉工程就有"泾惠渠""渭惠渠""梅惠渠""织女渠""汉惠渠"等；到抗战胜利当年（1945年），甘肃水利建设完成了"湟惠渠""溥惠渠""永丰渠""永乐渠"等23条水渠及水利工程。[①]

12. 1940年西京工业调查统计，西安市手工业共有23个行业、1270多户，从业人员9490人；较有实力的企业31家，其中机器业2家，电器业2家，机制面粉业3家，纺织业3家，化学工业1家，化学制药业2家，烛皂业2家，酒精业2家，颜料及燃料工业1家，洗染业1家，玻璃业3家，制革业2家，猪鬃业1家，纸烟制造业1家，火柴业1家，造纸业2家，印刷业2家。同时还出现手工业合作社这一新型组织形式，据统计，1942年有26个手工业合作社。主要产品有布匹、服装、铁器、木器、竹器等和部分军需品。这些新型工业企业大都以火车站为中心，向南、向北发展起来。

13. 抗日战争爆发后，作为大后方交通枢纽的宝鸡地区，容纳了大量流亡人口，形成廉价劳动力。从上海、武汉等地迁来一些纺织、面粉、造纸等工厂，大机器工业出现，成为宝鸡现代工业的开端，其周围近郊林立着各种轻工业，规模较大的有纺织厂、面粉厂、造纸厂，小的有酒精、纺织、皮革等工厂。长安机械厂宝鸡分厂建成投产，此后申新纱厂四分厂、雍兴公司蔡家坡纺织厂等工业企业内迁，新西兰友人路易·艾黎在宝鸡建立"工合"等。

---

① 王琥：《设计与百年民生》，江苏凤凰美术出版社2016年版，第402页。

其是抗日战争爆发后，在西北后方推动的新式手工业的神经枢纽。以火车站为中心，宝鸡发展起来一大批企业。

14. 1938年，宝鸡县城成立了"工合"西北区宝鸡办事处，使宝鸡成为西北工合运动的中心，并建立了一系列均为机械工业的工合工业，为难民创造了就业机会的同时，也为当时军需民用提供了商品，发展很快。至1939年，分布在今宝鸡市辖区工合有130多个，生产活动扩展到纺纱、织布、制鞋、制革、机修、木器加工等。

15. 1943年《陕行会刊》载当时宝鸡已有"运输、绸布、百货、盐、食品、国药、油、铁、粮食、文具、山货、旅店、烟酒、菜馆等业，共556家，资本总额140万余元"。

16. 抗战初迁建的工厂：申新纱厂（1938年迁入）、申新铁工厂（1938年建）、宝鸡机车修理厂（1937年迁入）、洪顺机器厂（1938年迁入）、申新四厂原动部（1938年迁入）、宝大动力酒精厂。

17. 陇海铁路修建以后西安市创办的主要机械工业企业：1938年成立西京机器厂、陕甘工厂、和合面粉公司、西北化学制革厂、华盛皮件厂、西北协兴造纸厂、启新印书馆；1939年成立建国机器厂、同兴面粉公司、中原碾米厂、新兴碾米厂、文化服务社陕西分社、西北药厂玻璃部、西京猪鬃厂、军用燃料第一厂；1940年成立振兴工厂、光大毛织厂、实验毛织厂、大华纱厂酒精部、益生造纸厂、新华科学制药厂、长城电解厂、秦丰烟草公司、东华漂染厂；1941年成立育才机器厂、建中机器厂、秦记华中工厂、同兴铁工厂、建新铁工厂、企业公司毛织厂、长安制革厂、西北液体染料厂、长安印刷厂、化学工业厂、华隆猪鬃厂；1942年成立三光玻璃厂；1945年成立中华毛织厂。

18. 陇海铁路修建以后咸阳市区创办的主要机械工业企业：1938年成立咸阳平民工厂；1939年成立福兴铁工厂、记兴铁工厂；1941年成立申义大铁工厂；1942年成立恒大铁工厂。

19. 1934年底陇海铁路由东延伸至西安，加之抗战起居东部沿海企业内迁等历史际遇，从而推动了西安城市建设、交通运输、工商业等方面不同程度的发展，这一繁荣景象为西安近代建筑活动提供了良好的发展土壤。1936年底陇海铁路通达宝鸡后，宝鸡、咸阳、渭南等这一处于铁路枢纽的地区经济发展迅猛，并带动工业建筑的快速发展。陕北地区：围绕延安陆续修建了一批适应当时社会需要的近代公共建筑。靖边、榆林、佳县等地的近代建筑则以基督教教堂及其附属建筑为主，这和天主教与基督新教在陕北传播的路径相关。

20. 金融商业方面据民国资料统计，至1945年前西安的各类银行约有30个，钱号64家，有国营中国、中央、交通、农业银行，有省属陕西省银行、上海金城等商营银行与银号。这一时期全市至少有包括广仁医院、红十字会医院、同仁医院等在内的16个中、西医院；抗战爆发后，东北、华北、中原、东南沿海沦陷同胞来陕西，这批人中也有一部分医药人员，1943年、1945两年开业的在册人员共109名，除陕西外，来自吉林、辽宁、四川、河南、山东五省共62人，占开业人数的56%。

21. 1935年西安城内有公私立小学25所，1937年，城关有公私立中学9所，1937—1945年外省在西安创办和迁来西安的普通中学有19所。抗战时期，外地学校内迁，体育事业有较快发展，1942年成立了宝鸡体育协进会，有21个团体、工厂、学校参加。

22. 抗战期间是宝鸡文化设施种类和数量都逐渐增加时期，秦腔班社有28个，11家戏园，七八家说书棚，七八家电影院、11家民众教育馆图书馆，43家书店和文具店。

23. 1933年到1948年间，清水、张家川、秦安、甘谷、武山等县，先后办起了14家印刷厂。

24. 1942年，天水的第一家电动机磨粉厂"福兴面粉厂"由爱国人士荣德生创办。

25. 1938年，中央银行成立了天水分行，由经理程家鹏筹建开业，行址在西关（现在解放路）。

26. 1939年，中国银行迁到天水。

27. 1940年，交通银行天水办事处由主任孙蕴三筹建开业，主要为交通矿业等服务，因为修筑宝天铁路，交通银行业务大增，并利用修路资金，对于开展存、放、汇业务大有发展，对调剂当时金融市场和繁荣经济起了一些作用。

28. 抗战期间，国民政府和甘肃政府开始重视华亭瓷器，并进行改良和扩大生产规模，据统计有瓷窑50余家，陶瓷贩卖店34家，年产值约400万元。产品有传统的日常生活用品，如缸、盆、碗、罐等；新兴材料如低压电磁、耐火材料等10大类50余种，年产量达700多万件。

29. 传统的铁器手工业被称为"攻金"或"铁匠"，以制造铁农具和日常生活用品为主。据抗战时期调查，从业人员有4000余人，并出现铁器生产比较集中的地区。武威全县铁器业不下百余家，全年产量不下70万件，尤以铁锁著名；临潭是藏区铁器的供应地，两当、西河、徽县、成县的铁器业各在三四十家，出产各种大小铁器不下百万件，除了销售本省外，还销售到川北一带。平凉的铁工有70余户，一种是小型铁匠炉子，约30余户，生产各种农具、饰品和日用品；一种是铁掌工，约20余户，专门制作马掌、掌钉；一种是镶铁工，约10余户，生产各种镶铁用品。铁器制造业规模的扩大，推动了冶铁业的增长，各地出现了一些土法冶铁作坊。

30. 申新纺织第四厂，1938年9月从汉口内迁至宝鸡十里铺，共开来9列火车，搬来3000千瓦发电机1部，蒸汽机2部。该厂每天需要1000担棉花作为原料。总投资300万元，月产20支纱200件。这是当时宝鸡最大的民族资本主义纱布厂，它对宝鸡城市工业化发生了重要影响。[①]

31. 雍兴公司蔡家坡纺织厂，1940年7月开始筹建，资本300万元，11月开工试产。1943年6月开工纱锭6000枚，生产16支、20支棉纱。抗战前订购自英国的4200枚纱锭（原为中国银行为河南安阳豫北纱厂订购），惜以长途转运，路途艰阻，伤损严重，至1944年10月方投入生产。至此，该厂共有纱锭1.02万枚。

32. 业精纺织公司1939年创立于西安，但其刚成立不久即为避免轰炸，便

---

① 《宝鸡城市史》编纂组编：《宝鸡城市史》，社会科学文献出版社，1994年版，第161页。

将厂址迁至虢镇城内。1941年，公司由雍兴公司接管，改名为雍兴公司业精纺织厂，资本也增加至600万元，并在火车站附近购地建新厂，购置安装5部英国制造之新式纺纱机，共2100枚纱锭，新建动力车间，安装锅炉一部，使手工生产发展为机械化生产。1943年，从西北机器厂购进6部国产纺纱机，布机增加到202台，扩大了生产能力，职工发展到了1100多人。到1945年时，布机更增至256台。其产品有20支棉纱及各种白布、条格布、线呢等。

33. 贩济会难民工厂（虢镇），成立于1940年6月，为官商合办，初创时实收资本8万元。1941年资本扩充至30万元。有动力机木炭代油炉二部，工作机有石丸式铁轮布机26台，木制纺纱机15部。

34. 泰华毛棉纺织厂于1942年3月在宝鸡十里铺成立。其前身系1940年由河南迁至西安的华兴铁工厂。该厂资本估计为400万元，拥有蒸汽机、内燃机、锅炉5部，其他纺织设备88部。

35. 抗战时期，位于西安的培华染织厂，成立于1937年11月，资本12000元。动力机有3马力电动机一部，工作机有织布机45部、导丝机25部，每月需用原料一级纱20包。

36. 战时在兰州另一个最大的资本集团为资源委员会。资源委员会成立于战前，初属军委会，后隶属于经济部。它是当时又一个有控制全国工业经济能力的政府垄断机构；该机构抗战时期在全国控制的企业达131个。在甘肃主要控制能源工业及重工业，主要厂家有：甘肃化工材料厂、甘肃机器厂、甘肃水泥公司、天水电厂等。如著名的甘肃水泥公司，是资源委员会、中国银行、交通部与甘肃省府的合资企业，资本总额为456万元，后追加至1200万元，甘肃地方资本仅占十分之一，厂址在窑街。该厂虽未完全摆脱半机械化操作，但该厂设备在当时西北各城市已十分引人瞩目。如动力设备，该厂即有200匹马力锅驮机一部，75匹马力蒸汽机一部，16匹马力蒸汽机5部，50千瓦电机一部，此外尚有各类粉碎机4部，配料、鼓风、运输等各种设备25部以及维修机床和汽车多台。该厂于1942年试生产，到抗战胜利前，共生产水泥22539桶。又如兰州市之电力工业也是在抗战时期得到长足的进步，但亦受控于资源委员会。兰州电厂原建于1914年，最初只有一部6千瓦的直流发电机，战前装机总量仅270千瓦，由于设备陈旧等原因，实际出电仅为160千瓦。抗战爆发后，1938年该厂改归资源委员会与甘肃省府合办，从浙赣路和陇海路连云港电厂购置锅炉和汽轮发电机等设备，不断追加资本和扩充改建，到1945年，装机总量达到974千瓦。另外更为主要的企业如玉门油矿及老君庙第一炼油厂、嘉峪关第二炼油厂，应是我国抗战时期战时后方最重要的能源工业之一，亦由资源委员会主办。玉门油厂1937年开始勘探，1939年在老君庙打下第一口油井，自此到1945年共钻井26口。是年该矿生产能力为原油65768吨，天然气1566万立方米。整个抗战时期，玉门油矿共生产原油255546吨，天然气3686万立方米。自太平洋战争爆发以后，国家对石油产品需求量急剧增加，而进口更为困难，老君庙和嘉峪关炼油厂开始采用更为先进的设备和技术，到1945年汽油年产量达到10625吨，整个抗战时期共生产汽油37092吨，同时还生产了数量不等的煤油、柴油、白蜡等，为支援战争和满足社会需求起了重要作用。

37. 1947年3月4日，甘肃省政府抄发中国国民党中央宣传部、三民主义青年团、中央团部、教育部等机关为进一步推行新生活运动于2月20日制定的《办理各项纪念节办法》，具体包括《妇女节纪念办法》《青年节纪念办法》《儿童节纪念办法》等。甘肃省政府下令省新运促进会和妇女工作委员会及各劳动服务团体负责具体组织各种纪念大会，将办理的情形分别呈报于省政府检查。例如1947年甘肃省儿童节纪念大会在省新运促进会的指导下，妇女工作委员会及各劳动服务团体均协助办理，主要依照教育部颁发的《儿童节纪念办法》和社会部颁发的《保护童婴运动办法要点》举办，主要事项：举行儿童健康比赛；进行宣传，唤起一般人士对儿童福利的关注；参观各地育婴堂、孤儿院等福利设施；发动社会热心人士及慈善团体设立儿童图书馆、儿童运动场等；督促各机关督办托儿所等设施；举办儿童福利座谈会；提倡儿童营养合理；各小学举办儿童作业展；儿童节当天，各商店降价出售儿童玩具及用品，电影院播放有关儿童教育的电影及话剧，并免费招待儿童及其父母；募捐赠送抗敌之家儿童礼物等。

38. 1941年甘肃省银行调查，仅秦安县的安伏镇、郭嘉镇，年产毛褐6万匹，其中有5万匹售于兰州、陕西、四川等地。1943年甘肃贸易公司调查，秦安县年产毛褐25万匹，自用1万匹，其他全部销于外地。[①]民国时期，河西地区的农民普遍织毛褐穿用。这个地区的织褐机有两种：一种是平机，一种是腰机。尤以金昌市、金川区宁远堡所织毛褐为佳。所用原料是绵羊毛和驼毛，幅宽一尺二寸，匹长10丈左右。庆阳地区的毛褐，多是在织土布的平机上织造，可谓一机两用。纬线用木梭投穿，打纬用竹筘，织机为四片综。毛褐的坯布组织是平纹和人字纹。毛褐采用植物染料匹染，很少有染坊，多为农户家里自织自染。这个地区织毛褐，是作为农妇农闲之职业。也有开办织褐作坊的。[②]

39. 20世纪三四十年代"新疆交通不便，风气闭塞，工业多出手制，凡鞋帽、服饰、棉布、毛毯、棉袋、铜铁日用器物，莫不制自土工，工不居肆，操作皆出私室"[③]。20世纪三四十年代，新疆比较有名的手工行业有地毯、刀具、乐器、皮革、首饰、民族服饰等。[④]

40. 截至1938年年底，迁陕的工厂达300余家，共占总数0.3%，物资共占0.19%。当时化学工业有制药、三酸、电器、制革等。轻工业方面，纺织有大华、中新等。面粉厂在西安的有华峰、成丰、和合等，在宝鸡的有河南漯河迁来之大新，筹备开工的有自汉口迁来之福新。[⑤]

41. 兰州最大的毛纺厂为雍兴公司毛织厂，1941年开工生产，初时有脚踏窄幅织机3台，铁制织机10台，木制手拉宽幅织机20台以及其他各种机械4台，同时采用外发加工方式生产。1944年至1945年间，该厂又陆续添置各种

---

① 裴庚辛：《民国甘肃手工纺织业研究》，《西北民族大学学报（哲学社会科学版）》2010年第6期，第57–63页。

② 裴庚辛：《民国甘肃手工纺织业研究》，《西北民族大学学报（哲学社会科学版）》2010年第6期，第57–63页。

③ 曾问吾：《中国经营西域史》，商务印书馆1936年版，第669页。

④ 王利中：《20世纪50年代以来新疆工业变迁研究》，博士学位论文，西北大学，2010年。

⑤ 许涤新：《在发展中的大后方经济》，《群众》周刊第4卷第14期，1940年5月20日。

先进机具达70余台，职工近180人，出产双幅纯毛呢、地毯、褐子、单幅纯呢、单双幅棉毛呢、白布、人字呢等多种产品。建于1941年初的雍兴公司西北面粉厂，是当时兰州产量最高设备最先进的机器面粉厂。

42. 1930年冬，马步芳军队在西宁市东关开办义源工厂，主要从事军需制造，厂内分被服、军鞋、制革等车间。抗战爆发以后，到1938年，马步芳军队扩充至四万二千余人，由于军需供应需求增大，义源工厂生产不敷供应时，该厂向西宁市各手工行业进行加工订货。[①]抗战后，西宁军政当局为扩充自己的经济实力，同时也为加强军需供应，进一步在更广泛的领域发展并控制工业。1939年马步芳吞并甘肃光明火柴公司西宁分公司，改为青海火柴厂，1944年又改为海阳化工厂。1938年，在西宁东关成立芳惠纺织厂，编织军用白宽布、毛线等。1942年在大通窑洞口设立瓷器厂，桥头设立石灰厂，还在北山后设立东方木厂、门源设立铁迈炭厂。1945年西宁市南街设立玻璃厂。除此之外，自1943年始，由于第四十集团军的建立，马步芳又在原有基础上先后建立了毛纺厂、机械厂、三酸厂、水力皮革厂、洗毛厂、木工砖瓦厂，连同已有的火柴厂、玻璃厂，人们统称为八大工厂。[②]

43. 战时陇东边区的公营工厂，主要有1942年开办的陇东益民纸厂，先后生产过马兰纸、大麻纸；1940年开办的利民工厂，生产毡帽、毡鞋；1942年开办的华池纺织工厂，生产品为老布；1941年开办的镇原纺织工厂，生产袜子；1938年开办的救亡工厂，生产大布、老布、毡帽等。战时陇东边区私营工厂多设于庆阳，如民生纺织厂，共有纺纱机一架及布机2架，每天可生产布4丈。庆兴纺织厂，系庆阳5名私人股东与3个政府机关股东合资创办，资金达1 300万元，设备为7架织机、2架轨花机，所需纺线由40多户纺妇供给。[③]

44. 1946年国民政府制定并颁布了《教育宪法》，其中有几条措施具体而

---

① 王致中，魏丽英：《中国西北社会经济史研究下》，三秦出版社1996年3月版，第122页。

② 黎仕明：《20世纪甘宁青中等城市与区域发展研究》，硕士学位论文，四川大学，2004年。

③ 王致中：《抗日战争时期的西北城市工业》，《兰州学刊》1989年第3期，第78页。

翔实："教育文化应发展国民之民族精神、自治精神、国民道德，健全体格、科学及生活智能……国家应注重各地区教育之均衡发展，并推行社会教育，以提高一般国民之文化水平……"对于教育经费的来源，《教育宪法》有具体规定："边远及贫瘠地区之教育文化经费，由国库补助之。其重要之教育文化事业，得由中央办理或补助之……教育、科学、文化之经费，在中央不得少于其预算总额15%，在省不得少于其预算总额25%，在市、县不得少于其预算总额35%，其依法设置之教育文化基金及产业，应予保障。"①

45. 战前国民政府曾颁布了《工业奖励法》《现行奖励工业技术暂行条例》等法律或政策措施，扶持民营工业的发展。抗战开始后，由于沿海工业品的内销几乎中断；沦陷区人口大量涌入大后方，对工业品需求增加；战争对被服、军火、药品、交通工业需求骤增；国营厂矿大规模的建立也需要时间。此外，内迁工厂和西北原有的部分近代工业绝大部分是民营资本，国民政府迫切需要民营厂矿生产来应付战争初期对军需民用的巨大需求。1938—1939年间，国民政府先后颁布了《非常时期矿业奖励暂行条例》《特种工业保息及补助条例》等，其中取消了战前颁布的《工业奖励法》对民营厂矿经营门类的某些限制，扩大了奖励范围；降低了呈请奖励的资本额；将奖助项目扩充；简化审批程序和手续等内容，以支持民营厂矿发展。这些政策在一定程度上对后方工矿业的发展起到了重要的推动作用。除制定优惠政策来促进民营工厂的发展外，国民政府还组织了向民间工厂贷款以支持其发展。②

46. 河南郑州的《通俗日报》于1938年春迁至宝鸡复刊发行。1938年作家肖军、戏剧家塞克、作曲家王洛宾等到达兰州，肖军任职《甘肃民国日报》主编文艺专栏，塞克主编戏剧专栏。宁夏的报刊事业在徐忆心、李国青等新闻工作者的推动下有了极大的发展。③

---

① 王琥《设计与百年民生》，江苏凤凰美术出版社2016年版，第472页。
② 贺黎黎：《1840年以来陕西工业化演进路径分析》，硕士学位论文，陕西师范大学，2011年。
③ 韩凤玲：《抗战时期西北地区新闻报刊事业发展述论》，《理论导刊》2006年第1期，第88页。

47. 1938年12月1日，工合西北区办事处出版了自己的宣传刊物《工业合作》半月刊。该刊物仅出版了十期之后因为中国工业合作协会在重庆出版了《工业合作》，为了避免重名工合西北区办事处自第二卷起改名为《西北工合》。[①]1939年冬随着工合社数量的迅速增加，各事务所的工作情报便丰富起来。为了方便介绍各事务所的工作开展情况，工合西北区办事处又创刊《西北工合通讯》，该旬刊内容活泼生动通俗易懂。1940年6月《西北工合》自第三卷第5期起将《西北工合》与《西北工合通讯》合并，并把两者的特点合二为一。《西北工合通讯》的特点在于以通俗易懂的文艺方式呈现各事务所的发展，而《西北工合》则是紧贴事务所面临的问题，以论著、调查、工作报告等方式来展现西北区工业合作运动的发展。此外，合并后的《西北工合》杂志还增加了时事评论一栏。[②]

48. 1942年第10期的《工业合作》上刊登了《西北工合》杂志的目录广告，而根据《工业合作》封面的广告刊例，目录广告在正文前后属于普通广告，刊登四分之一版面的价格是国币15元（以1942年2月15日的物价为准）。《西北工合》杂志选择在其他畅销刊物上刊登广告的方式，因其成本原因也只能适度刊登。[③]

49. 1938年国民政府通过的《抗战建国纲领》中强调工业建设对于抗战有重要性意义："开发矿产，树立重工业的基础，鼓励轻工业的经营，并发展各地之手工业。"[④]之后，知识界对于工业化的关注已经转变为政府主导的大后方经济建设政策。1938年12月，《大公报》记者徐盈在报道西北地区工业合作运动时认为"一个现代国家，必须要发展起自己的工业。我们的敌人为使中国永远做奴隶，所以再喊'工业日本，农业中国'。但是中国觉醒了，不但不

---

① 《编者话》，《西北工合》1939年第2卷第1、2期，第118页。
② 伍文强：《西北工合杂志研究》，硕士学位论文，西北师范大学，2016年，第9页。
③ 伍文强：《西北工合杂志研究》，硕士学位论文，西北师范大学，2016年，第26页。
④ 《抗战建国纲领》，《湖北省政府公报》1938年第357期，第34页。

要作日本帝国主义的殖民地，更要打倒敌人，建立起自己的经济防线！"。①

50. 1939年4月，迪化的中山公园内修动物室大小30间，陈列现有之各种动物，供人观赏。1944年，公园内的动物已经有兔子20只、斑鸡8只、大鹿7只、鹰5只、黄鸭3只、狐狸2只、种羊与野狼各1只。1949年又增添甲鱼、鳝鱼等其他水族动物，供游人观赏。1943年民教馆附设西公园的临时分馆，供应各界人士消遣，提高大众文化娱乐生活。1945年9月，为配合市政府的卫生宣传活动，市委会在该公园举办卫生教育陈列馆，展览各种卫生模型、图画、标语以便教育民众。滑冰场、游泳池、排球场等体育锻炼设施逐渐齐备，吸引市民和各机关团体前来锻炼和进行比赛。②

51. 1937年陇海铁路西通宝鸡，"人口猛增，作为大后方容纳大量流亡人口与内迁工厂、工人、手工业者"③。这条运输线成为大后方重要交通线，再加上1938年宝双轻便铁路开通，改变了宝鸡地区的交通格局，宝鸡遂成为大西北重要的交通枢纽，规模迅速扩大。同时宝鸡的文化教育状况也有很大改善，有"抗战时期迁来的河南大学、焦作工学院、黄河水利专科学校、商丘高中、大华中学、西安二中等"④，从此，宝鸡逐渐发展成为西北的政治、经济、文化中心。

52. 1938年10月，国民政府公布《非常时期农矿工商管理条例》，规定：战时必需的矿业，制造军用品工业及电器事业均收归政府办理或政府投资合办，生活日用必需品工业，经济部应各地方之需，得随时分别种类地区，直接经营之。此外，为了保证对战时工业经济的统一领导，1939年1月，五届五中全会通过了《西部各省生产建设与统制案》，确定了工矿业采用统制方式的原则，以保证对战时工业经济的统一领导。

---

① 徐盈：《巩固工业经济国防线——记中国工业合作协会西北区的成功》，《大公报》，1938年12月14日。
② 闻永健：《民国时期迪化市政建设研究》，硕士学位论文，新疆大学，2016年，第37–38页。
③ 谢权中：《宝鸡市区的人口变迁》，载中国人民政治协商会议陕西省宝鸡市委文史资料委员会（内部发行），《宝鸡文史资料》（第10辑），1992年，第104–105页。
④ 杨参政：《历代宝鸡教育概况》，载中国人民政治协商会议陕西省宝鸡县委文史资料工作委员会，《宝鸡文史资料》（第10辑），1993年，第130–138页。

参考文献

［1］上海图书馆编.中国近代期刊篇目汇录［M］.上海：上海人民出版社，1980.

［2］中国档案学会档案文献编纂学术委员会.中国档案文献词典［M］.北京：中国人事出版社，1994.

［3］张静庐.中国近现代出版史料（1-8）［M］.上海：上海书店出版社，2003.

［4］沈云龙.近代中国史料丛刊［M］.台北：文海出版社，1998.

［5］周成.中国古代交通图典［M］.北京：中国世界语出版社，1995.

［6］［清］王树枏 编纂，朱玉麒整理.新疆图志［M］.上海：上海古籍出版社，2015.

［7］清实录［M］.北京：中华书局，1985.

［8］［明］刘敏宽、龙膺纂修，王继光辑注／［清］苏铣纂修，王昱、马忠校注.西宁卫志／西宁志［M］.西宁：青海人民出版社，1993.

［9］［清］王志沂辑.陕西志辑要（六卷）［M］.道光七年刊本影印本。

［10］［清］魏光寿修编.陕西全省舆地图［M］.清光绪二十五年石印本影印。

［11］［清］毕沅 著；张沛 校.关中胜迹图志［M］.西安：三秦出版社，2004.

［12］西安市地方志编纂委员会.西安市志·第一卷·总类［M］.西安：西安出版社，1996.

［13］西安市地方志编纂委员会.西安市志·第二卷·城市基础设施［M］.西安：西安出版社，2000.

［14］西安市地方志编纂委员会．西安市志·第三卷·经济卷（上）［M］．西安：西安出版社，2003.

［15］西安市地方志编纂委员会．西安市志·第四卷·经济卷（下）［M］．西安：西安出版社，2004.

［16］西安市地方志编纂委员会．西安市志·第六卷·科教文卫［M］．西安：西安出版社，2002.

［17］刘安国修，吴廷锡、冯光裕纂．重修咸阳县志［M］.1933年铅印本。

［18］［清］葛晨纂修．泾阳县志［M］.乾隆四十三年刻本。

［19］泾阳县志编纂委员会．泾阳县志［M］.西安：陕西人民出版社，2001.

［20］陕西省地方志编纂委员会．陕西省志·建设志［M］．西安：三秦出版社，1999.

［21］陕西省地方志编纂委员会．陕西省志·卫生志［M］．西安：三秦出版社，1999.

［22］陕西省地方志编纂委员会．陕西省志·商业志［M］．西安：陕西人民出版社，1999.

［23］陕西省地方志编纂委员会．陕西省志·军事志（上、下）［M］.西安：陕西人民出版社，2000.

［24］陕西省地方志编纂委员会．陕西省志·民俗志［M］．西安：三秦出版社，2000.

［25］陕西省地方志编纂委员会．陕西省志·第六十二卷四·工商联志［M］.西安：西安出版社，2002.

［26］陕西省地方志编纂委员会．陕西省志·邮电志［M］．西安：三秦出版社，1998.

［27］陕西省地方志编纂委员会．陕西省志·第二十六卷一·公路志［M］.西安：陕西人民出版社，2000.

［28］陕西省地方志编纂委员会．陕西省志·第二十六卷二·航运志［M］.

西安：陕西人民出版社，1996.

［29］陕西省地方志编纂委员会.陕西省志·第二十六卷三·民航志［M］.西安：陕西人民出版社，2001.

［30］陕西省地方志编纂委员会主编，李济洲等编著.陕西省志·第二十七卷·铁路志［M］.西安：陕西人民出版社，1993.

［31］西北文化学社.陇海铁路潼宝段沿线经济调查［M］.1942.

［32］西北论衡社.西北历代地方行政区划沿革略［M］.1942.

［33］（民国）陈言.陕甘调查记（上）［M］.北平：北方杂志社，1936.

［34］西安市档案馆.民国开发西北［M］.内部资料，2003.

［35］王琥.设计与百年民生［M］.南京：江苏凤凰美术出版社，2016.

［36］袭书铎.中国近代史［M］.北京：中华书局，2010.

［37］马敏，彭南生.中国近现代史（1840—1949）［M］.北京：高等教育出版社，2009.

［38］赵农.中国艺术设计史［M］.西安：陕西人民美术出版社，2004.

［39］郭恩慈.中国现代设计的诞生［M］.上海：东方出版中心，2008.

［40］蒋经国.伟大的西北［M］.银川：宁夏人民出版社，2001.

［41］林永匡，袁立泽.中国风俗通史（清代卷）［M］.上海：上海文艺出版社，2001.

［42］陈高华，徐吉军.中国风俗通史（民国卷）［M］.上海：上海文艺出版社，2012.

［43］孙建国，村上直树，陈文举.中日工业化进程比较［M］.北京：社会科学文献出版社，2013.

［44］李约瑟.中国科学技术史［M］.北京：科学出版社，2008.

［45］李立新.设计艺术学研究方法［M］.南京：江苏美术出版社，2009.

［46］夏燕靖.中国艺术设计史［M］.南京：南京师范大学出版社，2010.

［47］沈榆.中国现代设计观念史［M］.上海：上海人民美术出版社，2017.

［48］顾长声.传教士与近代中国［M］.上海：上海人民出版社，1981.

［49］陈真.中国近代工业史资料·第四辑［M］.北京：生活·读书·新知三联书店，1961.

［50］陈真.中国近代工业史资料·第三辑［M］.北京：生活·读书·新知三联书店，1961.

［51］陈真，姚洛合.中国近代工业史资料·第一辑［M］.北京：生活·读书·新知三联书店，1957.

［52］叶祖灏.宁夏纪要［M］.南京：正论出版社，1947.

［53］林竞.蒙新甘宁考察记［M］.兰州：甘肃人民出版社，2003.

［54］周开庆.西北剪影［M］.成都：中西书局，1943.

［55］陈博文.甘肃省一瞥［M］.上海：商务印书馆，1928.

［56］宁夏风物志编委会.宁夏风物志［M］.银川：宁夏人民出版社，1982.

［57］中国工业经济研究所编印.工业统计资料提要［M］.1945.

［58］王树基.甘肃之工业［M］.甘肃省银行印刷厂，1944.

［59］陆俊元.地缘政治的本质与规律［M］.北京：时事出版社，2005.

［60］徐旭.西北建设论［M］.上海：中华书局，1937.

［61］李烛尘著，杨晓斌点校.西北历程［M］.兰州：甘肃人民出版社，2003.

［62］高良佐著，雷恩海、姜朝晖点校.西北随轺记［M］.兰州：甘肃人民出版社，2003.

［63］侯鸿鉴、马鹤天著，陶雪玲点校.西北漫游记·青海考察记［M］.兰州：甘肃人民出版社，2003.

［64］甘肃省档案馆.甘肃省档案馆指南［M］.兰州：甘肃人民出版社，1997.

［65］林鹏侠著，王福成点校.西北行［M］.兰州：甘肃人民出版社，2002.

天津人民美术出版社，2005.

[96]吴量恺.中国经济通史（第七卷）[M].长沙：湖南人民出版社，2002.

[97]赵尔巽.清稿史·卷五四·地理志一[M].北京：中华书局，1977.

[98]陇海铁路车务处商务课编.陇海全线调查[M].郑州：陇海铁路车务处商务课，1933.

[99]潘耀昌.中国近现代美术史（修订版）[M].北京：北京大学出版社，2009.

[100]钱穆.国史大纲[M].北京：商务印书馆，1996.

[101]谷苞.西北通史[M].兰州：兰州大学出版社，2005.

[102]魏永理.中国西北近代开发史[M].兰州：甘肃人民出版社，1993.

[103]庄泽宣.西北视察记[M].兰州：甘肃人民出版社，2002.

[104]孙毓棠.中国近代工业史资料（第1辑）[M].上海：中华书局，1962.

[105]尼玛扎西（杨公卫）.文明交汇与社会变迁：1923年哈佛人类学家沃尔辛中国西北探险及其拉卜楞研究[M]//四川大学中国藏学研究所.藏学学刊（第10辑），北京：中国藏学出版社，2014.

[106]张光祖.开发西北应先建设甘肃[J].西北问题论丛，1943·（第2-3辑）.

[107]马芳.论左宗棠在西北的民本思想[J].甘肃教育，2017（10）：88-89.

[108]郭海成.民国时期陇海铁路关中段沿线城镇发展论析[J].经济研究导刊，2017（12）：100-102.

[109]刘增合.左宗棠西征筹饷与清廷战时财政调控[J].近代史研究，2017（02）：84-99.

［110］漆飞.黄河铁桥：作为文化表征的视觉符号［J］.兰州文理学院学报（社会科学版），2017，33（01）：27-34.

［111］刘延文.一张迪化官钱局油布帖［J］.收藏，2017（08）：94-95.

［112］冯雪红，王玉强.畜牧业的式微与石刻业的兴盛——青海和日村藏族生态移民后续产业民族志［J］.西北民族研究，2017（02）：94-103.

［113］蒋超.传教士笔下的民国西北印象——评《大西北的呼唤：女传教士见闻录》［J］.基督宗教研究，2016（02）：420-429.

［114］赵剑锋.左宗棠与《伊犁条约》［J］.伊犁师范学院学报（社会科学版），2016，35（04）：49-53.

［115］樊如森.清代民国西北茶叶运营体系的时空变迁［J］.人文杂志，2016（08）：75-84.

［116］张黎.设计史的写法探析：物质文化与新文化史——以晚清民国为例［J］.南京艺术学院学报（美术与设计），2016（03）：12-17，161.

［117］申雨琦.近代中国早期工业化的城镇化效应——基于晚清中国近代工业企业的实证分析［J］.经济资料译丛，2016（02）：68-79.

［118］张玮.浅论左宗棠对河西的开发［J］.兰台世界，2016（04）：87-89.

［119］袁航.论抗战时期工业合作运动在西北小城镇的发展——以陕西凤县双石铺为例［J］.咸阳师范学院学报，2016，31（01）：86-91.

［120］赵强.陕西省近现代建筑调查与研究概述［J］.文博，2016（03）：98-100，44.

［121］吴福环.清末至民国外国人笔下的喀什噶尔［J］.西域研究，2016（02）：24-29.

［122］薛莉.论左宗棠平定陕甘回民起事与善后治理问题［J］.湖北民族学院学报（哲学社会科学版），2015，33（06）：121-124.

［123］阳宏润.左宗棠晚清西北外交策略研究［J］.伊犁师范学院学报（社会科学版），2015，34（03）：39-41.

［124］黄正林. 延续与革新：近代甘肃手工业问题研究［J］. 青海民族研究，2015，26（01）：111-122.

［125］凌富亚. 民国时期西北地区现代医疗卫生事业的发展——以甘肃省为例［J］. 西安文理学院学报（社会科学版），2015，18（04）：61-65.

［126］唐红安，张自福. 何日章与民国时期西北图书馆事业［J］. 天水师范学院学报，2015，35（04）：96-102.

［127］巴索兮. 明清民国时期潼关交通形式变迁的初步探究［J］. 西安文理学院学报（社会科学版），2015，18（02）：31-34.

［128］张小萍. 从左宗棠经济活动看其经济观念［J］. 兰台世界，2014（30）：137-138.

［129］张璐漫. 浅议左宗棠海防思想［J］. 湖北广播电视大学学报，2014，34（09）：66-67.

［130］桂家友. 公众参与视角的中国百年民生问题与解困探索［J］. 社会科学论坛，2014（06）：198-209.

［131］赵维玺. 左宗棠与回民起义善后移民诸问题论析［J］. 船山学刊，2014（02）：124-130.

［132］樊亚平，张小杰. 内迁报人的缩影——抗战时期沈宗琳在《甘肃民国日报》的办报活动［J］. 新闻春秋，2014（02）：8-13.

［133］付娟. 重建与转型：1884—1911年新疆城市发展刍议［J］. 四川师范大学学报（社会科学版），2014，41（01）：151-156.

［134］杨东梁. 左宗棠与晚清边疆危机［J］. 东北史地，2014（02）：13-17.

［135］夏静雷. 中国早期工业化的百年演进轨迹［J］. 重庆社会科学，2014（01）：33-38.

［136］魏军刚. 试论晚清陕甘回民起义的影响［J］. 四川民族学院学报，2013，22（06）：34-36.

［137］曹蓉. 从民国时期西宁的娱乐活动看西宁的近代化［J］. 黑龙江史

志，2013（21）：91-92，94.

［138］童广俊.试论左宗棠办洋务的爱国动机和民族立场［J］.兰台世界，2013（25）：74-75.

［139］胡勇，琚婕.论陇海铁路对西安城市发展的影响（1934—1949）［J］.史学月刊，2013（05）：73-82.

［140］陈光辉.兰州黄河铁桥研究述评［J］.牡丹江大学学报，2013，22（04）：10-12，26.

［141］李华明，田兆会，李少芳等.兰州黄河铁桥维护涂装方案设计与实施［J］.现代涂料与涂装，2013，16（03）：64-66.

［142］窦雅丽.黄河铁桥：一座开发西北和解放思想的产物［J］.旅游纵览（下半月），2013（01）：172.

［143］陈光辉.兰州黄河铁桥研究［J］.西部学刊，2013（01）：113-115，128.

［144］晓婷.中国纺织品发展简史及古代纺织机具［J］.中国纤检，2013（01）：48.

［145］吴婷，罗颖，李慧.新疆近现代建筑概说［J］.古建园林技术，2013（01）：35-37.

［146］王萍.民间祭祀演剧空间的构建——以明清甘肃庙台戏场为例［J］.戏曲研究，2013（03）：173-191.

［147］张静.试论中国古代建筑价值的体现——以清代绥远城将军衙署为例［J］.群文天地，2012（11）：274-275.

［148］张颖.陇海铁路的修建与近代陕西的商贸变迁［J］.人文杂志，2012（06）：180-183.

［149］清末修建兰州黄河铁桥始末［J］.发展，2012（09）：56.

［150］孟文科，程森.左宗棠与西北民族地区儒家认同的建构——以同治回民起义后书院重建为中心［J］.贵州民族研究，2012，33（03）：128-131.

［151］张永江.民族认同还是政治认同：清朝覆亡前后升允政治活动考论

［J］.清史研究，2012，（02）：8-25.

［152］张保见.民国时期（1912—1949）川西北畜牧业发展与布局述论［J］.西藏大学学报（社会科学版），2012，27（01）：108-115.

［153］努如拉·莫明·宇里魂.近代维吾尔家庭手工业研究［J］.喀什师范学院学报，2012，33（04）：38-42.

［154］马可夫斯基，王静.中国新疆维吾尔族乐器制作工艺［J］.民族论坛，2012（10）：56-58.

［155］孙启军.简评清初治理新疆的经济举措［J］.经济研究导刊，2012（03）：300-301.

［156］万秀锋.清末甘肃劝工局述评——从故宫收藏的一件轿帘毯谈起［J］.明清论丛，2011（00）：304-309.

［157］刘有安.民国时期的人口迁移与宁夏民族居住格局的形成［J］.宁夏社会科学，2011（02）：68-73.

［158］刘景华，范英军.工业化早期英国西部毛纺业的兴衰［J］.世界历史，2011（06）：4-15，157.

［159］田兆会，褚志定.兰州黄河铁桥：百年涂料涂装考证与启示［J］.中国涂料，2011，26（11）：10-14.

［160］王琥.百年民生设计得失谈［J］.南京艺术学院学报（美术与设计版），2011（05）：13-20，176.

［161］郭海成.陇海铁路与民国时期陕西棉业的现代转型［J］.农业考古，2011（04）：257-260.

［162］郭海成.陇海铁路与近代宝鸡城市变动：1936-1949［J］.前沿，2011（14）：166-169.

［163］孟文科.回民起义后陕甘地区文化重建与国家认同重构——以同治年间书院的重建、兴建为中心［J］.学理论，2011（20）：159-160.

［164］温艳.民国时期西北地区农家生存状态考察——以20世纪30年代陕西农村为例［J］.学术交流，2011（07）：136-140.

［165］李成新，王平子.论陇海铁路从自办到国有［J］.重庆交通大学学报（社会科学版），2011，11（02）：79–82.

［166］姜洪源.兰州黄河铁桥的桥料运输［J］.发展，2011（01）：157.

［167］马瑞.同光年间左宗棠甘肃禁烟考述［J］.档案，2010（06）：26–29.

［168］付永正.清末至民国年间甘宁青地区皮筏子钩沉［J］.牡丹江大学学报，201019（08）：41–43.

［169］邵彦涛.近代兰州区域市场中的客商概述［J］.高等函授学报（哲学社会科学版），201023（08）：49–51，69.

［170］张世定.左宗棠与晚清西北手工业的发展［J］.内蒙古农业大学学报（社会科学版），2010，12（03）：318–320.

［171］张铎炎.左宗棠对兰州教育的贡献及意义初探［J］.兰州交通大学学报，2010，29（02）：120–123.

［172］郭凤霞，杜常顺.论清代及民国时期丹噶尔（湟源）民族贸易与地方经济社会［J］.青海民族研究，2010，21（02）：117–122.

［173］柏春潮.近代西北开发思想述评［J］.陕西教育（行政），2010（04）：57–58.

［174］裴庚辛.民国甘肃手工纺织业研究［J］.西北民族大学学报（哲学社会科学版），2010（06）：57–63.

［175］杨兴茂.抗战时期甘肃工业的崛起［J］.发展，2009（11）：33.

［176］刘洋.浅谈新疆近代手工业之衰落［J］.乌鲁木齐职业大学学报，2009，18（01）：30–34.

［177］韩蓓蓓.清末“新政”时期的西北工矿业探析［J］.重庆文理学院学报（社会科学版），2009，28（01）：102–106.

［178］彦生.本刊未刊发的兰州黄河铁桥老照片［J］.档案，2009（06）：29–31.

［179］魏彩苹.左宗棠发展甘肃农业对西部大开发的启示［J］.农业科技

与信息，2009（22）：52-53.

［180］王天根．西北出版中心昧经刊书处与维新氛围的媒介建构［J］．史学月刊，2009（10）：36-46.

［181］姜洪源．中国精品档案解析之十九一座百年铁桥和一部档案［J］．山西档案，2009（05）：6-11，1.

［182］周健．左宗棠开发西北的举措及对西部开发的几点启示［J］．黑龙江史志，2009（19）：65-66.

［183］刘永强．论左宗棠在晚清新疆水利开发中的作用［J］．学术交流，2009（09）：183-187.

［184］王静．民国时期陇海铁路在关中地区城镇化过程中的作用［J］．黑龙江史志，2009（15）：38-39.

［185］僧海霞．晚清陕甘回民起义与关中地区汉人信仰的变迁——以寺庙宫观的新建、重建和废弃为中心［J］．北方民族大学学报（哲学社会科学版），2009（04）：33-37.

［186］马敏，洪振强．民国时期国货展览会研究：1910—1930年［J］．华中师范大学学报（人文社会科学版），2009（04）：69-83.

［187］彭南生，严鹏．试论近代工商业学徒对中国早期工业化的影响［J］．徐州师范大学学报（哲学社会科学版），2009，35（04）：77-81.

［188］赵旭国．左宗棠对近代甘肃教育事业发展的贡献初探［J］．兰州教育学院学报，2009，25（02）：34-36，49.

［189］周泰谦．论左宗棠的民生思想［J］．福建广播电视大学学报，2009（02）：32-33.

［190］中国档案文献遗产选刊之三十五兰州黄河铁桥档案［J］．湖北档案，2009（04）：50.

［191］杨晓红．左宗棠与西北边贸述论［J］．青海民族研究，2009，20（01）：91-95.

［192］盛长伟．论左宗棠西征对发展晚清西北农业的贡献［J］．郧阳师范

高等专科学校学报，2008（05）：74-76.

［193］何芳．"官督"对中国早期工业化发展的负效应［J］.和田师范专科学校学报，2008（05）：25-26.

［194］张理想．左宗棠经略西北时期的人才群体［J］.西北第二民族学院学报（哲学社会科学版），2008（04）：115-120.

［195］闫丽娟，李红坦．民国时期西北地区少数民族人口迁徙之研究［J］.中国边疆史地研究，2008（02）：100-106，150.

［196］马啸．国内五十年来左宗棠在西北活动研究述评［J］.中国边疆史地研究，2008（02）：126-136，150.

［197］熊吕茂，江波．论左宗棠的外交思想与实践［J］.邵阳学院学报（社会科学版），2008（02）：151-154.

［198］裴庚辛．抗战时期兰州金融组织的发展及影响［J］.青海民族研究，2008（02）：115-118.

［199］谭刚．陇海铁路与陕西城镇的兴衰（1932—1945）［J］.中国经济史研究，2008（01）：61-69.

［200］杨军．清代青海消费结构与商品经济发展关系探微［J］.青海社会科学，2008（04）：119-121，200.

［201］文德安，卢建英．工艺生产与中国古代社会的复杂化进程［J］.南方文物，2007（01）：105-112，96-97.

［202］余同元．明清江南早期工业化社会的形成与发展［J］.史学月刊，2007（11）：53-61.

［203］王永飞．民国时期西北地区交通建设与分布［J］.中国历史地理论丛，2007（04）：127-135.

［204］郭文深．左宗棠用兵策略及其在收复新疆中的实践运用［J］.广西社会科学，2007（09）：115-118.

［205］彭南生，金东．梁漱溟的早期工业化思想述论［J］.徐州师范大学学报（哲学社会科学版），2007（05）：80-85.

［206］肖芳林.左宗棠与中国教育近代化［J］.湘潭大学学报（哲学社会科学版），2007（03）：132-135.

［207］白学锋，赵颖.试论左宗棠对河西走廊的治理与开发［J］.陇东学院学报（社会科学版），2006（04）：82-86.

［208］王忠，张明海.民国历史文献《西北开发史料丛编》述略［J］.青海师范大学学报（哲学社会科学版），2006（05）：87-89.

［209］樊如森.民国时期西北地区市场体系的构建［J］.中国经济史研究，2006（03）：158-167.

［210］景文宏.制度变迁对中国早期工业化进程的影响［J］.甘肃联合大学学报（社会科学版），2006（05）：33-35.

［211］尹洁.左宗棠在西北兴办教育的述评［J］.社会科学家，2006（03）：188-190.

［212］杨红，孟楠.略论左宗棠对中俄伊犁交涉问题的认识［J］.伊犁师范学院学报，2006（01）：42-47.

［213］张慧茹.清末民国初期绥远地区民俗变迁［J］.新乡师范高等专科学校学报，2006（06）：39-41.

［214］王静.民国时期陇海铁路对咸阳城市化的影响［J］.洛阳师范学院学报，2006（01）：122-124.

［215］毛光远.西北近代牧业经济研究述评［J］.内蒙古农业科技，2006（01）：18-21.

［216］李政，岳现超.论左宗棠农业思想的特色［J］.西北农林科技大学学报（社会科学版），2006（01）：127-131.

［217］闫丽娟，刘继华.民国时期西北民族地区的社会构成及其特点［J］.西北第二民族学院学报（哲学社会科学版），2005（04）：15-20.

［218］赵士国，刘自强.中俄两国早期工业化道路比较［J］.史学月刊，2005（08）：111-117.

［219］朱小平.左宗棠与清朝时期的西北大开发［J］.西部大开发，2005

（08）：70–71.

[220]樊树志.明清江南市镇的"早期工业化"[J].复旦学报（社会科学版），2005（04）：60–70.

[221]张乐和.中国早期工业化运动的历史进程[J].江汉大学学报，2005（02）：41–47.

[222]刘满.西北黄河古渡考（一）[J].敦煌学辑刊，2005（01）：128–152.

[223]陶德臣.左宗棠与西北茶务[J].安徽史学，2005（01）：48–53.

[224]李伟，刘丹.左宗棠开发西北的思想和实践[J].湖南商学院学报，2004（01）：66–68.

[225]马啸.左宗棠与开发宁夏[J].宁夏大学学报（人文社会科学版），2004（02）：45–49.

[226]付宏渊，李伟，刘兴旺.左宗棠经略西北时期的人才思想及其实践[J].长沙电力学院学报（社会科学版），2004（02）：83–85.

[227]付宏渊.左宗棠发展西北少数民族地区的教育思想和实践[J].湘潭大学学报（哲学社会科学版），2004（03）：132–134.

[228]孙小云.见证历史服务社会——甘肃省档案馆首次将兰州黄河铁桥档案公开展出[J].档案，2004（03）：4.

[229]任伊临.新疆民族分裂主义的危害及其对应措施——左宗棠西征阿古柏留给后人的启示[J].乌鲁木齐成人教育学院学报，2004（03）：1–5.

[230]辛宇玲.民国时期西宁市民的社会生活方式变迁[J].中国土族，2004（04）：48–50.

[231]杨卫东.左宗棠"抚汉迁回"措施新探[J].长春工业大学学报（社会科学版），2004（02）：52–54.

[232]李立新.早期工业化时期一般造物设计的发展[J].东南大学学报（哲学社会科学版），2003（02）：74–76，85.

[233]马啸.左宗棠与近代西北蚕桑业[J].新疆师范大学学报（哲学社

会科学版），2003（04）：84-87.

［234］马啸.左宗棠对近代西北生态环境的保护与建设［J］.青海师专学报.教育科学，2003（06）：135-139.

［235］刘一巧.左宗棠与近代西北图书的刊发［J］.图书与情报，2003（05）：84-87.

［236］马啸.左宗棠与西北公路建设［J］.陇东学院学报（社会科学版），2003（02）：57-61.

［237］清末修建兰州黄河铁桥史料［J］.历史档案，2003（03）：72-76，71.

［238］段国正.试论左宗棠三改甘肃茶法［J］.西北民族大学学报（哲学社会科学版），2003（04）：102-107.

［239］季云飞.左宗棠和新疆建省［J］.南京社会科学，2003（06）：44-49.

［240］徐中煜.左宗棠收复新疆时的军械、军火运输［J］.西域研究，2003（02）：21-26.

［241］马啸.左宗棠对西北水利开发与建设的贡献［J］.求索，2003（02）：212-214.

［242］周向阳.晚清开发西北思想研究［J］.伊犁师范学院学报，2003（01）：41-44.

［243］王伟翔，白宗太.左宗棠对甘肃农业的开发与建设［J］.开发研究，2002（06）：62-64.

［244］李云峰，曹敏.抗日时期的国民政府与西北开发［J］.抗日战争研究，2003（03）：51-78.

［245］马敏华.据之于实情：建立中国史学新典范的若干启示——以李伯重《江南的早期工业化（1550—1850）》为例［J］.历史研究，2003（01）：65-81，190.

［246］马啸.左宗棠与新疆开发［J］.喀什师范学院学报，2003（01）：

40-44.

　　［247］白学锋，马啸．左宗棠与甘肃农业开发［J］．甘肃高师学报，2002（06）：108-112.

　　［248］杨卫东．关于左宗棠镇压陕甘回族起义及善后措施的再探讨［J］．松辽学刊（人文社会科学版），2002（06）：21-24.

　　［249］闫庆生，马啸．左宗棠与开发甘肃［J］．兰州大学学报，2002（06）：32-39.

　　［250］张立真．左宗棠与西部经济开发［J］．社会科学辑刊，2002（06）：121-125.

　　［251］李建国．教育的民族化与民族教育——对西北地区近代民族教育的几点反思［J］．甘肃社会科学，2002（04）：95-97.

　　［252］邱从强．抗战前西北的公路建设［J］．青海社会科学，2002（04）：58-63.

　　［253］方学，秋帆．历史沧桑的见证——兰州黄河铁桥修建始末［J］．档案，2002（03）：35-37.

　　［254］栗晓斌．试论左宗棠对甘肃农业的开发［J］．甘肃农业大学学报，2002（02）：249-255.

　　［255］马啸，刘一巧．左宗棠对甘肃近代教育的振兴与建设［J］．兰州教育学院学报，2002（02）：8-11.

　　［256］邹礼洪．左宗棠新疆开发思想初探［J］．新疆大学学报（哲学社会科学版），2002（01）：47-52.

　　［257］赵志龙．近代西北铁路规划述论［J］．兰州教育学院学报，2001（04）：12-16，44.

　　［258］王红岩．浅论抗战时期西北经济开发中的资源委员会［J］．人文杂志，2001（04）：136-139.

　　［259］左高山，彭世文．左宗棠西部开发思想初探［J］．中南工业大学学报（社会科学版），2001（02）：174-178.

[260]陈理.左宗棠与新疆建省［J］.中央民族大学学报,2001（03）:23-30.

[261]薛其林.左宗棠与西部农业开发［J］.益阳师专学报,2001（01）:80-82.

[262]彭南生.中国早期工业化进程中的二元模式——以近代民族棉纺织业为例［J］.史学月刊,2001（01）:60-66,142.

[263]姚远,苏晋生,张惠民.晚清陕西农业学堂与实业学堂考——兼论陕西实业高等教育的萌芽［J］.西北大学学报（自然科学版）,2000（06）:541-546.

[264]张小兵.官督商办—中国早期工业化的制度瓶颈［J］.首都师范大学学报（社会科学版）,2000（05）:57-61.

[265]王伏平.民国时期的西北地区回族研究［J］.中央民族大学学报,1999（02）:53-58.

[266]赵祐志.跃上国际舞台:清季中国参加万国博览会之研究（1866—1911）［J］.台湾师范大学历史学报,1997（25）.

[267]张乐和.中国早期工业化运动的历史局限［J］.长江论坛,1997（01）:56-57.

[268]刘景华.清代青海的手工业［J］.青海社会科学,1997（06）:77-81.

[269]房建昌.历史上青海省的盐业［J］.盐业史研究,1996（04）:46-49.

[270]方荣.兰州黄河铁桥档案［J］.中国档案,1996（10）:45.

[271]周积明.清政府在中国早期工业化进程中的作用［J］.史学月刊,1996（02）:52-56,90.

[272]邹炤华.原始工业化时期乡村工业的发展与英国早期近代化［J］.咸宁师专学报,1995（04）:55-60.

[273]刘伟.洋务官商体制与中国早期工业化［J］.华中师范大学学报（哲

学社会科学版），1995（04）：100-106.

［274］刘景华.清代青海的商业［J］.青海社会科学，1995（03）：94-98.

［275］刘伟.洋务官商体制与中国早期工业化［J］.华中师范大学学报（哲学社会科学版），1995（04）：100-106.

［276］张红.近代新疆传统手工业生产［J］.乌鲁木齐职业大学学报，1995（Z1）：154-156.

［277］高华德.从兰州织呢局的创办看左宗棠的爱国思想［J］.齐鲁学刊，1994（05）：56-59.

［278］刘伟.论洋务运动时期的官商体制［J］.华中师范大学学报（哲学社会科学版），1994（02）：8-14.

［279］马寿千.陕甘回民起义档案资料七件［J］.回族研究，1993（03）：60-64.

［280］仲应学.新疆手工业概述［J］.新疆地方志，1992（03）：19-29.

［281］吴福环.从洋务运动到"新政"——新疆近代化的开端［J］.西域研究，1992（04）：36-44.

［282］牟实库.一部研究西北问题的重要参考书——《甘肃通志稿》［J］.图书与情报，1991（01）：67-70.

［283］王致中.抗日战争时期的西北城市工业［J］.兰州学刊，1989（03）：73-80.

［284］林吉.清代陕甘回民起义研究概述［J］.民族研究，1988（05）：107-112.

［285］李伯衡.晚清陕甘回民起义性质之我见［J］.西北民族大学学报（哲学社会科学版），1988（01）：80-82.

［286］严昌洪.聘用"洋匠"与中国早期工业化［J］.近代史研究，1988（04）：46-64.

［287］向达之.清末至民国前期的兰州商业［J］.兰州学刊，1987（04）：

87–94.

［288］吴善中．左宗棠与回收伊犁［J］．扬州师范学院学报（社会科学版），1987（02）：111–116，121.

［289］关连吉．左宗棠与陕甘回民起义［J］．社会科学，1987（01）：101–107.

［290］林永匡，王熹．清代江宁织造与新疆的丝绸贸易［J］．中央民族学院学报，1987（03）：76–78.

［291］林永匡，王熹．江南三织造与清代新疆的丝绸贸易［J］．辽宁师范大学学报，1986（03）：67–73.

［292］林永匡，王熹．杭州织造与清代新疆的丝绸贸易［J］．杭州大学学报（哲学社会科学版），1986（02）：108–115，130.

［293］沈其新．左宗棠"西征借款"试析［J］．兰州学刊，1986（06）：63–68，79.

［294］张海声．左宗棠在兰州［J］．兰州学刊，1986（06）：69–75.

［295］杜经国，张克非．左宗棠在陕甘与新疆民族政策的比较研究［J］．兰州大学学报，1986（02）：1–7.

［296］刘泱泱．左宗棠研究述评［J］．求索，1986（02）：85–88，101.

［297］王少普．论左宗棠的洋务思想［J］．史林，1986（01）：61–69.

［298］吴万善．左宗棠与甘肃的经济开发［J］．科学·经济·社会，1985（04）：309–312.

［299］王致中．明清时期甘肃矿业考［J］．社会科学，1985（06）：112–120.

［300］张立真．评左宗棠的塞防之论与实践［J］．辽宁大学学报（哲学社会科学版），1985（03）：81–86.

［301］王少普．论左宗棠的洋务思想的进步作用［J］．湖南师范大学学报（哲学社会科学版），1985（03）：52–55.

［302］杨东梁．试评左宗棠对陕甘回军的镇压［J］．湖南师范大学学报（哲

学社会科学版），1985（02）：108-112.

[303]杨东梁.左宗棠办洋务的出发点是"富国强民"[J].湖南师范院学报（哲学社会科学版），1984（01）：46-48.

[304]杜经国，张建昌.左宗棠在甘肃经营的洋务事业[J].兰州大学学报，1983（03）：1-9.

[305]赵春晨.左宗棠与中俄伊犁交涉[J].西北大学学报（哲学社会科学版），1982（03）：86-93.

[306]何伦志.新疆近代手工业初探[J].新疆大学学报（哲学社会科学版），1981（03）：52-57.

[307]韩敏，邵宏谟.论清代陕甘回民起义的性质[J].人文杂志，1980（03）：65-69.

[308]杨策.左宗棠与规复新疆[J].中央民族学院学报，1980（02）：10-23.

[309]余尧.左宗棠与兰州机器织呢局[J].西北师范大学学报（社会科学版），1980（01）：92-95.

[310]丁骕.南疆考察记——由迪化至阿克苏[J].地理学报，1948（01）：1-13.

[311]丁骕.新疆迪化附近调查纪要[J].地理学报，1947（02）：34-47.

[312]时兆月报社.政府拟定计划建设大西北[J].时兆月报（复刊）（5期），1944.

[313]李文权.论欧战结果及于中国实业将来之恶影响[J].中国实业杂志，1916（06）.

[314]韩晗."陕甘回民起义"的背后[N].中国民族报，2014-12-19（009）.

[315]兰州黄河铁桥档案[N].中国档案报，2010-04-01（002）.

[316]刘锦.西安优秀近现代建筑：留下多少座？[N].陕西日报，2016-01-18（011）.

［317］董娉.黄河铁桥承载时代记忆［N］.河南日报,2014-05-09（006）.

［318］斯钦布和.内蒙古绥远城将军衙署的历史、现状、规划及价值［N］.中国文化报，2013-11-25（004）.

［319］谓知.百年黄河第一铁桥［N］.中国文物报，2011-07-29（008）.

［320］马敏.中国早期工业化的若干问题［N］.光明日报，2003-04-22.

［321］白崇禧.应如何建设西北［N］.重庆商务报，1942-10-12

［322］闻永健.民国时期迪化市政建设研究［D］.新疆大学，2016.

［323］袁航.抗战时期宝鸡工业合作运动研究［D］.苏州科技大学，2016.

［324］李东东.民国时期（1912—1949）西北边疆女子教育发展研究［D］.西北师范大学，2016.

［325］李彧嘉.民国时期女性服饰的特征与流变［D］.西安美术学院，2016.

［326］杨涛涛.清末民国游记中的新疆社会文化研究［D］.新疆师范大学，2016.

［327］凌富亚.明清以降关中祭祀系统兴衰与社会互动（1368—1949）［D］.陕西师范大学，2016.

［328］张福强.民国时期甘青藏区调查研究综论（1931—1949）［D］.中南民族大学，2015.

［329］刘赛.民国时期国内人士青海考察述评［D］.青海师范大学，2015.

［330］郭少丹.清末陇海铁路研究（1899—1911）［D］.苏州大学，2015.

［331］王志佩.晚清民国时期中外旅行家笔下的哈密社会［D］.新疆大学，2014.

［332］段丽娟.民国新疆服饰研究［D］.新疆大学，2014.

［333］李鸿.抗战时期天水地区交通开发与社会变迁研究［D］.西北师范大学，2014.

［334］周凡.再造"青海"：民国时期旅外学生与青海社会变迁（1929—1949年）［D］.西北师范大学，2014.

［335］魏延平.甘肃近现代回族建筑研究［D］.兰州交通大学，2014.

［336］丁伟.《申报》左宗棠西征新疆报道研究［D］.浙江大学，2014.

［337］曹蓉.二十世纪三四十年代西宁城市发展研究［D］.西北师范大学，2014.

［338］李晓霞.近代西北科学教育史研究［D］.西北大学，2013.

［339］岳云霄.清至民国时期宁夏平原的水利开发与环境变迁［D］.复旦大学，2013.

［340］方红萱.20世纪50年代以来新疆少数民族手工业变迁研究［D］.西北大学，2013.

［341］马婷.清末民国时期新疆地区经济近代化研究［D］.新疆大学，2013.

［342］王小波.左宗棠伦理思想及其实践研究［D］.湖南师范大学，2013.

［343］王巍.民国时期兰州金融近代化研究［D］.西北师范大学，2013.

［344］王春芳.新疆少数民族传统文化现代化研究［D］.武汉大学，2013.

［345］金伟.民国时期甘肃地区的盐政研究［D］.西北师范大学，2013.

［346］郑志忠.民国时期关中地区工业发展与布局研究［D］.陕西师范大学，2012.

［347］韦波.清末新疆新政研究［D］.陕西师范大学，2012.

［348］郭婷.近代甘宁青地区盐业研究［D］.青海民族大学，2012.

［349］沈珉.晚清至民国的书刊形态研究［D］.浙江大学，2012.

［350］古丽白尔·吾买尔.左宗棠教育实践活动研究［D］.西南大学，2012.

［351］刘虹.清末民国时期新疆汉文化传播研究（1884—1949）［D］.陕

西师范大学，2012.

　　［352］李江．明清时期河西走廊建筑研究［D］.天津大学，2012.

　　［353］刘德旺．西安地域文化的当代建筑传承［D］.西安建筑科技大学，
2012.

　　［354］王磊．晚清陕西书院改学堂研究［D］.陕西师范大学，2012.

　　［355］张军华．清末民国时期奇台地区社会生活研究［D］.新疆大学，
2011.

　　［356］贺黎黎.1840年以来陕西工业化演进路径分析［D］.陕西师范大学，
2011.

　　［357］段海龙．京绥铁路研究（1905—1937）［D］.内蒙古师范大学，
2011.

　　［358］盖祥伟．左宗棠经世致用思想的实践与局限［D］.河南大学，
2011.

　　［359］成广广．民国关中市场研究［D］.陕西师范大学，2011.

　　［360］杜培．民国时期甘肃黄河皮筏与筏户研究［D］.兰州大学，2011.

　　［361］吕强．清代甘肃商业市场发展及演变过程专题研究［D］.陕西师范
大学，2010.

　　［362］王利中.20世纪50年代以来新疆工业变迁研究［D］.西北大学，
2010.

　　［363］周靖程．民国时期宁夏政治史研究［D］.中央民族大学，2010.

　　［364］马明堂．晚清黄河上游区域的手工业发展问题研究［D］.西北师范
大学，2009.

　　［365］董倩．明清青海商品经济与市场体系研究［D］.华东师范大学，
2008.

　　［366］周海玲．民国时期绥远地区的手工业状况（1912年—1937年）［D］.
内蒙古大学，2008.

　　［367］路伟东．清代陕甘人口研究［D］.复旦大学，2008.

［368］江波.试论左宗棠思想中的近代因素［D］.中南大学，2008.

［369］刘起.作为工业遗产的兰州黄河铁桥建筑研究［D］.西安建筑科技大学，2008.

［370］牛晓燕.清至民国时期兰州城市发展与地域影响［D］.西北师范大学，2008.

［371］李敏.20世纪中国西北开发思想比较研究［D］.兰州大学，2008.

［372］裴庚辛.1933—1945年甘肃经济建设研究［D］.华中师范大学，2008.

［373］连芙蓉.同治年间陕甘回民起义比较研究［D］.兰州大学，2008.

［374］路伟东.清代陕甘人口研究［D］.复旦大学，2008.

［375］刘海艳.近代以来基督教在青海地区的传播［D］.西北民族大学，2008.

［376］赵天福.宁夏市场变迁（1368—1949）［D］.陕西师范大学，2008.

［377］赵逵.川盐古道上的传统聚落与建筑研究［D］.华中科技大学，2007.

［378］崔欣.民国时期兰州婚俗研究及其旅游开发［D］.西北师范大学，2007.

［379］李江.明清甘青建筑研究［D］.天津大学，2007.

［380］黎仕明.清代甘肃城市发展与社会变迁［D］.四川大学，2007.

［381］陈剑平.民国时期新疆工业研究［D］.新疆大学，2007.

［382］迟青凤.论光绪初年左宗棠对收复伊犁的规划及其特点［D］.天津师范大学，2007.

［383］王静.陇海铁路与关中城镇发展关系研究（1912—1945）［D］.陕西师范大学，2006.

［384］徐凌美.清末民国时期关中地区的士绅与地方教育［D］.西北民族大学，2006.

［385］任云英.近代西安城市空间结构演变研究（1840—1949）［D］.陕

西师范大学，2005.

［386］杨才林.20世纪中国西北开发思想比较研究［D］.西北师范大学，2004.

［387］唐栩.甘青地区传统建筑工艺特色初探［D］.天津大学，2004.

［388］任念文.西北与中原［D］.华东师范大学，2003.

［389］尹洁.西北近代农业科学技术发展研究［D］.西北农林科技大学，2003.

［390］周向阳.晚清开发西北思想研究［D］.湖南师范大学，2002.

［391］陈征平.云南早期工业化进程研究（1840—1949）［D］.华中师范大学，2001.

［392］兰州纺织业与机器业［A］.兰州：兰州文史资料，第十一辑，1990.

［393］陈鸿胪.甘肃固有手工业及新兴工业［A］.西北问题论丛（第3辑），甘肃省银行印刷厂，1943.

［394］陶德臣.左宗棠与晚清茶业［C］//中国近代（第十七辑），2007：329-351.

后 记

"却顾所来径，苍苍横翠微"。凝思默虑，对西北地区的探索已是许多年前开启的，我们很幸运在2019年申请的教育部人文社会科学研究项目"西北地区早期工业化与民生设计研究（1840—1966）"获准立项，围绕这一主题的探索使得我们在研究中愈发产生敬畏，正因为其宏大、精微，才愈发觉自身渺小，且学识有限、力有不逮。但是这个尝试还是努力坚持下来，今后也会坚持下去。

几年里，感谢王琥教授对该书写作的指导，王教授治学严谨、知识渊博、为人刚正，处处以身作则。从著作框架到课题申报，每一步都离不开他的悉心指教，一句句、一字字，释疑解惑。王教授几十载躬耕实践、爬罗剔抉于传统艺术设计领域，为拙著写作带来全方位的指引。从本书框架结构的修正、学术观点的凝炼，到文稿语句的逻辑，王教授点滴教诲，如时雨润物、化而无声。

也非常感谢拙著写作中被直接或间接参考过的文献与图片作者，深知没有这些学术前辈在前行道路上的指引，我们此刻还会因无法理出头绪而困惑。文中引用时尽量注出，谨致谢忱，若有未及，亦祈海涵。

谢玮写于扬州

2022年1月